Gerlinde Baumann

Gottesbilder der Gewalt im Alten Testament verstehen

Gerlinde Baumann

# Gottesbilder der Gewalt im Alten Testament verstehen

Einbandgestaltung: Peter Lohse, Büttelborn.
Einbandabbildung: Gustave Doré, Die Sintflut.

Die Deutsche Nationalbibliothek verzeichnet diese Publikation
in der Deutschen Nationalbibliografie;
detaillierte bibliografische Daten sind im Internet über
http://dnb.d-nb.de abrufbar.


Die Herausgabe des Werkes wurde durch
die Vereinsmitglieder der WBG ermöglicht.
Satz: Setzerei Gutowski, Weiterstadt
Gedruckt auf säurefreiem und alterungsbeständigem Papier
Printed in Germany

**Besuchen Sie uns im Internet: www.wbg-darmstadt.de**

ISBN-13: 978-3-534-17933-6
ISBN-10: 3-534-17933-1

# Inhalt

# Vorwort

Im Jahr 2001 wurde vom Ökumenischen Rat der Kirchen die „Dekade zur Überwindung von Gewalt“ ausgerufen. Mittlerweile ist sie zur Hälfte verstrichen. Im Zusammenhang mit dieser Dekade sind im Bereich der Bibelauslegung einige Werke erschienen, die aus der Bibel Anregungen zur Gewaltüberwindung schöpfen.[1] Im vorliegenden Buch geht es weniger um Gewaltüberwindung als vielmehr um einen Teilaspekt, nämlich die Gewaltbearbeitung. Eine der hier ausgeführten Thesen lautet, daß Gottesbilder der Gewalt im Alten Testament für diejenigen, die sie erdacht und aufgeschrieben haben, eine Möglichkeit zur Bearbeitung erlebter und erlittener Gewalt geboten haben – und bis heute für Bibellesende bieten.

Mein Weg mit der schwierigen Vorstellung von Gott als Gewalttäter hat 1996 im Rahmen der Arbeit im Hedwig-Jahnow-Forschungsprojekt über Gewalt gegen Frauen im Alten Testament begonnen.[2] Die in Nah 3,4–7 geschilderte Szene wurde für mich zum Anlaß, zunächst gemeinsam mit Erhard S. Gerstenberger im Sommersemester 1998 an der Philipps-Universität Marburg ein Seminar unter dem Thema „Der gewalttätige Gott“ anzubieten. Die weitere Auseinandersetzung führte mich zur Untersuchung derjenigen Texte, in denen JHWH als Gewalttäter gegen das als seine Ehefrau dargestellte Israel bzw. Jerusalem erscheint; die Ergebnisse sind im Jahr 2000 erschienen. Eine dritte Station auf dem Weg stellt die Analyse des Nahum-Psalms Nah 1,2–8 dar. Hier hat mich die Fragestellung geleitet, ob sich im Psalm möglicherweise Spuren einer redaktionellen Tätigkeit finden, die den Gottesbildern der Gewalt etwas entgegensetzen. Diese Monographie wurde 2005 veröffentlicht.

In beiden genannten Büchern steht die Untersuchung einzelner Texte im Mittelpunkt. Offen blieben die Fragen, die sich im engeren Sinn mit den Leitlinien der Textauslegung befassen, also die hermeneutischen Fragen. Diesen widmet sich nun das vorliegende Werk.[3]

Dieses Buch ist auch die Frucht eines Diskussionsprozesses. Das gilt nicht nur für die verarbeitete Sekundärliteratur, sondern auch für Gespräche mit Kolleginnen und Kollegen während der Entstehung. Einige von denen, die mich auf dem Weg mit diesem Buch ein Stück weit begleitet haben, möchte ich stellvertretend nennen. Es sind zunächst die Studierenden in Marburg; neben Erhard S. Gerstenberger und den TeilnehmerInnen des Seminars im Sommersemester 1998 auch die HörerInnen der Vorlesung, die ich im Wintersemester 2004/2005 in Marburg gehalten habe. Sie haben sich auf das schwierige Thema eingelassen und große Bereitschaft zur Diskussion gezeigt. Ihnen möchte ich ebenso danken wie all jenen, die sich der Mühe unterzogen haben, Teile des Manuskripts vorab zu lesen und mir kritische und konstruktive Rückmeldungen zu geben: Anna-Maria Busch, Jaco Gericke, Adelheid Herrmann-Pfandt, Norbert Lohfink, Ilse Müllner, Stefanie Noack-Bürger, Sarah von Oettingen und Elke Seifert.

Andere KollegInnen haben mich bei einzelnen Teilen des Buches auf unterschiedliche Weise unterstützt und durch ihre Anregungen weitergebracht: Jan-Dirk Döhling hat mich auf die systematisch-theologischen Aspekte der Auslegung von Texten mit Bildern vom gewalttätigen Gott hingewiesen. Jürgen Ebach danke ich für das Überlassen eines unveröffentlichtes Manuskripts, und Othmar Keel für die Erteilung der Abdruckrechte für Abbildung 4. Martin Leutzsch hat mich neben anderem auf die Problematik des Antijudaismus hingewiesen, die oft im Hintergrund der Auslegung von Gottesbildern der Gewalt eine Rolle spielt. Walter Sommerfeld hat mich bei den Teilen des Manuskripts beraten, die den Alten Orient betreffen; in diesem Bereich haben mir auch Elisabeth von der Osten-Sacken und Rosel Pientka-Hinz wichtige Hinweise gegeben.

Eine wichtige Prägung hat dieses Buch während und durch einen sechswöchigen Forschungsaufenthalt im Juni und Juli 2005 an der Theologischen Fakultät der Universität Pretoria erhalten. Ich bin vor allem Dirk J. Human dankbar, daß er mir diese Chance eröffnet hat. Anregende Gespräche konnte ich mit ihm und den Kollegen an der Fakultät sowie dem alttestamentlichen Graduiertenkolloquium führen. Edward Lebaka hat es mir ermöglicht, drei seiner KollegInnen an der Schule in Soshanguwe in der Nähe von Pretoria zu interviewen. Diese haben mir sehr offen Auskunft darüber gegeben, wie „ganz normale Menschen" in Südafrika über meine Thesen zum Gewaltgott denken. Christo Lombaard hat eine Kurzfassung meiner Thesen zur Hermeneutik auf dem Newsletter der Theologischen Fakultät (www.teo.co.za) veröffentlicht, woraus sich eine für mich bereichernde Diskussion ergeben hat. Frances Klopper hat es ermöglicht, daß ich meine Gedanken auch einem Kolloquium an der University of South Africa (UNISA) in Pretoria vorstellen konnte.

All diese unterschiedlichen GesprächspartnerInnen danke ich dafür, daß sie mich auf meinem Weg mit diesem Buch ermutigt und bestärkt haben. Last, but not least geht mein Dank an meinen alttestamentlichen Kollegen Georg Braulik, ohne den dieses Buch gar nicht auf den Weg gebracht worden wäre, und Bernd Villhauer von der Wissenschaftlichen Buchgesellschaft, ohne dessen gute Betreuung es nicht die vorliegende Form erhalten hätte.

Marburg, im Februar 2006

# I. Einleitung: Die Problemstellung

„Du, Gott, hast mich überwältigt und besiegt." (Jer 20,7) – „Du hast die Köpfe des Livjatan zerschmettert!" (Ps 74,13) – „Wer hat Bestand vor der Glut des göttlichen Zorns?" (Nah 1,6) – „Die Pfeile des Allmächtigen stecken in mir, mein Geist trinkt ihr Gift." (Hi 6,4) – Diese und ähnliche Texte wecken in Leserinnen und Lesern zumindest Befremden, wenn nicht gar Unbehagen. Was ist das für ein Gott, über den und zu dem so gesprochen werden kann? Eine machtvolle Gestalt, die ihre Kraft zügellos einsetzt, die unbarmherzig, ja sogar brutal gegen Feind und Freund vorgeht?[1] Zu dieser Gottheit sollen wir beten können? Von ihr sollen wir Gutes erwarten können, Liebe und Fürsorge, Bewahrung in schweren Zeiten und Rettung in der Not?

Fragen wie diese stellen sich Leserinnen und Leser angesichts gewaltvoller alttestamentlicher Gottesbilder, seit es solche Texte gibt. Daß dies nicht auf den christlichen Kontext beschränkt ist, zeigt ein Blick auf die rabbinische Auslegung von Ex 15,1.[2] Doch die Frage läßt sich noch radikaler stellen: Ist der Gott des Alten Testaments der gleiche Gott, der im Neuen Testament in 1 Joh 4,8 als „Liebe" angesprochen wird? Mit Markion gibt es bereits in der frühen Kirche einen Vertreter der Position, die das Alte Testament dem Kanon der heiligen Schriften des Christentums ausscheiden möchte.[3] Markion wird 144 n. Chr. aus der frühen Kirche ausgeschlossen. Eine Position, die die Zweifel an der Zugehörigkeit des Alten Testaments zur christlichen Bibel mit der Gewalt im Gottesbild begründet, wird danach über viele Jahrhunderte kaum mehr vertreten. Doch nach der Aufklärung wird der kanonische Rang des Alten Testaments für das Christentum insgesamt problematisiert, wie Klaus Beckmann am Beispiel evangelischer Theologie der ersten Hälfte des 19. Jh. nachzeichnet.[4] Benannt wird der Konflikt etwa in Friedrich Schleiermachers Aussage in seinem „Sendschreiben" von 1829, daß nämlich die „Ueberzeugung, daß das lebendige Christenthum in seinem Fortgange gar keines Stützpunctes aus dem Judenthum bedürfe ...".[5] Dieses Votum zielt auf die Bedeutung des Alten Testaments für das Christentum. Es ist nur ein Beispiel dafür, daß zwischen einer christlichen Einstellung zum Alten Testament und zum Judentum häufig eine enge Beziehung besteht, wie Beckmann ausführt.[6] Deshalb sollte gerade bei pauschaler Kritik am alttestamentlichen Gottesbild gefragt werden, ob hier vielleicht auch das Judentum getroffen werden soll.

Im Hintergrund von Schleiermachers Bemerkung stehen weitere Konflikte. Zum einen äußern sich hier Probleme, die durch ein „vernünftiges" und „historisches" Lesen der Bibel entstehen und die zu Beginn des 19. Jh. vor allem als Frage nach der Geltung des Alten Testaments diskutiert werden.

Damit verbunden ist das biblisch-theologische Problem, das in unseren Jahrzehnten verstärkt diskutiert wird[7]: Wie sind in christlicher Sicht Altes und Neues Testament zueinander in Beziehung zu setzen? Um ein Beispiel anzuführen: In lutherischer Theologie gilt das „sola scriptura" („allein die Schrift") in Verknüpfung mit dem Diktum, daß die Schrift daraufhin befragt werden soll „was Christum treibet". Liegt hierin nicht eine Engführung, die viele wichtige Traditionen des Alten Testaments von einer christlichen Rezeption nahezu völlig ausschließt?

Im Hintergrund von Schleiermachers Aussage steht auch inhaltliche und ethische Kritik an alttestamentlichen Vorstellungen.[8] Ähnliche Einsprüche werden auch heute geäußert, wenn Lesende an alttestamentlichen Gottesbildern häufig Unplausibles oder Unmoralisches entdecken.[9]

Eine Schleiermacher nicht unverwandte, prononcierte Position bezieht der evangelische Kirchenhistoriker Adolf von Harnack am Anfang des 20. Jh.[10] Er fordert dazu auf, das Alte Testament aufgrund seines Gottesbildes aus dem Kanon der heiligen Schriften des Christentums auszuscheiden. Zu seiner Zeit erfährt Harnack mit dieser Forderung vehementen Widerspruch. In der völkischen Bewegung und noch stärker in der Zeit des Nationalsozialismus allerdings mehren sich die kritischen Stimmen gegenüber dem Alten Testament. Sie reichen bis zu Voten, das Alte Testament aus der christlichen Bibel zu entfernen, da es mit seinen „jüdischen" Wurzeln gegenüber der indoeuropäischen Tradition, aus der das Neue Testament hergeleitet wird, als minderwertig erscheint.[11] Dieses Urteil erstreckt sich durchaus auch auf das Gottesbild; JHWH erscheint hier beispielsweise als „die Personifikation des Bösen".[12] Hier ist ein Beispiel für die oben skizzierten These zu finden, daß eine pauschal in ablehnender oder abwertender Weise geäußerte Kritik am Alten Testament sich leicht auf der Grenze antijudaistischer Einstellungen bewegt – oder solchen Haltungen, gewollt oder ungewollt, Vorschub leistet.[13] Nach der Shoah sollte in Deutschland gegenüber antijudaistischen Tendenzen große Wachsamkeit gelten. Zudem sollte vermieden werden, daß mit einer problematischen Vorstellung – wie den Gottesbildern der Gewalt – auf eine Weise umgegangen wird, die sich anderer problematischer Haltungen – des Antijudaismus – bedient. Es ist deshalb bei solcherart Kritik am Alten Testament zu fragen, aus welchen Motiven sie geäußert wird.[14]

Kritik an Gottesbildern der Gewalt im Alten Testament wird derzeit in ganz unterschiedlicher Weise geübt und begründet. Das heutige Unverständnis über die Berechtigung von als archaisch und roh empfundenen Gottesbildern, die durch Jesus Christus überwunden sein sollten, schließt sich – reflektiert oder unreflektiert – in vielem an die dargestellten älteren Argumentationen an. Es treten daneben auch neue Faktoren hinzu. Gründe hierfür könnten sein:

- Gewalt erscheint durch ihre häufige Darstellung in den Medien im letzten Jahrzehnt des 20. Jh. als ubiquitäres Phänomen. Angesichts dessen stellt sich der

Wunsch ein, daß wenigstens bei Gott ein Ort ohne Gewalt gefunden werden möge.

- Ein anderes Motiv könnte das Unbehagen darüber sein, daß das Alte Testament ein Schriftencorpus ist, das nicht dem Christentum allein „gehört“, sondern auch im Judentum als autoritativer Text gilt, und auf das auch der Koran Bezug nimmt.
- Wichtig ist darüber hinaus sicher auch die Ausrichtung der christlichen Theologie seit den 1970er Jahren. Sie fokussiert stark auf den „Gott der Liebe“[15] und ignoriert darüber die aggressiveren Aspekte im Gottesbild.[16] An dieser Einseitigkeit ist nicht nur zu kritisieren, daß sie der Vielzahl der biblischen Gottesbilder nicht gerecht wird.[17] Sie birgt auch die Gefahr einer Trivialisierung der Rede von der göttlichen Liebe, wie Schoberth andeutet: „Ist diese Liebe Gottes mehr und anderes als Abbild und Überhöhung der Liebe, die wir uns von anderen Menschen wünschen?“[18] Vor diesem Horizont interpretiert, könnte die Beschäftigung mit Gottesbildern der Gewalt in jüngerer Zeit als eine „Wiederkehr des Verdrängten“ gedeutet werden.
- In den letzten Jahren wird die Rolle der christlichen Religion in der bundesdeutschen Öffentlichkeit zunehmend darin gesehen, daß mit ihrer Hilfe moralische Haltungen eingeübt werden sollen.[19] Im Horizont einer solchen Engführung wirken Bilder der Gewalt in der Bibel und im Gottesbild problematischer als beispielsweise in befreiungstheologisch bestimmten Kontexten, in denen das revolutionäre Potential des christlichen Glaubens betont wird.

In vielen Bedenken gegenüber alttestamentlichen Gottesbildern spricht sich offene und kompetente Kritik aus. Es sollte daneben nicht übersehen werden, daß manche Kritik auch als Konsequenz dessen zu verstehen ist, was mit dem Stichwort des „Traditionsabbruchs“ umrissen wird. Die zunehmende Entkirchlichung in Deutschland zieht eine weit verbreitete Unkenntnis der biblischen Texte nach sich. Erst langsam setzt sich die Erkenntnis durch, daß die Bibel – jenseits des Christentums – ein Fundament abendländischer Kultur ist, ohne das Literatur und bildende Kunst nicht verstanden werden können. Mit der Unkenntnis der Bibel ist ein Zweites verbunden, nämlich die mangelnde Übung im Umgang mit den Texten. Denn auch die Deutung der Texte will geübt sein. Dabei wird die Aufgabe der Übersetzung im Sinn des Verstehens und der Auslegung der Textinhalte immer komplexer. Um nur einen Aspekt zu nennen: Das Alte Testament schöpft seine Bilder häufig aus einer agrarischen Kultur. In der heutigen Zeit, die städtisch und (post-)industriell geprägt ist, hat sich die Lebenswelt grundlegend verändert. Als eine Folge dessen werden viele biblische Bilder nicht mehr verstanden. So werden etwa die neutestamentlichen Gleichnisse von Schafen meist zu Schäfchen-Gleichnissen und die hinter ihnen stehende Wirklichkeit romantisiert.

Während dies die gesellschaftlichen Bedingungen des heutigen Umgangs mit der Bibel skizziert, gibt es auf der anderen Seite auch binnenkirchliche Gründe, die eine angemessene Deutung von Texten mit „problematischen“ Gottesbildern erschweren. Hier sei nur ein Beispiel genannt, nämlich die Ordnung für die Auswahl der Predigttexte für den Gottesdienst im Bereich der Evangelischen Kirche in Deutschland, die sogenannte Perikopenordnung.[20] Fünf der sechs Reihen und damit der überwiegende Teil der gottesdienstlichen Predigttexte entstammen dem Neuen Testament. Das Alte Testament wird hier deutlich gegenüber den viel kürzeren Neuen benachteiligt. Darüber hinaus sind viele der alttestamentlichen Texte – wie beispielsweise die meisten Texte aus dem Jesajabuch – so positioniert, daß sie kaum anders als christologisch auszulegen sind. Man könnte einwenden, daß mittlerweile immerhin die Psalmenlesung durch die Erneuerte Agende wieder in den evangelischen Gottesdienst eingeführt worden ist.[21] Dies stellt grundsätzlich eine begrüßenswerte Neuerung dar. Als liturgische Texte bleiben die Psalmen allerdings „unausgelegt“. Zudem ist im Evangelischen Gesangbuch nur eine Auswahl von Psalmen abgedruckt.[22] Diese sind auch noch um diejenigen Verse gekürzt worden, die als problematisch angesehen werden. Damit haben sich die evangelischen Kirchen die einige Jahre ältere Praxis der katholischen Kirche zu eigen gemacht, die Lohfink 1983 so beschreibt: „Erst in unseren Jahrhunderten hat Markion in der römischen Kirche zumindest einen Teilerfolg erringen können: Bei der Reform des Stundengebets und des Lektionars wurden in verschiedenen Psalmen und auch in anderen Büchern jene Verse herausgestrichen, die von Gottes Zorn oder von seinem gewaltsamen Eingreifen zugunsten der Psalmenbeter sprachen. Ob man sich im klaren war, wessen Forderungen man da letztlich entgegenkam, mag offen bleiben. Doch daß das seit Markion virulente Problem der im Alten Testament so offen hervortretenden Gewaltthematik auch heute immer noch da ist wie eh und je, das hat diese historisch unerhörte Operation einer kirchlichen Autorität gezeigt.“[23]

Ein solcher Umgang mit dem Alten Testament befördert nicht die konstruktive Auseinandersetzung mit Texten, die als schwierig empfunden werden. Die geschilderte „Ausweichbewegung“ gegenüber dem Alten Testament beläßt es dabei, viele Texte als problematisch stehen zu lassen und zu umgehen.[24] Daß es zu einem solchen Ausweichen überhaupt kommt, liegt an unterschiedlichen Faktoren. Auf den verschiedenen Ebenen theologischer und kirchlicher Arbeit Versäumnisse festzustellen. Beispielhaft möchte ich hier eine Problemanzeige im Bereich der universitären Ausbildung von Pfarrerinnen und Pfarrern, Religionslehrerinnen und -lehrern setzen, da dies mein eigenes Arbeitsfeld ist, und da ich eine Klärung solcher Gottesbilder als eine Aufgabe theologischer Forschung ansehe. Im Bereich alttestamentlicher Exegese sind im Umgang mit Gottesbildern der Gewalt in der Tat Mängel zu beklagen. Diese bestehen vor allem darin, daß auf die theologischen Fragen nach Gottesbildern der Gewalt zu selten und nicht tiefgreifend genug Antworten gesucht werden. Die Mängel sollten allerdings nicht deshalb behoben werden, um diese Gottesbilder wie „Stolpersteine“ aus dem Weg zu räumen, sondern deshalb, weil sonst ein erheblicher Teil der christlichen Tradition auf Dauer brachliegen würde.

Denn daß alttestamentliche Texte mit Gottesbildern der Gewalt ein Problem darstellen, ist eine einseitige Betrachtungsweise. Auf der anderen Seite können manche Texte entdeckt werden, die bislang wenig ausgelegt werden und deren spezifische Aussagen deshalb weitgehend unbekannt sind. Dieses Buch möchte ich als Beitrag dazu verstanden wissen, Texte mit Gottesbildern der Gewalt einerseits kritisch anzufragen, sie andererseits aber als Potential zu begreifen, das bei Anwendung bestimmter Auslegungsleitlinien (die unten in Teil III, 3. skizziert werden) erschlossen werden kann.

Worin liegen die angedeuteten Möglichkeiten der Texte mit Gottesbildern der Gewalt? Sie liegen, knapp gesagt, in ihrem Potential im Umgang mit erfahrener Gewalt.[25] In vermutlich höherem Maße als im heutigen Westeuropa sind unterschiedliche Formen von Gewalt Teil der altorientalischen Lebenswelt, zu der das Alte Israel gehört. Wie noch auszuführen sein wird (s. u. II, 2.), bezieht sich dies sowohl auf manifeste als auch auf strukturelle Gewalt. Letztere besteht etwa in patriarchalen Gesellschaftsstrukturen mit der Minderung des Rechtsstatus von Mädchen und Frauen, in ökonomischer Gewalt gegen wirtschaftlich Schwächere in Form von Schuldsklaverei oder in der Versklavung bestimmter Bevölkerungsgruppen wie Kriegsgefangener. Manifeste Gewalt findet sich beispielsweise in den Kriegshandlungen, in die das Alte Israel nicht selten verwickelt ist, oder in zwischenmenschlicher Gewalt unterschiedlichster Art.

Auf diesem Hintergrund liegt es nahe, daß sich die erlebte Gewalt im biblischen Gottesbild niedergeschlagen hat. Dies kann auf unterschiedliche Weise geschehen. In der Umwelt Israels gibt es überwiegend polytheistische Religionen[26], innerhalb derer es möglich ist, einzelne Gottheiten als besonders gewalttätig zu zeichnen, auch weil sie im Religionssystem durch andere, nicht minder mächtige Gottheiten mit weniger gewalttätigen Zügen ausbalanciert werden. Die religionsgeschichtliche Entwicklung, von der das Alte Testament Zeugnis ablegt,[27] hat allerdings – zumindest zeitweise – die Einzigkeit JHWHs als Gottes nicht nur Israels, sondern der ganzen Welt betont. In solch einer monotheistischen Denkweise ist Gott selbst für alle Widerfahrnisse verantwortlich. In Am 3,6 wird denn auch gefragt: „Geschieht ein Unglück in der Stadt, ohne daß JHWH es bewirkt hat?"

Daß der israelitische bzw. alttestamentliche Monotheismus ein gewaltförderndes Potential besitzt, ist eine These der sogenannten Monotheismus-Debatte, die seit Ende der 1990er Jahre aus philosophischer[28], populärwissenschaftlicher[29] und kulturanthropologischer[30] Sicht geführt wird.[31] Der Ägyptologe Jan Assmann macht dem israelitischen Monotheismus einen gravierenden Vorwurf: Er schließe mit den friedlichen, die Welt in ihrer Vielfalt abbildenden polytheistischen Religionen ab, indem er alles, was dem Menschen widerfährt, auf eine einzige Gottheit zurückführt, die dann auch noch „wahr" sein soll. In diesem Wahrheitsanspruch sieht Assmann die Forderung nach unbedingter Verehrung durch alle Menschen und damit eine wesenhafte Intoleranz.

Als Katalysator der Debatte wirkten die Anschläge vom 11. 9. 2001 und die danach veröffentlichten Erklärungen der Attentäter, in denen sie ihre Gewalttaten aus islamisch-fundamentalistischer Sicht religiös legitimiert haben. Die sich anschließende Diskussion hat beim Gewaltpotential des Islam begonnen, sich dann aber zu so etwas wie einem Generalverdacht gegen die drei monotheistischen Religionen Judentum, Christentum und Islam entwickelt.

Mit Assmanns Thesen setzen sich auch theologische DenkerInnen auseinander.[32] Ins Feld führen läßt sich gegen die Thesen unter anderem, daß sie sich längst überholter Denkmuster philosophischer Christentumskritik bedienen. Ihr Umgang mit alttestamentlichen Texten läßt sich kaum als Auseinandersetzung auf der Höhe der exegetischen Forschung bezeichnen.[33]

Es scheint in dieser Diskussionslage wenig ratsam, den pauschalen Vorwürfen mit exegetischen Detailanalysen zu begegnen oder ihnen in apologetischer Absicht entgegenzutreten. Das würde die Diskussionsabsicht und -ebene verkennen, in der oder auf der die Debatte geführt wird. Es geht eben nicht um die Bibel oder das Alte Testament, sondern um Christentums- bzw. Religionskritik,[34] die auf philosophischer oder systematisch-theologischer Ebene diskutiert werden müßte. Eine weitere Möglichkeit, sich mit dem Problem der Gewalttätigkeit von Religionen auseinanderzusetzen, liegt darin, die jeweilige Praxis im Umgang mit den heiligen Schriften in den Blick zu nehmen. Dann verschiebt sich die Konfliktlinie und verläuft zwischen unterschiedlichen Praxen innerhalb ein und derselben Religion und weniger zwischen unterschiedlichen Religionen. Ein aufgeklärtes Christentum bzw. ein aufgeklärter Islam stehen dann einem evangelikalen oder fundamentalistischen Christentum bzw. einem fundamentalistischen Islam gegenüber, welche beide militante Züge annehmen können.[35]

Damit geht es also nicht um einen vermeintlich „neutral" zu ermittelnden Gehalt der jeweiligen heiligen Schriften, sondern um die Frage der Leitlinien für die Auslegung – also um Hermeneutik.[36] In der evangelischen Theologie werden hermeneutische Fragen sowohl im Bereich der Bibelwissenschaften als auch in der systematischen Theologie angesprochen. Bibelhermeneutische Fragen können unterschiedliche Schwerpunkte besitzen, von denen das Verhältnis vom Alten zum Neuen Testament bereits angesprochen wurde. Im vorliegenden Ansatz wird es darum gehen, die Bedingungen und Leitlinien des Verstehens und der Auslegung biblischer Texte über Gott als Gewalttäter auszuleuchten. Auf diesem Gebiet soll ein neuer Versuch zum Verstehen dieser Gottesbilder vorgelegt werden, der eine ganze Reihe älterer und jüngerer Ansätze darstellt (III, 1.), auswertet (III, 2.) und dann zu einer eigenen Position kommt (III, 3.). Vorausgeschickt werden grundsätzliche Ausführungen zum Gottesbild (II, 1.) und zum Gewaltverständnis (II, 2.). Es schließen sich fünf beispielhafte Auslegungen unterschiedlicher Texte mit Gott als Gewalttäter an (IV), bevor die Ergebnisse der Studie abschließend ausgewertet werden (V).

# II. Koordinaten einer Hermeneutik für alttestamentliche Bilder von Gott als Gewalttäter

## 1. Was sind und wie entstehen Gottesbilder?

### Biblische Gottesbilder sind Sprachbilder

Im Zentrum dieses Buches steht die Beschäftigung mit Gottes*bildern* – und nicht mit „Gott selbst“. Denn die biblische Überlieferung bezeugt Gott nicht „an sich“, sondern in schriftlich niedergelegter Form, die sich häufig metaphorischer, also bildlicher Sprache bedient. Die vorliegende Untersuchung befaßt sich mit Gottesbildern unter der Perspektive, daß diese gerade keine direkten oder ungebrochenen Aussagen über Gott darstellen. Sie widmet ihr Interesse den unterschiedlichen und auch widersprüchlichen *Bildern* von Gott, wie sie vor allem im Alten Testament zu finden sind.[1] Im Hintergrund dieser Aussage steht eine grundlegende Einsicht historisch-kritischer Forschung – daß es sich bei der Bibel um eine Sammlung von Schriften handelt, die von Menschen verfaßt worden sind. Nicht Gott selbst ist es, der schreibt, sondern Menschen, die in den Texten von ihren ganz unterschiedlichen Erfahrungen Zeugnis ablegen, die sie als Folgen des Wirkens Gottes verstehen.

Aus diesen Einsichten resultiert eine Reihe von Konsequenzen für die Beschäftigung mit den Gottesbildern der Bibel. Sie liegen auf unterschiedlichen Feldern. Zum einen tangieren sie die Auslegung der biblischen Texte als literarische Dokumente. Hier sind spezielle Erwägungen zum Verstehen von Texten notwendig, d.h. *texthermeneutische* Überlegungen (s.u. „Das Alte Testament als Literatur“ und „Gewalt im Alten Testament als literarisch dargestellte Gewalt“). Zum anderen sind diese Texte in einer Epoche der Menschheitsgeschichte verfaßt worden, die von unserer mittlerweile recht weit entfernt ist. Deshalb sind *historische* Überlegungen verschiedener Art anzustellen (s.u. „Die altorientalischen Wurzeln alttestamentlicher Gottesbilder“ und „Gewalt als kulturspezifisches Phänomen“). Diese beiden Felder liegen im Bereich der „Erklärung“. Davon ist mit Ricœur der Bereich der „Interpretation“ zu unterscheiden.[2] Auf diesem Feld geht es um die unterschiedlichen heutigen Fragen, die an biblische Texte gestellt werden können,[3] und um die jeweils unterschiedlichen Leitlinien der Konfessionen und Kirchen, die die biblischen Texte auslegen.[4] Auf diese Eckpunkte wird im folgenden (v.a. in III, 1. bis III, 3.) zurückzukommen sein.

Nun geht es in diesem Werk nicht nur allgemein um das Verstehen des Alten Testaments und seiner Texte, sondern spezieller um das Verstehen von Gottes*bil-*

*dern* in der Bibel. Dafür spielt es eine Rolle, daß es sich bei den alttestamentlichen Gottesbildern um *Sprach*bilder und nicht um konkrete, materiell vorhandene Bilder handelt. Wie sind solche Sprachbilder oder Metaphern zu entschlüsseln?

Zunächst läßt sich vergröbernd sagen, daß eine Metapher aus zwei Elementen besteht: einem Bildspender und einem Bildempfänger. Eine Größe (der Bildempfänger) wird mit einem anderen Wort bezeichnet (dem Bildspender), das sich in seiner konkreten, nicht-metaphorischen Bedeutung bereits auf einen Gegenstand o. ä. bezieht.

Bei der Entschlüsselung des Phänomens der Metapher sind im Laufe der Zeit sehr unterschiedliche Wege beschritten worden. Lange galt für die Auslegung auch biblischer Metaphern, daß die durch sie dargestellten Inhalte sich in begrifflicher Sprache präziser fassen ließen. Der Ansatz von Ricœur, dem hier gefolgt wird, widerspricht dieser Sichtweise. Ricœur sieht die Wirkungsweise einer Metapher als eine Interaktion an.[5] Werbick faßt die Funktionsweise der Metapher zusammen: „Metaphern sprechen nicht einfach nur aus, was der Fall ist; und sie legen nicht auf das Ausgesprochene fest. Sie ergreifen das Gemeinte nicht, um es ‚festzustellen'; sie nähern sich ihm durch *intuitive Angleichung* an das Gemeinte. Die Angleichung vollzieht sich als *Prädikation*: Einem Subjekt wird ein Prädikat beigelegt, das zunächst gar nicht zu ihm zu passen scheint bzw. nur zu ihm paßt, wenn man es anders als gewöhnlich versteht."[6] Ricœur selbst beschreibt den Vorgang so: „Die Metapher ist nichts anderes als das Aufkleben eines bekannten Etiketts mit einer bestimmten Vergangenheit auf einen neuen Gegenstand, der sich dieser Übertragung erst widersetzt, dann nachgibt."[7] In diesem Prozeß stellt die Gottesmetaphorik einen Sonderfall dar: Von Gott zu sprechen heißt, ohne eine nicht-metaphorische Bedeutung eines Gott bezeichnenden Wortes auskommen zu müssen. Was und wer Gott ist, wird erst durch die sprachliche Benennung „geschaffen". Welche Folgen das hat und welche Gefahren diese Redeweise beinhaltet, erläutert Werbick: „Was Gott zugeschrieben und mit Gott zusammengebracht wird, das versteht sich keineswegs von selbst; wenn es sich vordergründig von selbst versteht, macht sich in diesem schnellen Verstehen gerade ein abgründiges Gott-Mißverständnis breit. Das schnelle Verstehen nimmt die semantische Unverträglichkeit zwischen dem Gott-Subjekt und dem ihm Zugeschriebenen gar nicht erst wahr."[8]

Anders formuliert: Was wir von „Gott" im Alten Testament erfahren, ist in dieser Sicht eine menschliche Deutung, eine gedankliche Konstruktion. Das schließt die biblischen Texte und damit auch die gewalthaften Gottesbilder ein. Wichtig wird dies, wenn es darum geht, nach dem Zweck der gewaltvollen Gottesbilder im Alten Testament zu suchen. Häufig wird nämlich den Texten aus Bibel und Koran mit Gottesbildern der Gewalt in der Diskussion nach dem 11. September 2001 unterstellt, daß ihr Zweck darin liege, zu Gewalthandlungen aufzufordern. In einer solchen Position kommt eine Hermeneutik zur Anwendung, die davon ausgeht, daß das von der Gottheit „Vorgelebte" oder „Befohlene" nachgeahmt oder ausgeführt werden muß.[9] Dies ist jedoch nur *eine*, und zwar eine extreme Weise, die heiligen Texte auszulegen – und diese Weise ist nicht in die Texte eingeschrieben, sondern wird ihnen von außen beigelegt.

In der vorliegenden Untersuchung soll auf dem Hintergrund eines anderen Verständnisses der Texte ein anderer Weg der Auslegung beschritten werden. Hier soll nach den Motiven für das Bilden von Gottesbildern der Gewalt im Alten Testament gefragt werden. Mit dieser Frage bewegt sich diese Untersuchung auf dem Feld der historischen „Erklärung" oder dem historischen Verstehen, welche hier von der heutigen „Interpretation" oder Auslegung unterschieden werden soll.[10] Motiviert sind alttestamentliche Gottesbilder der Gewalt nicht nur – wie später noch im einzelnen auszuführen sein wird – durch die Notwendigkeit, innerhalb monotheistisch geprägter Phasen der altisraelitischen Religion auch negative Antriebe und Handlungen Gott zuzuschreiben, die in polytheistischen Systemen der Umwelt Israels teilweise eigenen Gottheiten vorbehalten sind. Daneben muß sich Israel mit denjenigen Gottesbildern auseinandersetzen, die bei den herrschenden Großmächten von Bedeutung sind, denn imperiale Macht erstreckt sich auch auf den religiösen Bereich. Manche der gewaltvollen Gottesbilder sind Israel sozusagen als Aufgabe oder Material „vorgegeben".

Zentral für die hier entworfene Hermeneutik für Gottesbilder mit Gott als Gewalttäter sind Überlegungen über das Gewaltverständnis und die Bearbeitung von Gewalt. Dies tangiert die Funktion von Gottesbildern im Leben der sie verwendenden Menschen. Gottesbilder besitzen damals wie heute eine wichtige Rolle bei der Deutung und Bewältigung von Wirklichkeit. Innerhalb dieses Rahmens kann eine der möglichen Funktionen von Gottesbildern der Gewalt darin bestehen, erfahrene Gewalt zu bearbeiten. Gewalt im Gottesbild kann ein Weg sein, eigene Gewalterfahrungen zu deuten: Der Gewalt einen Ursprung zuzuschreiben – in diesem Fall Gott – kann helfen, mit ihr zu leben, sie ihres unerklärlichen Charakters zu entkleiden und sich mit ihr auseinanderzusetzen (dazu s. u. „Gewalt im Alten Testament als literarisch dargestellte Gewalt").[11]

## Die Pluralität der Gottesbilder im Alten Testament

Das Alte Testament gibt einer Fülle von Gottesbildern Raum, die unterschiedlichen Lebenskontexten und Zeiten entstammen. Für die Bestimmung des Rangs und der Bedeutung von Bildern eines gewalttätigen Gottes soll zunächst eine grobe Orientierung über die unterschiedlichen Ebenen von Gottesbildern und mögliche historische Motivierungen gegeben werden.

Neuere Entwürfe zur alttestamentlichen Religionsgeschichte bzw. Theologie[12] gehen davon aus, daß sich bei der Religion des Alten Israel – ähnlich wie in den religiösen Systemen Mesopotamiens – zumindest drei Ebenen unterscheiden lassen. Als erstes ist dies die Religion der einzelnen Menschen, der beispielsweise die sogenannte Persönliche Frömmigkeit zuzurechnen ist. In ihr wendet sich jeder Mensch in den Nöten des Alltags im Gebet an eine oder mehrere Gottheiten. Diese Gottheiten stehen nicht in Konkurrenz[13] zu denjenigen, die auf der zweiten Ebene eines familialen oder lokalen Kultes von der Gemeinschaft einer Sippe bzw. eines Dorfes verehrt werden. Eine weitere, relativ eigenständige Einheit bildet drittens der Kult bzw. die Religion, die auf der Ebene des Staates gepflegt wird und meist eng mit dem Königshaus verbunden ist. Auf dieser Ebene sind am ehesten die Interessen und Ressourcen vorhanden, die notwendig sind, um Texte zu verfassen und zu überliefern. Mit einiger Wahrscheinlichkeit kann davon ausgegangen werden, daß ein überproportional großer Teil der biblischen Schriften der Staatsreligion oder „offiziellen Religion"[14] zuzuordnen ist.

Neben dieser Differenzierung der israelitischen Religion in einzelne Ebenen sind alttestamentliche Gottesbilder auch durch die unterschiedlichen Zeitumstände geprägt, unter denen sie entstanden sind. Deshalb soll nun ein knapper Überblick über Israels Geschichte gegeben werden.

Mit der Berufung Abrahams (Gen 12) beginnt JHWHs Geschichte mit seinem Volk. Aus den Erzeltern und ihren Nachkommen entwickelt sich ein Sippenverband. Dieser zieht nach Ägypten, um dem Hunger im eigenen Land zu entkommen. Bald müssen die Flüchtlinge dort Frondienste leisten (Ex 1). Sie versuchen, sich diesem Schicksal zu entziehen, und können tatsächlich fliehen und unter Führung Moses dem ägyptischen Heer entkommen – weil der Gott JHWH sie rettet (Ex 14f.). Mit diesem „Exodus" ist ein Grunddatum der Geschichte Israels und seiner Bewahrung durch JHWH gesetzt. JHWH ist es auch, der dem Volk hilft, das Land Kanaan zu erobern, was ihm nach der Schilderung in den Büchern Deuteronomium und Josua ohne JHWH nicht gelungen wäre (dazu s. u. IV, 1.). Nach einigen Anläufen bildet sich etwa um 1000 v. Chr. aus einem lockeren Stämmeverband ein erstes Staatswesen unter einem König heraus. David und seine Nachkommen werden als in besonderer Weise von JHWH begabte und erwählte Personen angesehen. Doch schon 922 v. Chr. verläßt das Nordreich Israel die politische Einheit mit dem Südreich Juda. Die folgenden Jahrhunderte der Königszeit sind durch die Versuche der Großmächte Assyrien und Babylonien geprägt, sich die beiden Kleinstaaten zumindest zu Vasallen zu machen, wenn nicht sogar als eigene Provinzen einzugliedern. Beim Nordreich gelingt dies den Assyrern 722 v. Chr., doch auch das Südreich entkommt diesem Schicksal nicht. Die Babylonier führen die Oberschicht Judas und Jerusalems 587 v. Chr. ins Exil.

Dieses babylonische Exil hat die Theologie Israels in hohem Maße geprägt. Die Geschehnisse werden dabei auf unterschiedliche Weise verarbeitet. Ein Deutungsmuster ist das deuteronomistische (dtr; dazu s. S. 94f.), das sich außer im Deuteronomium und den geschichtlichen Büchern vor allem in Überarbeitungen der prophetischen Bücher findet. Hier wird der Untergang des Nordreichs wie später der des

Südreichs als Strafe JHWHs dafür interpretiert, daß Israel sich anderen Gottheiten zugewandt hat oder seine gesellschaftliche Praxis nicht am Gebot JHWHs ausgerichtet hat. Die Verehrung fremder Gottheiten und die Unterdrückung der Armen führen dazu, daß JHWH Israel seinen Feinden ausliefert. Das Land wird verwüstet, Jerusalem und sein Tempel werden zerstört.

Doch damit ist die Geschichte Israels mit seinem Gott mitnichten zuende. Die göttliche Strafe dauert nicht endlos an. Vor allem die Exilsprophetie bei DtJes (Jes 40–55) entwirft eine Theologie, nach der Gott sich wieder seines Volkes erbarmt. Nach Abbüßen der Strafe führt JHWH die Exilierten in einem neuen Exodus aus Babylonien nach dessen Untergang 539 v. Chr. wieder nach Juda und Jerusalem zurück. Bei DtJes wird JHWH als mächtigster, ja als einziger Gott der Welt entworfen – JHWH ist es, der dem persischen König Kyros mit seinem Heer zum Sieg über die Babylonier verhilft und die Heimkehr der Exilierten möglich macht.

Die Rückkehr der Exilierten löst im Land allerdings nicht nur Begeisterung aus. Mittlerweile ist der Besitz in andere Hände übergegangen, und es haben sich unter persischer Oberhoheit neue gesellschaftliche Strukturen ausgebildet. Streit um Besitz und eine wirtschaftliche Krise, bedingt auch durch die zu leistenden hohen Abgaben an die Perser, sorgen für Konfliktstoff in der nachexilischen Zeit. JHWH wird hier von den Parteien in unterschiedlicher Weise zur Stützung ihrer Interessen in Anspruch genommen. Im 5. Jh. erstarkt die Position der Priesterschaft am 520–515 v. Chr. wieder erbauten Tempel in Jerusalem. In dieser Zeit wird vermutlich ein erheblicher Teil der Schriften, die heute das Alte Testament bilden, abgefaßt oder gesammelt. Daneben wachsen den Familien größere Möglichkeiten bei der Gestaltung ihrer Religion zu, ohne daß dies sich allerdings in hohem Maß in Texten niederschlägt. Mit dem Ende der Perserzeit bricht 333 v. Chr. eine neue Epoche für die alttestamentliche Traditionsbildung an, die stark vom Einfluß hellenistischen Gedankenguts geprägt ist. Ihre Spuren finden sich weniger im hebräischen Alten Testament als vielmehr im griechischen Alten Testament, der Septuaginta (LXX). Mit den deuterokanonischen Schriften enthält sie weitere Bücher, die nicht im hebräischen Kanon zu finden sind.

Dieser kurze Durchgang durch die Geschichte Israels läßt erahnen, welchen unterschiedlichen Herausforderungen sich die israelitische Theologie zu stellen hat. Er läßt auch durchscheinen, welche vielfältigen Erfahrungen von Not, Bedrohung und Gewalt die Geschichte Israels prägen: Hunger, Migration, Flucht, Krieg, Verschleppung, wirtschaftliche Krisen. Es läßt sich vermuten, daß auch in diesen Gewalterfahrungen die Gründe für das Vorhandensein einer ganzen Reihe von Bildern Gottes als Gewalttäter zu suchen sind. Gleichzeitig ist die Wende der Not etwa beim Exodus aus Ägypten oder nach dem Exil immer wieder als Bewahrung Israels durch JHWH gedeutet worden. Verknüpft man beides miteinander und behält im Blick, daß sich die geschilderte Linie wohl überwiegend aus Belegen der dritten Ebene der Religion ergibt, dann läßt sich ermessen, wie vielfältig und widersprüchlich die Bilder Gottes im Alten Testament sind. In ihm werden JHWH ebenso Krise und Krieg zugeschrieben wie Bewahrung und Rettung.

## Die altorientalischen Wurzeln alttestamentlicher Gottesbilder

Im letzten Abschnitt ging es um die historischen Geschehnisse, auf deren Hintergrund die alttestamentlichen Gottesbilder entstanden sind. Die Geschichte mit ihren herausragenden Ereignissen bildet nun nicht den einzigen Rahmen, der die Ausbildung von Vorstellungen – und damit auch Gottesbildern – prägt. Neben der Geschichte steht die Kultur mit ihren spezifischen Kontexten, wie sie beispielsweise durch Sprache und Lebensbedingungen vorgegeben sind. Wenn Erfahrungen versprachlicht und damit reflektiert und gedeutet werden, so geschieht das nicht außerhalb von Kultur. Jede Vorstellung – und so auch die von Gott – ist kodiert durch einen Verstehensrahmen, innerhalb dessen sie ihre Bedeutung erhält und entfaltet.

Für das Alte Testament besteht dieser Kontext in der altorientalischen Lebenswelt. Unter dem „Alten Orient" soll an dieser Stelle Mesopotamien, Ägypten und der westsemitische Raum verstanden werden.[15] Mit seiner altorientalischen Mitwelt verbindet Israel eine gemeinsame kulturelle „Grundierung", zu der auch eine ganze Reihe von Ausprägungen im Bereich der Religion wie beispielsweise das Vorhandensein einer „Persönlichen Frömmigkeit" oder eine enge Beziehung zwischen Königs- und Gottesbild zählen.

Auf dieser Basis gemeinsamer Vorstellungen sind die einzelnen Kulturen und Religionen unterschiedlich ausgeprägt. Blickt man über dieses Fundament hinaus, dann zeigen sich weitere, konkrete und punktuelle Berührungspunkte und Gemeinsamkeiten zwischen den einzelnen Kulturen.

Der kulturelle Austausch Israels mit dem Alten Orient besteht zunächst in politischen und ökonomischen Beziehungen zwischen den einzelnen Staaten. Beispielsweise steht die Weisheit der Nachbarvölker, allen voran die ägyptische, in Israel in hohem Ansehen (1 Kön 5,10). Darüber hinaus ist etwa die Tätigkeit von besonders qualifizierten ausländischen Handwerkern beim salomonischen Tempelbau im Alten Testament literarisch bezeugt (1 Kön 7,13f.).

Jenseits dieser Verbindungen sind Einflüsse besonders in den Zeiten greifbar, in denen Israel unter direkter Oberhoheit Ägyptens, Assyriens, Babyloniens und Persiens steht. Gut erschlossen ist der ägyptische und mesopotamische Einfluß einerseits über archäologische Quellen. Für den Bereich der Gottesbilder ist hier vor allem die altorientalische Bildkunst, die Ikonographie, von Bedeutung. Die von Othmar Keel und seinen Schülerinnen und Schülern[16] untersuchten Kleinfunde aus Palästina, allem voran Roll- und Stempelsiegel, spiegeln in ihrer Motivauswahl und Komposition vieles von dem, was auch in Ägypten und Mesopotamien und dort häufig in größerer Dimensionierung zu finden ist.

Daneben sind Verbindungen zwischen dem Alten Orient und dem Alten Israel auch im Bereich literarischer Zeugnisse greifbar. Altorientalische Mythen und Epen liefern den Hintergrund für eine ganze Reihe von Motiven, die sich in alttestamentlichen Texten finden. Die Entstehung der biblischen Sintfluterzählung etwa (Gen 6–8) ist ohne Tafel XI des mesopotamischen Gilgamesch-Epos[17] nicht denkbar. Viele andere alttestamentliche Texte erschließen sich in ihrer spezifischen Akzentsetzung und Bedeutung erst dann, wenn sie auf dem Hintergrund dieser altorientalischen „Bezugstexte"[18] gelesen werden. Dann zeigt sich, auf welch vielfältige Weise sich alttestamentliche Texte mit altorientalischen Gottesbildern auseinandersetzen: Sie können Züge dieser Gottesbilder fast vollständig übernehmen, sie sich aber auch selektiv aneignen und so in ihrer Aussage verändern, oder sie können sich vehement – bis zur völligen Ablehnung – von ihnen absetzen.[19]

Bei der Auseinandersetzung Israels mit den Religionen seiner Mitwelt entsteht nun vor allem dadurch eine Spannung, daß sich im Alten Testament deutliche Ansätze eines Monotheismus finden, während die altorientalischen Religionen ganz überwiegend als Polytheismen anzusprechen sind. Unter „Polytheismus" ist dabei nicht die schlichte Verehrung mehrerer Gottheiten zu verstehen, sondern das Vorhandensein eines strukturierten Pantheons.[20] Nach dem heutigen Stand der Forschung läßt sich auch für Israel mit einiger Wahrscheinlichkeit sagen, daß hier in manchen Epochen eine Pluralität von Gottheiten verehrt wird.[21] Über die Struktur dieser Religionsform läßt sich allerdings nicht viel sagen. Dies liegt vor allem daran, daß die alttestamentlichen Texte nur rudimentär widerspiegeln, daß mehr als eine Gottheit im Alten Israel verehrt worden ist. Lange Zeit ging die Forschung denn auch – nicht ohne Beeinflussung durch christlich-dogmatische Vorgaben – davon aus, daß der alttestamentliche Glaube durchgängig nur eine Gottheit annimmt und deshalb als monotheistisch zu bezeichnen ist. Nun aber haben archäologische Funde den Blick dafür geschärft, daß JHWH nicht die einzige in Israel verehrte Gottheit ist. Die Frage der angemessenen Verhältnisbestimmung der Religionen des Alten Orients und Israels ist dabei nach wie vor Gegenstand der Forschungsdiskussion.[22]

Für die alttestamentliche Adaption altorientalischer Götter- und Göttinnenbilder entsteht das Problem, daß im Alten Testament in *einer* Gottheit Aspekte zuvor sehr unterschiedlicher, ja antagonistischer Gottheiten zusammengefaßt sind. JHWH integriert nicht nur Züge einer Schöpfergottheit wie El in Ugarit oder einer die Rechtsordnung erhaltenden Gottheit wie Schamasch in Babylonien, sondern auch Aspekte der zerstörerischen mesopotamischen Gottheit Erra/Nergal, des jungen, aggressiven Baal in Ugarit bzw. Marduk in Babylonien, oder aber der kriegerischen Inanna/Ischtar in Mesopotamien.[23] Die spannungsvolle Dynamik innerhalb eines Pantheons wird in eine einzige Gottheit verlagert. So entsteht in Israel unter dem „Dach" JHWH eine Gottheit, die widersprüchliche Aspekte in sich vereinigt und dadurch zumindest vielfältig, wenn nicht gar heterogen erscheint.[24]

Für die Frage nach Bildern von Gott als Gewalttäter im Alten Testament bedeutet das, daß häufig altorientalische Gottheiten als Vorbilder ausgemacht werden können, die nur oder überwiegend einen gewalttätigen Aspekt repräsentieren. Werden solche Aspekte nun im Alten Testament in JHWH integriert, dann bekommen sie dabei quasi automatisch „Gegenpole" in denjenigen Gottesbildern, welche von altorientalischen Gottheiten abgeleitet worden sind, die ganz andere Seiten besitzen; ganz abgesehen von solchen Aspekten, die israelitische Eigenbildungen darstellen. Im Alten Orient kann und wird die Gewalttätigkeit einzelner Gottheiten in der strukturierten Pluralität des Polytheismus durch andere Gottheiten mit entgegengesetzten Aspekten aufgefangen. Zumeist sind die ordnungsstiftenden oder schöpferischen Gottheiten innerhalb einer solchen Struktur hierarchisch deutlich höher angesiedelt als die aggressiv-zerstörerischen Gottheiten. So entsteht ein Weltbild, in dem die Menschen den jede Ordnung infrage stellenden oder zerstörerischen Impulsen einzelner Gottheiten nicht hilflos ausgeliefert sind. Im Alten Testament ist der in altorientalischen Mythen häufig belegte Kampf zwischen einzelnen Gottheiten eines Pantheons so nicht möglich. Es gibt allerdings Texte, in denen JHWH etwa gegen Baal (Hos 2,15) oder gegen die Himmelskönigin (Jer 7,18; 44,15–30) gestellt wird. Hier geht es vor allem um die Verehrung, die JHWH allein gelten soll. Von einer Art Kampf der Gottheiten durch ihre Propheten erzählt 1 Kön 18. Echte Götterkämpfe im Vollsinn des Wortes führt JHWH im Alten Testament aber nicht. Statt dessen bilden sich solche Auseinandersetzungen als Konflikte innerhalb JHWHs ab. Als Beispiel hierfür kann Hos 11,8f. dienen: JHWH ringt mit sich selbst und in sich selbst darum, ob er seinem glühenden Zorn gegen das ungehorsame Israel freien Lauf lassen soll, oder ob er sein Erbarmen mit dem Impuls der Vergebung Oberhand gewinnen läßt.[25]

Im Alten Testament stehen damit gewalttätig-zerstörerische und aufbauend-konstruktive Gottesbilder nebeneinander, ohne daß immer gekennzeichnet wäre, welches das „siegreiche" oder etwa ein dauerhaft gültiges Gottesbild wäre. Zudem beeindrucken die anstößigen Bilder Gottes als Gewalttäter viele Lesende stärker als friedliche oder aufbauend-konstruktive Gottesbilder, die oft blasser wirken. Dadurch, daß die Gottesbilder der Gewalt nicht innerhalb einer hierarchischen Struktur solchen Gottesbildern mit anderen Aussagen untergeordnet sind, können sie als die dominierenden oder wichtigeren erscheinen.

Wenn sich auch eine solche Struktur im Bereich der Gottesbilder nur selten aus den Texten selbst ableiten läßt, so kann sie doch im Bereich der Textauslegung auf der Ebene der Hermeneutik gesetzt werden. Einen derartigen Ansatz vertritt etwa Brueggemann.[26] In seiner Theologie des Alten Testaments (s. u. S. 70f.) ordnet er zunächst eine Reihe von Aussagen als „core testimony" (Kernstück des Zeugnisses) des Alten Testaments ein. Hierzu zählt etwa die „Gnadenformel" in Ex 34,6f. oder Texte über Erschaffung, Leitung oder Bewahrung Israels. In der Metapher der Gerichtsverhandlung stellt Brueggemann diesen Texten andere gegenüber, die unter anderem gewaltvolle Gottesbilder enthalten. Solche Gottesbilder qualifiziert er als „countertestimony" (entgegenstehende Bezeugung).[27] Mit Hilfe dieser Metapher wird das Ringen um ein angemessenes Gottesbild als theologische Bewegung nicht nur in der Auslegung, sondern bereits im Alten Testament selbst verankert.

Brueggemanns Entwurf für das Problem des Verstehens alttestamentlicher Gottesbilder läßt sich in folgender These fruchtbar machen: Im Widerspruch der unterschiedlichen Bezeugungen Gottes bildet sich im Alten Testament auf der literarischen Ebene – beispielsweise in Texten und Gegentexten – das ab, was in altorientalischen Mythen die vielfältigen Götterkämpfe sind. Es findet ein Ringen um das jeweils angemessene Gottesbild in einer historischen Situation, in einer theologischen Tradition oder bzw. zwischen den unterschiedlichen Ebenen von Religion statt.

Nun zu einem weiteren Aspekt, der bei der Einbettung des Alten Testaments in die Kultur des Alten Orients für die Erklärung von alttestamentlichen Gottesbildern zu beachten ist. Nicht alle altorientalischen Gottesbilder, die im Hintergrund alttestamentlicher Gottesbilder stehen, liegen uns in textlicher Form vor. Eine ganze Reihe von Gottesbildern ist in ikonographischer Form vorhanden, also sichtbar auf Bildträger aufgebracht.[28] Die Verknüpfung altorientalischer Bild- mit alttestamentlichen Schriftquellen ist eine heikle Angelegenheit. Wenn Texte sich auf Bilder beziehen, dann tun sie das meist nur ausschnitthaft. Ein Bild kann eine viel höhere Dichte an Elementen und Strukturen übermitteln, als dies ein Text kann: „Während Bildhaftes in seiner Komplexität ‚auf einen Blick' wahrgenommen werden kann, müssen textliche Darstellungen sich beschränken: Vollständigkeit in literarischen ‚Abbildungen' würde ungeheuer viel Raum einnehmen und die Lesenden vermutlich langweilen. Vom textlichen Medium her vorgegeben ist also, dass eine gewisse Auswahl [an Aspekten] … getroffen wird. Anzunehmen ist, dass dies diejenigen sind, die als Anspielung auf ein signifikantes Charakteristikum ausreichen, um bestimmte ‚ganze' Bilder vor dem inneren Auge der Hörenden oder Lesenden erstehen zu lassen, die sich sinnvoll mit bekannten Typen und Rollen verknüpfen lassen."[29]

Wenn alttestamentliche Gottesbilder auf altorientalische Vorbilder anspielen, dann tun sie das, ohne den je eigenen Verstehenshintergrund zu explizieren. Vieles wird als Gewußtes vorausgesetzt, was uns heute als Hintergrund fehlt; etwa die Bedeutung einzelner Bildelemente und Symbole oder die „Grammatik" der Bilder mit der bedeutungstragenden Zuordnung der Einzelelemente. Aus diesem Grund ist es noch längst nicht möglich, alle altorientalischen Anspielungen im Alten Testament zu identifizieren und angemessen zu interpretieren. Dies gilt auch für Bilder Gottes als Gewalttäter, von denen in diesem Buch deshalb auch nur einige herausgehoben werden können und viele weitere der Entdeckung harren.

Ein weiterer Unterschied zwischen Bild- und Textquellen liegt in ihren jeweiligen Umgestaltungsmöglichkeiten. Sprachbilder besitzen eine größere Freiheit beim Umgang mit Bildern als die Ikonographie, die in ihrem Bildrepertoire und ihrer Grammatik über lange Zeitstrecken sehr stabil bleibt. Ein auf ein Bild anspielender

Text kann das Bild im Anschluß an die Anspielung ohne große Anstrengungen ver- oder umwandeln. Den Möglichkeiten des literarischen Umgangs mit Bildern sind kaum Grenzen gesetzt. So spielt DtJes in den Fremdgottpolemiken mit dem Material und dem Herstellungsprozeß von Götterbildern (z.B. Jes 44,9–19; 46,6f.), um die Machtlosigkeit der mesopotamischen Gottheiten anzudeuten. Ein ähnlich flexibler Umgang mit altorientalischen Gottesbilder kann auch bei Bildern von Gott als Gewalttäter im Alten Testament erwartet werden.

## Das Alte Testament als Literatur

Daß der altorientalische Verstehenskontext für alttestamentliche Texte wichtig ist, darf nicht den Blick dafür verstellen, daß das Alte Testament auch ein literarisches Werk ist. Dies wurde bereits in der Differenzierung von schriftlichen und bildlichen Quellen für altorientalische Gottesbilder angesprochen. Eine Eigenheit des Alten Testaments als literarisches Corpus liegt darin, daß sich in ihm keine lose Sammlung von Aussagen findet, sondern – in der Perspektive der historisch-kritischen Forschung, die dieser Hermeneutik zugrunde liegt – absichtsvoll und sorgsam verfaßte oder in größeren Einheiten komponierte Schriften, die in vielen Fällen mehrfach redigiert worden sind. Dies ist aus dem Grund geschehen, die Texte auch in veränderten historischen Situationen aktuell zu halten. Diese Veränderungen sind vermutlich eher mit Hilfe von Fortschreibungen erzielt worden als mit Eingriffen, die Textteile getilgt haben. Wenn Texte mit Gott als Gewalttäter betrachtet werden, sollten deshalb zum einen nicht nur einzelne Verse untersucht werden. Der Blick muß auch auf die größeren literarischen Zusammenhänge gerichtet werden. Zum anderen ist die Entstehungsgeschichte der Texte zu berücksichtigen, gerade in Hinblick auf etwaige Korrekturen von Gottesbildern voll Gewalt. Wenn sich solche Korrekturen durch historisch-kritische Forschung als redaktionelle Änderungen plausibel machen lassen, kann dies als Hinweis darauf angesehen werden, daß bereits zu alttestamentlicher Zeit solche Gottesbilder mit starken Gewaltanteilen als korrekturbedürftig angesehen worden sind. Insofern kann in manchen Texten anhand der Wachstumsgeschichte auch die Entwicklung israelitischer Theologie in ihrer Einstellung zu Gottesbildern der Gewalt abgelesen werden.

Auch als Literatur baut das Alte Testament auf bestimmte kulturelle Vorstellungen seiner Zeit und seines geographischen Raums auf. Damit ist der Aspekt der literarischen Gestalt alttestamentlicher Aussagen angesprochen, der traditionell mit Hilfe der Form- oder Gattungsgeschichte erhoben wird; offener ließe sich sagen, daß es um die jeweilige Kommunikationssituation geht. Beim Verstehen und der Auslegung biblischer Gottesbilder ist nicht ohne Belang, ob sie sich im Zusammenhang beispielsweise einer Klage, einer Erzählung oder eines Rechtstextes finden. Denn mit der Form eines Textes ist seine Absicht eng verknüpft: Als Klage ist ein

Text meist als Teil einer religiösen Feier konzipiert, in der menschliches Leiden Einzelner oder einer Gruppe vor die Gottheit gebracht wird. Als Erzählung kann ein Text beispielsweise der Selbstvergewisserung einer Gemeinschaft über ihre Herkunft und Geschichte dienen. Rechtstexte sind zu dem Zweck verfaßt, Lösungsmöglichkeiten und -konventionen zum Schlichten von Streitfällen aufzuzeigen. Wie diese Beispiele deutlich machen, sind in die (wenn auch nur fiktive) Kommunikationssituation eines Textes Teile seiner Aussage eingeschrieben – und deshalb bei der Auslegung zu berücksichtigen.

Das Alte Testament als Literatur zeichnet sich darüber hinaus dadurch aus, daß es sich als größeres literarisches Werk seinen eigenen Verstehenskontext schafft. Denn jedes alttestamentliche Gottesbild und jedes Motiv steht in einem größeren literarischen Zusammenhang, der seinen Sinn entscheidend prägt. So macht es einen Unterschied, ob in unmittelbarer Nachbarschaft eines Bildes Gottes als Gewalttäter ein anderes Gottesbild steht, in dem die göttliche Barmherzigkeit in den Vordergrund gestellt wird. Daher ist darauf zu achten, auch die Inhalte benachbarter Textabschnitte nicht aus den Augen zu verlieren.

## 2. Über Gewalt im Alten Testament sprechen

### Das Problem der Definition von Gewalt

Bisher ist häufig von „Gewalt“ die Rede gewesen, die im Alten Testament Gott zugeschrieben wird. Was allerdings unter Gewalt verstanden wird, ist noch nicht genauer bestimmt worden.

Den Ausgangspunkt für eine Begriffsbestimmung muß dabei das heutige, sehr weit gefaßte Gewaltverständnis bilden, das in den 1970er Jahren von Johan Galtung entworfen worden ist und seitdem große Verbreitung gefunden hat. Galtung hat die Unterscheidung zwischen struktureller (indirekter) und individueller (direkter) Gewalt eingeführt.[30] Diese Ausweitung des Gewaltbegriffs in den 1970er Jahren hat es nicht nur ermöglicht, in produktiver Weise auf Gewaltstrukturen aufmerksam zu machen, die den Hintergrund für direkte Gewalthandlungen bilden. Sie hat auch eine Begriffsaufweichung nach sich gezogen: Seitdem ist der Terminus „Gewalt“ nicht nur breiter, sondern auch weniger prägnant und damit unspezifischer geworden.

Ein besonderes Problem entsteht in der deutschen Sprache dadurch, daß hier – anders als in vielen anderen Sprachen – Gewalt als Gesamtphänomen in *einen* Begriff gefaßt werden kann. Im Deutschen wird sprachlich nicht zwischen lat. *potestas* bzw. englisch *power* als legitimer „Herrschaftsgewalt“ und *violentia* bzw. *violence* als repressiver, Zwang anwendender Gewalt unterschieden. So kommt es, daß in der deutschen Alltagssprache „Gewalt“ nicht nur für manifeste, handgreifliche Gewalt verwendet wird, sondern auch in vielen Bereichen verwendet wird, die den Machtaspekt betonen; so etwa bei der staatlichen Gewalt mit ihrer „Gewaltenteilung“ oder in Ausdrücken wie „Redegewalt“ oder „Schlüsselgewalt“.

Von Gottes „Gewalt“ zu sprechen und damit konkrete Gewalthandlungen zu bezeichnen, ist auf diesem Hintergrund problematisch, da Gottes „Gewalt“ meist nur als „Macht“ und damit neutral oder positiv verstanden wird. Der „Gewalt“ haftet jedoch in heutiger Begriffsverwendung eine zunehmend negative Konnotation an. Deshalb ist es eindeutiger, von göttlicher „Gewalttätigkeit“ zu sprechen. Diese soll hier gefaßt werden als ein gegen ein Lebewesen oder eine Sache gerichtete Handlung, die Schaden zufügt oder Lebensmöglichkeiten mindert.[31]

Wie auch immer die Begriffsgrenzen gezogen werden – gemeinsam ist den unterschiedlichen Facetten des Gewaltbegriffs, daß Gewalt immer ein ethisches Problem darstellt. Dies läßt sich auch aus den Gegenbegriffen zu Gewalt wie beispielsweise Gewaltlosigkeit oder Gerechtigkeit ableiten. Prägend für die Brisanz des Themas ist dabei die Beurteilung des Phänomens: Ist Gewalt etwas Schlechtes? Wie entsteht sie? Liegt es in der Natur des Menschen, gewalttätig zu sein? In einem solchen Verständnis ist Gewalt ein in jeder Gesellschaft auftretendes Phänomen, das nicht vermieden werden, sondern in seinen Auswüchsen nur auf unschädliche Weise abgeleitet werden kann. In utopischen Entwürfen ist Gewalt ein vorübergehendes Phänomen, das in einer zukünftigen Gesellschaft oder – christlich gesprochen – „am Ende der Zeiten“ nicht mehr existieren soll und wird. Ansätze, die sich heute mit Gewalt befassen, tun dies unter ethischer Perspektive. Wird rassistische, sexistische oder Gewalt in der Familie betrachtet, oder fällt der Blick auf Jugendgewalt oder rechtsextremistische Gewalt, dann geschieht dies meist mit dem Ziel, diese illegitimen Gewaltformen zu unterbinden.

Diese Fragen umreißen den heutigen Problemhorizont, in dem die Versuche stehen, göttliche Gewalttätigkeit im Alten Testament zu erfassen und einzuordnen. Sie bilden unseren heutigen Verstehenshintergrund für das Phänomen Gewalt; sozusagen das Koordinatensystem, in das wir biblische Texte über göttliche Gewalttätigkeit einordnen. Wenn es um die Gewalt im Gottesbild des Alten Testaments geht, muß demnach bei der Rede über menschliche Gewalt angesetzt werden. Denn wir beurteilen den gewalttätigen Gott – zumindest auch – nach Maßstäben, die wir an menschliches Verhalten anlegen.

Für den Begriff und das Phänomen „Gewalt“ gibt es eine ganze Reihe von Definitionen, von denen bislang keine als allgemein Gültige akzeptiert wird.[32] Anstatt eine Schneise durch das Dickicht unterschiedlicher Begriffsbestimmungen zu schlagen, von denen nur ein geringer Teil für diese Untersuchung relevant oder brauchbar ist, sollen im Folgenden einige der wichtigsten Begriffsfelder angedeutet werden, die für die Behandlung gewaltvoller Gottesbilder von Belang sind.

Was wird zunächst ganz allgemein unter Gewalt gefaßt? „Gewalt“ wird in anthropologischer Sicht verstanden „als Vermögen von Menschen, andere Menschen gegen deren Willen durch Androhung und Ausübung physischen Zwanges einzuschüchtern oder zu einem bestimmten Verhalten, Handeln oder Unterlassen zu veranlassen"[33]. Für unsere Frage müßte diese Definition zunächst über die Gruppe von Menschen erweitert und auch auf „Gott" ausgedehnt werden.

Eine andere Möglichkeit bestünde darin, im Blick auf Gott statt mit den Begriffen „Gewalt" oder „Gewalttätigkeit" mit dem Terminus des „Bösen" zu arbeiten. Dies ist im Blick auf das Gottesbild lange Zeit üblicher gewesen, als von göttlicher „Gewalt" zu sprechen.[34] Nachdem einige Jahrzehnte lang kaum vom „Bösen" gesprochen wurde – möglicherweise seiner mythischen Qualitäten wegen oder aufgrund der unerwünschten moralischen Konnotation –, erlebt der Begriff momentan eine Renaissance. Dabei fungiert „das Böse" häufig als Wechselbegriff für die Gewalt.[35] Für Gottes „dunkle Seiten"[36] ist in der älteren Literatur ein dritter Begriff geläufig, der dem engen Bereich der Religion entstammt: das „Dämonische".[37]

Gewaltverständnisse aus unterschiedlichen Deutungsbereichen setzen je eigene Schwerpunkte.[38] Im Bereich von Psychoanalyse, Psychologie oder Pädagogik dominiert die Beschäftigung mit den Ursachen und möglichen Strategien zur Behebung von Gewalt.[39] Eng verwandt mit der psychoanalytischen Denkrichtung ist ein kulturanthropologisches Gewaltkonzept, das für die Interpretation alttestamentlicher Gottesbilder fruchtbar gemacht worden ist: der Ansatz von René Girard.[40] Ihm soll daher zunächst das Augenmerk gelten.

## Ein kulturanthropologisches Gewaltkonzept

Der Kulturanthropologe René Girard entwirft ein Modell, nach dem sich permanent in allen Gesellschaften ein Gewaltpotential aufbaut, da alle Menschen ihre Begierde auf die gleichen Dinge richten. Die Mimesis bzw. Nachahmung eines Verhaltens steigert das Gewaltpotential, so daß dieses regelmäßig „abgeleitet" werden muß. Die Kanalisierung der Gewalt erfolgt unter anderem über das rituelle Opfern von Sündenböcken für eine Gottheit.[41] Die Gottheiten erscheinen dabei als Gestalten voller ambivalenter Projektionen. Allerdings hebt Girard diese Gottheiten vom „wahren Gott" ab, der ihm zufolge in der jüdisch-christlichen Tradition nach und nach hervortritt. Lohfink faßt zusammen: „Der Gott der Religionen ist daher nur in einem bestimmten Ausmaß der wahre Gott. Weithin ist er Projektion des gesellschaftsstiftenden Tremendum und Fascinosum."[42] Girard bezieht sein Modell also selbst auf die Bibel; in theologischer Perspektive stärker ausgearbeitet haben diese Übertragung vor allem der systematische Theologe Raymund Schwager und der Alttestamentler Norbert Lohfink.[43]

Lohfink faßt Girards Ansatz so zusammen, daß das Neue des Alten Testaments gegenüber seiner Umwelt die Sichtbarmachung, das Aufdecken der überall vorhandenen Gewaltmechanismen ist. So kann langfristig der Mechanismus von Gewalt und Gegengewalt durchbrochen werden. In den Erfahrungen der Gewaltüberwindung kann der „wahre Gott" erkannt werden.[44] „Dies alles hebt im Alten Testament nur an. Deshalb fordert diese Theorie geradezu, daß das Alte Testament ambivalent bleibt. Wenn man es nur von der Aussageintention seiner Autoren her liest, muß man es als zutiefst widersprüchlich empfinden. Gerade weil in ihm die Gewalt nicht nur insgeheim herrscht, sondern sogar, zumindest anfänglich, als das herrschende Prinzip auch entlarvt wird, ist das Alte Testament bluterfüllter als viele andere Werke der religiösen Literatur der Welt. Auf weite Strecken muß es durchaus noch durch verschleiernde Ideologien verhangen sein. Andererseits müßten ansatzhaft oder auch nur an einzelnen Punkten, dann aber mit großer Deutlichkeit, jene Figurationen durchbrechen, die dann im Neuen Testament als das Neue eindeutig erkennbar werden."[45]

Schwager sieht die Bibel in der Weise, daß hier die Gegenkräfte gegen die Gewalt sichtbar werden. Allerdings beschreibt er das nur im Rahmen des Opferschemas: „Die alttestamentlichen Texte nehmen schrittweise immer stärker für die Opfer Stellung. Sie urteilen nicht mehr aus der Sicht der gewalttätigen Menge, sondern bringen die Erfahrung von Propheten zum Ausdruck, die vom eigenen Volk bedroht werden. Es sprechen Gerechte angesichts vieler aggressiver Frevler oder Bekehrte, die das Tun der Menge als Ungerechtigkeit und Gewalttat durchschauen."[46]

Gegen die auf Girards Überlegungen fußenden Ansätze lassen sich eine Reihe von Einwänden erheben.[47] Sie ergeben sich im hier betrachteten Sachzusammenhang vor allem in Bezug auf das Verständnis von Gewalt und die Möglichkeiten ihrer Überwindung.[48] Nach Girards mimetischem Denken bekommt Gewalt den Charakter einer anthropologischen Grundkonstante, die sich in allen Kulturen unterschiedslos ausprägt und immer den gleichen Mechanismen gehorcht. Diese Annahme geht aber fehl, wie gleich zu erläutern sein wird. Auch zementiert die von Girard entworfene These des notwendigen rituellen Opfers zur Ableitung der gewalttätigen Energie Gewalt eher, als daß sie ermutigt, nach alternativen gesellschaftlichen Strategien der Gewaltüberwindung zu suchen. Ist es wirklich möglich, Gewalthandlungen in dieser Weise vom Destruktiven ins Konstruktive zu wenden?[49] Im Anschluß an den Neuentwurf von Christian Eberhart zum Charakter des Opfers im Alten Testament[50] muß darüber hinaus die Frage gestellt werden, ob Girards auf das Sühnopfer zentrierte Modell den biblischen Texten wirklich angemessen ist.[51]

## Gewalt als kulturspezifisches Phänomen

Was unter Gewalt zu verstehen ist, variiert je nach untersuchter historischer Situation und nach betrachtetem Kulturraum.[52] Bezieht man beispielsweise die unterschiedlichen Staats- oder Rechtsformen in die Analyse und Beurteilung von Gewalt mit ein, dann „wird deutlich, daß man über Gewalt und Gewaltverzicht nicht auf der

Basis zeitloser Definitionen nachdenken kann. Dies gilt besonders dann, wenn man versucht, völlig unterschiedliche Wahrnehmungen von Gewalt in unterschiedlichen Zusammenhängen zu vergleichen. Zudem ist leicht zu zeigen, daß in jede ethische Beurteilung von Gewaltverhältnissen Vorstellungen und Normen eingehen, die ihrerseits das Ergebnis einer mehr oder weniger bewußten Auseinandersetzung mit deren geschichtlicher Herkunft sind."[53] Vor diesem Hintergrund ist es bei der Untersuchung göttlicher Gewalttätigkeit in der Bibel notwendig, die vorhandenen gravierenden kulturellen Unterschiede zwischen alttestamentlichem und heutigem Gewaltverständnis zu berücksichtigen.[54]

Wie kann dies geschehen? Ein möglicher Zugang ist derjenige, der von der alttestamentlichen „Eigenbegrifflichkeit" für gewalttätige Vorgänge ausgeht. In diese Richtung gehen derzeit die Arbeiten von Andreas Michel sowie die von Walter Dietrich und Moisés Mayordomo. Michel stellt in seiner Untersuchung über Gott und Gewalt gegen Kinder im Alten Testament auch die Gott-und-Gewalt-Verben in einer Übersicht zusammen.[55] Er stellt jene Belege vor, „die YHWH/Gott mit semantisch negativ konnotierten Verbwurzeln als vernichtend, schlagend, tötend, fressend, ängstigend, zündelnd usw. charakterisieren, also Verben, die mit YHWH/Gott als Subjekt und menschlichem Objekt im weiteren Sinne physische und psychische Gewalt bezeichnen, wobei im übrigen in diesen Belegen erstaunlich oft der (Teil)Exitus des menschlichen Objekts angezeigt wird."[56] Diese Auswahl wird dann in 14 Gruppen oder Rubriken unterteilt, wobei vor allem in den Gruppen 1–5 von körperlicher Gewalt bzw. Schädigung die Rede ist:

„1. YHWH/Gott rottet aus, vernichtet, reißt nieder;
2. YHWH/Gott schlägt, zerschmettert, durchbohrt, stößt, schießt, haut und tritt;
3. YHWH/Gott tötet, schlachtet, macht kinderlos (spezifische Verben für ‚töten‘);
4. YHWH/Gott frißt, verschlingt, zerreißt und
5. YHWH/Gott macht krank, läßt schmerzen, hungern. (…)
6. YHWH/Gott stachelt zum Kampf an, kämpft selber, greift an und feindet an, packt zu, sperrt ein, verfolgt und jagt (ohne angezeigte körperliche Verletzung);
7. YHWH/Gott zerstreut, vertreibt, führt ins Exil;
8. YHWH/Gott (ver)wirft, wirft weg und nieder, verläßt, läßt fallen und gibt preis;
9. YHWH/Gott erschreckt, verwirrt, macht trunken, verhärtet, verachtet, vergißt, haßt, täuscht, bedrückt, demütigt, vespottet und zürnt (‚psychische‘ Gewalt);
10. YHWH/Gott vermindert, entblößt, schert, entzieht, beraubt, verbirgt (privative Verben);
11. YHWH/Gott als Brandstifter;
12. YHWH/Gott als (teilweise) gewalttätiger Erzieher;
13. YHWH/Gott verflucht und verwünscht;
14. YHWH/Gott vergilt und sucht heim, spricht schuldig, handelt ‚böse‘ und ‚negativ‘."[57]

Dieser Teil von Michels Untersuchung stellt in der Forschung einen ersten systematischen Versuch dar, die Verben über göttliche Gewalttätigkeit differenziert und im Zusammenhang zu betrachten.[58] Diese Art von Forschung bietet eine gute Grundlage für weitere Untersuchungen. Daneben kann Michel beispielsweise beobachten, daß es eine Reihe von Verben gibt, die *gerade nicht* zur Bezeichnung göttlicher Gewalttaten verwendet werden. Hierbei geht es nicht um die Inhalte, sondern um die Ausdrucksweise. Im Vergleich mit der Bezeichnung menschlicher Gewalttätigkeit kommt Michel deshalb zu folgendem Schluß: „Wenn nicht alles täuscht, ist es gerade das Vokabular (nicht der Inhalt!) dieser kurzen Prohibitivketten (Lev 19,11–14 und Ex 20,13–17 par Dtn 5,17–21), Rechtsformulierungen (Lev 5,21f.) bzw. Reihenbildungen (Hos 4,2), die dem Reden über das Handeln YHWHs semantische Grenzen setzen: YHWH kann nicht selbst als derjenige auftreten, der die wichtigsten und wiederholten Grundsätze des mitmenschlichen Ethos verletzt."[59] „Der weitgehende Ausschluß bestimmter Verben, die den Nerv des mitmenschlichen Ethos betreffen, indiziert stattdessen, daß sich die alttestamentlichen Autoren bzw. Redaktoren des Zusammenhangs zwischen Gottesbild und Ethos bzw. Ethik auch in semantischer Hinsicht durchaus bewußt gewesen zu sein scheinen."[60] Bei der Schilderung göttlicher Gewalttätigkeit bleiben also bestimmte Termini ausgespart, die nur für zwischenmenschliche Gewalttaten verwendet werden.

Einen nicht ganz so detaillierten Versuch der Darstellung hebräischer Substantive und Verben für Gewalt unternimmt Dietrich, ohne allerdings den Schwerpunkt auf göttliche Gewalt zu setzen.[61] Im Unterschied zu Michel kann er im Anschluß einige weiterreichende Beobachtungen formulieren. Doch zunächst zu seinem Befund[62]: Als Substantive nennt er *'el*/איל (eher selten: Stärke, Gewalt), *chosqah* (physische Gewalt; psychische Kraft, Heftigkeit), *chamas*/חמס („die konkret zugefügte Gewalt, das angetane Unrecht"), *jad*/יד (eigentlich Hand, „zuweilen aber eben auch die gewalttätige Hand"), *koach*/כח („Vermögen, Tüchtigkeit, Kraft, Macht, Gewalt"), *kaf*/כף (eigentlich Handfläche, hohle Hand, „mit einer Gewalt-Konnotation in der Wendung ‚in jemandes Hand (d.h. Gewalt) geben'"), *'os*/עז (Gewalt, Macht, Kraft, Festigkeit, Schutz) und *toqäf*/תקף (nur im Estherbuch; Stärke, Gewalt; Nachdruck, Energie).

Dietrich kommentiert diese Aufzählung: „Betrachtet man diese Liste, wird deutlich, wie abstrakt und schwer zu fassen unser deutscher Begriff ‚Gewalt' gegenüber dem hebräischen Sprachgebrauch ist, wo sehr anschaulich und konkret von Gliedmaßen geredet wird, die Gewalt üben können, oder von Verhaltensweisen oder Vorgängen oder Fähigkeiten, denen zuweilen ein Gewaltelement innewohnt. Irritierend ist zudem, daß einige dieser Begriffe genauso von Gott wie von Menschen gebraucht werden … Die meisten Wörter oszillieren zwischen eher positiven und eher negativen Konnotationen."[63]

Bei der Aufzählung der Verben kommt Dietrich zu einem ähnlichen Urteil. Von den drei Verben, die mit den genannten Nomina eng verwandt sind, „ist nur eines klar negativ gefärbt“: *chamas/*חמס „heißt ‚gewaltsam Unrecht zufügen‘“.[64] Noch nicht einmal den Verben für „töten“ haftet eindeutige Gewalttätigkeit an; einige von ihnen schließen „auch ethisch ambivalentere Handlungen wie Feindabwehr, Notwehr, Töten im Krieg oder Todesstrafe“ ein.[65] Eine Reihe weiterer Verben drückt „weniger physische als vielmehr strukturelle Gewalt“ aus; allerdings findet sich hierbei ein Verb, das auch „vergewaltigen“ bedeuten kann (*‘anah/*ענה II).[66] „Viele Verben bezeichnen zunächst ‚nur‘ ein kraftvolles Agieren oder auch zerstörerisches Wirken und lediglich in bestimmten Zusammenhängen dezidiert Gewalt gegen Menschen.“[67]

Den Bereich des Kriegs führt Dietrich als einen, in dem „Gewalt generell präsent ist“, gesondert an.[68] Im Anschluß formuliert er einige Einsichten:

- „Gewaltphänomene begegnen in großer sprachlicher Breite und Differenzierung … Die aufgeführten Begriffe sind äußerst weit gestreut, einige von ihnen sind fast etwas wie Allerweltswörter. Darin spiegeln sich die Allgegenwart der Gewalt und die Vielgestaltigkeit der Erfahrungen mit ihr sowie des Nachdenkens über sie.
- Es gibt keinen herausgehobenen hebräischen Gewalt-Begriff. Wie sonst, so ist das Hebräische (wie übrigens das hebräische Denken überhaupt) auch hier gekennzeichnet durch Konkretion, Farbigkeit und Anschaulichkeit – negativ könnte man sagen: durch einen Mangel an Abstraktion und Systematik.
- So ist es im Hebräischen auch nicht möglich [vgl. aber unten], zwischen legitimer, erstrebenswerter ‚Macht‘ und illegitimer, verurteilenswerter ‚Gewalttätigkeit‘ sprachlich zu unterscheiden, wie dies in anderen Sprachen der Fall ist.
- Einzelne hebräische Wörter können sehr Unterschiedliches beschreiben: vom verabscheuungswürdigen Gewaltexzess über ambivalente Machtausübung und unvermeidlichen Energieaufwand bis hin zu bewundernswerter Krafttat.
- Menschliche und göttliche Gewalt werden mit der gleichen Terminologie beschrieben, wodurch menschliche Gewalt sowohl legitimiert als auch in Frage gestellt werden, wodurch das Gottesbild kraftvoll, aber auch unheimlich erscheinen kann.“[69]

Dietrichs Beobachtungen ist grundsätzlich zuzustimmen. Sie sind allerdings an zwei Punkten einzuschränken: Zum einen ist das Ergebnis von Michel hier zu ergänzen: Göttliche Gewalttätigkeit wird nicht exakt mit der gleichen Terminologie bezeichnet wie menschliche; es gibt – wie eben Michel herausarbeitet – in der Tat Unterschiede bei Verben, die den Kern des Ethos im menschlichen Zusammenleben umreißen. Zum anderen ist Dietrich darin zu widersprechen, daß es keinen hebräischen Gewaltbegriff gibt bzw. daß sich sprachlich nicht zwischen legitimer und illegitimer Gewalt unterscheiden ließe: Zumindest *chamas/*חמס ist als Substantiv wie als Verb für Gewalttat sehr prominent, und es wird durchgängig negativ konnotiert.[70]

Diese neueren Untersuchungen sind wertvoll und weiterführend. Drei Aspekte allerdings bleiben bei einer derartigen Herangehensweise unerwähnt:

Zum einen sind es die jeweiligen Forschenden, die in diesem Fall die fraglichen Verben als „Gewalt-Verben" einordnen. Möglich bleibt immer, daß diese Verben in der israelitischen Lebenswelt ganz anders eingeordnet worden wären, wenn denn eine solche Bewertung vorgenommen worden wäre. Bei Dietrich ist diese Einschränkung stärker im Blick als bei Michel. Durch eine solche Unterteilung von Verben in Gewalt-Verben und Nicht-Gewalt-Verben erfahren wir im Zweifelsfall mehr über die Annahmen der Forschenden als über das Alte Testament.

Zum zweiten ist an eine Beobachtung von Ilse Müllner anzuknüpfen, die sich auf die literarische Repräsentation von Gewalt bezieht.[71] Gewalt ist nicht nur dort vorhanden und wird nicht nur dort greifbar, wo sie literarisch explizit gemacht wird. Konsequenzen daraus ließen sich in zwei unterschiedlichen Weisen formulieren: Einerseits kann nicht nur das, was in den Texten als Gewalt benannt wird, aus heutiger Sicht als Gewalt bezeichnet werden. Dies gilt etwa für Texte, die auf dem Hintergrund der kulturellen Selbstverständlichkeit – und deshalb, ohne Anstoß daran zu nehmen – von Sklaverei oder patriarchalen Verhältnissen sprechen. Andererseits ist es in einigen Fällen die Art der literarischen Darstellung selbst, die – zumindest aus heutiger Perspektive – als gewaltförmig angesehen werden kann. Hier wäre beispielsweise auf die Entblößung Bathsebas in 2 Sam 11 vor den Augen der Lesenden hinzuweisen.[72]

Zum dritten solle im Blick gehalten werden, daß auf der Basis allein der alttestamentlichen *Texte* keine tragfähige Aussage über ein Gewaltverständnis des Alten Israel getroffen werden kann, wenn unter dem Alten Israel dessen gesamte *Lebenswelt* verstanden wird. Diese hat aber zu entscheidenden Teilen keinen literarischen Niederschlag gefunden, denn das Alte Testament konzentriert sich auf diejenigen Themen, die aus religiöser Perspektive überlieferungswürdig erscheinen. So wird nicht alles, was die Lebenswelt geprägt hat, auch in den Texten erwähnt. Gewalt wird nur dann thematisiert, wenn sie überlieferungswürdig erscheint; das heißt, wenn sie sich in einen religiösen Rahmen einbetten läßt.[73] Deshalb läßt sich vermuten, daß ein Teil der vorhandenen Gewalt im Alten Israel in den alttestamentlichen Texten keine Spuren hinterlassen hat. Manches vom Fehlenden läßt sich durch außeralttestamentliche Quellen über die Lebenswelt des Alten Israel erschließen. Fakten liefern hier beispielsweise die Archäologie oder die Altorientalistik bzw. Ägyptologie.

In dieser kombinierten Vorgehensweise lassen sich einige Einblicke in die von der unsrigen so unterschiedliche Lebenwelt des Alten Israel gewinnen. Einige eklatante Gewaltformen, die sich von heutigen unterscheiden, können beschrieben werden: Vor allem kriegerische Handlungen mit all ihren Folgen stellen eine weitaus größere Bedrohung menschlichen Lebens Israels dar als im heutigen Westeuropa. Kriege greifen auch auf die Zivilbevölkerung über; Bevölkerungsteile werden deportiert; durchziehende Heere hinterlassen durch das Abholzen der Fruchtpflanzen und

-bäume „verbrannte Erde“ mit der Folge, daß die Bevölkerung unter Hungersnöten zu leiden hat. Abmachungen wie die Haager Landkriegsordnung aus den Jahren 1899 und 1907 oder die bis 1949 formulierten Genfer Konventionen liegen noch in ferner Zukunft. Ihr Ziel ist es, auch den Unterlegenen des Kampfes und der Zivilbevölkerung eines besiegten Landes bestimmte Rechte und einen gewissen Schutz zusichern.

Abgesehen von der Extremsituation des Krieges läßt sich auch die rechtliche Situation einzelner Menschen aus heutiger Sicht mit Hilfe von Mängeln charakterisieren: Weder Bürger(innen)-, noch Menschen- oder Grundrechte gewährleisten einen Grundstock rechtlicher Absicherung für alle Menschen. Nur grundbesitzende einheimische Männer gelten als „Vollbürger“; alle anderen Bevölkerungsgruppen besitzen nur eine eingeschränkte Rechtsstellung. Überkommenes Gewohnheitsrecht wird je nach Epoche und Region variiert und findet in seinen unterschiedlichen Formen gelegentlich schriftlichen Niederschlag. Ortsgerichte behandeln nur diejenigen Rechtsfälle, die zur Anklage kommen. Von einer Rechtssicherheit im heutigen Sinne kann keineswegs die Rede sein.

Eine solche historische Beschreibung auf der Grundlage von Texten und außerbiblischen Quellen ermöglicht einen besseren Einblick in die altisraelitischen Verhältnisse als allein semantische Untersuchungen. Was in Israel jeweils als „Gewalt“ angesehen wird und was im Unterschied dazu als nicht gewaltförmig erlebt wird, läßt sich allerdings nur aus der Perspektive einer heutigen Forschenden entscheiden. Ein *umfassendes* altisraelitisches Gewaltverständnis läßt sich nicht rekonstruieren.

Wenn also Gewalt als lebensweltliches Phänomen für das Alte Israel nicht genauer erfaßt werden kann,[74] dann kann das Gewaltverständnis auch nicht exakt bestimmt werden. Es bleibt an diesem Punkt die Möglichkeit, aus heutiger Sicht auf einer schmalen Basis zu bestimmen, was als „Gewalt“ gefaßt werden soll, und unter dieser Perspektive Termini oder Texte auszuwählen, die dann genauer zu betrachten sind. Im Blick auf die Texte soll das in dieser Untersuchung geschehen (dazu s.u. IV).

## Gewalt im Alten Testament als literarisch dargestellte Gewalt

In dieser Situation scheint es sinnvoll zu sein, die eigene Forschung auf das zu beschränken, was sich erforschen läßt. Um also vorwegzunehmen, was später noch ausführlicher dargestellt werden soll: Diese Untersuchung beschränkt sich überwiegend auf die Ebene der alttestamentlichen *Texte*. Über die Wahrnehmung göttlicher Gewalt in der *gesamten* israelitischen Lebenswelt lassen sich auf der gegebenen Materialbasis keine umfassenden Aussagen treffen.

Daß im Alten Testament Gewalt in literarischer Form vorgefunden wird, besitzt noch weitere Implikationen als die bisher erwähnten. Eine literarische Darstellung ist nicht nur, wie bereits erwähnt, eine ausschnitthafte Darstellung der Wirklichkeit. Eine weitere Eigenheit von Literatur liegt darin, daß ihre Verknüpfung mit der Wirklichkeit nicht so eng ist, wie es oft gesehen wird. Neben – wie auch immer – „realistischen“ Darstellungen ist Fiktionalität eine Möglichkeit von Literatur. Mit dieser Aussage soll nicht behauptet werden, daß es bereits in der Antike literarische Gattungen wie den Roman oder gar Science Fiction gegeben habe. Durchaus gängig sind aber in allen altorientalischen Literaturen etwa mythische, epische oder legendenhafte Texte, von denen niemand behaupten würde, daß sie von tatsächlich Geschehenem sprechen.[75] Doch muß man nicht auf solche Texte rekurrieren, um fiktionale Elemente altorientalischer Literatur zu finden. Um nur zwei Beispiele zu nennen: Zahlenangaben bei geschlagenen Feinden beispielsweise dienen in altorientalischer Literatur häufig propagandistischen Zwecken. Ähnlich steht es mit den Lebensdaten der Erzeltern der Genesis. Diese Andeutungen sollen eine Ahnung davon vermitteln, daß nicht alle alttestamentlichen Gewaltdarstellungen tatsächlich Schilderungen geschehener Gewalt sein müssen.

Über diesen Aspekt des Realitätsbezugs hinaus eröffnen sich aber in der Literatur noch weitere Möglichkeiten. Geschehene Gewalt wird in ihrer literarischen Form bearbeitbar. Dies verdeutlichen gerade die Klagepsalmen des Alten Testaments. Womöglich ist bereits im Akt des Niederschreibens eine Form der Gewaltbearbeitung zu sehen, wenn es sich denn um Gewaltopfer handelt, die solche Texte verfaßt haben. In der kultischen Rezitation solcher Psalmen können Menschen, die Gewalt erfahren haben, diese auch aussprechen, selbst wenn sie selbst über diese Erfahrung zunächst verstummt sind; dies hat Ulrike Bail anhand von Ps 6 und 55 herausgearbeitet.[76]

Gleichzeitig können Texte über Gewalt, wenn sie mit der Kritik gesellschaftlicher Zustände verknüpft sind, auch als eine Art literarischer Schrei nach Gerechtigkeit gelten. In der Prophetie Habakuks heißt es etwa: „Wie lange schon, JHWH, rufe ich um Hilfe? Du aber hörst nicht! ‚Verbrechen‘ rufe ich! Du aber hilfst nicht! Warum läßt du mich Unrecht sehen – du aber siehst dem Elend zu? Barbarei und Gewalt umgeben mich.“ (Hab 1,2f.) So wird Gott zum Eingreifen aufgefordert und an sein Gerechtigkeitshandeln appelliert.

In sehr gewalttätigen Zeiten, wie es sie während der Entstehung der Bibel häufig gegeben hat, können Gewalttexte auch die Funktion besitzen, gegen das geschehende Unrecht etwa einer antiken Großmacht anzuschreiben. Wenn es nicht möglich ist, sich dem Zugriff einer brutalen Übermacht physisch zu entziehen, dann kann in einer gegen diese Macht gerichteten Gewaltphantasie ein mögliches Mittel liegen, um in einer solchen Situation den eigenen Maßstäben und Idealen weiter treu zu bleiben und zumindest in dieser Hinsicht weniger Schaden zu erleiden als ohne einen solchen Ausweg. Solche Texte sind beispielsweise in den Fremdvölkersprüchen im Alten Testament zu finden, die sich unter anderem gegen Ägypten, Assur oder Babylon richten, oder in der Apokalypse im Neuen Testament. Eine weitere

Funktion von Gewaltschilderungen der Bibel kann darin liegen, daß sie als Negativfolie zur Beschreibung erhoffter heilvoller Zustände verwendet werden, wenn andere Sprachmöglichkeiten versagen oder den Menschen verwehrt sind. Auf der anderen Seite gibt es auch viele „ungenannte" Gewaltbilder, ohne die geläufige und sehr positiv rezipierte Bilder der Bewahrung sinnlos wären.[77]

Literarische Gewalt wie die Gewaltschilderungen im Alten Testament können eine Reihe von Funktionen besitzen. Auch ihre Wirkungen sind nicht begrenzt. So besteht, wie Müllner am Beispiel sexueller Gewalt verdeutlicht, ein Unterschied zwischen repräsentierter Gewalt und Gewalt durch Repräsentation.[78] Damit Gewalt in einem Text gemeint oder enthalten ist, muß sie nicht explizit genannt oder gar gefordert werden. Sie kann etwa auch in Entblößung von Figuren liegen, in der Verweigerung der Subjektposition usw. Müllner erläutert das am Beispiel der Bathseba-Erzählung (2 Sam 11): „Die Gewalt, die Batseba angetan wird, geht vom Text selbst aus, der seine Protagonistin nackt und ohne eigene Stimme den Blicken der Lesenden ausliefert."[79] Deshalb ist es sinnvoll, eine Differenzierung einzuführen: „Zwischen dargestellter Gewalt und Gewalt mit den Mitteln der Darstellung zu unterscheiden, ermöglicht eine befreiende Lektüre von manchen Gewalttexten."[80] Denn „nicht jeder Text, der Gewalt darstellt, befürwortet diese auch".[81] Diese Gedanken wären noch weiterzuführen: So führen Darstellungen von Gewalt nicht zwangsläufig zu Gewalthandlungen, wie die Diskussion um Gewalt in den Medien zeigt.[82] Ähnlich ist es auch bei biblischen Texten: Auf bestimmte Weise ausgelegt, können sie die Gewaltbereitschaft der Lesenden erhöhen.[83] Einen kausalen oder zwingenden, kontextunabhängigen Zusammenhang zwischen biblischen Gewaltdarstellungen und Gewalthandlungen der Bibellesenden gibt es aber nicht. Dies gilt für heute; für das Alte Israel mit seinen anderen medialen Bedingungen läßt es sich allerdings höchstens vermuten.

## Gewalt im Alten Testament: (auch) eine Frage der Perspektive

Daß man sich allein mit Hilfe von Definitionen, mit semantischen Untersuchungen oder mit Reflexion auf die medialen Bedingungen dem Phänomen göttlicher (und menschlicher) Gewalt im Alten Testament nicht befriedigend annähern kann, ist deutlich geworden. Deshalb soll hier eine weitere Kategorie eingeführt werden, die bereits Jürgen Ebach in seiner Auseinandersetzung mit Gewalt in der Bibel (s. u. S. 44f.) herausgestellt hat. Auf dem damaligen Diskussionshintergrund[84] schreibt er: „Neutralität gegenüber der Gewalt ist Illusion. Wer Gewalt prinzipiell ablehnt und sich aus jeder Form von Gewalt heraushalten will, erliegt einer Illusion und besorgt zudem nicht selten das Geschäft der Herrschenden."[85] Dies zielt auf die konkrete gesellschaftliche Praxis. Es läßt sich jedoch auch, wie beispielsweise feministisch-exegetische Arbeiten zu Gewalt gegen Frauen betonen,[86] auf die Arbeit an biblischen Texten übertragen. Auch in neueren Arbeiten aus der Kulturgeschichte und -anthropologie wird akzentuiert, daß gerade bei der Auseinandersetzung mit Gewalt die Perspektive der Forschenden eine entscheidende Rolle spielt. Am Ende eines langen Forschungsüberblicks über das Reden über Gewalt formuliert die Sozialwissenschaftlerin Kristin Platt: „Die Annäherung an Gewalt ist nicht möglich, ohne eine Entscheidung für eine Perspektive zu treffen, und sie hat zur ersten Aufgabe, darauf aufmerksam zu machen, daß Gewalt grundsätzlich mit Tätern und Opfern, mit Handeln und Verletzen, mit Erfahrung und Erleiden zu tun hat. Die Erfahrung der Gewalt kann nur aus einer bestimmten Perspektive beschrieben, diskutiert und erforscht werden."[87]

Nun ist es nicht Ziel des vorliegenden Bandes, eine Anleitung zum Erforschen konkreter Gewalthandlungen zu geben. Eine Analyse biblischer Bilder von Gott als Gewalttäter kann die Frage der Perspektive nur in vermittelter Weise einbeziehen. Hier soll das so geschehen, daß der Ausgangspunkt der Hermeneutik und der Textuntersuchungen bei der Überlegung ansetzt, daß die Texte göttlicher Gewalt im Alten Testament als solche Texte angesehen werden, die (zumindest auch) die Perspektive von Gewaltopfern spiegeln.

Mit diesen Ausführungen sind die wichtigsten Koordinaten und Merkpunkte einer Beschäftigung mit Gewalt im alttestamentlichen Gottesbild benannt. Nun ist der Blick auf die vorhandene Forschung zum Thema zu richten.

# III. Göttliche Gewalt im Spiegel der alttestamentlichen Wissenschaft

## 1. Forschungen zu Gottesbildern der Gewalt im Alten Testament

Erst etwa Ende der 1970er Jahre wird Gewalt in der Bibel – und damit auch die göttliche Gewalttätigkeit – in der Bibelwissenschaft als eigenständiges Thema wahrgenommen. Auch wenn etliche der Aspekte, die seitdem zum Bereich Gewalt gerechnet werden, zuvor schon behandelt worden sind, so hat sich nun die Perspektive durch gesellschaftliche Fragestellungen verändert (s. u. „Die Forschung der 1970er und 1980er Jahre"). „In den Inhaltsverzeichnissen der alttestamentlichen Theologien sucht man vergebens nach einem Kapitel oder auch nur einem Abschnitt über das Thema ‚Gewalt'."[1] „Wer die moderne exegetische Literatur oder Bücher mit dem Titel „Theologie des Alten Testaments" durcharbeitet, wird … recht wenig von diesem Thema lesen."[2] Daran hat sich bis heute nur wenig geändert. Auch läßt es das Urteil auf Lexikonartikel ausdehnen. Im Folgenden sind diese literarischen Gattungen deshalb nur spärlich vertreten.[3]

Allerdings sind seit den 1970er Jahren eine Reihe von Werken entstanden, die sich speziell mit der Gewalt in der Bibel befassen.[4] Es soll nun eine Auswahl dieser Arbeiten – vor allem aus dem deutschsprachigen Raum – vorgestellt werden, die sich mit Bildern von Gott als Gewalttäter beschäftigen.[5] Der Durchgang durch die Forschung ist weitgehend chronologisch angeordnet. Die Ansätze werden je nach Länge und Bedarf unterschiedlich ausführlich eingeordnet und erläutert, auf ihre Thesen zum Verstehen von Gottesbildern der Gewalt befragt und kurz gewürdigt. Im Anschluß (III, 2.) werden die Modelle zum Umgang mit Gottesbildern der Gewalt systematisiert dargestellt.

### Zwei Ansätze der älteren Forschung: Das Dämonische – der „Heilige Krieg"

Vor allem zwei Entwürfe der ersten Hälfte des 20. Jh. sind es, die bis heute in der Auseinandersetzung mit Gottesbildern der Gewalt eine Rolle spielen. Während Volz 1924 einen umfassenden Versuch der Einordnung solcher Gottesbilder vorgelegt hat, beschränkt sich von Rad 1951 auf den „Heiligen Krieg".

Mit dem „Dämonischen in Jahwe" befaßt sich Paul **Volz** in einem 1924 abgedruckten Vortrag. Daß er sich dieses Themas annimmt, hebt ihn aus der Riege der damaligen Alttestamentler heraus. Das Volz'sche Dämonische versteht sich im Sinn „des Unheimlichen, Grauenvollen, Verderblichen, Grausamen, Feindlichen und fast Satanischen".[6] Während die Wortwahl heute eher ungewöhnlich klingt,[7] entspricht die Beschreibung inhaltlich in weiten Teilen dem, was aktuell unter den „gewalttätigen Seiten Gottes" verstanden wird. Auch wenn sich die Begrifflichkeit gewandelt hat, so vielleicht nicht in gleichem Maß die Umgangsweise mit den schwierigen Seiten Gottes. Volz diagnostiziert: „Fast alle [Forschenden] lehnen es ab, solche Erzählungen [wie Ex 4,24; 2 Sam 6,7 oder 24,1] im Sinn der sittlichen Heiligkeit Gottes oder des durch Sünde begründeten Zornes auszulegen, und es besteht unter uns augenblicklich eher die Neigung, das Dämonische im alttestamentlichen Gott zu übertreiben oder zu verallgemeinern."[8] Volz kennt keine Scheu, seitenweise Texte über die „dämonischen Seiten" JHWHs zu paraphrasieren und seiner Irritation über dieses Gottesbild Ausdruck zu verleihen: „Bei Bel von Babylonien wundert uns das dämonische Wesen nicht, aber daß der herrliche, reine, geistige, universale Gott des Mose und seiner Nachfolger sich in solcher Weise kundtut und so empfunden wird, das ist das Rätselhafte, was uns befremdlich ist und eine Lösung fordert."[9] Dabei wählt Volz nicht den Weg, die schwierigen Seiten Gottes aus dem christlichen Gottesbild auszuschließen oder sie etwa geringer zu bewerten. Er besteht von Anfang an darauf, daß sie *„zum wesentlichen Bestand des alttestamentlichen Gottesglaubens überhaupt"* gehören.[10] Der Anstoß dieser Gottesbilder liegt für Volz vor allem darin, daß sie als ethisch-moralisches Problem für die Gläubigen, aber auch für die Kirche beschrieben werden. Eine größere Rolle als bei Volz spielt heute etwa die Vertrauenswürdigkeit Gottes für die einzelnen Gläubigen, während der Bezug auf die Kirche kaum noch hergestellt wird.

Wie erklärt nun Volz „das Dämonische" in JHWH? „Daß man durch die Katastrophen in der Natur und durch das Abnorme des Seelenlebens heftig erschüttert und mit Grauen erfüllt wurde, wundert uns nicht, und ebenso verständlich ist, daß man darin den Eingriff einer übernatürlichen, unheimlichen Gewalt sah. Aber das Merkwürdige ist, daß man Jahwe darin erlebte, während man sonst solche Wirkungen von den finsteren, bösartigen Dämonen ableitete. Weil man aber Jahwe mit solchen Erscheinungen verband, bekam sein Charakter etwas Dämonisches; man mußte sich ihn als Zerstörer vorstellen, unheimlich gefährlich, unerklärlich zürnend, als einen, der Lust hat am Vernichten, unversehens und listig zu Fall bringt, der unbarmherzig straft, Grausames fordert und Böses schafft."[11] Diese Kraft richtet sich nicht nur gegen die Feinde JHWHs, sondern auch gegen Israel. So ist die Haltung der Menschen zu JHWH durch Furcht und Schrecken bestimmt.[12]

Nach einem kurzen Durchgang durch die entsprechenden alttestamentlichen Gottesbilder schließt Volz einen Teil mit historischen Erläuterungen an. Er beginnt damit, daß er eine Ursache für JHWHs dämonische Seiten in dessen ursprünglicher Beheimatung in der Wüste sieht: „... das Grauen, das der fromme Mensch in den Erscheinungen der Wüste erlebte, bleibt an ihm haften."[13] Israels Ur-Erlebnis mit

JHWH, die Errettung am Schilfmeer, bleibt auch als Gewalttat in Erinnerung: „Unvergeßlich blieben in Mose und in seiner Gemeinde und in den nachfolgenden Jahrhunderten diese ersten starken Eindrücke des gegenwärtigen Gottes, des wunderbar errettenden, jäh verderbenden, leidenschaftlich fordernden Jahwe."[14] Ergänzend fügt Volz hinzu, daß im ersten Gebot – das bei Volz noch Mose selbst zugeschrieben wird – der Glaube allein an JHWH gefordert wird und dieser so *„die einzige Kausalität des Lebens"* wird.[15] Damit ist der israelitische Monotheismus als Ursache der dämonischen Seiten Gottes benannt. „Insbesondere aber schnitt Mose mit Jahwe als einziger Kausalität allen *Dämonenglauben* ab, und alle Wirkungen, die man in der allgemeinen Menschheit den Dämonen zuschrieb, aller Dienst, den man den Dämonen erwies, den Nachtgeistern, Totengeistern, chthonischen Wesen usw., wurden hier in dem einen Jahwe zusammengefaßt."[16] Dieser Prozeß wird vom Jahwisten fortgesetzt, später in den Bereich des Kults hineingetragen, und er äußert sich auch in der Weisheit bei Hiob. „So also ist Jahwe dämonisch geworden, und umgekehrt, weil Jahwe alles Dämonische aufsaugte und selbst der gewaltigste Dämon war, brauchte man in Israel keine Dämonen mehr."[17] JHWH wird in dieser Macht- und Zuständigkeitsfülle ein Gott, der „keinen gleichmäßigen Charakter" hat.[18] Durch diese Differenzierung relativiert Volz den JHWH-Monotheismus zumindest in der Erscheinungsweise; JHWH zeigt sich je nach Situation unterschiedlich.

Im Folgenden wird Volzens Argumentation dann etwas brüchig.[19] Mit der Integration des Dämonischen und der Überwindung der anderen Gottheiten wächst JHWH auch das hohe ethische Niveau des Monotheismus zu. Zudem spricht Volz nun nicht mehr vom Aufnehmen des Dämonischen in das JHWH-Bild, sondern spricht von JHWHs innerstem Wesen, das immer schon das Dämonische umfaßt hat. Damit wechselt er von einem Deutungsmuster, das JHWH in seiner situativen Unterschiedlichkeit wahrnimmt, zu einer ontologischen Denkweise. Den Bruch vermag Volz nicht argumentativ einzuholen. Statt dessen wird sein Sprachstil mystischer, und er wählt Formulierungen, die aus heutiger Sicht nicht unproblematisch erscheinen: „Wie sich das vereinigt, bleibt ein Rätsel, man grübelt nicht darüber, man ergibt sich darein in scheuer Ehrfurcht, oder man hadert dagegen in verzweifeltem Trotz ... Es ist die *Führerreligion*, die Religion der starken Gottesmenschen, denen Gott, weil er sie ganz erfaßt, etwas Ungeheures ist, die selbst dämonische Leidenschaft empfinden und ihren Gott nicht anders haben können."[20]

Mit diesen Bemerkungen umschreibt Volz die Vereinigung von Dämonischem und Monotheismus. In seiner Sicht hat der alttestamentliche Gottesglauben damit seinen Zenit erreicht. Alles Nachfolgende trägt den Makel, sich von der ursprünglichen dämonischen Kraft entfernt zu haben; so etwa inneralttestamentliche Ausgleichsbemühungen oder Erklärungsversuche, die die göttliche Leidenschaftlichkeit relativieren.[21] Expressis verbis nimmt Volz diese Abwertung aber am Schluß wieder zurück, wenn er über die Frömmigkeit Israels sagt, sie schreite „von einer Klarheit zur anderen und das Antlitz Gottes wird immer durchsichtiger."[22] Ebenso hält Volz ausdrücklich an der Verbindung von Dämonischem und „Sittlichkeit“ in JHWH fest. Dabei bleibt offen, wie diese Verbindung aussehen kann. Deutlich ist, daß das Dämonische für Volz letztlich ein positives Element in einer Religion darstellt und mit Stärke und Kraft korreliert wird. „Erst wenn in die Gottesidee und in die Frömmigkeit dieses Gewaltige aufgenommen ist, der unheimliche Zwang Gottes und die bange Scheu, wenn der gerechte und gnädige Gott zugleich der Furchtbar-Schreckliche ist, stehen wir vor den Tiefen der Gottheit und auf den Stufen zur Höhe des Glaubens. Auch im Christentum behalten darum die Führer, Luther vor allem, etwas Dämonisches, und ihr Gott hat noch den dämonischen Zug.“ Volz sagt dies unter Verweis auf Rudolf Otto, ohne dessen Hochschätzung auch des *tremendum* der Gottheit sein Ansatz wohl nicht angemessen interpretiert werden kann.

Unzweifelhaft besitzt für Volz das „Dämonische“ in Gott nicht den Anstoß, den „Gewalt“ im Gottesbild heute erregt. Volzens religionsgeschichtliche Grundierung des „Dämonischen“ und die Anknüpfung an Rudolf Ottos Gedanken stehen weniger im Konflikt mit einem humanen oder christlichen Ethos als die Rede von Gewalt im Gottesbild. Wenn auch die konkreten Deutungen des „Dämonischen in Jahwe“ von Volz für die heutige Diskussion nicht bruchlos übertragbar sind, so ist seine andersartige Sicht doch ein wichtiger Anstoß zur Selbstklärung der heutigen Problemstellung. Die Ausführungen von Volz führen vor Augen, in welch anderem „ethischen Koordinatensystem“ das heutige Problem mit Gottesbildern der Gewalt entsteht: Aggressive Gottesbilder werden per se als gewalttätig wahrgenommen, und Gewalt wird fast ausnahmslos negativ konnotiert. Die Problematik der Gewalt im Gottesbild wird heute eher nicht – wie zu Volzens Zeit – als Problem des religiösen Lebensbereichs wahrgenommen, sondern als ein gesellschaftliches Problem, das in der Folge ein Problem *mit* der Religion nach sich zieht. Von daher müssen heute auch die Antworten auf unterschiedlichen Ebenen gegeben werden: Sie müssen erstens für die konkreten Gewaltprobleme auf gesellschaftlichem Gebiet gesucht werden. Zweitens sollten Debatten über das Verhältnis von Religion bzw. christlichem Glauben und gesellschaftlich verbreiteten Wertvorstellungen geführt werden. Drittens ist innerhalb der Religionen zu diskutieren, welche gewaltbegünstigenden oder gewaltproblematisierenden Traditionen es gibt, und wie mit ihnen umgegangen werden sollte. In diesem dritten Feld verortet sich der vorliegende Ansatz.

Von Volzens umfassendem Ansatz nun zu einer Auseinandersetzung mit einem Teilbereich göttlicher Gewalttätigkeit. Gerhard **von Rad** hat sich im Jahr 1951 eines Themas angenommen, das in der Diskussion um Gottesbilder der Gewalt bis heute an zentraler Stelle steht: die Namen oder Auftrag JHWHs geführten Kriege. Die formgeschichtliche Untersuchung zum „Heiligen Krieg im Alten Israel“ entwirft die These, daß es eine „sakrale Institution“[23], also einen ritualisierten Ablauf oder ein festes Schema im Alten Israel gegeben hat, nach dem die JHWH-Kriege geführt wurden. Diese These wird mittlerweile in der Forschung bestritten.[24] Trotzdem läßt sich von Rads Ansatz danach befragen, wie in ihm göttliche Gewalttätigkeit im Alten Testament bewertet wird.

Kennzeichnend für von Rads Herangehensweise ist eine nüchterne Beschreibung der Texte, die sich jeder ethischen Bewertung enthält. Die heutige Skandalisierung kriegerischer Akte ist ihm völlig fremd. Dies läßt sich angesichts der Nähe zum zweiten Weltkrieg und seiner Schrecken zumindest nachvollziehen; im Licht der nationalsozialistisch-ideologischen Aufladung des Kriegs könnte von Rads These sogar als nachträgliche Kritik an diesem konkreten Krieg gewertet werden. Beim heutigen Lesen befremdet allerdings die augenscheinliche Distanz des Autors zum Thema. Daß diese Kriege nicht nur literarischer Stoff sind, sondern möglicherweise Zeugnisse vom Leiden konkreter Menschen, drängt sich den Lesenden nicht auf. Von Rads Behandlung des Themas wirft in erster Linie ein Licht darauf, welche Wandlung die Bewertung kriegerischer Handlungen in unserem Kontext seit Mitte des 20. Jh. durchgemacht hat.

Ein Skandalon stellt der gewalttätige JHWH nicht dar, auch wenn Israel die Stärke der „Freiheit und Unberechenbarkeit Jahwes" nicht nur als göttliche Hilfe zu spüren bekommt.[25] Trotzdem wird der Krieg für von Rad zu einer Art Auslöser des Glaubens: „Es ist so gut wie sicher, dass der Glaubensgedanke, d. h. jenes getroste Vertrauen in das Handeln Jahwes seinen eigentlichen Ursprung im heiligen Krieg hatte, und dass er von da her seine eigentümlich dynamische Prägung erhielt."[26]

Für die Frage nach der Bewertung gewalthafter Gottesbilder gibt von Rads Untersuchung in paradoxer Weise einen Anstoß – demonstriert er doch, wie schwer es die Texte den Lesenden machen, in ihnen Kritik am kriegerischen Handeln JHWHs und Israels zu finden. In heutiger Perspektive ist von Rads These mittlerweile auch wegen ihrer Wortwahl problematisch. Der Terminus „Heiliger Krieg" wird heute in der westlichen Welt meist als Wiedergabe des arabischen Wortes *dschihad* verstanden.[27] Dieses bezeichnet eigentlich das intensive Bemühen oder die Anstrengung um den Glauben als ein wichtiges Glaubensprinzip des Islam; momentan wird es meist sehr verkürzt wahrgenommen und vor allem mit islamistischem Terror in Verbindung gebracht.

In seiner „Theologie des Alten Testaments" (ab 1960) streift von Rad das Thema göttlicher Gewalttätigkeit nur am Rande. Als Hauptkritikpunkt an von Rads Theologie bezeichnet denn auch Schwager, „daß Themen wie Eifersucht, Zorn, Gewalt, Rache, Zusammenrottung, Projektion usw. zwar in den alttestamentlichen Schriften ständig wiederkehren, in der Theologie von Rads aber kaum oder nur am Rande behandelt werden".[28] In den Registern kommt der „göttliche Zorn" zwar vor; besondere Hinweise zum angemessenen Verständnis dieser Vorstellung gibt es aber nicht. „Gewalt" ist überhaupt kein Stichwort. Doch in beidem ähnelt von Rads Entwurf vielen anderen alttestamentlichen Theologien. Von Rad verzichtet auf eine systematisierende Zusammenführung der Einzelaspekte des Gottesbildes. Statt dessen orientiert er sich an den großen Traditionslinien des Alten Testaments. Entsprechend wird der Ort des göttlichen Zorns in jeder Einzeltradition bestimmt. Diese Ausführungen stehen jedoch nicht unter dem Vorzeichen der Kritik. Dies läßt sich, ähnlich wie beim „Heiligen Krieg“, wohl darauf zurückführen, daß Krieg, Gewalt und Gotteszorn für von Rad kein theologisches Problem dargestellt haben. An von Rads „parzellierte“ Darstellung ließe sich positiv anknüpfen, und zwar als eine Strategie des Umgangs mit Gottesbildern der Gewalt: sie einzeln zu lesen und in ihrem historisch-literarischen Kontext zu verstehen.

Während die Ansätze von Volz und von Rad ihr Interesse und ihren zeitgeschichtlichen Kontext nicht explizit machen – was zu dieser Zeit auch unüblich gewesen ist –, ändert sich dies mit der neueren Forschung zum Thema.

## Die Forschung der 1970er und 1980er Jahre: Friedensfrage – Befreiungstheologie – legitime Gewalt

Zu einem Thema alttestamentlicher Forschung wird göttliche Gewalttätigkeit im Zuge der stärkeren Problematisierung gesellschaftlicher und politischer Gewalt gegen Ende der 1970er Jahre. Den Anfang der neueren Forschung haben zeitlich parallel Lohfink und Preuß im Jahr 1978 gemacht; einen ersten breiten Überblick hat Ebach 1980 veröffentlicht. Auf die Kriegstexte konzentriert sich der Ansatz von Noort.[29]

Die Ausführungen des Alttestamentlers Horst Dietrich **Preuß** bilden den alttestamentlichen Part einer kurzen Schrift, die auf dem Hintergrund des Terrorismus in der Bundesrepublik und der Diskussion um die Anwendung von Gewalt in Befreiungsbewegungen der ärmeren Länder der Welt entstanden ist. Sie möchte, wie der Titel verrät, „Leitlinien lutherischer Theologie“ zum Thema „Macht und Gewalt“ geben.

Der Entwurf streift jeweils nur kurz wenige Text- und Themenkomplexe; der Autor schränkt deshalb die Aussagefähigkeit seines Ansatzes von vorneherein ein. Seinen Ausgangspunkt nimmt Preuß bei einer stark am Neuen Testament und der Erlösungsfunktion Jesu Christi orientierten Hermeneutik. Preuß hebt – wie bald nach ihm Ebach (1980) – hervor, daß die Texte etwa über die JHWH-Kriege nicht losgelöst von ihrer Wirkungsgeschichte betrachtet werden dürfen. Diese stellt er kurz und kritisch dar.[30] Es folgt eine Gewichtung der Themen Macht und Gewalt für das Alte Testament: Sie sind nicht in Randbereiche abzudrängen, sondern stehen an zentraler Stelle. „Jahwe ist und bleibt stets auch der kriegerische Gott, obwohl und wenn er auch als der barmherzige und gnädige bekannt wird.“[31] Preuß thematisiert die Vielfalt des alttestamentlichen Gottesbildes. Er verwahrt sich jedoch dagegen, die unterschiedlichen Texte oder Traditionen gegeneinander auszuspielen. Denn: „Eine Vergeistigung oder Pazifizierung des dann nur in seinen Anfängen kriegerischen Gottesbildes – noch etwa gar in Form eines fortschreitenden Entwicklungsprozesse – findet innerhalb des alttestamentlichen Bereichs nicht statt. Der kriegerische Geist des nachexilischen chronistischen Geschichtswerks spricht deutlich gegen eine solche These.“[32] Auch entwickelt das Alte Testament einen Friedensbegriff, der durchaus kriegerische Tätigkeiten mit einschließt. Doch Preuß geht noch weiter. Er führt eine Linie älterer Exegese fort, wenn er JHWHs Stärke im Krieg als Auslöser oder zumindest Stütze für den JHWH-Glauben Israels ansieht.[33]

Preuß kann in seiner knappen Darstellung eine ganze Reihe auch heute als problematisch angesehener Texte anreißen. Er muß hier nichts verschweigen oder beschönigen. Manches Anstößige kann durch kurze Erklärungen in einen historischen Rahmen gestellt werden. Am Schluß verweist Preuß sogar auf entsprechend schwierige neutestamentliche Texte. Das hindert ihn allerdings nicht daran, an einer einseitigen Zurückweisung der problematischen alttestamentlichen Aussagen festzuhalten. Den Zwiespalt, der sich darin ausdrückt, spricht später Lohfink an: „An den manchmal etwas gewundenen Ausführungen gewinnt man den Eindruck, daß es Preuß nicht leicht fällt, einen ‚Teil‘ des Alten Testaments einfach vom Neuen Testament her mit einem ‚Nein‘ zu bedenken. Aber er sieht offenbar keine andere Möglichkeit als die Alternative zwischen Wahr und Falsch.“[34]

So aufklärerisch und konstruktiv Preuß in seinen Ausführungen zu den einzelnen Texten ist, so enttäuschend ist doch seine pauschale Abwertung am Schluß. Produktiv erscheint mir demgegenüber sowohl der Verweis darauf, daß Macht und Gewalt im gesamten Alten Orient viel positiver bewertet wurden als in unserem Kontext heute,[35] als auch der Hinweis auf die Vielfalt der Gottesbilder, die als Einzelne nicht gegeneinander aufgerechnet werden können.

Auf dem gleichen gesellschaftlichen Hintergrund wie die Ausführungen von Preuß situiert sich der Ansatz des Alttestamentlers Norbert **Lohfink**, der ebenfalls 1978 datiert. Er ist geprägt von den Fragen nach dem angemessenen Umgang mit dem Terrorismus der „Rote Armee Fraktion“ in der Bundesrepublik und der Gewalttätigkeit in Diktaturen in der „Dritten Welt“, die von Befreiungsbewegungen bekämpft werden. Zusätzlich thematisiert Lohfink das Problem atomarer Aufrüstung.[36] Den Rahmen für die Behandlung der Gewaltfrage bildet bei Lohfink durchgängig die Frage nach der Möglichkeit gewaltlosen Lebens. So trägt das Werk, das er 1978 gemeinsam mit dem Neutestamentler Rudolf Pesch verfaßt hat, den Titel „Weltgestaltung und Gewaltlosigkeit“.

Die Untersuchung gewaltvoller Gottbilder im Alten Testament ist bei Lohfink verwoben mit der Betrachtung anderer Schilderungen von Gewalt. Eröffnet wird die Studie mit einem Überblick über alttestamentliche Texte und Traditionen, die der Autor zum Thema Weltgestaltung befragt. Bereits hier spielen hermeneutische Überlegungen eine Rolle; so wird eine christliche Deutung der Texte gegen eine jüdische abgegrenzt.[37] Mit Gottesbildern der Gewalt und ihrer Deutung befaßt sich Lohfink im hinteren Teil des Buches unter der Überschrift der Entlarvung der Gewalt.[38] In dieser liegt denn auch „das Typische des Alten Testaments“. Es besteht nach Lohfink darin, „daß die gesellschaftlich festgemachte Gewalt der Menschen, die als solche aber lügnerisch verhüllt ist, offengelegt, entlarvt wird. Sie wird vor

Jesus noch nicht wirklich überwunden. Aber sie wird wenigstens entlarvt."[39] Weniger in der Gewaltüberwindung zeigt sich die Stärke des Alten Testaments als vielmehr in ihrer offenen Darstellung, die als solche entlarvenden Charakter besitzt. „Das Alte Testament ist also wie ein Spiegel, in dem die Gewalttätigkeit der ganzen Welt und aller Zeiten aufscheint."[40] Damit unterscheidet sich das Alte Testament von der Literatur seiner Umwelt.[41] Gott selbst „ist zutiefst in die Gewebe der Gewalt verstrickt"[42]. „Auch in Israel kann die immer wieder ausbrechende Gewalttätigkeit, die auch hinter allen anderen Sünden und Verbrechen steht, nur durch mächtiges Ritual und die kanalisierte Gewalt des Rechtswesens einigermaßen in Schranken gehalten werden, und die Gotteserfahrung selbst bleibt durch undurchschaubare Projektionen weithin verdunkelt und wird zur Erfahrung des Gotteszorns."[43]

Lohfink betrachtet damit die Gewalttexte weniger selbst als Problem, als vielmehr als Indikatoren für das vorhandene Gewaltproblem. Bereits in der Darstellung von Gewalt ist im Alten Testament eine Verheißung ihrer Überwindung geben. Erfüllung findet die Verheißung nach Ansicht des Autors – der sich dabei eines gängigen biblisch-theologischen Denkmusters bedient – erst im Neuen Testament.[44] Insgesamt bezieht sich Lohfink bei seiner Deutung der alttestamentlichen Texte in hohem Maße auf die Theorie René Girards (s. o. S. 27 f.). Eine Fortführung finden Lohfinks Ausführungen im Jahr 1983 (s. u. S. 45 f.).

Den Ausgangspunkt für den Entwurf des Alttestamentlers Jürgen **Ebach** bilden die öffentlichen Reaktionen auf den Terrorismus der „Rote Armee Fraktion" Ende der 1970er Jahre. Ebach thematisiert das der Gesellschaft innewohnende Gewaltpotential, das sich im Ruf nach maßloser Rache manifestiert. Doch auch die Wahrnehmung struktureller Gewalt, ökologischer Probleme, die Diskussion um die Unterstützung von Gewalt anwendenden Befreiungsbewegungen in der „Dritten Welt" und weitere aktuelle gesellschaftliche Themen prägen Ebachs Entwurf.

Ebach nähert sich dem Problem der Gewalt mit einer doppelten Fragestellung. Einerseits geht es ihm darum, nachzuzeichnen, „wie sich das Alte und Neue Testament zur Gewalt stellen", und andererseits wird die Auslegungs- und Wirkungsgeschichte der biblischen Texte mit einbezogen. „Zu vermeiden war … *die* Einseitigkeit, bei der die faktische Gewalt der Christentums*geschichte* zugunsten der normativen Friedensethik der christlichen *Lehre* unterschlagen oder auf einige finstere Epochen beschränkt wird."[45] Im Abschnitt zum Alten Testament (14–56) benennt Ebach das Gewaltpotential einer ganzen Reihe alttestamentlicher Texte (Kriege und Bann im Dtn, Jos, Ri; Brudermord in Gen 4; Fluchpsalmen wie Ps 137,7–9, usw.). Dabei werden die Texte so ausgelegt, daß ihr gewaltaufdeckendes, aber auch ihr gewaltkritisches Potential deutlich wird. Bei den Kriegen JHWHs ist dies beispielsweise die Einsicht, daß es im Alten Testament keinen „Heiligen Krieg" gibt, sondern Kriege, die JHWH für sein häufig den Feinden unterlegenes Volk führt.[46] Dies wird in der Weise gedeutet, daß Krieg als Mittel der menschlichen Politik ausgeschlossen wird.[47] Bei der Auseinandersetzung mit dem „Heiligen Krieg“ trifft Ebach die Differenzierung zwischen nachweislich historisch geschehener Gewalt und literarisch konstruierter Gewalt.[48]

Göttliche Gewalt steht nicht im Mittelpunkt von Ebachs Untersuchung. Trotzdem lassen sich aus seinen Ausführungen wichtige hermeneutische Anregungen auf die hier verfolgte Fragestellung gewinnen. Zum einen ist dies die Würdigung des gewaltaufdeckenden Potentials der Bibel. Das Alte Testament „spricht die menschliche Tendenz zur Vertilgung des Widrigen, zu Haß und Rache offen aus“.[49] Zum anderen ist es Ebachs Insistieren darauf, daß die Gewaltschilderungen der biblischen Texte – und also auch die über göttliche Gewalttätigkeit – den Rang von Zustandsschilderungen haben, gegen die in einzelnen Texten Utopien entworfen werden. Ebach faßt das biblische Umgehen mit Gewalt in drei Weisen zusammen, die voneinander nicht getrennt werden dürfen: „... die Hoffnung auf das Ende der Gewalt, die Gewißheit, daß diese Hoffnung nicht grundlos ist, und die Praxis, die – bruchstückhaft, weil noch unter den Bedingungen der Gewaltverhältnisse – jene Hoffnung zu realisieren beginnt.“[50] Als derartige Hoffnungstexte lassen sich beispielsweise die Sehnsucht nach einem Ende aller Kriege in Jes 2,4 par Mi 4,3 oder die Texte über den Frieden zwischen Mensch und Tier (Hos 2,20; Jes 11,6–8) betrachten.

Für die vorliegende Untersuchung sind vor allem zwei Aspekte von Ebachs Ansatz relevant und sollen aufgenommen und weitergeführt werden. Dies ist zum einen die Differenzierung zwischen historisch geschehener und literarisch geschilderter Gewalt, die die Frage nach dem Sinn und Wortlaut der Konstruktion göttlicher Gewalt nach sich zieht. Zum anderen ist es die Hoffnung, bereits im Alten Testament „Gegen- oder Gesprächstexte“ finden zu können, die das göttliche Gewalthandeln kritisch sehen oder durch Hinzufügungen umdeuten.

Erneut hat sich Norbert **Lohfink** in einem Sammelband mit den Themen „Gewalt und Gewaltlosigkeit im Alten Testament“ befaßt.[51] In die umfangreiche und gegliederte Sammlung und Darstellung der vorhandenen Literatur zum Thema fließt Lohfinks an Girard orientierte Perspektive ein. Michel beurteilt sie kritisch und faßt zusammen: „1. Dass die Problembeschreibung so stark auf die sozial- und tiefenpsychologischen Ansätze Girards rekurriert, begrenzt mit Sicherheit die mögliche interpretative Kraft von Lohfinks Beobachtungen und Hypothesen. 2. Die Verschlingung der Gewaltproblematik in die Perspektive einer erlebbaren, aber religionssoziologisch recht enggefaßten Gewaltlosigkeitsutopie hinein ... schwächt ab, was zuvor stark gemacht wurde. 3. Die hermeneutische Vorordnung des NT vor das AT in Sachen ‚Gewalt‘ ... reduziert das AT im wesentlichen eben doch, allen gegenteiligen Beteuerungen zum Trotz, auf einen Abweg der ‚Entlarvung der Gewalt‘...“[52]

Dieser Kritik ist nicht zu widersprechen. Trotzdem wäre Lohfinks kontinuierliche Behandlung des Themas Gewalt in der Bibel damit nicht ausreichend gewürdigt. Nicht nur hat er sich selbst den schwierigen und sperrigen Fragen immer wieder gestellt.[53] Er ist bislang der einzige Forscher, der aus exegetischer Perspektive einen begründeten und geschlossenen hermeneutischen Ansatz zu diesem Themenkomplex vorgelegt hat, der zudem noch einen Weg aus der Gewalt weisen möchte.

Anders zugeschnitten ist das in den Niederlanden erschienene Büchlein des Alttestamentlers Ed **Noort** (1985). Es fokussiert auf die Kriegstexte des Alten Testaments (dazu s. u. IV, 1.).[54] Noort stellt hier unter anderem einige Umgangsweise mit den Kriegstexten zusammen, die er in einer späteren Veröffentlichung zum Josuabuch erweitert und dort in neun Modellen knapp zusammenfaßt.[55] Als ersten Ansatz wählt er Markion (s. o. S. 12). Dieser sieht die Kriege JHWHs als durch das Neue Testament und seinen erlösenden Gott überwundenes Stadium an. Origenes und andere verstehen – zweitens – die Erzählungen allegorisch; einzelne Ereignisse werden mit einem idealtypischen Leben als ChristIn ineins gesetzt. Eine dritte Argumentation dispensiert Israel als „Kind seiner Zeit" und Teil der altorientalischen Kultur davon, selbst einen entscheidenden Teil an der Ausformulierung der hinter den Texten stehenden Vorstellungen gehabt zu haben. „Eine Variante dieses Modells ist die Erklärung speziell des Josuabuches als Propagandaschrift zur Zeit Josias."[56] Hierzu wären z. B. die Ansätze von Nelson und Rowlett zu rechnen (vgl. S. 94–98).[57] In einem vierten Modell dient Israel als göttliches Instrument des Gerichts an anderen Völkern. Hier sieht Noort eine gewisse Parallele zu späteren prophetischen Gedanken. In einer fünften Auslegung wird die erzählte Zeit von der Abfassungszeit stark unterschieden und auf die Nicht-Historizität bzw. Fiktionalität der Texte hingewiesen. Als ein sechstes Modell bezeichnet Noort dasjenige, das im vorliegenden Ansatz als „Gegen- oder Gesprächstext"-Modell eingeordnet wird; hier wird auf die inneralttestamentliche Entwicklung JHWHs hingewiesen, die weg vom Krieger und hin zu einem Kriegsgegner verläuft. Als siebtes Modell rechnet Noort diejenigen Versuche, die von einer Mitte der Bibel ausgehend den Texten einen Ort anweisen (welchen, bleibt leider unklar). Ein achter Ansatz sieht das Josuabuch als primär liturgischen Text, das damit anderen Kriterien unterliegt als nur denen einer streng wissenschaftlich-theologischen Reflexion. Als neuntes Modell ordnet Noort die psychologischen Erklärungen des Josuabuches ein, in denen die Erzählungen dazu dienen, das Böse in Gestalt der Kanaanäer oder Nicht-JHWH-Verehrenden in besonders dunklen Farben zu schildern, um Israel von einem Abfall von seinem eigenen Gott abzuschrecken.[58] Noort schließt diesen Abschnitt nicht mit einer eigenen Lösung, da eine theologische Einordnung nicht das Anliegen seines Buches sei.

Zwei Beobachtungen von Noort sollen noch herausgehoben werden, weil die Forschung an sie anknüpfen könnte. Er weist darauf hin, daß Gewalt in den alttestamentlichen Texten kein eigenständiges Thema ist, sondern immer in Zusammenhang mit anderen Fragestellungen und in einem spezifischen literarischen Zusammenhang erwähnt wird.[59] Daneben hält er daran fest, daß auch die Texte über JHWH als Kriegsherrn eine theologische Funktion besitzen – Gottes unbedingten

Anspruch auf die Menschen deutlich zu machen –, und daß die biblische Botschaft ohne sie unvollständig wäre. Gleichwohl ist dieses Reden von Gott „Reden auf der Grenze", „spreken op de grens".[60] Zu diesem zählt Noort neben den Gewalttexten auch die Texte, in denen Gott erwählt, auf die Probe stellt, versucht und verstockt.[61]

Noort betritt mit seinem Ansatz an einem Punkt Neuland. Soweit es für mich erkennbar ist, wird hier erstmals ein Überblick über die Deutungsansätze zumindest für einen Komplex alttestamentlicher Texte über Gott als Gewalttäter gegeben. Damit ist eine Grundlage für weitere Forschungen in diesem Bereich gelegt. In umfassenderer Weise und ohne den Fokus auf die Kriegstexte soll ein ähnlicher, systematisierter Überblick über die unterschiedlichen Deutungen unten (III, 2.) versucht werden. Daß der literarische Zusammenhang der entsprechenden Texte stärker berücksichtigt werden sollte und die Frage nach der theologischen Funktion der Gewaltbilder zu stellen ist, hat nicht Noort allein gesehen. Auch dies sind aber wichtige Gedanken, an die im hier vorgestellten Entwurf anzuknüpfen sein wird (s. u. III, 3.).

## Ansätze seit den 1990er Jahren

Seit etwa 15 Jahren erscheinen zunehmend mehr Publikationen, die sich mit Gewalt in der Bibel auseinandersetzen. Anders als in den zuvor genannten Ansätzen aus den 1970er und 1980er Jahren verknüpfen sie sich meist nicht direkt mit gesellschaftlichen Fragestellungen. Da zwischen den Ansätzen große Unterschiede sowohl im Zuschnitt als auch in der thematischen Ausrichtung bestehen, werden sie hier in vier Rubriken unterteilt.

### *Alttestamentliche und dogmatische Perspektiven: Gott und das Böse – die Theodizeefrage – Gottes dunkle Seiten – der göttliche Zorn*

Die nun vorgestellten vier Ansätze können zumindest teilweise als Reaktionen auf die Diskussionslage der 1970er und 1980er Jahre verstanden werden. Die Bearbeitung des Problems göttlicher Gewalttätigkeit hat sich als eine sehr komplexe Aufgabe herauskristallisiert. Nun werden Versuche unternommen, neben der rein exegetischen Expertise auch systematisch-theologische Denkmodelle einzubeziehen. Dies muß nicht unbedingt heißen, daß wie im Fall von Groß/Kuschel und Dietrich/Link zwei Autoren aus unterschiedlichen theologischen Fachdisziplinen kooperieren. Auch einzelne Wissenschaftler wie Schmidt oder Miggelbrink können sich dem Themas mit einer Doppelperspektive annähern.

Der Alttestamentler Werner H. **Schmidt** behandelt in einem kurzen Aufsatz (1992) querschnittartig eine ganze Reihe von „bösen" göttlichen Handlungen gegen seine Erwählten. Er schließt mit einer hermeneutisch grundierten Frage: „Bleibt so trotz und in allem Unerklärbaren durch die Anrede ein Stück Hoffnung wider die Wirklichkeit bewahrt? Gott kann ‚in der Tiefe angerufen' (Ps 130) werden."[62] Das Aussprechen schrecklicher Erlebnisse vor Gott kann also Aspekte der Gewaltbewältigung beinhalten. In Notsituationen, die auch von Gott verursachtes Leid einschließen, können sich Menschen an Gott wenden; auch in der Leiderfahrung kann der Kontakt von Menschen mit Gott gehalten werden.[63] Diese Sicht von Schmidt weist darauf hin, daß allein die Tatsache, daß Gott als die Leid verursachende Instanz gesehen wird, nicht – wie häufig in neuzeitlichen Positionen ausgesagt – notwendig zum Abbruch des Gottesverhältnisses führen muß. Es gibt im Alten Testament durchaus Texte, die in solchen Situationen Kritik an Gott üben und Gott anklagen.

Das Interesse von Walter **Groß** und Karl-Josef **Kuschel** (1992) richtet sich auf die Theodizeefrage. Beiden Theologen geht es dabei nicht in erster Linie um eine Einordnung der gewaltvollen Gottesbilder. Sie legen bei der Theodizeefrage einen doppelten Einspruch ein, und zwar „... gegen eine traditionelle Theologie und Verkündigung, welche die Verantwortung für das Übel allein den Menschen zuschob und Gott aus dem Spiel ließ; und gegen eine neumodische Theologie, die Manipulationen am Gottesbegriff meint vornehmen zu müssen."[64] Dagegen beziehen sie eine dezidierte und seltener gehörte Position ein: Gott selbst ist es, der – wie der Titelvers aus Jes 45,7 sagt – „Finsternis und Unheil" schafft.[65] Dabei bildet die göttliche Verantwortung für das Übel die Prämisse; sie ist es, die im Gespräch zwischen dem Alttestamentler (Groß) und dem (Germanisten sowie) systematischen Theologen (Kuschel) ausgelotet werden soll.

Mit alttestamentlichen Texten befaßt sich vor allem das erste Kapitel „Biblische Perspektiven" (15–59). In ihm analysiert Groß drei Textpassagen auf je unterschiedliche Weise: Jes 6,1–11; Jes 45,7 und Ps 88. Der Psalm wendet sich dem Schicksal eines einzelnen Menschen zu. Damit ändert sich der Sprachgestus gegenüber den anderen Texten: „In Jes 6,9–11 und in Jes 45,7 spricht YHWH selbst; er kann *von sich* Dinge sagen, die kein Mensch so leicht *über ihn* sagen dürfte. In Ps 88 spricht ein Betroffener zu YHWH; er getraut sich, im Gebet zu YHWH *zu* sagen, was, *von* YHWH gesagt, wohl kaum mehr akzeptabel wäre. Das Gottesverhältnis des einzelnen entscheidet sich, alttestamentlich betrachtet, nicht in der Rede von Gott, sondern in der Rede zu Gott, nicht monologisch, sondern dialogisch."[66] Groß erläutert alttestamentliche Anschauungen von und Umgehensweisen mit Krankheit, die im Hintergrund des Psalms stehen, und auch die Gattung des Klagepsalms. Ps 88 unterscheidet sich von dieser dadurch, daß er keinerlei positive Aussagen zu oder über JHWH enthält. Dies ist im Alten Testament eine extreme Anschauung von JHWH.

Hermeneutische Erwägungen finden sich bei dem Alttestamentler Groß nicht gebündelt oder als solche benannt. Doch es gibt eine Reihe von Überlegungen, die in diese Richtung gehen. Dazu kann bereits der Ansatz gerechnet werden, Gottes Verantwortung oder Schuld für Übel in der Welt als solche zu benennen und zu untersuchen. Deutungsversuche für derartige Gottesbilder finden sich ebenfalls. So weist Groß auf den Unterschied zwischen der altorientalischen Götterwelt und dem alttestamentlichen Gottesbild hin: „Der alte Orient konnte in seinem polytheistischen Bezugsrahmen gute und schlechte Elemente und Wirkungen auf unterschiedliche, u.U. einander feindliche, jedenfalls für verschiedene Ressorts zuständige Gottheiten zurückführen. Die Wirklichkeit war eben nach all ihren widersprüchlichen Aspekten in einer von Antagonismen durchzogenen Götterwelt verankert. Das war in Israel im Kraftfeld des einen und einzigen YHWH unmöglich. Der Ausweg über dämonologische Erklärungsversuche war ebenso verbaut, denn das Alte Testament ignoriert Dämonen nach Kräften und trotz einiger Randunschärfen mit erstaunlich umfassendem Erfolg. Die Satansgestalt zeichnet sich erst gegen Ende der Zeit, in der Schriften des Alten Testaments produziert werden, schemenhaft ab, sie tritt nicht in das Thema Erschaffung der Welt ein. Je konsequenter man für YHWH auch die Erschaffung der Welt beanspruchte, desto stärker mußte die Frage nach YHWHs Verantwortung für die schlechten Seiten der Welt hervortreten."[67] An einer Stelle sieht Groß in der Kontextualisierung eines Textes ein Indiz dafür, daß dadurch seine Aussage verändert wird. Bei Ps 88 ist ihm das Eingebettetsein in den Psalter Anzeichen für eine Abmilderung der Botschaft des Psalms: „... seine Aussage wurde so nicht nur um andere ergänzt, sondern auch durch gegenläufige Aussagen relativiert."[68]

In einer im engeren Sinn theologischen Perspektive gesehen schlagen Groß und Kuschel vor, die alttestamentliche Identifizierung Gottes als des Erschaffers von Übel und Leid – gegen die Theologiegeschichte seit Augustin – wieder stark zu machen. „*Der Preis der Entlastung Gottes von der Verantwortung ist die schuldhafte Verinnerlichung und damit die Stillstellung jeglichen Protestes gegen das Leid coram Deo.* Indem man die Theodizeefrage auf diese Weise ‚gelöst' oder ‚beantwortet' zu haben schien, durfte das Leid in seiner Dringlichkeit Gott auch nicht mehr entgegengeschrien werden. ... *Nur aber wer Gottes Verantwortung für das Übel erkennt, kann Gottes Verantwortung auch für die Beseitigung des Übels einklagen.* Er gewinnt ein ‚Mehr' an theologischer Sprache in der Bewältigung des Leidens."[69] Eine Theologie, die dem biblischen Zeugnis treu bleiben möchte, muß nach Ansicht der Autoren die Theodizeefrage offenhalten.[70] Die angemessene Antwort auf Leid und Übel besteht darin, auf die Selbstrechtfertigung Gottes zu hoffen.[71] Sie hat sich in Christi Kreuzestod bereits ereignet, ist aber dadurch nicht abgeschlossen.[72]

Dem Ansatz von Groß und Kuschel lassen sich für die hier gestellte Frage nach der Deutung von Gottesbildern der Gewalt – auch wenn die Ausführungen sich dort um die Theodizeefrage zentrieren – wichtige Anregungen abgewinnen. Die Autoren machen darauf aufmerksam, welche Konsequenzen es für leidende Menschen hat, wenn Theologien Gott als Ursache von Leid und Übel ent-schulden und statt dessen den ohnehin beladenen Leidenden auch noch die Schuld am Leid aufbürden. Sie bestärken dadurch in dem Versuch, das Alte Testament gerade auch in den Passagen ernst zu nehmen, in denen nicht in heute als positiv verstandener Weise über Gott gesprochen wird.

Die Ergebnisse der Kooperation eines Alttestamentlers (Walter **Dietrich**) und eines systematischen Theologen (Christian **Link**) zum schwierigen Thema der „dunklen Seiten Gottes“ ist in zwei Bänden niedergelegt. Der Ansatz ist sehr breit gewählt.[73] Es geht um weit mehr als „nur“ um Gottesbilder der Gewalt im Alten Testament, wenn Themen wie die Theodizee-Problematik als zentrale Fragen benannt werden. Die Perspektive ist in hohem Maße systematisch-theologisch geprägt. Die Fragen werden auf dem Erfahrungshorizont heutiger Menschen gestellt. Viele alttestamentliche Gottesbilder stellen in dieser Sicht ein Problem dar. Methodisch wird nicht zwischen der Problemanzeige einer Alltagstheologie und einer systematisch-theologisch begründeten differenziert. Als mögliche Lösung des Problems wird erwogen, den Texten durch die Erklärung der historischen Hintergründe ihre Fremdheit zu nehmen: „Auf diese Weise würde das auch für Israel höchst befremdliche Tun Gottes tatsächlich weginterpretiert und in seiner Fremdheit gerade nicht ausgehalten.“[74] Die Texte unkommentiert stehen zu lassen, ist ebenfalls keine Option, denn hier stößt man „auf *Begründungsmuster*, deren Verständnis, vor allem aber: deren fast normativer Anspruch uns vor größte Schwierigkeiten stellt“.[75] In dieser Situation beschreiben Dietrich/Link ihre Position so: „Weit interessanter als ein kritischer Vergleich, der die ‚dunklen‘ Seiten Gottes an den ‚hellen‘ mißt, um am Ende zu einem dogmatisch ‚vertretbaren‘ Gottesbild zu kommen, erschien uns daher der Versuch, den Erfahrungen nachzugehen, die zu derart befremdlichen Texten geführt haben.“[76] So kommen sie zu folgender Ausgangsposition: „Unser theologisches Denken möchte Gott von allen grausamen, intoleranten und bedrohlichen Zügen reinigen. Nur dann meinen wir, ihn als Gott festhalten zu können. Vielleicht ist es aber genau umgekehrt. Vielleicht ist nur ein Gott, der sich selbst das Äußerste an Entfremdung, Schmerz und Betroffenheit zumutet, imstande, einer Welt Hoffnung zu geben, die an solchen Zumutungen leidet.“[77] Das Anstößige der „dunklen Seiten Gottes“ soll also beibehalten und nicht wegerklärt werden, wobei der christologische und hier insbesondere kreuzestheologische Grundansatz deutlich ist.

Insgesamt fünf Themenstellungen – Willkür, Gewalttätigkeit, Allmacht, Ohnmacht und Richteramt Gottes – werden dann mit ihren einzelnen Unterthemen verhandelt. Dabei herrscht zwischen den Fachvertretern Arbeitsteilung: „Während der Alttestamentler den zeit- und sozialgeschichtlichen Hintergrund der biblischen Texte transparent zu machen, sie also aus ihrem eigenen Erfahrungs- und Fragehorizont zu verstehen versucht, will sie der Systematiker mit ihrer Wirkungsgeschichte, vor allem aber mit den neu aufgebrochenen Fragen der Gegenwart ins Gespräch bringen.“[78] Ein solches Vorgehen bietet neben den Chancen, den der Dialog beinhaltet, auch Probleme: Der Blick auf inneralttestamentliche Strategien der Bearbeitung der „dunklen Seiten“ JHWHs wird verstellt. Zudem fehlt eine präzise Verhältnisbestimmung von alttestamentlicher und systematisch-theologischer Perspektive. Dies manifestiert sich bei der Durchführung der Untersuchungen darin, daß es bei einer Nebeneinanderstellung beider Sichtweisen bleibt, es aber keine zusammenfassenden oder synthetisierenden Kapitel gibt. Auf diese Weise behält die systematisch-theologische Perspektive stets das „letzte Wort", was den Eindruck verstärkt, daß das Alte Testament selbst keine theologisch relevanten Antworten auf das Gewaltproblem zu geben imstande ist, sondern nur die alttestamentliche historisch-kritische Forschung, und zwar – entgegen der eingangs entworfenen Hermeneutik – durch die Erhellung des geschichtlichen Hintergrundes der Texte.

Bei der Beschäftigung mit dem im engeren Sinne gewalttätigen Gott[79] wird eine Denkfigur entworfen, die prägend für den gesamten Entwurf wird. Die zentrale Frage lautet: „Was hat die im Duktus der Hebräischen Bibel offenbar lawinenartig anwachsende Gewalt – jenseits der frommen oder auch unfrommen Wünsche eines an den Rand der Geschichte gedrängten Volkes – mit Gott selbst zu tun? Gehört auch sie wie die Liebe oder die Güte zu den (uns dann allerdings schwer begreiflichen) ‚Vollkommenheiten' Gottes?"[80] Obwohl expressis verbis eine Theologie abgelehnt wird, in der – wie am Beispiel Eichrodts dargestellt – das Neue Testament die Lösung bietet,[81] so ist doch das Grundmuster bei Dietrich/Link diesem Entwurf nicht unähnlich: Denn im Folgenden wird die Hauptaufgabe des Alttestamentlers darin bestehen, den historischen Kontext der inkriminierten Texte zu beleuchten und auf diese Weise ihre Gewalttätigkeit plausibel zu machen. Das „Einspielen" von Gegentraditionen bleibt dem Systematiker überlassen. Auf diese Weise kann der produktive Grundansatz einer alttestamentlich-systematischen Kooperation nicht für die Lösung hermeneutischer Fragen und schon gar nicht im Blick auf die Erschließung der inneralttestamentlichen Potentiale der Gewaltbearbeitung fruchtbar gemacht werden. So sehr es zu begrüßen ist, daß bei Dietrich/Link der Ausgangspunkt für die Formulierung gewaltförmiger Gottesbilder bei den Gewalterfahrungen Israels gesucht wird, so wenig konsequent wird dies im Verlauf der Textuntersuchungen durchgeführt. Der Blick bleibt auf die Texte selbst gerichtet; er fällt aber nicht auf die Menschen, die sie verfaßt haben. Trotz dieser Kritikpunkte ist mit dem zweibändigen Werk nicht nur ein gründlicher, sondern auch ein hermeneutisch wichtiger Impuls für die Diskussion gegeben, da hier die gewalttätigen und „dunklen" Seiten Gottes positiv in die Theologie eingebettet werden: Sie sind wichtige Bestandteile des Gottesbildes.

Mit einem Teilbereich der göttlichen Gewalttätigkeit befaßt sich der Fundamentaltheologe Ralf **Miggelbrink** in zwei Publikationen über den göttlichen Zorn (2000; 2002).[82] Größeren Widerhall hat die kürzere Veröffentlichung (2002) gefunden, der hier deshalb das Augenmerk gilt. In ungewöhnlicher und für einen Dogmatiker begrüßenswerter Weise verfolgt Miggelbrink in seiner Arbeit das Ziel, „die Frage des Menschen nach dem Heil, das Christen als Werk des biblischen Gottes bezeugen, wieder auf das biblische Zeugnis von Gott auszurichten".[83] Zu Beginn seines

Durchgangs durch die biblischen Texte stellt der Verfasser heraus, „daß der Zorn Gottes als die durch Absicht und Aktivität gekennzeichnete Form göttlicher ‚Negativität' gegenüber dem Menschen im Alten Testament" anzusprechen ist, die „sehr wohl zum Gegenstand systematisierender Theologien wurde"[84] – und zwar bereits in der Bibel.

In ausführlicher Weise untersucht Miggelbrink zunächst in einem ersten Teil „Ursprung, Geschichte und Wandel des biblischen Motivs vom zornigen Gott".[85] Vom Sturmgott der israelitischen Ursprünge, dem willkürlicher Zorn beigelegt wird, entwickelt sich die Vorstellung in der Schriftprophetie vor allem als Kritik an gesellschaftlichen und kultischen Zuständen, bis sie in der deuteronomistischen Tradition stärker das Individuum in den Blick nimmt. In einer hermeneutischen Zwischenbemerkung situiert Miggelbrink die Rede vom göttlichen Zorn in diesen drei Traditionen vor allem sozialgeschichtlich: „JHWHs Gewalt spiegelt nicht gesellschaftlich reale Gewalt, sondern ist Ausdruck der Entlarvung gesellschaftlicher Verhältnisse, in denen Menschen durch die ökonomischen und juristischen Strukturen die Lebenschancen so weit beschnitten werden, dass sie zu einer aktiven Partizipation an der Gesellschaft als einer Gesellschaft im Grundsatz Gleicher nicht mehr fähig sind."[86] Miggelbrink fährt fort, indem er den Ort göttlicher Gewalttätigkeit genauer bestimmt: „Die deuteronomistische Verkündigung des Gewaltgottes des Zorns und der Rache geht also nicht einher mit einer Vermehrung der gesellschaftlich erlittenen Gewalt. Die Verkündigung des gewalttätigen Gottes ist nicht Aufforderung zur Gewalt. Vielmehr ist sie der Versuch, einer Gesellschaft, die selbst latent gewalttätig ist, ein Ideal der Brüderlichkeit und der Gewaltfreiheit entgegenzustellen."[87]

Als vierter Traditionsbereich wird die priesterliche Sühnetheologie als Gegenentwurf zur Zornestheologie besprochen. An fünfter Stelle wird das weisheitliche Schrifttum in den Blick genommen, in der das Motiv des göttlichen Zorns zugunsten zunehmend größerer Transzendenz Gottes zurücktritt. Am Schluß des alttestamentlichen Teils stellt der Autor die Frage nach einer Renaissance der Rede vom göttlichen Zorn in hellenistischer Zeit, bevor er sich dem Neuen Testament zuwendet.

Im zweiten Buchteil befaßt sich Miggelbrink mit dem Zorn Gottes „als Problem theologischer Hermeneutik".[88] Diese im engeren Sinne dogmatische Herangehensweise wird in der ersten Publikation (2000) stärker ausgearbeitet. Abschließend stellt der Verfasser in einem dritten Teil seinen eigenen Entwurf vor.[89] Das Ziel ist, „eine Skizze gegenwärtiger, verantworteter Rede vom zornigen Gott als Gestalt christlicher Heilsverkündigung" zu entwerfen;[90] dieser Abschnitt steht unter der Überschrift „Gottes Zorn und seine dramatische Geschichte mit der Welt".[91]

Welche hermeneutischen Erwägungen zeichnen Miggelbrinks Ansatz neben dem bereits genannten politisch-theologischen Zug aus? Wichtig ist ihm, den göttlichen Zorn als eine göttliche *Reaktion* auf eine menschliche Verletzung der aufs Gute abzielenden göttlichen Lebensordnung herauszustellen. Der Zorn Gottes ist gerade nicht Willkür, sondern verursachte und in ihren Ausmaßen berechenbare Strafe.

Innerhalb dieses Rahmens arbeitet der Autor eine Linie der zunehmenden „Entemotionalisierung" des göttlichen Zorns heraus. Er arbeitet durch die Gegenüberstellung von Schriftprophetie und Deuteronomismus einerseits und priesterlicher Sühnetheologie und Weisheit andererseits mit einer Hermeneutik, die gegenläufige Traditionen durchaus in Beziehung zu setzen versteht. Dies geschieht nicht im Sinne einer Gegen- oder Gesprächstext-Hermeneutik (vgl. u. S. 78f.), aber es ermöglicht die Wahrnehmung der Pluralität von Zorneskonzeptionen bzw. Gottesbildern.

Kritisch erscheint demgegenüber die – gelegentlich zu findende – Unterscheidung zwischen dem Wesen Gottes, als das der Verfasser nach wie vor die Liebe ausmachen kann, und der „äußere[n] Gestalt der Gotteswirklichkeit", die mit dem göttlichen Wesen nicht identisch ist.[92] Ob überhaupt in biblischer Sicht über ein „Wesen Gottes" gesprochen wird, erscheint mir fraglich. Aus exegetischer Sicht erscheint dagegen der Vorschlag begrüßenswert, an der Rede vom göttlichen Zorn als einem für die Theologie notwendigen Gedanken festzuhalten. Ob sie sich allerdings wirklich in die von Miggelbrink rekonstruierte Entwicklungslinie bringen läßt, ist ebenso anzufragen wie die Reduktion des Zorns auf eine „berechenbare" Reaktion eines eigenständig handelnden Gottes oder den Ausschluß von Gewalterfahrungen als Motiv für die Abfassung der Texte vom zornigen Gott. Ohnehin ergeben sich noch einmal andere Sinnlinien, wenn der Zorn nicht relativ isoliert als Vorstellung über das göttliche Handeln betrachtet wird.

### *Thematische Schwerpunktsetzungen: Gottes Rache – die Feinde – der Krieg – sexuelle Gewalt – Gewalt gegen Kinder*

Neben den eben vorgestellten zumeist thematisch weitgespannten und umfangreichen Ansätzen sind in den letzten Jahren auch eine Reihe von Publikationen erschienen, in denen jeweils nur eine Facette göttlicher Gewalttätigkeit in den Blick genommen wird. Auch dies ließe sich – wie einleitend auf S. 11 bemerkt – als eine Reaktion auf die Diskussion der 1970er und 1980er Jahre interpretieren: Nicht nur interdisziplinäre Zusammenarbeit kann als vielversprechender Weg aus dem Interpretationsdilemma erscheinen, sondern auch die Beschränkung auf einen Aspekt des Problems.[93]

Mit dem Verstehen der biblischen Rede von der göttlichen Rache befassen sich zwei Aufsätze Jürgen **Ebachs**, die 1993 und 1994 unter dem gleichem Titel erschienen sind. Beide gehen auf Vorträge zurück. Den Ausgangspunkt bildet die heutige Definition des deutschen „Rächen" als Blutrache und dem Ausleben von Haß: „Stimmt es, daß Rache ungezügelt, emotionsgeleitet, von Haß getragen ist?"[94] Anhand von neutestamentlichen Texten mit Rachemotiven (Lk 21,20ff.; 2 Kor 10,6; 2 Thess 1,8; Offb 6,10) bzw. mit alttestamentlichen Vorkommen der Wortwurzel *naqam*/נקם (Gen 9,5f.; Lev 19,18; 1 Kön 2,28ff.; Ps 5,2f.9–13; Ps 69,21b–29; 94,1) erläutert Ebach die Vorstellung vom „rächenden“ Gott im Alten Testament. Hier erscheint „Rache“ – genau anders als im Deutschen – als Rechtsinstitut, und sie ist gerade nicht von Haß, sondern von dem Bedürfnis nach Ausgleich zwischen den Parteien geleitet. Im ersten Beitrag (1993) bejaht Ebach seine Titelfrage uneingeschränkt, daß JHWH als Gott der Rache anzusehen ist. In der Deutung liegt der Akzent darauf, daß JHWH es ist und nicht ein Mensch, der Rache vollzieht (Dtn 32,35; Röm 12,19). Die Redewendung „es rächt sich“ – die im Deutschen einzige nicht per se negativ besetzte Verwendung des Verbs rächen – sieht Ebach neben anderem als Indiz dafür an, daß die Vorstellung der Rache im Alltagsverständnis aus dem Bereich Gottes in den Bereich des Schicksals verschoben worden ist. „Wir haben den Bereich der Rachewünsche und Rachephantasien keineswegs überwunden, wir haben ihn nur aus dem Bereich ausgesiedelt, in dem Menschen von Gott reden … Wir sind keineswegs moralischer geworden, sondern weniger ehrlich.“[95] Der zweite Beitrag (1994) steht, anders als der erste, stärker im jüdisch-christlichen Gesprächskontext. „Eines geht nicht: die Aussagen des ‚Alten Testaments‘, die uns passen, für das Christentum zu vereinnahmen, und die, die uns nicht passen, mit dem Judentum zu identifizieren.“[96] Die Antwort auf die Titelfrage wird in diesem späteren Aufsatz um ein „auch“ ergänzt. Dieses ist im doppelten Sinn zu verstehen: Gott ist mehr als ein Gott der Rache – das erläutert Ebach unter Hinweis auf Ex 34,6f. –, und Gott ist nicht nur im Alten Testament ein Gott der Rache. Der Schwerpunkt liegt hier auch wieder darauf, daß Menschen die Rache Gott überlassen sollen, der sich für die Schwachen in der Gesellschaft einsetzt (Ex 21,20). Diese Überlegungen der Delegation von Rache und das Ernstnehmen von Rachewünschen werden später aufzunehmen sein.

Ein weiterer, bislang unveröffentlichter Vortrag von Ebach (o.J.; nach 2000) befaßt sich stärker mit den hermeneutischen Fragen, die sich durch die Schilderung von Gewalt in Bibeltexten – einschließlich der Gottesbilder der Gewalt – stellen.[97] Nach einer ausführlichen Problembeschreibung trifft Ebach zwei Differenzierungen: erstens die zwischen Realität und Norm und zweitens die zwischen Norm und Praxis. Was in der Bibel geschildert wird, muß so nicht von den AutorInnen gebilligt worden sein; und was von ihnen für gut befunden wurde, muß nicht damalige Praxis geworden sein. Am Beispiel von Gen 2f. und der Festschreibung von Männerherrschaft über Frauen wird die erste Unterscheidung erläutert. Für die zweite Differenz dient die Talion als Beispiel. „Es gibt in der biblischen und jüdischen Rechtspraxis nicht einen einzigen Fall, in dem man so verfahren wäre, in dem man also einem, der einem anderen ein Auge ausschlug, ein Auge ausgeschlagen hätte usf.“[98] Eine weitere Beobachtung bezieht sich auf den Zusammenhang von Kultur und Gewalt. Gen 4 demonstriert, wie Gewalt der Kultur entspringt, aber der Text billigt die Gewalt nicht.

Auch die Frage nach Gottes Gewalttätigkeit wird anhand eines Textes der Urgeschichte gestellt. In der Sintfluterzählung sieht Ebach die Wandlung Gottes vom enttäuschten Idealisten zum utopischen Realisten. An die Stelle des Vernichtungsbeschlusses der Welt tritt später die Bestandszusage für die Welt. An der Frage nach der Theodizee, also nach dem Woher des Bösen in der Welt, soll unbedingt festgehalten werden, und zwar „als Frage *an* Gott – und (durchaus im doppelten, wenn nicht noch mehrschichtigeren Sinne) als Frage *nach* Gott", denn dieses Fragen „bestreitet jeder anderen möglichen ‚Instanz' das Recht und die Macht, sie zu beantworten oder zu beseitigen".[99] Im Blick auf göttliche Gewalttat gegen Unschuldige, dargestellt anhand der Rettung Israels am Schilfmeer und dem Umkommen der Ägypter, wählt Ebach eine theologische „Lösung" des Problems: Gott selbst trägt den Widerspruch, „daß nämlich so oft die Befreiung nur mit Gewalt möglich wird"[100]. Mit diesem Widerspruch können sich Menschen an Gott wenden: „Wie lange noch, Gott, soll es so sein, daß Befreiung nicht ohne Gewalt möglich ist ... Warum ist das Reich Gottes noch nicht da? ... Die Frage wird zur Klage, zur Klage vor, ja zur Anklage an Gott."[101]

Als Umgangsweise mit den Gewalttexten der Bibel empfiehlt Ebach zunächst ein „genaues Hinsehen". Denn häufig entpuppen sich Gewalttexte als Texte mit Kritik an der Gewalt.[102] Hierzu könnten auch die Texte über die Reue Gottes gerechnet werden. Wichtig für die Auslegung ist zudem die Unterscheidung von klassischen, heiligen und kanonischen Texten, die Ebach von Assmann übernimmt. Die Bibel soll hier vor allem als kanonischer Text verstanden werden, der als solcher – hier wiederum steht die rabbinische Deutung Patin – der Auslegung bedarf. Denn die Bibel enthält mehr als eine Position, mehr als einen Sinn. Zudem werden biblische Texte von den sie auslegenden Gemeinschaften in Geltung gesetzt.[103] So sagt Ebach über Texte mit gewaltförmigen Gottesbildern: „Wir können alles dafür tun, daß sie heute nicht gelten sollen."[104] Was diese „Geltung" umfaßt, bleibt allerdings offen.[105]

Auch diese Überlegungen Ebachs geben wichtige Impulse für die weitere Forschung. Hier soll vor allem der Hinweis auf den Geltungsdiskurs aufgenommen werden, der in hohem Maße über die Wirkung von Gottesbildern der Gewalt entscheidet. Auch das „genaue Lesen" soll im Fortgang praktiziert werden, wobei es allerdings methodisch noch mehr zu präzisieren wäre.

Der Alttestamentler Erich **Zenger** hat sich 1994 in einem allgemeinverständlichen Band dem Verstehen von Feindpsalmen gewidmet.[106] Neben einer Einführung in die Problemstellung und der Auslegung ausgewählter Psalmen enthält das Büchlein auch ein hermeneutisches Kapitel. Zengers Überlegungen bilden in der Literatur einen der ersten dezidiert hermeneutischen Ansätze, wenn sie sich auch nur auf ein relativ kleines Textcorpus beziehen. Eine ganze Reihe von hermeneutischen Überlegungen Zengers lassen sich auf Texte mit Gottesbildern der Gewalt übertragen.

Zengers Interesse besteht unter anderem darin, „daß die Mißverständnisse abgebaut werden, die sich *bei uns* einstellen, wenn und weil wir diese Psalmen zu sehr von unserem Lebensgefühl und von pseudotheologischen Klischees der christlichen Tradition her hören".[107] Grundlegend ist für seine Bibelhermeneutik die Einschätzung, daß die Bibel das Wort Gottes *in menschlicher Sprache* enthält und nicht wortwörtliche Offenbarungen Gottes darstellt.[108] Bei der Textauslegung kommt der auslegenden Gemeinschaft ein großes Gewicht zu. Sie bestimmt die Auslegungsregeln, sie wählt Texte aus, die „wichtiger“ sind als andere, und sie steht in einer bestimmten Tradition, die auf eine bestimmte Wirkungsgeschichte zurückblickt und durch sie geprägt ist.[109] Zum Abbau der Mißverständnisse kann etwa die Aufklärung über das dynamische Weltbild des Alten Testaments gehören. In ihm stehen Kosmos und Chaos in beständigem Kampf, wobei Gott die Rolle des Chaosbekämpfers zufällt.[110] Hilfestellung brauchen heutige Lesende auch bei der Entschlüsselung der Bildwelt der Psalmen. Die von der heutigen deutlich unterschiedene Lebens- und Sprachwelt des Alten Testaments bringt Bilder hervor, die ohne nähere Erläuterungen und bei zu direkter Übertragung der Bilder zu Fehldeutungen führen.

Ein wichtiger Aspekt in Zengers Hermeneutik ist die Betonung des Schriftkanons als Auslegungshorizont für einzelne Texte. Kein Text sollte für sich allein ausgelegt werden, sondern immer sollten verwandte oder benachbarte Texte zur Auslegung hinzugezogen werden – sind sie doch häufig Gesprächspartner des Ausgangstextes.[111]

Zenger bestimmt die Offenbarungsfunktion der Feindpsalmen vor allem im Blick auf die Opfer von Gewalt und in der Absicht, Gewalt zu beenden. Viele Gottesbilder der Gewalt stehen in engem Zusammenhang mit dem göttlichen Gericht. Würde diese Vorstellung wegen der mit ihr verbundenen Gewalttätigkeit aufgegeben, dann würde man dem Unrecht zeitlose Dauer gewähren und es dadurch stärken.[112] Die Feindpsalmen sieht Zenger als Gebete, die zum einen „den *Tätern* der Gewalt einen Spiegel vorhalten“.[113] Zum anderen sind sie Gebete, die „den *Opfern* der Gewalt, indem sie ihnen den Schrei nach Gerechtigkeit und nach dem Gott der Ahndung in den Mund geben, helfen können, an ihrer Menschenwürde festzuhalten und im betenden Protest gegen die gottwidrige Gewalt die Angst vor den Feinden und den Feindbildern *gewaltlos* auszuhalten“.[114]

In seinem Ansatz bestreitet Zenger die Problematik der Feindpsalmen nicht, weist sie aber der Textrezeption zu. In richtiger Weise ausgelegt, können diese Psalmen die genannte mehrfache Offenbarungsdimension besitzen. In dieser hermeneutischen Einstellung deckt sich das hier vorgestellte Herangehen an die Texte mit göttlicher Gewalttätigkeit ebenso mit der Zengers wie in der grundsätzliche Notwendigkeit historisch-kritischen Lesens der Texte sowie im Bemühen, Texte über göttliche Gewalt mit anderen Gesprächstexten in Verbindung zu bringen. Über Zenger hinaus sollte dabei allerdings stärker darauf geachtet werden, daß hier nach bestimmten Regeln und Kriterien vorgegangen wird (s. u. III, 3.).

Der Alttestamentler Eckart **Otto** hat 1999 ein Werk zu „Krieg und Frieden in der Hebräischen Bibel und im Alten Orient“ verfaßt, das in weiten Teilen auch religionsgeschichtliche Perspektiven beinhaltet. Der Autor hat seine rechtshistorischen Interessen und altorientalistischen Forschungen für das Werk fruchtbar gemacht.[115]

Göttliche Gewalt steht nicht im Mittelpunkt der Untersuchung, aber die Forschung führt zu ihr hin: „Darüber, ob eine Religionsgestalt eine Friedensordnung der Völker, in der die Konflikte nicht primär militärisch ausgefochten werden, fördert oder einer solchen Ordnung eher im Wege steht und zu Kriegen aufruft, entscheidet das jeweilige Gottesverständnis … Ein triumphales Gottesverständnis ist wahlverwandt einer triumphalen Politik, die auf militärische Stärke setzt, sofern sie nur dazu in der Lage ist, ja, die Religion ist in dieser Gestalt ein wesentlicher Impulsgeber für eine expansiv-imperiale Militärpolitik.“[116]

In hermeneutischer Hinsicht setzt sich Otto gegen die Entwürfe von Ebach (1980) und Lohfink (1992) ab: „Die hier vorgelegte Untersuchung beschreitet weder einen an gegenwärtigem Interesse, das Maßstab der Gewaltkritik als Bibelkritik sein will, ausgerichteten hermeneutischen Zugang [Ebach] noch einen kanonischen Zugang zur Gewaltthematik des Alten Testaments [Lohfink], in der ‚die Fülle des biblischen und historischen Materials gefiltert (wird) durch die Gestalt, in der es den Kanon passiert‘ [Lohfink 1992, 32]. Vielmehr will diese Monographie sich religionshistorisch dem Problem nähern und begreift die Überlieferung der Hebräischen Bibel als Spiegel judäischer Religion der spätvorexilischen und exilisch-nachexilischen Zeit der ausgehenden ersten und der zweiten Hälfte des 1. Jt. v. Chr., die in die Religionsgeschichte des Alten Orients in diesem Jahrtausend eingebunden ist. Im folgenden sollen daher zunächst die Vorstellungen der Religionen in Ägypten, Syrien und Assyrien von einer Friedensordnung, ihres Ermöglichungsgrundes und ihre Impulse auf die Politik rekonstruiert werden, um dann den Dialog zu beschreiben, den judäische Intellektuelle mit der Konzeption Politischer Theologie der neuassyrischen Hegemonialmacht durch Formen subversiver Rezeption zentraler Texte der assyrischen Königsideologie geführt haben und dabei zu umstürzender Neuformierung Politischer Theologie gelangten, die die weitere Fortschreibungsgeschichte der Hebräischen Bibel in exilischer und nachexilischer Zeit prägte und von der wir noch heute in den modernen Demokratien leben.“[117] Soweit das Vorhaben Ottos. Ob es wirklich der harten Abgrenzung gegen Ebach und Lohfink bedurft hätte, sei dahingestellt.

In den Abschnitten zu Ugarit, Ägypten und Assyrien finden sich wichtige Gedanken zu grundlegenden Elementen altorientalischer Weltdeutung. Hier ist neben der Vermischung mythischer Elemente mit königlichem Handeln in der von Otto mit Assmann als „Politische Theologie“ bezeichneten Denkweise auch die – ebenfalls gelegentlich mythisch vermittelte – Bewertung des Kriegführens als Schöpfungshandeln im Sinne des Ordnungshandelns[118] zu nennen. Bei einer Nachzeichnung (neu-)assyrischer Theologie und Königsideologie macht Otto eben die oben gekennzeichneten triumphalen Züge aus, die militärische Konfliktlösungen stützen.

Otto stellt gegen diese Züge altorientalischer Religionen einen eigenen Entwurf „judäischer Theologie“. Hierzu arbeitet er aus einer Auswahl alttestamentlicher Texte eine theologische Linie heraus. In dieser erscheint JHWH als eine Gottheit, die den Konflikt zwischen Gewalt und Gegengewalt in sich selbst ausficht (Hos 11,1–9*). Diese Linie wird später vor allem in der Gestalt des Gottesknechts bei DtJes fortgesetzt. Nur durch den „bewußten Verzicht auf Gegengewalt" kann die Spirale von Gewalt und Gegengewalt abgeflacht werden.[119] Kennzeichnend ist für dieses theologische Programm, daß es die militärische Gewaltlinie der neuassyrischen Politik und Theologie, die Israel jahrhundertelang vor Augen hatte, durch den Gedanken des Gewaltverzichts unterläuft.

Während die altorientalistischen Ausführungen Ottos und sein Entwurf einer theologischen Linie des Gewaltverzichts im alttestamentlichen Gottesbild sehr anregend und innovativ sind, so sind doch an sein Programm Fragen zu stellen. Zumindest überraschend ist die Einordnung des Nordreichs-Propheten Hoseas als judäischen Theologen, auch wenn sich Otto hier weitgehend auf spätere Ergänzungen der älteren Hosea-Prophetie bezieht. Zum anderen ist anzufragen, ob der Autor wirklich seinem Vorhaben treu bleibt, einer nur religionsgeschichtlichen Hermeneutik zu folgen. Vor allem eine Aussage läßt hier aufhorchen: Daß die von Otto nachgezeichnete Linie, die in Ugarit im Anat-Baal-Mythos beginnt, im Neuen Testament gipfelt, legt eher den Schluß nahe, daß Otto eine dezidiert christliche Hermeneutik zugrundelegt, wobei die Traditionen des Alten Orients nun als Vorgeschichte der Bibel einbezogen werden.[120]

Vor fünf Jahren ist meine eigene Monographie erschienen (**Baumann** 2000), die sich einem Textbereich mit einer großen Zahl gewaltförmiger Gottesbilder widmet.[121] In zahlreichen prophetischen Texten des Alten Testaments wird das Verhältnis JHWHs zu Israel oder Jerusalem in der Metapher der Ehe abgebildet. Dies beinhaltet nicht nur die göttliche Liebe zu Israel/Jerusalem, sondern in einigen Fällen auch die drakonische Bestrafung Israels bzw. Jerusalems, das hier weiblich personifiziert und als JHWHs „Ehefrau" erscheint.[122] JHWH selbst tritt als Gewalttäter auf, der seiner „hurerischen" Ehefrau öffentlich sexuelle Gewalt zufügt.

An diesen Texten ist besonders von feministisch-exegetischer Seite viel Kritik geübt worden, werden doch hier Bilder männlicher sexueller Gewalttätigkeit im Gottesbild verankert und dadurch möglicherweise legitimiert. Deshalb besteht besonders großer Bedarf, diese Texte mit ihren Gottesbildern zu deuten. Vor allem drei hermeneutische Strategien finden sich in der feministischen Diskussion, deren Horizont an dieser Stelle auch über die Monographie hinaus – in der sie leider kein großes Gewicht erhalten haben – aufgespannt werden soll. Zum einen wird Ideologiekritik an den Texten geübt. Hier wird beispielsweise aufgedeckt, wie Rollenbilder von Frauen, Männern und Gott in den Texten konstruiert werden und welche politischen oder Gender-Interessen dabei jeweils im Hintergrund stehen.[123] Zum zweiten wird mit Gegen- oder Gesprächstexten gearbeitet. In den entsprechenden biblischen Büchern mit Bildern Gottes als sexuellem Gewalttäter finden sich meist auch andere Gottesbilder, die andere Schwerpunkte besitzen und als Widersprüche gegen die Gewalttäter-Gottesbilder gewertet werden können. Gewicht besitzen in eher historischer Sichtweise hier vor allem solche Gegenbilder oder Gesprächstexte, die eine bestimmte motivliche oder terminologische Verbindung zu den kritisierten Gewaltbildern aufweisen. Würden beliebige Texte herangezogen, so wäre eine LeserInnen- bzw. rezeptionsorientierte Perspektive eingenommen, die ihr Recht besitzt, die aber für sich nicht in Anspruch nehmen könnte, daß die „Gegentexte“ gegen die Gottesbilder der Gewalt bereits als „Einsprüche“ von den RedaktorInnen biblischer Texte verfaßt worden wären. Die dritte hermeneutische Strategie liegt darin, die Texte als Erinnerung an das Leiden der Opfer sexueller Gewalt zu lesen.[124] Dabei sind sowohl die Opfer der alttestamentlichen Zeit als auch die heutigen Opfer im Blick. Natürlich bezieht sich der Verweis auf die Opfer zu biblischer Zeit nicht auf die Personifikation Israel/Jerusalem. Mittels der Strategie eines „resisting the metaphors“, d.h. des nichtmetaphorischen Lesens der Texte, wird auf die hinter den Sprachbildern stehenden Erfahrungen von Frauen in Israels Kriegszeiten hingewiesen.[125] Ihnen soll die Aufmerksamkeit und das Gedenken der Lesenden gelten.[126]

Für den Umgang mit Gottesbildern der Gewalt im Alten Testament ist es möglich, an diese in der feministisch-exegetischen Diskussion entwickelten hermeneutischen Strategien anzuknüpfen und sie weiterzuentwickeln. Mir erscheint dabei besonders die zweite Strategie des „Gegen-Lesens“ chancenreich zu sein. Allerdings müßten hier klarere Kriterien entworfen werden, nach denen Texte miteinander in Verbindung gebracht werden, und dieser intertextuelle Horizont klarer abgesteckt werden. Dies soll unten unter III, 3. geschehen. Daß sich in „Liebe und Gewalt“ wenig hermeneutische Überlegungen finden, erscheint mir im Rückblick als echtes Defizit, welches zu beheben eine Absicht des vorliegenden Bandes ist.

Mit Andreas **Michel**s Arbeit zur göttlich motivierten Gewalttätigkeit gegen Kinder liegt einer der wenigen neueren Forschungsbeiträge vor, die sich aus dezidiert exegetischer Sicht mit dem Problem der göttlichen Gewalttätigkeit befassen. Der Autor, ein Alttestamentler, möchte einen Forschungsbeitrag zu zwei Gebieten leisten: sowohl zum Thema Kindheit im Alten Testament als auch zur Diskussion um gewaltvolle Gottesbilder im Alten Testament.[127] In allgemein gehaltenen Einführungen in die Themen „Gewalt“ und „Kinder“ behandelt der Autor auch ausgewählte Literatur.[128] Diese dient ihm überwiegend zur Schärfung der eigenen Position und wird nicht eingehender dargestellt.

Hermeneutische Erwägungen stehen in der Untersuchung nicht im Mittelpunkt. Einiges zu diesem Thema findet sich gleichwohl im Eingangs- wie im Schlußteil.[129] Michel sieht seine Behandlung des Themas als Einbringen eines „countertestimony“ im Sinne Brueggemanns (1997; s.u. S.70f.); er möchte in seinem Ansatz diesen „Gegenstimmen“, d.h. den Texten über göttliche Gewalt gegen Kinder Gehör verleihen. Er verwahrt sich gegen das Anliegen mancher Exegesen, „Entlastungszeugen“ gegen gewaltvolle Texte aufbieten zu sollen, zumal es davon auch nicht sehr viele gebe.[130] Auch andere Positionen weist Michel zurück: Biblische Texte über göttliche Gewalt sind nicht „als bildhafte oder metaphorische Redeweise zu entschuldigen“[131]. Schon gar nicht könne Gewalt gegen Kinder heute mit dem Rückgriff auf biblische Texte gerechtfertigt werden. Es sei auch nicht möglich, „grundsätzlich jeden Vorfall von Gewalt auf Seiten Gottes in der Bibel auf das Konto menschlicher Angst- und Gewaltphantasien zu verbuchen“[132], wie dies in psychoanalytisch orientierten Modellen geschehe. Auch feministisch-exegetische Behandlungen der Gewaltthematik finden hier nur in kritischer Weise Erwähnung.[133]

Michel diskutiert hermeneutische Fragen überwiegend in den Fußnoten und bedauerlicherweise in häufig negativem bis polemischem Sprachduktus. So bleibt es oft bei der Zurückweisung oder gar Destruktion von Positionen. Ein eigener hermeneutischer Ansatz, der über ein Lesen der Texte auf ihrem historischen Hintergrund hinausgeht, läßt sich so nicht entwickeln: „Die biblischen Texte sind aber zuerst – und darum geht es hier – unter den hermeneutischen Voraussetzungen ihrer Zeit zu präsentieren und diskutieren, bei aller Unvermeidlichkeit auch in dieser Arbeit konzedierter Anachronismen.“[134] Ein zentrales Stichwort ist in diesem Zusammenhang die „Nüchternheit“, die in der theologischen Behandlung der Gewalttätigkeit Gottes angemahnt wird.[135]

Hingegen kann Michel im textanalytischen Teil der Arbeit eine Reihe von Ergebnissen erzielen, die auch für die vorliegende Untersuchung von Nutzen sein können. Zum einen sind dies die Auflistungen und hier vor allem die Liste der „Gott-und-Gewalt-Verben“[136], die es in dieser Vollständigkeit bislang nicht gegeben hat (s. o. S. 29).[137] Interessant sind hier die Unterschiede in der Textgeschichte, wobei der Schwerpunkt auf dem Unterschied zwischen dem hebräischen, dem Masoretischen (MT) und dem griechischen, dem Septuaginta-Text (LXX) liegt. Als Auswertung der Befunde stellt der Autor fest: „*Bei einem Sechstel aller Fälle von Verbhandlungen körperlicher Gewalt mit göttlichem Subjekt bestehen mithin signifikante textliche Unterschiede zwischen Septuaginta und masoretischem Text*, ein beachtlich hoher Wert, auch wenn nicht in allen beabsichtigte, noch nicht einmal in den meisten Fällen strenge ‚dogmatische Korrekturen‘ vorliegen.“[138] Dies gilt allerdings nicht in gleichem Maße für die Gewalt gegen Kinder. So kann der Autor resümieren: „Die ausweislich der textlichen Varianz [zwischen MT und LXX] sichtbar werdende Sensibilität gegen Gewalt hat sicher auch, aber gar nicht so sehr etwas mit den *Opfern*, den Kindern, zu tun. Den größeren Einfluß scheint auf diese Varianz der *Täter* auszuüben, Gott ... *Daß* es mithin eine antike Gewaltempfindlichkeit auf Seiten der [LXX-]Leserinnen und Leser der Gewalttexte gegeben hat, lässt sich zumal ausweislich der Gott-und-Gewalt-Texte kaum mehr bestreiten.“[139]

Allerdings müßten Michels Untersuchungen noch einmal stärker auf das Vorgehen hin reflektiert werden. Wie weit man von einer „größeren Sensibilität“ o. ä. gegenüber Gewalt im Gottesbild oder gegenüber Kindern für die Antike sprechen kann, läßt sich aus den Ergebnisse nicht schließen. Die Aussagen belegen lediglich, daß es bei den untersuchten Texten Unterschiede in den sprachlichen Fassungen zwischen MT und LXX gibt. Wodurch diese motiviert sind, läßt sich aus dem Befund zunächst einmal nicht ableiten. Daß sich MT und LXX gerade im Bereich des Gottesbildes häufiger voneinander abheben, ist bekannt. Die Differenzen können auch durch eine andere Zuschneidung des Gottesbildes begründet sein, wie sie in der hellenistischen Adaption der altorientalisch geprägten Vorstellungen nicht selten sind. In diesem Zusammenhang wird beispielsweise die Körperlichkeit JHWHs, die häufig durch Körpermetaphorik zum Ausdruck gebracht wird, zurückgedrängt und durch weniger „physische" Aktionsweisen Gottes ersetzt.[140] Diese Veränderungen reichen weit über eine Kritik an der Gewaltförmigkeit alttestamentlicher Gottesvorstellungen hinaus.

Im textanalytischen Teil von Michels Arbeit werden vier Textbereiche anhand exemplarischer Passagen genauer untersucht. Hermeneutisch stehen hier mehrere historische Perspektiven im Vordergrund: Neben Erwägungen zur Textentstehung finden sich religionsgeschichtliche Überlegungen.

So interessant Michels Versuch einer exemplarischen Bearbeitung göttlicher Gewalttätigkeit im Alten Testament ist, so wenig vermag sein Versuch in hermeneutischer Sichtweise zu überzeugen. Hier weiterzuarbeiten, ist das Ziel des vorliegenden Ansatzes.

### *Gesamtüberblicke für ein breiteres Publikum*

Vor allem seit Mitte der 1990er Jahre sind eine Reihe von meist kürzeren Büchern erschienen, die sich an ein theologisch interessiertes, aber nicht theologisch vorgebildetes Publikum richten. Einige dieser Ansätze sind nun vorzustellen.[141]

Der Alttestamentler und Religionsgeschichtler Manfred **Görg** befaßt sich in seinem 1995 erschienenen Werk mit Gewalt in der Bibel. Den Hintergrund seiner breiten Beschäftigung mit dem Thema bilden neben Überlegungen des jüdisch-christlichen Dialogs auch gewaltgeladene politische Auseinandersetzungen wie der Jugoslawien-Krieg und der Nahost-Konflikt. Daneben spielt auch das 1992 erschienene Werk Buggles eine Rolle, in dem die Bibel als Buch der Gewalt gebrandmarkt und als deshalb inhumanes Dokument abgelehnt wird.[142]

Görg beginnt mit relativ knappen Darstellungen und Erläuterungen biblischer Texte, in denen Gewalthandlungen oder Gottesbilder der Gewalt zu finden sind. Dabei schließt er sich zunächst dem Eindruck an, daß Gewaltdarstellungen in biblischen Texten problematisch sind.[143] Er bringt dann aber eine Reihe weiterer Aspekte ins Spiel. Zum einen kann „die Bibel" eine Hilfe beim Umgang mit heutiger Gewalt sein.[144] Zweitens ist die als Bibel ein literarisches Zeugnis ihrer Zeit anzusehen: „Die Bibel ist ja nicht die primäre Quelle, um Geschichte zu erfassen, sondern ein Buch der Interpretation … Die Bibel bietet keine unmittelbare Kopie dessen, was gleichzeitig über die Bühne geht."[145] Dazu gehört auch, daß altorientalische Literatur zum Vergleich und als Hintergrund biblischer Texte herangezogen werden muß. Das tut Görg selbst in seinen Analysen sehr kenntnisreich.

Die Stärke von Görgs Ansatz liegt darin, die gewaltzentrierten Texte darzustellen und in ihrem religionsgeschichtlichen, historischen und literarischen Zusammenhang zu erläutern. Hermeneutische Linien sind – über das bereits Genannte hinaus – entweder in den einzelnen Ausführungen oder gebündelt am Anfang und am Schluß des Buches zu finden. So weist Görg die Möglichkeit zurück, gewaltförmige Gottesbilder gegen barmherzige aufzurechnen.[146] Die Rede von der Janusköpfigkeit oder Zerrissenheit Gottes[147] läßt er als Ausweg ebensowenig gelten wie den Verweis auf Christi stellvertretendes Leiden.[148] Statt dessen verweist er eindringlich auf Gottes „abgründige Tiefe“[149] und Rätselhaftigkeit, die sich nicht in Begriffen wie „Humanität“[150] oder in systematischer Weise[151] greifen läßt: „Die Rätselhaftigkeit Gottes neben seiner unglaublichen Nähe und Barmherzigkeit ist wohl das Problem, das alle, die mit Gott zu tun haben, in den verschiedenen Religionen bedrängt und ihnen immer wieder zu schaffen macht. Dabei geht es ja nicht um ein ausgewogenes Urteil, sondern im Prinzip darum, daß der primäre Anspruch Gottes, den Menschen nahe sein zu wollen, von der Menschheit in Solidarität aufgenommen und verwirklicht wird, daß zugleich aber die dunkle Seite, die der Mensch nicht erfahren kann, solange er lebt und sein Geschöpfsein bedenken muß, ausgehalten werden muß in eben dieser Solidarität der Menschen untereinander.“[152]

Mit diesem Appell zum Aushalten der spannungsvollen Gottesbilder führen Görgs hermeneutische Überlegungen also nicht, wie es auch möglich wäre, in Bereiche philosophischer Konstruktion oder historischer Erklärung, sondern auf das Feld der Theologie oder der Frömmigkeit. Damit in Übereinstimmung steht die Widmung des Bandes an diejenigen, „die sich über den biblischen Gott bis zur Verzweiflung ärgern, trotzdem aber ‚in ihm festmachen‘, d.h. im biblischen Sinn an ihn glauben wollen“.[153] Auf diese Weise überläßt es Görg den Gläubigen, zu entscheiden, ob sie mit der Spannung im Gottesbild leben können. Von wissenschaftlicher Seite gibt es hier wenig Hilfestellung. Es wäre zu fragen, ob die exegetische Forschung hier nicht mehr zur Lösung des Problems beitragen könnte.

Der in der Schweiz lehrende Alttestamentler Thomas **Römer** hat sich in drei Beiträgen mit dem Thema der göttlichen Gewalt befaßt. 1996 in erster und 1998 in zweiter Auflage ist sein Buch erschienen, das sich mit Sexualität, Brutalität und Gewalt im alttestamentlichen Gottesbild unter der Perspektive befaßt, daß es sich dabei um dunkle („obscur“) Gottesbilder handelt. 1998 datiert ein Aufsatz zum Josuabuch, und 2002 hat Römer diese Aufsatz sowie das vierte Kapitel des Buches in einem Überblicksartikel zusammengefaßt.[154]

Das Buch befaßt sich – nach einer ausführlichen Einleitung[155] – in vier Kapiteln mit unterschiedlichen, durch ihre Anstößigkeit für heutige LeserInnen aber miteinander verbundenen Aspekten Gottes im Alten Testament, bevor in einer Zusammenfassung die Linie bis zum Neuen Testament ausgezogen wird.

Zu Beginn spricht Römer die Problematik des Alten Testaments an, wie sie von vielen Lesenden heute wahrgenommen wird: Es erscheint als ein brutales Buch, das unbedingt im Neuen Testament ein Gegenüber benötigt.[156] Im Anschluß daran erzählt der Autor die Gewaltgeschichte des Alten Testaments in groben Linien nach.[157] Daß das Problem der alttestamentlichen Gewalt nicht erst heute gesehen wird, verdeutlicht Römer in einer Sammlung von Stimmen aus der Geschichte der Kirchen, für die das Alte Testament wegen der in ihm breit ausgemalten Gewalttätigkeit aus christlicher Sicht immer schon als problematisches Buch gegolten hat.[158] Daß etliche Passagen des ersten Teils der Bibel heute als schwierig empfunden werden, liegt seiner Einschätzung nach nicht zuletzt daran, daß viele Menschen die biblischen Texte – im Unterschied zu anderen Texten vergangener Epochen – nicht in historischer Perspektive lesen.[159] Um diese zurückzugewinnen, gibt Römer einen Überblick über die Entwicklung des alttestamentlichen Gottesbildes. Durch die Einbindung in die *eine* Bibel entsteht bei vielen Lesenden die Erwartung, daß sich in jedem einzelnen Text, aus welcher der unterschiedlichen Epochen der israelitischen Geschichte dieser auch stammen mag, das gleiche, in sich wenig differenzierte Gottesbild zu finden ist. Dies ist aufgrund der Vielfalt der historischen und literarischen Kontexte aber nicht der Fall. Erst der Kanon als Ganzer bindet die Unterschiede zusammen; auch finden sich in manchen Texten vermeintlich entgegengesetzte Aspekte des Gottesbildes wie Gnade und Zorn bereits in Verknüpfung.[160] Um das Gottesbild noch näher zu erläutern, skizziert Römer im Anschluß die Entwicklung des Gottesnamens, wobei er hier die Verborgenheit des Wesens Gottes hervorhebt.[161]

Für unser Thema sind in Römers Buch vor allem die Kapitel zwei bis vier sowie der Schluß von Bedeutung.[162] Gottes Grausamkeit wird im zweiten Kapitel anhand der eng mit JHWH verbundenen „Opferung Isaaks" (Gen 22) und der Erzählung der Opferung von Jephtahs Tochter (Ri 11,29–40) sowie der Angriffe JHWHs auf Jakob (Gen 32,23–32) und Mose (Ex 4,24–26) thematisiert. In seiner Auslegung dieser Texte weist Römer darauf hin, daß hinter den göttlichen Grausamkeiten menschliche stehen,[163] und daß sich in den meisten Religionen Traditionen finden, in denen die Gottheit Menschen attackiert.[164] Als Ausweg verweist Römer auf die Lösung Hiobs, die darin besteht, Gott gegen Gott anzurufen (Hi 19,25).

Im dritten Kapitel widmet sich Römer dem Bild Gottes als Despoten und Krieger.[165] Er setzt mit der furchtbaren Wirkungsgeschichte von Texten ein, die in der Vergangenheit von staatlicher und kirchlicher Seite zur Legitimation von Krieg oder Massenmord herangezogen worden sind.[166] Er stellt solche Texte in ihre historische Umgebung, soweit sich eine solche durch die exegetische Forschung rekonstruieren läßt. In dieser Sicht erhalten die ideologisch-theologischen Legitimationsstrategien des neuassyrischen Großreichs, dessen Vasallen die beiden israelitischen Staaten die meiste Zeit ihrer Existenz waren, eine große Bedeutung. Die Beziehung JHWHs zu seinem Volk erscheint parallel zum Verhältnis des neuassyrischen Großkönigs zu den Vasallenstaaten konstruiert zu sein.[167] Ähnlich ist es mit den Texten über JHWH als Krieger in Jos 1–12: Hier wird JHWH, ähnlich wie mehrere Gottheiten in neuassyrischen Texten, als Krieger bezeichnet, der für sein Volk kämpft.[168] Im literarischen Kontext wird dieses kriegerische Gottesbild jedoch nicht so stehengelassen: An dieser Stelle kommt Jos 1,8 zum Zuge, ein Text, in dem das Volk dazu aufgefordert wird, die Tora Tag und Nacht zu lesen. Dies deutet Römer so, daß es für die Zukunft Israels gerade nicht entscheidend ist, militärisch erfolgreich zu sein, sondern der Weisung der Tora zu folgen. Auch Ex 14 mit der Schilderung von Israels Durchzug durch das Schilfmeer, der allein durch JHWHs Eingreifen gelingen kann, wird vom Autor als demilitarisierender, „entwaffnender" Text gelesen. In der Auslegung durch die Chronikbücher wird diese Linie ebenfalls stark gemacht (2 Chr 20,16f.).[169] Allerdings finden sich im Buch Deuteronomium auch Texte wie Dtn 7,1–6, die sich unter dem Begriff der „ethnischen Säuberungen" fassen ließen. Vor allem die Auswahl der Völker weist hingegen darauf hin, daß es hier nicht um ethnische Säuberungen, sondern um die vermutlich in die nachexilische Zeit zu datierende Abgrenzung Israels gegen die „anderen" Völker geht, um nicht als Volk und als JHWH-Gläubige absorbiert zu werden. Auch könnten die völlig anders gearteten Erwähnungen der Völker in der Genesis[170] als Hinweis gewertet werden, daß es im Alten Testament durchaus auch eine starke Tradition oder Vision des friedlichen Zusammenlebens mit anderen Völkern gegeben hat.

Im vierten Kapitel behandelt Römer die Frage, ob Gott überhaupt von den Menschen verstehbar ist. Wie „ist" Gott, wenn er gleichzeitig die Liebe ist und für Katastrophen verantwortlich ist? Römer rekurriert unter anderem auf die weisheitliche Tradition des Alten Testaments samt ihrer zahlreichen altorientalischen Parallelen. Anhand von Hi 1 und der Satansfigur diskutiert er, ob Gott böse ist. Die Frage kann, wenn sie in dieser Absolutheit gestellt wird, nur verneint werden. Denn innerhalb des sich entwickelnden Monotheismus im Alten Testament werden unterschiedliche Aspekte Gottes zusammengebunden; so beispielsweise in Jes 45,5–7. Die späte Weisheit – Hiob und Qoheleth – verwahrt sich gegen einen Automatismus im Tun-Ergehen-Zusammenhang. Beides zusammen ergibt ein Gottesbild, das sich gegenüber jedem Anthropomorphismus verweigert und dadurch ein Überraschungsmoment in die Theologie hineinbringt.[171]

Abschließend thematisiert Römer das Verhältnis vom Alten zum Neuen Testament.[172] Die von ihm herausgestellten Seiten Gottes finden sich in beiden Testamenten: Auch im Neuen Testament ist Gott grausam (Apg 5), kriegerisch (Offb) und gelegentlich unverständlich oder widersprüchlich (die Vergeltung Gottes und die Rechtfertigung der SünderInnen stehen auch bei Paulus in Spannung). Beide Testamente bestehen auf der Freiheit Gottes; Gott bleibt ungreifbar. Sowohl im Alten als auch im Neuen Testament werden Gottes Befreiungstaten – Exodus und Auferstehung – bekannt und gepriesen. Römer deutet die von ihm dargestellten dunklen Gottesbilder als Anstoß, weiter nach Gott zu fragen und zu forschen, gerade weil er sich nicht auf einen einfachen Nenner wie die Liebe bringen läßt.

So läßt sich Römer nicht auf schnelle Einordnungen und keine hermeneutischen Abkürzungen ein. Konkret wird das Buch (und die Aufsätze) dort, wo historische

Hintergründe gegeben werden; etwas schwebend bleibt der Ansatz des Autors im Ausblick. Obwohl es vom Grundansatz kein weiter Weg gewesen wäre, die „Dunkelheit" Gottes im Alten gegen eine Helligkeit im Neuen Testament zu stellen, beschreitet der Autor diesen Weg nicht und sucht keine christologische „Lösung" des Problems göttlicher Gewalt. An seiner Betonung der gesamtbiblischen Problematik göttlicher Gewalttätigkeit ist ebenso festzuhalten, wie an den entsprechenden Stellen an die Einzelauslegungen anzuknüpfen sein wird.

An ein breites Publikum wendet sich die Theologin und freie Autorin Susanne **Krahe** in einem 1999 erschienenen Buch unter dem Titel „Ermordete Kinder und andere Geschichten von Gottes Unmoral".[173] Wie der Titel bereits verrät, fragt die Autorin nach der „Moral" Gottes, genauer gesagt: nach Gottes „Glaubwürdigkeit" angesichts der vielen überlieferten „unmoralischen" Taten Gottes, namentlich gegen Unschuldige, Schwache und Kinder. In sechs Kapiteln betrachtet Krahe alt- wie neutestamentliche Textabschnitte zu den Themen Opferungen, Gott als Kriegsheld, Gottes cholerische Seiten, die Unmoral Jesu. Schließlich spielen solche Texte eine Rolle, die nach der Gerechtigkeit Gottes fragen oder Gott als wankelmütig und unberechenbar darstellen. Eine Zusammenfassung kontrastiert schließlich „Gottes Amoralität und die menschliche Moral".

In den einzelnen Kapiteln wechseln sich nacherzählende Passagen, Textzitate aus der Bibel und deutende Abschnitte ab. Für informierte Lesende ist ersichtlich, daß hinter den Ausführungen Krahes häufig exegetische Forschungsergebnisse stehen, ohne daß dabei aber die Quellen offengelegt würden. Die Autorin scheut sich nicht, die theologischen Probleme deutlich zu benennen, und auch bei bekannten Lösungsvorschlägen hart nachzufragen. Ihre eigenen Antworten sind stark an den einzelnen Problemfeldern orientiert.

In hermeneutischer Hinsicht ist das Buch eine wahre Fundgrube. Allerdings wird die Fülle an Verstehenslinien weder systematisiert noch zusammengefaßt. So sind die „Schätze" über das ganze Werk verteilt und müssen von den Lesenden zunächst identifiziert werden.[174]

Schon zu Beginn findet sich bei Krahe die – nicht nur bei ihr anzutreffende – Einschätzung, daß die in der Bibel geschilderte Gewalttätigkeit nicht nur negativ zu bewerten ist, sondern auch für den Realitätssinn oder die Wirklichkeitsnähe der VerfasserInnen und Texte spricht.[175] Daneben hebt die Autorin hervor, daß die Gewaltgeschichten über Gott zwar häufig anzutreffen sind, aber doch nicht die Mehrzahl der biblischen Texte darstellt.[176] Das heutige Welt- und Wirklichkeitsverständnis wird von ihr von einem biblisch-archaischen abgehoben, in dem Gott beispielsweise fast automatisch der Feind der Feinde Israels und damit für sein Volk parteilich ist.[177] Dieser Gedanke wird darin fortgeführt, daß die Maßstäbe für „Moral" oder „Unmoral" zeitbedingt sind und sich also verändern.[178] Zudem ist Gott nicht als moralisches Vorbild für die Menschen anzusehen – auch und gerade wenn er als Quelle des Rechts über allem Recht steht. Für Gott gelten, zumindest in der Antike, eigene Maßstäbe.[179] Auch stellt sich die Frage nach Gottes Gewalttätigkeit anders, wenn in der Antike nicht – wie heute – zwischen Gott und Wirklichkeit unterschieden werden kann.[180] Positiv bewertet die Autorin daneben die Sühnopfertheologie mit dem Stellvertretungsgedanken.[181] Ein weiterer Schlüssel für das Verstehen der gewaltvollen Texte liegt bei Krahe darin, daß die Bibel nicht über Gottes *Wesen*, sondern sein *Tun* spricht – und dies kann situativ sehr unterschiedlich aussehen.[182] Eine wichtige Differenzierung besteht darin, daß die menschlichen „Stimmen" oder Vorstellungen von Gott nicht mit Gottes Sein oder Wesen identisch sind, sondern als Zeugnis von diesem fungieren: „Wir haben es bei den einzelnen Schriften stets nur mit Spiegelungen von Ereignissen, mit Gottesbildern, mit subjektiven Auffassungen über das geschichtliche Wirken Gottes zu tun. Selbst das göttliche ‚Ich' läßt sich nur in menschlichen Stimmen und im Abglanz irdischer Tinte vernehmen. Die Berichte und Gedichte unterliegen deshalb der Möglichkeit des Irrtums über Gott und der Fälschung seiner Willensäußerungen. Je nachdem, welche Perspektive sie einnehmen, widersprechen sie einander oder gewichten die Geschehnisse ganz unterschiedlich."[183] Die Lesenden selbst müssen entscheiden, welcher der Stimmen sie das größere Gewicht beimessen.

Krahes Buch gibt eine Reihe wichtiger Anregungen für eine Hermeneutik für Gottesbilder der Gewalt im Alten Testament. Die biblischen Texte werden als Zeugnisse einer antiken Wirklichkeitsdeutung wahrgenommen und in dieser Brechung gedeutet. Zu begrüßen ist auch ihre Perspektive, alt- und neutestamentliche Gewalttätigkeiten gleichermaßen zu thematisieren. Das spiegelt sich allerdings nicht unbedingt in den hermeneutischen Strategien. So stellt die Autorin beispielsweise das neutestamentliche Gebot der Feindesliebe manchen gewaltvollen alttestamentlichen Texten gegenüber. Der neutestamentliche Text bewahrt so vor einer intensiveren Suche[184] nach inneralttestamentlichen gewaltkritischen Stimmen.[185]

Der in der Erwachsenenbildung tätige Neutestamentler Klaus-Stefan **Krieger** hat sich in zwei an ein breiteres Publikum gerichteten Publikationen mit der Auslegung von Gottesbildern der Gewalt in der Bibel befaßt.[186] Die inhaltlichen Linien des kurzen Aufsatzes (2000) und des Büchleins ($^{1}$2002; $^{2}$2004) stimmen dabei überein. Sein Interesse benennt Krieger im Buch durchaus hermeneutisch: Es will „aufbauend auf den Einsichten der Bibelauslegung Antworten suchen, wie wir mit Texten, in denen ein aggressiver Gott auftritt, umgehen können. Was kann ich solchen Passagen der Bibel abgewinnen, so daß ich nicht meine, ich müßte sie … ‚ent-sorgen'?"[187] Auf eine kurze Einführung folgt ein Problemaufriß, der zahlreiche biblische Texte zitiert, in denen Gewalt im Namen Gottes verübt wird. Akzente in der Auslegung setzt Krieger bei der Betonung einer möglichen Fiktionalität der Texte,[188] ihrer Aufnahme altorientalischer Vorbilder,[189] der prophetischen Kritik an menschlichem Machtmißbrauch[190] und – im Anschluß an Görg – in der These, daß göttliche Gewalt zumeist Gegengewalt ist,[191] in denen Gott sich für die Wehrlosen einsetzt oder diese ihn um Hilfe anrufen.[192] In der Diskussion um die göttliche Gerechtigkeit gegenüber den Ägyptern am Schilfmeer verweist Krieger auf die Machtverhältnisse. Im Alten Testament ist Israel gegenüber den Großmächten fast durchgängig in der schlechteren Position.[193] Krieger wendet sich dann der Situation der heutigen Lesenden zu. Deren Sichtweise leistet einen nicht unwesentlichen Beitrag dazu, biblische Texte über (göttliche und andere) Gewalt als skandalös wahrzunehmen: „Daß wir eher Mitleid mit den ertrunkenen Ägyptern hegen, als die Freude der Texte über die Befreiung der versklavten Israeliten zu teilen, liegt zweifellos auch daran, daß wir den Blick für die Geknechteten verloren haben … Die Unterdrückung breiter Schichten der Bevölkerung kennen wir nicht aus unserer Lebenswelt … Wie fiele unser Urteil aus, wenn wir nicht gut situierte Mitteleuropäer wären, die Krieg nur als Fernsehbilder kennen und deren Alltag nicht einmal von den Balkankriegen direkt vor unserer Haustür berührt wurde?“[194]

An diesem Punkt betont Krieger auf der einen Seite das unterdrückte schlechte Gewissen heutiger Lesender, die sich eher auf der Seite der Unterdrücker als auf der der Unterdrückten wiederfinden.[195] In solch einer Situation befremdet die Parteilichkeit Gottes für die Unterdrückten, die in den biblischen Texten an die Stelle eigener menschlicher Gewalttätigkeit gestellt wird.[196] Biblisch erscheint Gott nach Krieger als bedingungsloser Kämpfer für die gute, menschenfreundliche Ordnung und gegen das Böse und das Chaos[197]: „Hinter den biblischen Szenen göttlicher Aggression steht die Einsicht in den fundamentalen Gegensatz zwischen Gut und Böse. Gegenüber dem Bösen kann es keine Toleranz und keine Nachsicht geben.“[198] Die theologische Brücke wird nun zum Neuen Testament und der Auferstehung als Überwindung des Bösen an sich, des Todes, geschlagen.[199] Bilder der Gewalt sind nicht nur in der Johannesoffenbarung zu finden, wenn vom Niederringen der Todesmacht gesprochen wird. Diese theologische Rede von der Überwindung des Todes durch Jesus Christus wird für Krieger zum Schlüssel für eine positive Bewertung göttlicher Gewalttätigkeit, da diese letztlich gegen den Tod der Menschen gerichtet ist.[200]

Den Widerstand gegen diese unbedingte biblische Redeweise erklärt sich Krieger vor allem mit zwei theologischen Gedanken: Zum einen soll das Gottesbild in der (systematischen) Theologie auf dem Hintergrund philosophischer Prämissen möglichst widerspruchsfrei formuliert werden, und zum anderen ist innerhalb dieses Strebens nach Homogenität im Gottesbild in den letzten Jahrzehnten der Gott der Liebe dominant geworden. Weder das eine noch das andere ist mit der Bibel in Einklang zu bringen.[201] Statt dessen schildert die Bibel Erfahrungen mit einem Gott in Bildern, die Gott immer nur ähneln, nie aber entsprechen können.[202] Gott strebt nach Krieger mit großer Macht die Beziehung zu den Menschen an, weil er sie retten will. Daß diese Beziehung von den Menschen nicht immer nur positiv erlebt wird, liegt einerseits an ihrem Gefälle – hier ähnelt die Beziehung Gottes zu den Menschen derjenigen der Eltern zu einem Kind.[203] Andererseits kommen in allen Beziehungen Phasen des Konflikts und der Auseinandersetzung vor – also auch in der Beziehung zwischen Gott und Mensch.

Am Schluß des Buches faßt Krieger seine Annäherung an die Texte noch einmal in drei Punkten zusammen. Er betont erstens ein Lesen der biblischen Texte, das diese in ihrem historischen Umfeld und als literarische Texte wahrnimmt; zweitens sollte ihre Perspektive berücksichtigt werden, die meist eine der Unterdrückten ist, und zum dritten sind sie als menschliche Erfahrungen zu werten, die naturgemäß sehr unterschiedlich sind. Er schließt mit einer Betonung des göttlichen Beziehungswillens – mit allen Konsequenzen: „... Gott meint es ernst mit den Menschen. Darum ist er kein *harm*-loser Gott. Der ‚liebe Gott' ist eine Verharmlosung biedermeierlicher Harmoniesucht. Diese Einsicht wirkt zunächst hart, sie ermöglicht uns aber, auch unangenehme Erfahrungen in unseren Glauben zu integrieren."[204]

Die Arbeiten von Krieger stellen einen wichtigen Neuansatz in der Diskussion um die Auslegung von Gewalt in der Bibel und insbesondere in biblischen Gottesbildern dar. Viele wichtige Aspekte – wie der historische Hintergrund der Texte, ihre literarische Einbettung und die erfahrene Gewalt als Basis der Texte – werden berücksichtigt. Die Kürze der beiden Publikationen erlaubt dabei weder einen Überblick über die Forschung noch eine detaillierte Exegese. Der Vorschlag zur Interpretation ist mit der Schwerpunktsetzung auf den göttlichen Willen zur Beziehung mit den Menschen stark theologisch orientiert. Kritikwürdig erscheint mir allerdings die christologische Schwerpunktsetzung mit der Überwindung des Todes als letzter Gewaltmacht, die eine Auslegung der alttestamentlichen Texte für sich erschwert. Zudem werden nicht alle der angerissenen Probleme in den Texten im Auslegungsvorschlag wieder aufgegriffen. Weiterführend ist Kriegers Fazit mit der Grundidee, daß die Reflexion auf Gottesbilder der Gewalt letztlich die Integration von Gewalterfahrungen in den Glauben ermöglicht.

Der Alttestamentler Walter **Dietrich** hat in den letzten Jahren (2004; 2005) gemeinsam mit Berner Kollegen zwei Werke herausgegeben, die sich wiederum und dezidiert mit dem Thema Gewalt in theologischer Sicht auseinandersetzen. Beide sind an die „Dekade zur Überwindung von Gewalt" rückgebunden, die der Ökumenische Rat der Kirchen im Jahr 2001 ausgerufen hat. Das erste Buch (Dietrich/ Lienemann 2004), einen Sammelband, hat Dietrich zusammen mit dem Sozialethiker Wolfgang **Lienemann** herausgegeben, der sich bereits seit langem mit dem Thema Gewalt befaßt.[205] Hier werden für ein Fachpublikum Ansätze aller theologischen Disziplinen sowie der Religionswissenschaften zu Gewalt und Heilung von Gewalt dargestellt. Für unser Thema sind die meisten Beiträge allerdings weniger bedeutsam, da hier der Schwerpunkt auf zwischenmenschlicher Gewalt liegt.[206]

Das zweite Werk hat Dietrich zusammen mit dem Neutestamentler Moisés **Mayordomo** sowie einer Gruppe von Studierenden erarbeitet und verfaßt (Dietrich/ Mayordomo 2005). Es konzentriert sich auf biblische Texte der Gewalt, wobei es gleichzeitig Perspektiven der Gewaltüberwindung eröffnen möchte. Wiederum liegt der Schwerpunkt hier nicht im Bereich göttlicher Gewalttätigkeit. Trotzdem ist es von Bedeutung für unser Thema. So werden in einer Hinführung auf instruktive und knappe Weise die definitorischen Schwierigkeiten erläutert, die sich beim Fassen des Phänomens „Gewalt“ ergeben. Diese Hinführung mündet in eine Tabelle mit Kategorien, Analysekriterien und Definitionsbestandteilen und in die Differenzierung in weitere vier Ebenen des Problems (psychisch, institutionell, strukturell und symbolisch). Es folgt die Darstellung der alt- und neutestamentlichen Gewaltsemantik; der alttestamentliche Teil ist bereits (s. o. S. 30f.) ausführlich zitiert worden. In einem weiteren Abschnitt werden hermeneutische Überlegungen dargelegt. Hier verorten sich die Autoren in einem Diskurs, in dem die Bibel als Kulturgut Hochschätzung erfährt und als autoritatives Dokument angesehen wird. An dieser Stelle legen sie auch ihr Programm für den Hauptteil des Buchs klar, der sich mit einzelnen biblischen Texten beschäftigt: „Zunächst bringen wir die Stimmen der Gewalt zu Gehör, dann Stimmen, die eine Gegenwelt zur Welt der Gewalt entwerfen, und schliesslich diejenigen, die Anleitung geben zur Überwindung von Gewalt. Und in jedem dieser Hauptteile wie auch in prinzipiell jedem Unterkapitel suchen wir das Alte wie das Neue Testament zur Sprache zu bringen.“[207]

Um göttliche Gewalt geht es dabei eher am Rande. Allerdings findet sich eine interessante hermeneutische Standortbestimmung im Abschnitt um religiös legitimierte Gewalt: Es gilt bei der Auslegung der Texte „jeweils mitzubedenken: Manche der einschlägigen Schilderungen sind rein fiktiv, andere erklären sich aus bestimmten Zwangssituationen. Und vor allem: Weite Teile der Bibel (Alten wie Neuen Testaments) sind frei von jeglichem Hang zu Intoleranz, zeigen zum Teil eine wohltuende und befreiende Offenheit gegenüber dem Anderen und Fremden. So gilt es gleichsam mit der Bibel gegen die Bibel anzulesen und sich dabei von Einseitigkeiten und Vorurteilen möglichst frei zu halten.“[208] Hier vertritt Dietrich eine Mischung aus zwei hermeneutischen Strategien: Neben die historische Klärung tritt der Verweis auf biblische „Gegentexte“, die andere als die problematischen Positionen vertreten. Angewandt wird diese Hermeneutik insbesondere in dem Abschnitt, der sich den Gegenbildern zur Gewalt in der Bibel widmet. Die Utopien, die sich hauptsächlich in den Prophetenbüchern finden, erträumen keine Phantasiewelt, sondern beschreiben „eine Gegen-Wirklichkeit zur vorfindlichen“.[209] Solche Vorstellungen „setzen ein Gegengewicht zu der verbreiteten Rede von der Gewalt, die immer sein wird, wie sie schon immer gewesen ist“.[210]

Die problematischen Seiten des Gottesbildes werden in dieser Veröffentlichung dagegen weitgehend ausgespart; nur einen Abschnitt zur „Rache“ findet sich.[211] Daran anschließend wird nach „Gewaltverzicht beim Gott Israels“[212] gefragt. Eine kleine Geschichte des göttlichen Gewaltverzichts reicht von der Paradieserzählung Gen 2f., in der JHWH die angekündigte Todesstrafe für die Gebotsüberschreitung an den Menschen nicht vollzieht, bis zum Buch Jona, in dem JHWH das Gericht an den bußfertigen Menschen in Ninive doch nicht vollzieht.

Das Neue dieses Buchs liegt vor allem in seiner Betonung der Traditionen der Gewaltüberwindung in der Bibel. So ist es auch eine Zusammenstellung biblischer

Texte, in denen der Gewalt begegnet wird oder Möglichkeiten der Gewaltüberwindung formuliert werden. Auf diese Weise kommt, überwiegend implizit, eine Gegentext-Hermeneutik zur Anwendung. Als Buch für die Praxis bietet das Werk viele Anregungen und Anknüpfungsmöglichkeiten.

### *Weitere Ansätze*

Einige weitere Ansätze haben bisher in keiner der Rubriken Platz gefunden. Sie sind nun zu betrachten.

Walter **Brueggemann**s Entwurf einer Theologie des Alten Testaments stellt eine Ausnahme unter den alttestamentlichen Theologien dar. Der US-amerikanische Alttestamentler verzichtet auf vorlaufende Systematisierungsversuche, wie sie seit der Reformationszeit auch in alt- oder neutestamentlichen Theologien fast durchgängig anzutreffen sind. Statt dessen wählt er zur Strukturierung seines Ansatzes die Metapher der Gerichtsverhandlung, in der Zeugnisse unterschiedlicher Art über ein Geschehen abgelegt und miteinander ins Gespräch gebracht werden. Innerhalb dieser Struktur kommt den Aussagen, die JHWH selbst zugeschrieben werden, der Rang einer „Kernstück des Zeugnisses" („core testimony") zu. Zum Bereich der „entgegenstehende Bezeugung" („countertestimony") rechnet Brueggemann unter anderem Aussagen über Gott als Gewalttäter gegen Israel oder einzelne Menschen. Es finden sich allerdings auch einzelne Gewaltausagen von Gott im „core testimony"[213]. Brueggemanns Ansatz kennt zwei weitere Zeugnisbereiche: die „unaufgeforderte Bezeugung" („unsolicited testimony"), die um unterschiedliche Menschen und Menschengruppen als JHWHs Partner angeordnet ist, sowie die „verkörperte Bezeugung" („embodied testament"), mit der die Metapher des Gerichtssaals verlassen wird und die sich den verschiedenen mittelnden Gestalten widmet.

Brueggemann ist imstande, innerhalb dieser Struktur seiner Theologie verschiedene Arten göttlicher Gewalttätigkeit[214] nicht nur wahrzunehmen, sondern auch in seine Theologie der „Mehrseitigkeit" Gottes seine Theologie zu integrieren. In der Einleitungsbemerkung zum „core testimony" erläutert Brueggemann, daß diese Art Kreuzverhör als eine Eigenheit der israelitischen Bezeugung JHWHs anzusehen ist. Deshalb sind die „Gegenzeugnisse" nicht als Belege für Unglauben anzusehen, sondern als ein Charakteristikum der alttestamentlichen Glaubenspraxis.[215] Israel selbst war nicht zufrieden mit einem einseitig positiven Gottesbild.[216] So hat das Alte Israel *selbst* im Alten Testament über bestimmte Gottesbilder und -zeugnisse kontrovers debattiert.

In Brueggemanns Ansatz werden meines Wissens erstmals in einem größeren theologischen Entwurf Gottesbilder der Gewalt nicht nur als theologische Problem- oder Störfälle, sondern als Gottesbilder wahr- und ernstgenommen, sondern ihnen wird auch ein positiv bestimmter Ort als Gegenzeugnis innerhalb der Theologie zugewiesen.[217] Brueggemann eröffnet diese Möglichkeit dadurch, daß er sich im Vorweg unter anderem von den Zwängen ontologischer Theologien, die meist stark nach Vereinheitlichungen drängen, und von zu starken Systematisierungen frei macht. An diesen innovativen und für Gottesbilder der Gewalt höchst produktiven Ansatz wird in dieser Arbeit anzuknüpfen sein.[218]

Die Alttestamentlerin Ilse **Müllner** hebt in ihrem kurzen Beitrag aus dem Jahr 2003 – im Übereinstimmung mit einer breiteren Tradition feministischer Exegese – die Bedeutung der Bewahrung der Erinnerung an Gewalttaten durch ihre Überlieferung hervor. Dabei geht es vor allem um Erzählungen über Gewalt gegen Frauen. Die hermeneutische Perspektive läßt sich aber auch auf Erzählungen von anderen Gewaltakten ausdehnen. „Für alle Gewaltgeschichten ließe sich diese Funktion des Wiederlesens als widerständiger Akt beschreiben. Die Gewalttäter und Unterdrücker haben nicht das letzte Wort. Gegen das Verschweigen erzählen schon die biblischen Schriften selbst, und gegen die Endgültigkeit der Gewalttat legen heutige LeserInnen die Texte aus."[219]

Der Pastoraltheologe[220] Ottmar **Fuchs** hat 2004 in zwei fast wortgleichen Aufsätzen einen knappen, aber sehr instruktiven „Versuch über eine ‚Hermeneutik der Gewalt'"[221] unternommen. Der Versuch beginnt mit einem groben Aufriß des Kontextes, in dem heute die Begegnung mit „dem ‚gewalttätigen' Gott der Bibel" stattfindet. Drei gesellschaftliche Einstellungen sind es, die Fuchs gegenüber der Religion ausmacht: Banalisierung, Marginalisierung und Dämonisierung.[222] Er fokussiert dann, ausgehend von den Ereignissen des 11. September 2001, auf den Aspekt der Dämonisierung. So erscheint, auch im Kontext der allgemeiner gefaßten Kritik an Offenbarungsreligionen, ein Umgang mit Gewalt in der Religion als Problem. Die theologisch reflektierte Umgangsweise mit diesen Traditionen kann sich nicht der ihr unterstellten „Nachahmungshermeneutik" bedienen, die in etwa proklamiert: „Was in der Bibel steht, dürfen, ja müssen die Christen auch nachmachen, also tun, um dem Gott ihrer Bibel zu gefallen."[223] Auch wenn dies seit der Aufklärung nicht mehr so ist, sehen sich viele ChristInnen unter dem Anspruch, daß „alle biblischen Texte gleich-gültig aktionsleitende Vorgaben christlicher Lebensgestaltung seien und entsprechend rezipiert werden können."[224] Mit diesem Bild des Umgangs mit der eigenen Tradition muß sich christliche Theologie auseinandersetzen. Daß sie es bislang nicht in ausreichendem Maße tut, ist auch im hier vorgelegten Forschungsüberblick deutlich geworden. Fuchs beschreibt eine Reihe von „Defensivreaktionen"[225], die an die Stelle einer befriedigenden Hermeneutik für solche Texte treten: „erstens Übersetzungsentschärfungen und Abmilderungen; zweitens die Ästhetisierungen, insofern es sich hier um poetische Gestaltungen handle; drittens Kontextinterpretationen, in denen die Texte so historisiert werden, dass die Gewalt eben das Problem nur der damaligen Zeit gewesen sei; viertens die liturgische Zähmung (etwa in vermiedenen Texten in den Lektionaren); und fünftens, wohl die schlimmste Form der Entschärfung: durch Geringschätzung des Alten Testaments als einer noch unmenschlichen ‚Vorstufe', einer unvollkommenen Phase der eigentlichen Glaubensgeschichte. Letztlich sind all diese Verharmlosungen eine Geringschätzung der tiefen Ambivalenz Gottes und des Menschen selbst."[226]

Im Anschluß erläutert Fuchs in „hermeneutischen Suchbewegungen" seinen Vorschlag für einen hermeneutischen Ansatz, den er schließlich knapp zusammenfaßt: „So begegnet uns in der Bibel diese fünffache Gewaltanschauung: Erstens jene, die die Unbegreiflichkeit Gottes bis in die unverständlichen dunklen Tiefen hinein und darin zugleich die Ehrfurcht dem in seiner Allmacht unverfügbaren Gott gegenüber befördert ..., dann jene Eindeutigkeit, dass der allmächtige Gott die Macht und die Absicht hat, einmal mit Gewalt den zerstörerischen Gewalten der Welt ein Ende zu setzen und die hingabefähige Gewaltlosigkeit bis in die Ewigkeit hinein zu retten ..., weiter jene, die mit dem Hass und der Gewaltsucht des Menschen den Kompromiss schließt, dass er sie heftig ausdrückt, aber wenigstens die Gewaltausübung auf Gott zudelegiert ...; dann jene, die uns unsere eigene tiefste Gewaltverfallenheit ungeschminkt sehen lässt ..., und darüber hinaus jene, in der der Gottesknecht am Kreuz die Gewalt an sich austoben lässt und sie als Versöhnung zurückgibt ... Diesen Gewaltanschauungen entsprechen die eigentlich theologisch-mysteriale Hermeneutik (was die Begegnung mit der unkalkulierbaren Allmacht, Souveränität und der dunklen Seite Gottes anbelangt), die eschatologische Hermeneutik (die auf Gottes endgültiges die destruktive Gewalt vernichtendes gewaltiges Eingreifen hofft und davor zittert), eine Art delegative Hermeneutik (im Kompromiss zwischen auszulebender Aggression und Gewaltverzicht), die konfrontative Hermeneutik (in der Aufdeckung der eigenen Gewaltverfallenheit und in der Entscheidung zum Widerstand dagegen), und schließlich die martyriale Hermeneutik (die sich den Gewaltverzicht die Gefährdung des Lebens kosten lässt)."[227]

In dieser prägnanten Positionen liegt ein Ansatz vor, der in knapper und trotzdem weitreichender Form konkrete Vorschläge dafür entwirft, wie alttestamentliche Texte über Gott als Gewalttäter zu interpretieren sind. Die Stärke dieses Ansatzes liegt auch darin, daß er eine plurale Hermeneutik für unterschiedliche Texte entwirft und dabei an die den Texten immanenten Hermeneutiken anknüpft, statt beispielsweise dogmatische Konstruktionen normativ vorzugeben. Bei der Untersuchung einzelner Texte (IV.) wird zu prüfen sein, welche der vorgeschlagenen Hermeneutiken hier zur Anwendung kommen können. Kritisch wäre zum Modell von Fuchs anzumerken, daß hier nicht die Möglichkeit vorgesehen ist, die Texte und ihre Metaphorik zu problematisieren.

## 2. Systematisierung der vorgestellten Ansätze

Im letzten Abschnitt sind eine Reihe von Ansätzen vorgestellt worden, bei denen meist mehr als *eine* Deutung oder Interpretation für Gottesbilder der Gewalt zur Anwendung kommt. Um die Argumentationslinien klarer herausheben und beurteilen zu können, sollen die vertretenen Deutungsweisen in diesem Abschnitt nun nacheinander in ihren Grundzügen dargestellt und ihre unterschiedlichen Implikationen erläutert werden.

Diese kurze Auflistung von Deutungsansätzen wirft nicht zuletzt ein Licht auf den Rahmen, in dem das vorliegende Buch angesiedelt ist. Es handelt sich hier um den Versuch, bestimmte Denklinien und ihre Konsequenzen aufzuzeigen sowie Alternativen zu benennen, um dann ein neues Interpretationsmodell anzudeuten.

I. Zunächst soll eine weit verbreitete Umgangsweise mit Gottesbildern der Gewalt angesprochen werden. In dieser Sicht stellt göttliche Gewalt kein Problem dar, das von alttestamentlicher Forschung eigens behandelt werden müßte.[228] Eine solche Strategie des **Übergehens** besitzt nicht eigentlich den Rang eines Deutungsmodells, denn was getan wird, wird nicht argumentativ ausgeführt. Eine solche Position muß nicht nur darauf zurückzuführen sein, daß unbequeme Themen – wie es das Gewaltthema eines ist – bewußt oder unbewußt ignoriert werden. Meist treffen beim Auslassen des Themas „Gewalt in der Bibel" mehrere Faktoren zusammen. Manchmal herrscht eine gewisse Scheu, sich mit sehr aktuellen Themen zu befassen, weil sich hier noch keine Diskussionslinien abzeichnen und die Forschenden schwankenden Boden betreten müßten. Möglich ist auch, daß die zu einer bestimmten Zeit dominierende theologische Lehrbildung über Gott keine Integration der Frage nach Gewalt erlaubt. So scheint es derzeit mit einer theologischen Grundüberzeugung zu sein, die Gott vor allem als Gott der Liebe ansieht. Ebenso können die hermeneutischen Koordinaten so wenig geklärt sein, daß eine fruchtbare Behandlung der Fragestellung nicht möglich zu sein scheint; auch dies läßt Forschende vor bestimmten Themen zurückschrecken.

Gelegentlich wird die Nicht-Behandlung des Gewaltthemas – wenn sie denn erläutert wird – damit begründet, daß es zu allen Zeiten Gewalt und Krieg gegeben hat. Die hier vorgestellten Ansätze aus der ersten Hälfte des 20. Jh.[229] heben sich in ihrer Sicht auf Gottesbilder der Gewalt von den exegetischen Versuchen seit den 1970er Jahren dadurch ab, daß sie nicht von vorneherein eine kritische Haltung gegenüber gewalttätigen Verhaltensweisen einnehmen und gleichzeitig sehr nüchtern auf das Phänomen Krieg blicken. Dieser Kontrast zeigt, wie stark sich die gesellschaftliche Bewertung von Gewalt und Krieg nach dem zweiten Weltkrieg verändert hat. Dies mußte durch die theologische Debatte zunächst einmal wahrgenommen und eingeholt werden.

Kritisch ist gegenüber der Haltung der Nicht-Beschäftigung mit dem Gewaltthema anzumerken, daß die relativ weite Verbreitung dieser Haltung in wissenschaftlich-alttestamentlicher Forschung mit dazu beigetragen hat, daß derzeit in den öffentlichen Diskussionen nicht etwa wissenschaftlich begründete oder reflektierte Positionen das Deutungsmonopol besitzen, sondern solche Meinungen sich durchsetzen können, die anderen Deutungsbereichen entspringen und bei denen sich leicht andere Interessen oder Vorurteile Bahn brechen können.[230]

II. Bestimmte Theologien erschweren es bereits durch ihre Konzeption, die gewalttätigen Seiten Gottes in den Blick zu nehmen. Dies sind vor allem Wesenstheologien; das heißt solche, die bei Gott nach einer einzigen und alles göttliche Handeln bestimmtenden Grundeinstellung suchen. In solchen Konzeptionen wird Gott ein meist sehr monolithisch wirkendes und eindimensional dargestelltes „Wesen" zugeschrieben. In Gott gibt es dann keine Dialektik, und Gott besitzt kein Entwicklungspotential, keine Geschichte usw.; die Vielstimmigkeit des Alten Testaments wird damit negiert oder in Modelle mit einem „Zentrum" aufgelöst.

In einer solchen Theologie wird mit dem Problem der göttlichen Gewalttätigkeit durch **Ausscheiden** verfahren: Gott ist in einem solchen Denken entweder gut *oder* böse, entweder liebend *oder* gewalttätig. Innerhalb eines strengen Systemdenkens können gewalttätige Seiten nicht in eine göttliche „Person" integriert werden. Daneben kann diese stark von griechischen Denkkategorien geprägte Sicht auf das Gottesbild dem Charakter des Alten Testaments mit seinen spezifisch altorientalischen Wurzeln kaum gerecht werden. Denn eine solche Konzeption führt im Vorwege mit der Zuschreibung von Attributen wie Allmacht, Allgegenwart, Unteilbarkeit, Unwandelbarkeit usw. Kategorien der Starre in das Gottesbild ein, die dem Alten Testament nicht entsprechen. Ein in Gott stattfindender Streit wie etwa der in Hos 11,8 zwischen Zornes- und Gnadenhandeln findet in einem solchen System kaum einen Platz.

III. Manche theologischen Entwürfe bemühen sich darum, das göttliche Zornes- oder Gewalthandeln zu rechtfertigen. In dieser Strategie der **Legitimation** wird die göttliche Gewalt entweder von ihrer Motivation her begründet; Israel hat sich gegen Gott versündigt, und Gott durfte oder mußte deshalb strafen. Oder das göttliche Handeln wird vom Ergebnis her begründet: Auch das gewaltsame Handeln Gottes gegen die Menschen geschieht zu deren Bestem. In der Gewalttat kommt die göttliche Pädagogik zur Anwendung.[231]

Dieser Ansatz ist nicht nur deshalb zu kritisieren, weil hierin ein Erziehungsideal zur Anwendung kommt, das heute als sehr problematisch empfunden wird (vgl. aber u. S. 77f. zu X.). Die Legitimation göttlicher Handlungen birgt die Gefahr, daß – gerade in bestimmten Frömmigkeitsrichtungen – auch alle negativen Widerfahrnisse im Leben als Tat Gottes gedeutet werden, gegen die Widerstand weder möglich noch opportun ist. So wird mit dieser hermeneutischen Strategie mit theologischen Mitteln ein Fatalismus befördert.

IV. In einer Reihe von Ansätzen kommt eine Hermeneutik zur Anwendung, in der die Gewalttätigkeit Gottes im Alten Testament als durch den neutestamentlichen Gott der Liebe und durch Jesu Kommen als überwunden oder – im Sinne eines theologischen Problems – als gelöst angesehen wird.[232] Diese Strategie der **Überwindung** ist wiederum in einem bestimmten gesamttheologischen Diskussionskontext zu sehen, in dem Gott auf die Facetten der Liebe enggeführt wird und Gottes machtvolle und aggressive Seiten weitgehend ausgeblendet werden. Auch ist sie häufig mit einem Denkrahmen verknüpft, in dem das Alte Testament als in seiner Gültigkeit weitgehend „erledigt“ angesehen wird. Deshalb ließe sich hier auch von „Substitutionstheologie“ sprechen.[233]

Gegen diese Position könnte manches eingewandt werden, wie bereits in der Einleitung dieses Buches angedeutet wurde. Zum einen greift eine Charakterisierung des neutestamentlichen Gottesbildes als „Gott der Liebe“ zu kurz[234]: Es gibt zunächst einmal zu viele neutestamentliche Texte, die bei einem solchen Befund unberücksichtigt bleiben.[235] Ein schneller Verweis auf das Neue Testament birgt zum anderen die Gefahr, daß das Judentum aus christlicher Perspektive mit den Problemen von Gottesbildern der Gewalt behaftet bleibt. Damit wird an Denkmuster angeknüpft, die häufiger im Kontext antijudaistischer Argumentationen zu finden sind.[236] Zudem ist stark zu bezweifeln, daß sich eine Zweiteilung des biblischen Gottesbildes in ein alt- und ein neutestamentliches Gottesbild theologisch rechtfertigen ließe.

V. In enger Beziehung mit der Position der Überwindung steht eine Deutung, die eine innerbiblische Entwicklungs- oder Evolutionslinie beim Thema der göttlichen Gewalt sieht. Sie beginnt – grob gesagt – beim „Heiligen Krieg“, verläuft über den Gottesknecht und setzt sich bis zu Jesu Tod am Kreuz fort.[237] Anklänge daran gibt es daneben auch außerhalb des engen Felds der Bibelexegese[238].

Diese Strategie der **Evolution** ist nicht per se negativ zu beurteilen. Sie wird es aber dann, wenn inneralttestamentliche Entwicklungen außer Betracht bleiben, oder wenn die Linie vom Alten Testament exklusiv zum Neuen Testament verläuft, ohne daß sich auch eine ähnliche Entwicklung im Judentum denken ließe. Der Entwicklungsgedanke wird auch in Verknüpfung mit der folgenden Position geäußert.

VI. Vor allem im katholischen Bereich ist die kulturanthropologische Theorie von Girard stark rezipiert worden (s. o. S. 27 f.). Sie ließe sich als Strategie bezeichnen, die davon ausgeht, daß ein **Opfer** notwendig ist, um die gesellschaftlich existierende Gewalt einzudämmen. Vom Grundansatz her arbeitet Girards Theorie ähnlich wie die im letzten Absatz entworfene Deutung, denn, so Lohfink: „Sie führt zu einer, wenn man so will, unterscheidenden und beurteilenden Lektüre des Alten Testaments vom Neuen her.“[239] Problematisch erscheint im Grundansatz nicht nur dieser Aspekt zu sein.[240] Vor allem kommt das Alte Testament in einer Entwicklungslinie als „archaisches“ Stadium der Religion vor dem Neuen zu stehen. Ersterem wird in höherem Maße Primitivität zugeschrieben. Inneralttestamentliche Entwicklungen können nur begrenzt wahrgenommen werden. Bei diesem Ansatz stellt sich – wie eben (IV., S. 74 f.) – die Frage, wie sich das Gewaltproblem des Alten Testaments ohne das Neue Testament lösen ließe.

VII. Eine gewisse Hochschätzung erfährt das Alte Testament mit seinen gewaltvollen Texten dagegen in einer Deutung, in der die Texte der Bibel deshalb positiv angesehen werden, weil sie ungeschminkt die gewalttätige Wirklichkeit ihrer Zeit spiegeln. Diese Position sieht die alttestamentlichen Texte als Echo auf die damalige

Gewalttätigkeit.[241] Diese Deutung hebt – meist in Verknüpfung mit anderen Aspekten – heraus, daß biblische Texte auch heute einzelnen Menschen oder Gruppen als **Spiegel** für deren inhärente latente Gewalttätigkeit vorgehalten werden können.[242] Damit erfüllen die Texte eine psychologische oder didaktische Funktion. Fraglich ist, inwieweit sich diese Strategie des Spiegelns auch auf Gottesbilder übertragen läßt oder nicht eigentlich nur für solche Texte zu verwenden ist, die gesellschaftliche Gewalt schildern.

VIII. Im Zusammenhang mit der Spiegelhermeneutik läßt sich auch die Strategie des **Erinnerns** sehen. Auch sie nimmt das Gewaltpotential der Texte wahr, etwa im Bereich der prophetischen Ehemetaphorik mit JHWH als sexuellem Gewalttäter.[243] Im Unterschied zur Spiegelhermeneutik werden die Texte aber nicht in aufrüttelnder Absicht, sondern in kritischer Perspektive gelesen. Die Kritik an der Gewaltförmigkeit der Gottesbilder geht im Extrem so weit, daß ihr Charakter des Sprachbilds zurückgewiesen wird und statt dessen dazu aufgefordert wird, die Texte als Erinnerung an die Gewaltopfer zu verstehen, die den konkreten Hintergrund solcher Gewalttexte abgegeben haben. Wird dieser Ansatz weiter gefaßt, könnte er – im Sinne Schuessler Fiorenzas[244] – bis zur Rekonstruktion einer bislang verdeckten Geschichte von Gewaltopfern führen, welche sich hinter den Sprachbildern befinden. Eine solche Lesweise geht stark von heutigen Leseinteressen aus. Anders als die Spiegelhermeneutik lassen sich hierbei weniger die Lesenden von den biblischen Texten anfragen, als daß die biblischen Texte von den Lesenden infrage gestellt werden.

IX. Einer Reihe von Ansätzen geht es von ihrer erklärten Zielsetzung her weniger um den Entwurf hermeneutischer Leitlinien für das Verstehen göttlicher Gewalttätigkeit. Sie behandeln stärker einzelne Texte und bemühen sich hier um das Aufhellen des historischen oder literarisch-theologischen Hintergrunds. Häufig steht bei solchen Ansätzen eine hermeneutische Position im Hintergrund, die hier als Strategie der **historischen Erklärung** bezeichnet werden soll. In dieser Sicht lassen sich die Gewalttexte am ehesten dann verstehen, wenn sie in ihrem religionsgeschichtlichen, historischen oder literarischen Kontext betrachtet werden, und zwar je einzeln und mit teilweise beträchtlichem Differenzierungsvermögen.[245] Bei solchen Bemühungen stehen allerdings gerade die Erläuterungen von extremen, zu Krieg und Vernichtung auffordernden Texten in der Gefahr, legitimatorisch zu wirken, gerade wenn sie ohne weitere hermeneutische Einordnungen auskommen. Dann nämlich steht die Erklärung nicht als ein Schritt vor der Deutung, sondern im Rang der Deutung oder Interpretation. Wenn solche punktuellen Erklärungen allerdings als solche mit einer begrenzten Tragweite gekennzeichnet sind, dann sind sie sehr zu begrüßen, weil sie notwendige Aufklärungsarbeit über den Ursprungskontext der Texte leisten, die viel zu einem heute angemessenen Verständnis beitragen kann.[246]

Neben einer möglichen apologetischen Stoßrichtung bergen ausschließlich historische Erklärungsversuche zwei weitere Risiken. Einerseits können sich in ihnen Erwägungen zur Fiktionalität mancher biblischer Texte in bedenklich erscheinender

Weise mit einer „Lösung“ der Gewaltfrage verknüpfen. Wenn ein gewaltgeladener Text als ahistorische Darstellung entlarvt werden kann, wird das Gewaltproblem damit manchmal als erledigt betrachtet. Das ist allerdings nicht der Fall; das Problem bleibt bestehen, es stellt sich nur auf einer anderen Ebene. Die Frage bleibt, warum es Texte gibt, die jenseits des Geschehenen in starkem Maße Gewalt ausmalen. Sind dies alles beispielsweise aggressionsableitende Gewaltphantasien, die damit einem letztlich gewaltbegrenzenden Zweck dienen? Oder sind solche Texte wie etwa die über die JHWH-Kriege nicht auch in ihrer Wirkungsgeschichte gewaltauffordernd verstanden worden? Doch mit solchen Überlegungen ist bereits ein weiteres, zweites Problemfeld betreten worden: das der Auslegungs- oder Wirkungsgeschichte der Texte. Viele biblische Texte erscheinen heute deshalb als diskreditiert, weil sie über Jahrhunderte zur Unterdrückung oder Verfolgung von Menschen anderen Glaubens herangezogen wurden, weil sie zur Legitimation der Kreuzzüge, der Conquista oder der Shoah mißbraucht wurden. Es ist gerade *nicht* möglich, die Texte unabhängig von dieser Wirkungsgeschichte zu lesen, denn diese bestimmt unser Verstehen konstitutiv mit.[247]

X. Auf das Gottesbild fokussieren Ansätze, die heutige ethische Maßstäbe zur Grundlage nehmen und von ihnen aus die gewaltvollen biblischen Gottesbilder infrage stellen.[248] Eine solche **ethische Kritik** speist sich aus mehreren Quellen. Eine ist diejenige ältere Theologie, die die Menschen zur Nachahmung oder „imitatio“ Christi auffordert. Dem moralisch guten Beispiel Christi gilt es als ChristIn im gesamten Leben zu folgen. Dieser Nachahmungsgedanke wird dann auf Gott – die erste Person der Trinität – übertragen. Ein solches Gottesbild ist meist philosophisch grundiert und weniger von biblischen Texten als von nachaufklärerischen Ideen geprägt. Gott erscheint hier in der Rolle einer höchsten Moralinstanz. Die Meßlatte für das, was für biblische Gottesbilder sagbar ist, bilden dabei *heutige* ethische Normen und Vorstellungen. Mit einer solchen Instanz lassen sich die biblisch niedergeschriebenen göttlichen Gewalthandlungen nicht vereinbaren. Die Unterschiede zwischen den antiken gesellschaftlichen oder ethischen Bedingungen und heutigen Maßstäben werden dabei nicht reflektiert, oder es wird zuungunsten der biblischen Maßstäbe entschieden.

Nachdem solche theologischen Ansätze längere Zeit verpönt waren, wird auf sie im Zusammenhang des Rufs nach der Rückkehr zu „christlichen Werten“ heute wieder rekurriert. Was hierbei nicht beachtet wird, ist, daß Gottesbilder zu biblischer Zeit keinen Vorbildcharakter besessen haben. Für Gottheiten gelten im Alten Orient und in der griechischen Antike generell andere Gesetzmäßigkeiten als für Menschen. Diese erstrecken sich nicht nur auf den ethischen Bereich, sondern beispielsweise auf „Körperlichkeit“ im weitesten Sinn.[249] Diese Eigengesetzlichkeit für Gottheiten und damit der Kontextunterschied zwischen biblischen und heutigen Verstehensbedingungen bleibt unberücksichtigt, wenn in nachaufklärerischer Tradition Gottesbilder deshalb kritisiert werden, weil sie moralisch anstößig erscheinen.

Auch wenn man diese Art historischer Argumentation nicht teilt, gibt es noch einen anderen Einwand gegen die Kritik von ethischer Seite. Sie läßt unberücksichtigt, daß die Bibel im Christentum nicht aufgrund ihrer höheren Moralität in Geltung steht. Hier ist an eine Differenzierung von Assmann anzuknüpfen, die sich etwa Zenger oder Ebach zu eigen gemacht haben.[250] „Klassische Texte" sind diejenigen, die in bestimmten Epochen und Gruppen kulturelle Identität stiften und ästhetische oder ethische Vorbildfunktion besitzen. „Heilige Texte" sind eine Art sprachlicher Tempel; sie sind nicht zu deuten, sondern zu rezitieren und zu zelebrieren. Als Beispiel für dieses Verständnis gilt die Bedeutung des Koran im Islam. Eine dritte Kategorie bilden kanonische Texte. Diese sind in ihrem Umfang festgeschrieben und stehen in einer Gruppe in Geltung, aber ihr Kanon ändert sich nicht mehr. Deshalb bedürfen sie der Auslegung und Deutung. Auch ist die Art der Geltung auszuhandeln: Sind sie etwa als normative Texte anzusprechen? Und wenn ja, in welcher Weise gilt dies? Von den drei Möglichkeiten des Assmannschen Modells trifft nicht nur, aber vor allem das kanonische Modell auf die Bibel am ehesten zu. Deshalb stellt sich bei der Bibel das Auslegungs- und Normativitätsproblem, zu dem auch die Hermeneutik zu rechnen ist. Eine moralische Vorbildfunktion ist für die Bibel und ihre Figuren damit nur dann gegeben, wenn dies von den Auslegenden vereinbart würde. Das läßt sich derzeit im Bereich der wissenschaftlich reflektierten Theologie aber nicht sagen.

XI. Gemeinsamkeiten mit der vorigen Umgangsweise besitzt eine weitere Deutungsstrategie. Sie erklärt die gewalttätigen Züge im Gottesbild damit, daß sie die **Andersartigkeit Gottes** hervorhebt. Gott unterscheidet sich von den Menschen und ist auf eine andere Weise Person oder Charakter. Das Gottesbild der Bibel erscheint als „rätselhaft"[251] oder „januskopfig"[252]; es steht in Distanz gegenüber menschlichen Beurteilungen und Maßstäben.[253] Mit solchen Einschätzungen verknüpfen sich systematisch-theologische oder dogmatische Vorentscheidungen, die den Autorinnen und Autoren nicht in jedem Fall bewußt sein müssen. Es spricht sich darin in jedem Fall ein Gegenimpuls gegen ein eindimensionales, auf den Liebesaspekt enggeführtes Gottesbild aus. In dieser Bewegung ist diese Position grundsätzlich zu begrüßen. Allerdings werden in solchen Ansätzen die Lesenden mit einer solchen Charakterisierung Gottes allein gelassen. Der Weg der theologischen Erklärung müßte weiter gegangen werden, um ein Gottesbild umreißen zu können, das nicht völlig jenseits aller Verstehensmöglichkeiten liegt.[254]

XII. Als letzte Strategie ist die der Suche nach inneralttestamentlichen **Gegenstimmen** gegen die Gewalt zu erwähnen. Diese Umgangsweise mit Gottesbildern der Gewalt arbeitet in erster Linie auf der literarischen Ebene. Es sind hier mehrere Schwerpunktsetzungen möglich: Entweder wird im engeren literarischen Umfeld nach unmittelbaren Gegenstimmen gegen einen spezifischen Gewalttext oder ein Gottesbild der Gewalt gesucht. Hierzu zählt auch die Suche nach semantischen oder motivlichen Anknüpfungen für Korrekturen an den gewaltvollen Bildern.[255] Andererseits kann auch – unabhängig davon, ob hier Verbindungen zum „Problemtext" bestehen – nach generell gewaltkritische Aussagen in der Bibel gesucht werden oder solchen, die sich prinzipiell für Gewaltlosigkeit stark machen.[256]

Diese Suche nach „Gesprächs- oder Gegentexten" besitzt mehrere Stärken. Das im Alten Testament vorhandene Potential der Gewaltbearbeitung wird wahrgenommen. So kann dem weit verbreiteten Verständnis des Alten Testaments als gewaltgeladenem Dokument und dem Neuem Testament als Zeugnis der göttlichen Liebe entgegengewirkt werden. Der Vielstimmigkeit des biblischen Zeugnisses wird auf diese Weise Rechnung getragen. Auch wird die Bibel als kanonisches Buch (s. o. X., S. 77 f.) berücksichtigt: Der Kanon macht nicht nur die Auslegung notwendig, sondern er auch öffnet einen Raum für ein Gespräch zwischen den Texten. In diesem Gespräch ist um die angemessene Auslegung zu ringen.

Diese Strategie birgt allerdings auch Gefahren, auf die Ebach hinweist: „... wenn wir rasch auf solche Gegentexte setzen, kämen zwar schöne Worte und Texte in den Blick, aber die ... als beklemmend empfundene Gewalt in der Bibel bliebe davon unberührt."[257] Diese Gesprächs- oder Gegentexthermeneutik wäre falsch verstanden, wenn sie als ein Aufrechnen der Texte gegeneinander verstanden würde. Einer solchen Interpretation kann entgegengearbeitet werden, wenn textliche Hinweise gesucht und beachtet werden, die Zeugnis davon ablegen, daß die biblischen AutorInnen selbst sich unmittelbar und in kritischer Weise auf die Gewalttexte bezogen haben. Solche direkten Gegenstimmen legen nicht nur von den Anstrengungen zu alttestamentlicher Zeit Zeugnis ab, Gewalt nicht unwidersprochen und gleichsam „nackt" stehen zu lassen. Wenn innerhalb *eines* literarischen Zusammenhangs Gottesbilder mit gewalttätiger und solche mit gewaltbearbeitender oder gewaltbegrenzender Tendenz gestellt werden, dann wird mit Hilfe dieser literarischen Technik die Auseinandersetzung um Gewalt ins Gottesbild hinein verlagert. Die Spannung zwischen göttlicher Gewalt und dem Kampf Gottes gegen Gewalt ist auf diese Weise theologisch eingeholt.

Die hier vorgestellten zwölf Deutungen liegen auf unterschiedlichen Ebenen. Den Verknüpfungsmöglichkeiten sind Grenzen gesetzt: Nicht alle Deutungen vermögen zu überzeugen; die Probleme wurden jeweils angedeutet. Im Folgenden soll versucht werden, die überzeugenderen Auslegungsperspektiven oder -strategien zu einem eigenen Ansatz zu verbinden, der auch methodisch reflektiert und durchführbar ist.

## 3. Vorstellung des eigenen Ansatzes: Gewalt im Gottesbild als Bearbeitung erlittener Gewalt

Die hier vorgestellte Hermeneutik für Gottesbilder der Gewalt im Alten Testament schließt sich an die zuvor entwickelten Gedanken im ersten Kapitel an und versucht, die plausiblen Punkte der in der Forschung vertretenen Positionen zu integrieren.

Unter hermeneutischen Gesichtspunkten lassen sich in der Hauptsache zwei große Linien beobachten, mit denen versucht wird, das Problem der Auslegung von Gottesbildern der Gewalt zu lösen. Die eine ist eher eine *implizit* hermeneutische; sie ist auf dem Feld der Historie angesiedelt und wird häufig als Schritt der Textexegese durchgeführt. Durch Erklärungen, Hintergrundinformationen, vor allem im Bereich des historischen Umfelds der Texte, soll der ursprüngliche Entstehungskontext der Texte erläutert werden und so – in gewisser Weise – die Textabfassung plausibilisiert werden. Dies kann, je nach Lage der jeweiligen Fakten, auch mehr oder weniger gelingen.

Die zweite Strategie ist eine *explizit* hermeneutische.[258] Hier liegt die Beobachtung zugrunde, daß es nicht die Texte selbst sind – bzw. nicht in erster Linie sie, oder nicht sie allein –, die das Problem darstellen, sondern die Leitlinien ihrer Auslegung. Werden etwa Texte über den kriegerisch vorgehenden Gott (dazu s. u. IV, 1.) nicht mit einer Hermeneutik der Nachahmung gelesen, dann verringert sich die Gefahr, daß sie in kriegstreiberischer Absicht verwendet werden. Reicht es also bei der Auslegung dieser Texte, die Hermeneutik „auszuwechseln"? Nicht ganz. Der Anstoß besteht – um beim Beispiel der Kriegstexte zu bleiben – auch weiterhin, daß hier Gott als Gewalttäter und Anstifter zur Gewalt dargestellt wird, auch wenn die Texte nicht als Aufforderung zu eigener Gewalttat verstanden werden. Die Gefahr der Legitimation von Kriegsgewalt durch diese Texte bleibt.

Um nun das Potential möglicher „Lösungen" für das Problem von Gottesbildern der Gewalt ausnutzen zu können, legt es sich nahe, eine Kombination aus impliziter und expliziter Hermeneutik anzuwenden. Doch dies muß auch theoretisch begründbar sein. Im Rahmen der hier vorgestellten Hermeneutik, die sich an Ricœur anlehnt, ist eine Verknüpfung von „Erklärungen" und „Interpretation" sogar gefordert.[259] Insofern soll nun ein Ansatz vorgestellt werden, in dem sowohl die exegetisch-erklärende als auch die hermeneutisch-interpretierende Seite zu ihrem Recht kommt und beide miteinander in einer Weise verknüpft werden, die für die Problemlösung fruchtbar ist.

Zunächst zeichnet sich diese Hermeneutik durch ein historisches Verständnis der Texte aus. Dies liegt nicht nur in der Erkenntnis begründet, daß es sich bei den biblischen Texten nicht um Worte Gottes im engeren Sinn, sondern um menschliche literarische Verarbeitung von Erlebnissen handelt, die mit Gott in Verbindung gebracht werden.[260] Grundlegend für diese Perspektive ist auch die Einsicht, daß sowohl Gottesbilder als auch das Verständnis von Gewalt keine kulturübergreifend unveränderlichen und deshalb universell verständlichen Größen sind. So wird bei den hier vorgestellten Textauslegungen viel Aufmerksamkeit auf die Fragen des kulturellen Vorverständnisses gerichtet sein. Dazu treten Erwägungen, die auf der Sichtweise des Alten Testaments als historisch gewachsenem literarischen Dokument fußen.

Als Rahmen dieser Hermeneutik soll eine Theologie gelten, in der Gewalttexte integral in eine Theologie des Alten Testaments eingebunden sind. Am ehesten ist dies bei einem theologischen Modell möglich, das sich an den Entwurf von Brueggemann anlehnt. Gewalttexte sind demnach keine „Randtexte", die primär den Status von „Problemtexten" besitzen und sich in größtmöglicher Entfernung zu einem angenommenen „Zentrum" des Alten Testaments befinden. Über Brueggemann hinausgehend sind aber die Texte mit Bildern von Gott als Gewalttäter nicht nur als „Einsprüche" gegen eine anderslautende „Zentralbotschaft" des Alten Testaments zu verstehen, die primär aus Liebe und Treue Gottes besteht. Statt dessen muß es möglich sein, diese Texte als *Teil* der Zentralbotschaft zu formulieren. Denn eine göttliche Rettung aus der Not ist nicht immer nur die – überspitzt gesagt – westeuropäisch und meist sehr individualisiert gedachte Rettung: nämlich die aus Lebenslagen, die nicht durch Menschen verursacht sind: Naturkatastrophen, Schicksalsschläge, Krankheit und Tod. Sie ist auch die Rettung aus der Hand von konkreten Feinden und Gegnerinnen. Denn menschliche Rivalität, Konkurrenz, Kampf und Aggression sind auch und immer noch Bestandteil unserer Lebenswelt. Dazu muß man nicht auf kriegerische Gewalt zurückgreifen. „Häusliche" und andere Gewalt gegen Frauen, Gewalt unter Jugendlichen, Mobbing am Arbeitsplatz usw. sind Bestandteil auch unserer heutigen Lebenswelt. Ein theologisches Verschweigen dieser unliebsamen Aspekte der Wirklichkeit führt zur Tabuisierung solcher Vorgänge und vergrößert das Leid der Opfer um eine ihnen aufgezwungene Stummheit. Eine solche Umgangsweise trägt zudem nichts zur notwendigen Behebung leidvoller Zustände bei. Deshalb sollte eine Hermeneutik für Gottesbilder der Gewalt versuchen, diese in die heutige Wirklichkeit hineinzuschreiben, in der Gewalt ein bleibendes Thema ist.[261] Im Blickpunkt müssen dabei vor allem die Opfer der Gewalt stehen.[262]

Wie ist ein solches Programm in die konkrete Arbeit mit und an den Texten umzusetzen? Hier soll eine Gliederung in fünf Schritte vorgeschlagen werden. In einem *ersten Schritt* wird das Problem entfaltet und ein entsprechender Text ausgewählt, dargestellt und kurz eingeordnet. Dabei ist nach der historischen Einbettung der Texte zu fragen. In welcher Situation wird Gott jeweils Gewalt zugeschrieben? Läßt sich sagen, in welcher Weise sich die Gewalterfahrungen der alttestamentlichen AutorInnen in den Texten niederschlagen? Um diesen Fragen nachzugehen, sind beispielsweise die inhaltlichen Vorstellungen und zeitgeschichtlichen Hintergründe des jeweiligen alttestamentlichen Textes sowie die spezifischen Gewaltformen in der jeweiligen Zeit zu skizzieren.

In einem *zweiten Schritt* folgt die religionsgeschichtliche Kontextualisierung. Welche altorientalischen Vorbilder stehen als heute meist unbekannte „Gesprächspartner" hinter den alttestamentlichen Texten und Vorstellungen? Hier sind die wichtigsten Kontexte zu skizzieren, in denen entsprechende Motive im Alten Orient verwendet werden. Auch ikonographisches Material ist in die Untersuchung mit einzubeziehen. Läßt sich sagen, daß ein gewaltförmiges alttestamentliches Gottesbild eine Umakzentuierung gegenüber einer altorientalischen Vorstellung darstellt?

Ein *dritter Schritt* bezieht sich auf die inneralttestamentlichen Anknüpfungen an ältere Traditionen. Als solche können sowohl solche inhaltlicher Art verstanden werden, also Motive oder Traditionen im engeren Sinn, als auch eher literarische Aspekte wie die Kommunikationssituation, die ein Text entwirft. Einige Beispiele für die Traditionen oder Motive: An welche alttestamentlichen Denk- und Argumentationslinien schließt ein Bild von Gott als Gewalttäter an? Sind dies beispielsweise die Kontexte von Schöpfung, Rettung oder Strafe? Die Frage nach der Kommunikationssituation berücksichtigt, ob ein Text etwa in Form einer Klage, einer Erzählung oder ein Aussagesatzes abgefaßt ist.

In einem *vierten Schritt* ist nach der literarischen Kontextualisierung zu fragen: Wie und wo steht ein Gottesbild in seinem jetzigen literarischen Zusammenhang? Welchen Einfluß hat seine literarische Einbettung in einen spezifischen Kontext auf seine Aussage? In besonderer Weise ist hier nach Korrekturen oder Relativierungen durch andere Gottesbilder oder Vorstellungen zu fragen. Wird also ein Bild von Gott als Gewalttäter durch andere Bilder eingeschränkt oder umgedeutet?

Hier soll in besonderer Weise das oben skizzierte Arbeiten mit Gegenstimmen zur Anwendung kommen, allerdings mit der gebotenen methodischen Differenzierung. So kann der Bibel als kanonischem, vielstimmigem Buch Rechnung getragen werden. Ein Gottesbild der Gewalt kann auf unterschiedliche Weisen mit anderen Texten verbunden sein, die ihm widersprechen. Verknüpfungen können etwa über semantische Verbindungen (z.B. Stichwörter oder Leitwörter), über inhaltliche Verbindungen (d.h. Motive oder Argumentationen) oder über die Textposition (z.B. Rahmenposition) hergestellt werden. Alle diese Möglichkeiten sind auszuschöpfen, bevor sich sagen läßt, daß ein Gottesbild der Gewalt keine Kontrastierung erfahren hat. Auf einer zweiten Ebene sind die unterschiedlichen Abstufungen zu beachten, in denen Bilder von Gott als Gewalttäter korrigiert werden können. So kann nicht nur direkter Widerspruch gegen ein Gottesbild geäußert und tradiert worden sein. Im Rahmen verwandter Denkweisen können Modifizierungen oder inhaltliche Verschiebungen vorgenommen worden sein. Diese Gegenakzente können größer oder kleiner ausfallen.

Leitend soll hierbei die Suche nach Spuren der Bearbeitung von Gottesbildern der Gewalt sein. Dabei soll nicht behauptet werden, daß das Alte Testament durchgängig abschwächende Nachbearbeitungen solcher Gottesbilder vorgenommen hat. Auch für das Gegenteil finden sich Belege. Davon, daß das Alte Testament für solche Fortschreibungen offen gewesen ist, legen nicht zuletzt zahlreiche gewaltvolle Gottesbilder des Neuen Testaments Zeugnis ab.

Auf die Erklärung der Texte folgt der *fünfte Schritt*, der im engsten Sinne ein hermeneutischer ist. Nun geht es um die Interpretation der Texte, um ihre Auslegung in heutiger Zeit. In einer Linie mit den vorangegangenen Erläuterungen legt es sich nun nahe, die Gottesbilder der Gewalt in ähnlicher Weise zu interpretieren, wie sie – soweit es sich rekonstruieren läßt – den damaligen AutorInnen zur Bearbeitung ihrer Gewalterlebnisse gedient haben. In dieser hermeneutischen Perspektive spiegelt sich ein Verständnis des Alten Testaments, das die Texte in differenzierter Weise in ihrer literarischen Gestalt und Absicht wahrnimmt, statt sie einlinig als Handlungsanweisungen zu verstehen[263]: Narrative Texte sind als Erzählungen von Gottes Gewalttätigkeit zu deuten, psalmistische Texte (sowie in diesem Fall Hiob) als Dialog mit Gott über seine Gewalttätigkeit, prophetische Texte als Deutungen größerer historischer Ereignisse usw. Hierdurch wird die Gefahr gemindert, die besonders bei Texten göttlicher Gewalt in einer einseitig handlungsorientierten Leseperspektive liegt.

In diesen unterschiedlichen, an den Textgattungen orientierten Leseperspektiven kommen wiederum unterschiedliche Strategien im Umgang mit Erlebnissen zum Tragen, die als Gotteserfahrung gewertet werden. So kann mit göttlicher Gewalttätigkeit in der Weise umgegangen werden, daß sie erzählt wird, um die Hörenden von bestimmten Handlungsweisen abzuhalten. Dies gilt etwa für weite Teile der „prophetischen Ehemetaphorik" (s. u. IV, 3.). Bei einer solchen Textgattung wäre etwa zu fragen, in welcher Weise solche Texte heute als Warnungen vor als falsch erkannten Verhaltensweisen dienen können. In dialogischen Texten, die im Gespräch mit Gott mit dessen Gewalttätigkeit ringen (s. u. IV, 5.), wird eher die Strategie zum Tragen kommen, daß im Aussprechen der Erfahrung von Gewalt oder Ungerechtigkeit bereits ein Element der Bewältigung liegt. Wird Gott in narrativen oder poetischen Texten zu Gewalttätigkeit aufgefordert, die den Schreibenden zur Zeit selbst nicht möglich ist, aber gerechtfertigt erscheint (s. u. IV, 1. und IV, 2.), dann läßt sich diese Hermeneutik als die der Delegation bezeichnen. Gott ist es, der stellvertretend und zugunsten der jeweiligen AutorInnen handeln soll. Diese Hermeneutik kann auch etwa in Feindpsalmen zur Anwendung kommen, wenn die Betenden bewußt auf eigene Gewaltanwendung verzichten und Gott zum Einschreiten auffordern (vgl. auch IV, 4.). Diese hermeneutische Strategie kann kompensatorisch genannt werden.

# IV. Erklärung und Interpretation ausgewählter Texte

Im Folgenden werden fünf Texte vorgestellt und genauer untersucht, in denen Gott als Gewalttäter handelt. Die Auswahl versucht, eine möglichst breite Palette unterschiedlicher Texte und Problemstellungen einzubeziehen: So gehören die Texte zu den Traditionsbereichen des JHWH-Kriegs, der Schöpfung, des Gerichts gegen Israel und gegen die ganze Welt sowie zum Themenkreis der göttlichen Weltordnung. Gottes Gewalt richtet sich nicht nur gegen andere Völker, sondern auch gegen sein eigenes Volk und schließlich gegen alle Menschen. Doch auch mythische Urwesen oder ein einzelner Mensch sind das Ziel göttlicher Gewaltakte. Erzähltexte stehen neben Psalmen, prophetischen oder weisheitlichen Texten. Die Texte entstammen der israelitischen Königszeit, dem Exil in Babylonien und auch der nachexilischen Zeit. Die Anordnung folgt einer mutmaßlichen Entstehungschronologie.

Gemeinsam ist allen Texten, daß in ihnen physisch konnotierte göttliche Gewalttätigkeit geschildert wird. Strukturelle Gewalt scheint vor allem bei Hiob auf, wird aber als physischer Angriff Gottes ins Bild gesetzt. Verbale Gewalt wird in gleicher Weise als physische interpretiert.

Das Vorgehen orientiert sich an den unter III, 3. genannten Punkten. Obwohl jede Untersuchung für sich verständlich sein soll, ergeben sich doch durch das Gesamt neue Sinnlinien. Diese werden in V herauszuheben sein.

## 1. Gott als Kriegsherr gegen andere Völker

### Die Problematik, die Texte (Dtn; Jos) und ihre historische Einbettung

Im Zusammenhang mit dem Einzug Israels in das „gelobte Land“ in den Büchern Deuteronomium und Josua wird Gott in unterschiedlicher Weise als Gewalttäter geschildert. Gott befiehlt, die KanaanäerInnen oder andere BewohnerInnen des Landes zu vernichten, oder er tut dies selbst. So überrascht das Urteil von Lohfink nicht, daß wir hier den „massivsten und grausamsten Kriegsverherrlichungen“[1] im Alten Testament begegnen.[2]

Die göttliche Gewalttätigkeit in diesen Texten ist nicht nur dann problematisch, wenn man sich in Erinnerung ruft, welch fatale Wirkungsgeschichte den Texten im Christentum[3] zuteil geworden ist[4]: Muslime sind in den Jahrhunderten der Kreuzzüge im europäischen Mittelalter mit den Gegnern Israels identifiziert und als vermeintliche „Heiden“ bekämpft worden. Die Conquista Südamerikas ab dem Ende des 15. Jh. vornehmlich durch die spanische Krone wurde unter ähnlichen Vorzeichen geführt. Während des „Großen Trecks" haben die südafrikanischen Buren in der Mitte des 19. Jh. die BewohnerInnen des Landes bekämpft – und diesen Kampf sowie die „Apartheid"-Ideologie auch mit Texten aus dem Deuteronomium und dem Josuabuch legitimiert.[5] Auch ohne diese Schreckensspur historischer Adaptionen der Texte ist die Vorstellung eines gewalttätigen Gottes unerträglich, der ganze Völkerschaften abschlachtet oder abschlachten läßt. Daß dies zugunsten seines erwählten Volkes geschieht, macht die Sache nicht besser – ist doch die göttliche Gewalttätigkeit mit der Erwählung eines einzelnen Volkes an eine wichtige theologische Aussage des Alten Testaments geknüpft, die das sich entwickelnde Christentum später auf sich bezogen hat.

Vor allem drei Vorstellungen im Zusammenhang mit dem Einzug ins Land Israel sind es, die heute als problematisch empfunden werden[6]:

Die erste Vorstellung ist die vom sogenannten „Bann" (*cheräm*/חרם), dem alles Gegnerische anheim fallen soll.[7] Hierbei geht es vor allem im Deuteronomium und im Josuabuch darum, daß von allem auf einem Kriegszug Erbeuteten ein Teil der Gottheit übergeben werden soll. Dies wird gelegentlich als ein der Gottheit legitimerweise zustehender Anteil gedeutet, da diese maßgeblich zum Erringen des Sieges beigetragen hat. In manchen Texten wird dagegen auch ausdrücklich erzählt, daß alle gegnerischen Menschen und Tiere zu töten sind. Dieser „Bann" oder die „Vernichtungsweihe" wird an über 50 Stellen im Alten Testament genannt. Als Gebot formuliert wird er in seinen Grundzügen in Dtn 7,1 f. und 20,15–18 und angewendet in Jos 10,28–43; 11,10–22 u. ö. In der Bibelauslegung wird diese Vorstellung als eine geläufige altorientalische Konvention eingeordnet. So schreibt Lohfink: „Daran, dass zur archaischen Kriegsführung die Ausrottung der Bevölkerung einer eroberten Stadt gehören konnte, und zwar als gelobte Opfergabe an die eigene Gottheit, besteht historisch kein Zweifel. Auch die Germanen kannten das. In der Bibel nennt man das Cherem."[8] Die einzige terminologische Parallele findet sich allerdings auf der Mescha-Stele aus Moab, die weiter unten (S. 88) ausführlicher dargestellt wird. Soweit es sich rekonstruieren läßt, ähneln Kriege im Alten Orient weniger den Darstellungen im Deuteronomium und im Josuabuch. Weit eher sind sie als geplante und sorgfältig kalkulierte Unternehmungen anzusehen, die nur dann begonnen werden, wenn feindliche oder als feindlich angesehene Aktionen anderer Völker abgewehrt werden müssen.[9] Auch im neuassyrischen Reich werden Kriege vorwiegend dann geführt, wenn Vasallen ihren vertraglichen Verpflichtungen nicht nachkommen oder versuchen, aus der Vertragsbindung auszubrechen. Parallele Phänomene zu den biblisch geschilderten Angriffs- und Eroberungskriegen sind demgegenüber eher selten.[10]

Daß der „Bann" im alten Israel jemals in der Weise praktiziert worden ist, wie es in den Texten überliefert ist, wird mittlerweile in der Forschung – anders als noch bei von Rad (s. o. S. 40–42) – als höchst unwahrscheinlich angesehen.[11]

Gelegentlich mit dem *cherām*/חרם verknüpft, aber auch eigenständig anzutreffen ist eine zweite Vorstellung: Das Volk Israel soll beim Einzug nach Kanaan die Völker des Landes vollständig vernichten. Dies geschieht ausdrücklich im Namen JHWHs oder durch seine Ermächtigung (z.B. in Dtn 7,24; 9,3f.; 11,24f.; Jos 8,1f.22–25; Jos 10,28–43; Jos 11,8f.; 11,10–22).

An dritter Stelle sind solche Verse zu erwähnen, in denen nicht nur davon gesprochen wird, daß Israel auf göttlichen Befehl den „Bann“ vollzieht und/oder die Völker des Landes vernichtet. Nun ist es nur oder ganz überwiegend JHWH selbst, der „vor“ oder „für“ Israel handelt. Als Grund für JHWHs Handeln zugunsten Israels wird seine Erwählung Israels genannt (Dtn 7,6f.; 10,15f.; 20,4). Geschildert wird diese Art göttlicher Gewalttätigkeit etwa in Jos 10,11, wo JHWH Hagel gegen die Amoriter wirft (s.u.). In Jos 13,6 vertreibt JHWH die Bewohner des libanesischen Berglandes. Jos 23,5.9 nennt die göttliche Gewalttätigkeit summarisch. Jos 24,8–12 ist ein rückblickender Text, der nun einzelne Völker und Könige nennt, die JHWH zugunsten Israels überwunden hat.

Diese dritte Vorstellung ist es, die hier im Blickpunkt stehen soll. Da Verknüpfungen zu den anderen beiden Komplexen bestehen, sind diese auch mit in den Blick zu nehmen. Schwerpunktmäßig geht es damit um Texte des Josuabuches.

Als Beispieltext für das Problem soll Jos 10,11 dienen. Diesem Vers geht die Episode der Einnahme der Stadt Ai durch Israel unter Führung Josuas und mit tatkräftiger Hilfe JHWHs voraus. Gegen diese Bedrohung schließen sich die Amoriterkönige zusammen und wollen gegen das mit den IsraelitInnen verbündete Gibeon ziehen. Das israelitische Heer kommt Gibeon zu Hilfe. Wiederum spielt JHWH eine entscheidende Rolle: Er versetzt die amoritischen Truppen in heillose Verwirrung, so daß ihnen das israelitische Heer eine Niederlage beibringen kann (Jos 10,10). Dann wird JHWH selbst tätig:

> Als sie [die Amoriter, V. 6] vor Israel flohen, am Abstieg von Beth-Horon, ließ JHWH große Steine vom Himmel auf sie fallen, bis nach Aseka, und sie starben. Es starben mehr durch die Hagelsteine, als die IsraelitInnen mit dem Schwert erschlugen.

Auf der Flucht macht JHWH sein Versprechen aus Jos 10,8 wahr, die Allianz der Könige in die Hand Israels zu geben. Der Vers steht im ersten der zwei Hauptteile des Josuabuches.[12] In Jos 1–12 steht die militärische Eroberung des Landes im Mittelpunkt, während die Kap. 13–22 die Verteilung des Landes an die Stämme Israels schildern. Die Kapitel Jos 23f. bilden einen Nachtrag. In Jos 10 wird die Eroberung der südlichen Region des Landes geschildert. Im gesamten ersten Hauptteil wird der Akzent darauf gesetzt, daß es *JHWH* ist, der Israel das Land gibt, bevor Israel es in Besitz nehmen kann. Nicht die militärische Macht Israels ist entscheidend, sondern der Wille und die Macht JHWHs, seinem Volk das Land zu geben.[13]

## Der religionsgeschichtliche Hintergrund

Die Josua-Texte sowie die entsprechenden Texte aus dem Deuteronomium sind erschreckende Beispiele für göttliche Gewalttätigkeit gegen andere Völker. Gleichwohl sind sie in der altorientalischen Literatur nicht singulär. Es gibt eine Reihe von Untersuchungen, die die Passagen aus dem Deuteronomium oder aus dem Josuabuch vor allem, aber nicht nur mit neuassyrischen Texten in Verbindung bringen.[14] Es ergeben sich mit den alttestamentlichen Texten eine Reihe von Gemeinsamkeiten, was etwa motivliche Stereotypen angeht, wie Römer mit Bezug auf Van Seters herausgestellt hat.[15] Einige der von Römer genannten Beispiele, ergänzt durch weitere:

- In Orakeln der Göttin Ischtar wird dem neuassyrischen König Asarhaddon (681–669 v. Chr.) prophezeit, daß die Göttin ihm die Feinde unter seine Füße legen werde, daß sie ihn bewahren werde, daß sie seine Feinde überwältigt hat und seine Gegner „wie Schmetterlinge eingesammelt" hat.[16] Solche Heilsorakel mit der Ankündigung einer göttlichen Intervention lassen sich mit Jos 1,3–6; 10,8 oder 11,6 in Verbindung bringen.[17]
- Erzählt wird in den neuassyrischen Königsannalen, daß sich Völker dem assyrischen König und seinem Heer freiwillig unterwerfen; dies läßt sich mit Jos 9 und den GibeoniterInnen vergleichen.[18]
- Mehrere feindliche Völker bzw. Könige schließen sich zu Koalitionen zusammen; hier kann eine Verbindung zu Jos 10,1–5 gezogen werden.[19]
- Der vollständige Sieg über die Feinde schließt auch den – manchmal schmählichen – Tod der gegnerischen Könige ein, gelegentlich nach erfolglosem Fluchtversuch. Hier läßt sich ein Text aus der Kampagne Assurbanipals (669–630 v. Chr.) gegen die Elamiter anführen, in dem ähnliche Motive wie Jos 10,16–26 verwendet werden. Über den Feldzug Assurbanipals gegen Elam wird auch in einer Zylinder-Inschrift berichtet.[20] Hier wird die Enthauptung des elamitischen Königs Teumman erzählt. In der sogenannten „Gartenszene" sieht man links das Haupt des Teumman in einem Baum hängen (s. Abb. 1, S. 88).

Text und Bild lassen sich mit der Erzählung der Enthauptung der Könige in Jos 10,29f. parallelisieren. Die Schilderung einer ähnlichen Szene wird dem neuassyrischen König Asarhaddon (681–669 v. Chr.) in den Mund gelegt: „(20) Und Sanduarri, der König von Kundu (21) und Sissu, ein *gefährlicher* Feind, (22) der meine Herrschaft nicht fürchtete, der die Götter verlassen hatte, (23) vertraute auf schwer zugängliche Berge. (24) Er und Abdi-Milkutti, der König von Sidon, (25) taten sich zu gegenseitiger Hilfeleistung zusammen (26) und schwuren einander bei ihren Göttern (Treue). (27) Sie vertrauten auf ihre eigene Kraft. (28) Ich jedoch vertraute auf Assur, Sin, Schamasch, Bel und Nebo, (29) die großen Götter, meine Herren, (30) und belagerte sie mit

Abb. 1: Ausschnitt aus der sog. „Gartenszene"; aus einem Alabasterrelief aus dem Nordpalast Assurbanipals (669–630 v. Chr.) in Kujundschik/Ninive

einer Umzingelung (…). (36) Um die Macht Assurs, meines Herrn, den Leuten zu zeigen, (37) hängte ich sie (die Köpfe der Besiegten) um den Hals ihrer Großen, (38) und ich zog im Weichbild von Ninive (37) mit Sängern (38) und *Harfen* umher."[21]

– An dieser Stelle ist auch die Stele des moabitischen Königs Mescha aus der Mitte des 9. Jh. v. Chr. zu nennen. Auf der Stele heißt es unter Verwendung des Äquivalents für den Terminus *cheräm*/חרם in Vers 17: „(14) … Kamosch sprach zu mir: Geh, nimm Nebo von den Israeliten ein. Da (15) ging ich (los) in der Nacht und bekämpfte es vom Anbruch der Morgenröte bis zum Mittag. Ich nahm (16) es ein und tötete sie alle, 7000 Mann, Beisassen, Frauen, Beisas- (17) sinnen und Sklavinnen; denn an Aschtar-Kamosch hatte ich sie geweiht. Und ich nahm von dort d[ie *Ge-*] (18) *räte* Jahwes und schleppte sie hin vor Kamosch …"[22]

Zusätzlich zu den von Römer aufgeführten Texten und Vorstellungen ließen sich noch weitere nennen; allen voran die der göttlichen Unterstützung des Königs im Kriegszug. Die Inschrift Frt. F Asarhaddons, die in Ninive gefunden wurde, überliefert: „(6) Auf meinem 10. Feldzug [ermutigte mich] Assur […] (7) und *richtete* mein Antlitz nach Makan [und Melucha …], (8) welche man im Volksmunde Kusch und Ägypten [nennt]. (…) [Rs.] (1) Gemäß dem Befehle Assurs, meines Herrn, faßte ich einen Plan, und [es beriet sich] mein Gemüt. (…)."[23] Hier beauftragt die Gottheit Assur den König zum Feldzug. Dies ließe sich etwa mit Jos 8,1 parallelisieren. Spieckermann betont die Verbreitung und Geläufigkeit solcher und ähnlicher Vorstellungen: „Es ist wohl kein antiker Staat denkbar, der seine militärischen Erfolge nicht mit dem Beistand der jeweiligen Landesgötter in Verbindung gebracht hätte. Feldzüge, durch göttlichen Befehl initiiert und legitimiert, dienen der Mehrung von Ansehen, Ruhm, Sicherheit und Wohlstand der Landesgötter und ihrer Verehrer, unter denen der jeweilige König einen besonderen Rang einnimmt. Bei den Assyrern ist dieses dogma theologica-politicum zu allen Zeiten in vielfältiger Gestalt zu finden."[24] „Die militärische Überlegenheit des ass. Königs begründet nicht nur seine irdische Vormachtstellung, sondern impliziert zugleich ein Urteil über die geringere Macht anderer Götter, die zusammen mit ihren besiegten Völkern und Ländern dem ass. Großkönig und damit auch dessen Herrn, dem Reichsgott Assur, zu Diensten sein müssen. Hier zeigt sich die spezifische Form des ‚religiös-politischen Sendungsbewußtseins' des ass. Königs, das in der Evidenz der militärischen Erfolge Assyriens gründet, welche nur durch die vollkommene Übereinstimmung des Reichsgottes Assur mit seinem irdischen Mandatar erklärt werden können. Wie eng diese Allianz vorgestellt wird, ist daraus ersichtlich, daß in den Inschriften oft unklar bleibt, ob der Gott Assur oder der ass. König den Sieg in der Schlacht herbeiführt. Innerhalb eines Feldzugsberichts kann einmal der König und ein anderes Mal der Gott Assur als Subjekt des Sieges genannt werden, ein Wechsel, der nicht auf überlieferungsgeschichtliche Spannungen hinweist, sondern theologisch bewußt toleriert wird, weil der die unverbrüchliche Einheit des Willens (nicht des Wesens!) von Gott und König deutlich macht."[25]

Das Verhältnis von Gottheit und König in Assur ist von Otto näher untersucht worden. Er stellt heraus, daß in der neuassyrischen „politischen Theologie" der König als Werkzeug des Gottes Assur angesehen wird.[26] Dies hat auch Effekte auf die Darstellung der Feinde: „Mit der mythisch-rituellen Überhöhung der Politik aber geht die Dämonisierung des vom König zu vernichtenden Feindes einher."[27] Dies sollte im Blick behalten werden, wenn die alttestamentlichen Texte zu interpretieren sind.

Auch wenn es auf den ersten Blick so aussehen könnte, daß diese moabitischen und neuassyrischen Texte als historische Quellen im modernen Sinne zu bewerten sein könnten, die ein in etwa den Tatsachen entsprechendes Bild des Geschehenen geben, so ist dies doch nicht der Fall.[28] Die Texte stellen, ähnlich wie die biblischen Texte und auch wie die neuassyrischen Bildquellen, eine Konstruktion der Ereignisse dar, die *auch* propagandistischen Zwecken dient. Dabei überzeichnen und übertreiben sie vor allem in den neuassyrischen Königsannalen gegenüber anderen schriftlichen Dokumenten das Geschehene.[29] Zum Propaganda-Charakter der neuassyrischen Palastreliefs führt Otto aus: „Die Reliefs stellen auch das grausame Schicksal der Bevölkerung der eroberten Stadt dar, die Auspeitschung, Pfählung, Häutung und schließlich die Deportation der Überlebenden. Wenn man sich fragt, warum mit derartigen grausamen Folterszenen die neuassyrischen Palastwände geschmückt wurden, so sind zwei Aspekte zusammen zu nennen: Die Darstellungen schrecken auswärtige Besucher, denen diese Szenen eindrücklich vor Augen stehen, von der Rebellion ab und demonstrieren gleichzeitig die Macht des assyrischen Königs über die Rebellen. Sie sind ein Teil imperialer Propaganda, die aber, wie die Reaktion der Besiegten etwa im Alten Testament zeigt, nicht ohne Anhalt am assyrischen Verhalten war."[30]

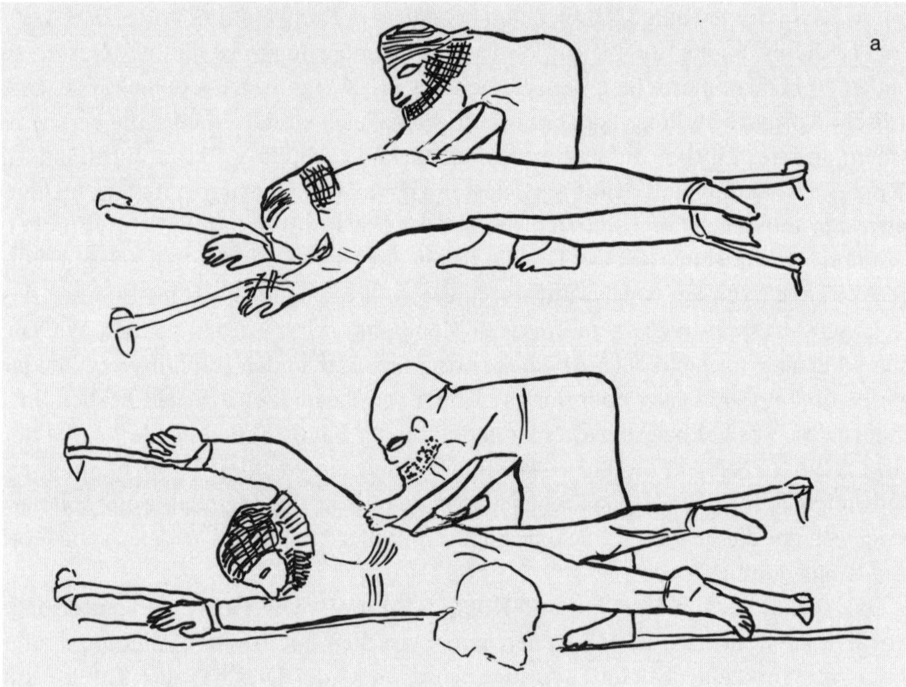


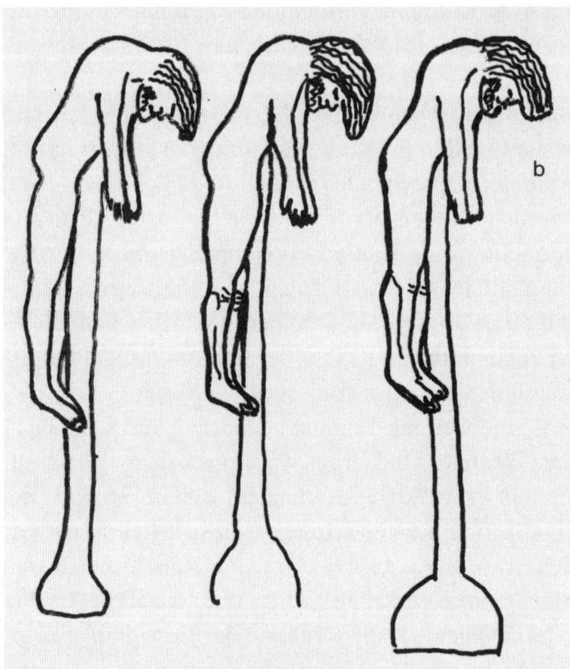


Abb. 2a–c: Ausschnitte aus assyrischen Reliefs: Gefangene werden geschunden (a), d.h. ihnen wird bei lebendigem Leib die Haut abgezogen, sie werden gepfählt (b), und ihnen werden die Köpfe abgeschnitten (c).

Bei der historischen Beurteilung dieser Art Gewaltrhetorik und -abbildung (s. Abb. 2 a–c) ist allerdings eines zu beachten: Während zumindest Assur – historisch verbürgt – die Gelegenheit besessen hat, entsprechende Taten auch zu begehen und nicht nur zu propagandistischen Zwecken den Eindruck zu vermitteln, daß sie begangen worden seien, so liegen die Fakten für das Alte Israel anders. Denn, so Lohfink: „Eine Landnahme, wie das Buch Josua sie schildert – als einziger Feldzug eines Zwölfstämmevolkes mit Vernichtung aller Landesbewohner – hat es nie gegeben. Das kann man trotz der ständig neu aufkochenden wissenschaftlichen Kontroversen über die Frühzeit Israels mit allgemeiner Zustimmung sagen. Jene Völkerwanderung mit vollständiger Landeseroberung und radikaler Vernichtung der sieben Völker, die das Buch Josua darstellt, stammt in ihrer jetzt prägenden erzählerischen Gestalt frühestens aus der Zeit des Joschija von Juda im 7. Jahrhundert vor Christus. Sie umschließt durchaus ältere Traditionselemente. Doch diese sind erratisch und sind schriftstellerisch bewußt manipuliert, systematisiert und generalisiert. Die darstellerische Technik ist von bestimmten Topoi assyrischer Königsinschriften angeregt. Man kann für die Abfassung nicht einmal mit der Absicht rechnen, eine ‚historische‘ Rekonstruktion der Anfänge Israels zu bieten. Niemand wird also sagen können, so, wie es dasteht, sei es auch gewesen.“[31]

Für das Josuabuch kann überlegt werden, ob es sich bei diesen Texten um Adaptionen neuassyrischer militärischer Propaganda handelt. Die Neuassyrer sind nicht nur militärisch übermächtig, sondern zeigen sich sowohl in schriftlichen als auch in bildlichen Quellen als Meister des Medieneinsatzes.[32] Die häufig demonstrierte Überlegenheit der neuassyrischen Armee wird direkt mit der Überlegenheit der neuassyrischen Gottheiten verknüpft. Dies hat sich auch in einem biblischen Text niedergeschlagen: In 2 Kön 18,35 verhöhnt der Abgesandte des neuassyrischen Königs die Gottheiten der unterlegenen Völker und auch namentlich JHWH: „Wer von allen Göttern der (anderen) Länder rettete sein Land vor meiner Macht? Wie könnte JHWH Jerusalem vor meiner Macht retten?"

Auf diesem Hintergrund ist es durchaus wahrscheinlich, daß es sich bei den Passagen göttlicher und israelitischer Gewalttätigkeit im Deuteronomium und im Josuabuch um anti-assyrische Propaganda handelt. Voraussetzung dafür ist zunächst eine entsprechend späte Datierung der beiden Bücher. Diese wird in der Tat auch unabhängig von der Frage des Bezugs auf neuassyrische Texte angenommen.[33]

Wie ist nun die göttliche Gewalttätigkeit in Jos 10,11 in diesen Zusammenhang einzubetten? Es gibt in der Tat eine ganze Reihe altorientalischer Texte, die das Motiv göttlicher Intervention in der Schlacht gegen eine feindliche Übermacht mit einer Jos 10,11 ähnlichen Szenerie verknüpfen. Der hetithische König Murschili II (ca. 1330–1295 v. Chr.) rühmt sich in seinen Zehnjahr-Annalen eines großen Sieges über das Land Arzawa, wobei ihm neben der Sonnengöttin und dem Sturmgott weitere Gottheiten zur Seite stehen. Der Sturmgott ist es, der durch den Abwurf eines Meteors das gegnerische Land empfindlich trifft.[34] In einem „Gottesbrief" des neuassyrischen Königs Sargon II. (722–705 v. Chr.) schlägt der Gott Adad die Feinde mit Hilfe eines großen Unwetters in die Flucht.[35]

Auch die Vorstellung vom „Bann" (*cherām*/חרם) kann auf diesem Hintergrund neu bewertet werden. Nur eingeschränkt ist Lohfink zuzustimmen, wenn er schreibt: „Ziel von Kriegen war die Stabilisierung der durch die Feinde in Frage gestellten Ordnung oder die Berechnung des Unabhängigkeitswillens eines Nachbarn und seiner Eingliederung in das eigene Herrschaftssystem – aber nicht seine völlige Vernichtung. Auf der Ebene des Faktischen gilt jedoch trotzdem vom ganzen Alten Orient, daß es in Kriegen sehr grausam hergehen konnte und daß ganze Städte samt Bevölkerung vernichtet werden konnten."[36] Zumindest für die Assyrer gilt, daß sie Kriege zum einen häufig als Bestrafungsaktionen gegen unbotmäßige Vasallen geführt haben. Zum anderen macht es für sie aus ökonomischen Gründen – trotz der massiven Drohungen gegen unbotmäßige Vasallen – keinen Sinn, rebellische Bevölkerungsteile abzuschlachten. Denn diese stellen wertvolle Arbeitskräfte für Assyrien dar. Zusammen mit der Kriegsbeute bilden sie einen zunehmend wichtigeren Bestandteil der ökonomischen Ressourcen des neuassyrischen Reichs.[37]

Es läßt sich also davon ausgehen, daß es sich bei den problematischen Bibeltexten um israelitische Adaptionen altorientalischer Propagandatexte handelt. Damit ist zwar ihre gedankliche Herkunft angedeutet, aber die theologische Einbettung und die argumentative Stoßrichtung sind noch nicht ausgelotet. Dies soll im nächsten Abschnitt geschehen.

## Wichtige alttestamentliche Anknüpfungen

Zu welchem Zweck also wird im Josuabuch die „Landnahme“ Israels auf eben diese Weise dargestellt? Daß diese Frage auch für biblische Autoren und Autorinnen eine Berechtigung besitzt, zeigt die Alternativdarstellung im Richterbuch. Hier findet sich ein Konkurrenzmodell zum Szenario des Josuabuches. Das „negative Besitzverzeichnis“ in Ri 1,17–36 nennt Orte, die vom israelitischen Heer nicht erobert werden können. Dies widerspricht der Darstellung bei Josua, in der das Land flächendeckend in Besitz genommen wird. Worin liegt also der Sinn der Landnahme-Darstellung im Josuabuch? Dieser Frage soll in Hinblick auf zwei Aspekte nachgegangen werden.

Im Vergleich mit den Darstellungen der Königszeit Israels fällt zum ersten bei Josua und auch im Deuteronomium auf, daß es hier noch keinen König in Israel gibt. Beide Bücher „spielen“ in der vorstaatlichen Zeit, etwa im 12./11. Jh.v. Chr. Die von JHWH ausgewählten und mit seinem Geist begabten Führungspersönlichkeiten sind Mose bzw. Josua. Unter einer solchen von JHWH eingesetzten und von ihm begleiteten Führung, so eine mögliche Aussage der militärischen Aktionen im Deuteronomium und bei Josua, kann die Eroberung des zuvor von Gott verheißenen Landes gelingen – und zwar nur so. In den Texten über das israelitische Königtum und seine Kriegszüge dagegen wird sehr viel ambivalenter, ja negativer über die menschlichen Möglichkeiten gesprochen, Kriege zu führen. Wenn Kriege der Erweiterung einer nationalen Machtsphäre dienen – so die alttestamentliche Darstellung –, dann ist so gut wie sicher, daß JHWH seine Unterstützung verweigert.[38] Ohnehin ist das Königtum in Israel eine Einrichtung, die in den alttestamentlichen Texten skeptisch beurteilt wird, und zwar sowohl in grundsätzlicher Weise (Dtn 17,14–20; Ri 9, 8–15; 1 Sam 8,10–18) wie anhand einzelner Könige, deren Taten das Königtum diskreditieren (2 Sam 11,2–12,23; 1 Kön 21,1–24; Hos 7,1–7; Mi 3,1–4 etc.). Gerade in nachexilischer Perspektive ist das Königtum eine fragwürdige Angelegenheit, die leicht im Konflikt mit der Treue zu JHWH geraten kann (z.B. Jer 2,8; 10,21; 23,1–4; Ez 34,1–10; Hos 13,9–11).

Wenn also für die vorstaatliche, vorkönigliche Zeit Israels von grandiosen Siegen der IsraelitInnen mit tatkräftiger Unterstützung JHWHs und unter Führung der von ihm ausgewählten und mit seinem Geist begabten Führungspersonen die Rede ist, so bekommt dies einen besonderen Unterton, wenn man sich vergegenwärtigt, daß die Grundzüge dieser Texte aller Wahrscheinlichkeit nach im 7. Jh.v. Chr. und damit in einer Zeit verfaßt worden sind, in denen das Königtum in Israel eine mächtige Institution gewesen ist. In dieser Perspektive betrachtet, beinhalten die Landnahme-Texte ein erhebliches Maß an impliziter Königskritik: Nicht der König ist die entscheidende Machtinstanz, sondern JHWH.

Damit wäre eine Aussage der Texte ausgeleuchtet, die auf die politisch Mächtigen im eigenen Land zielt. Dies ist auch, aber nicht nur die Richtung bei einer zweiten möglichen Funktion der Texte. Nach außen gewendet kann sie sich als Gegenpropaganda gegen die neuassyrische Propaganda wenden. So wie Ischtar, Adad, Assur oder andere neuassyrische Gottheiten mit und für den König kämpfen und siegen, so hat dies auch JHWH in der Vergangenheit für Israel getan. In dieser Weise wären die Texte im Deuteronomium und bei Josua als religiöse Gegenpropaganda einzuordnen. In einer Situation der vermeintlichen Unterlegenheit JHWHs unter die neuassyrischen Gottheiten (vgl. 2 Kön 18,35; s. o. S. 92) kann in der Josiazeit und damit in einer Phase, in der das Land Juda relativ wenig von Assur bedroht ist, propagandistisch „zurückgeschlagen“ werden.

In diesem Zusammenhang stellt Lori L. Rowlett heraus, daß die Josua-Texte eine doppelte rhetorische Funktion besitzen: Nach innen dienen sie als Selbstvergewisserung durch den Bezug auf eine eigene Tradition, die in den Erzählungen und durch das Erzählen als eigene Vergangenheit „erfunden“ wird.[39] Nach außen ist die Funktion der Abgrenzung gegen die aktuellen Unterdrücker wichtig. Allerdings ist zu beachten, daß sich das Josuabuch damit an die neuassyrischen Strategien anpaßt und sie teilweise übernimmt.[40] Dies ist besonders im Fall der Gewalttätigkeit virulent: Gewalttätigkeit als Bestandteil der neuassyrischen Staats- und Kriegsführung wird von den IsraelitInnen aufgenommen, um ihre eigene Identität zu schaffen. Dabei richtet sich, so Rowlett, die gewalttätige Botschaft nicht primär an die KanaanäerInnen oder die anderen (etwa in Dtn 7,1) namentlich erwähnten Völker. Zur Zeit der Abfassung des Deuteronomiums oder Josuas spielen sie keine wichtige Rolle mehr – wenn es sie denn überhaupt je gegeben hat.[41] Die AdressatInnen sind vor allem *in Israel selbst* zu suchen: Wer sich außerhalb der Tora-gehorsamen Gemeinschaft stellt, kann leicht zum „outsider“ werden und fällt dann möglicherweise der geschilderten Bedrohung anheim. Die Aufforderung ergeht also an Israel selbst, die Tora zu befolgen, und nicht an reale Feinde aus anderen Völkern.[42]

Die beiden in diesem Abschnitt diskutierten Aspekte deuten darauf hin, daß die Botschaft der Landnahme-Texte des Deuteronomiums und des Josuabuches womöglich sehr viel stärker *inner*israelitisch zu verstehen ist, als daß sie ein Schrekkensszenario gegen nichtisraelitische Völker darstellen. Dieser Linie ist auch bei der Frage nach der literarischen Einbettung der Texte und sich daraus ergebenden Sinnverschiebungen weitere Aufmerksamkeit zu widmen.

## Der literarische Kontext

Das Josuabuch ist Teil des sogenannten „Deuteronomistischen Geschichtswerks“ (DtrG). Zu diesem durch die bibelwissenschaftliche Forschung entdeckten größeren Textzusammenhang werden die Bücher Deuteronomium bis 2 Könige gerechnet.[43] Das DtrG zeichnet sich durch die übergreifende Linie einer Deutung des Exils als Strafe für den Abfall Israels von JHWH aus. In dieser Sicht hat sich Israel im Laufe seiner Königszeit immer häufiger und in immer gravierenderer Weise von JHWH ab- und anderen Gottheiten zugewandt.

Die Abfassung der Grundzüge des DtrG ist nicht vor der Zeit des Falls des Nordreichs Israel und seiner Hauptstadt Samaria (722 v. Chr.) mit dem folgenden ersten Exil der Nordreichs-Oberschicht anzusetzen. In diesen historischen Ereignissen wird die erste Strafe JHWHs für Israel gesehen. Die Vollendung des DtrG fällt sicher in die nachexilische Periode ab dem Ende des 6. Jh. Innerhalb des DtrG wird die Zeit der „Landnahme" als eine Art Heilszeit betrachtet, in der das Verhältnis zwischen JHWH und Israel noch ungetrübt gewesen ist.

Das Josuabuch ist wahrscheinlich bereits als Teil dieses größeren theologischen Werkes verfaßt worden.[44] Selbst wenn das nicht der Fall sein sollte, ist es in diesem Sinne und Duktus nachbearbeitet und geprägt worden. Hierdurch ergeben sich Schwerpunktsetzungen, die das Buch und seine Darstellungen noch weiter von einer „Geschichtsschreibung" abrücken und in Richtung auf eine „Geschichtsdeutung" verschieben. Die Eroberungszüge Josuas und Israels mit JHWH sind damit auf dem Hintergrund des Verlustes des Landes Israel mit dem Exil zu sehen. Diese Rückschauperspektive aus einer Situation des radikalen Verlustes prägt das gewaltig-gewalttätige Auftreten JHWHs und Israels im Deuteronomium und im Josuabuch. JHWH ist es, der die Einnahme des Landes durch Israel überhaupt nur möglich gemacht hat, und er ist es nun, der den Verlust dieser Gabe nach jahrhundertelanger „Untreue" Israels (vgl. u. S. 111–113) initiiert. Landgabe und Landverlust sind so eng aneinander gekoppelt.

Wie sieht es nun mit der Vorstellung des „Banns" aus? Unter dem Stichwort der *cherām*/חרם-Kriege hat sich Georg Braulik in einem Aufsatz mit den entsprechenden Texten befaßt. Im Schlußabschnitt faßt er unter dem Titel „Zur Hermeneutik der Völkervernichtung" seine Ergebnisse für das Deuteronomium zusammen und gibt dabei auch Hinweise auf Sinnlinien, die auf eine textimmanente Umdeutung der Texte hindeuten: „Die archaisch-sakrale Vorstellung des *heræm* lebt in der literarischen Fiktion des Deuteronomiums nur in der erzählten Landeroberungszeit. Einerseits ist die Vernichtung der Vorbewohner – wie die gelehrten Reflexionen über den Bevölkerungsaustausch verdeutlichen ([Dtn] 2,10–12.20–23) – Israel bereits als profangeschichtlich ‚normales' Phänomen vorgegeben. Andererseits werden die Aussagen über den grausamen Völker-*heræm* bei der Eroberung des Westjordanlandes (vor allem in Kapitel 7 und 9,1–6) theologisch metaphorisiert und pragmatisch umfunktionalisiert. Außerdem unterscheidet das Deuteronomium schon auf der Sprachebene zwischen den auf die ‚Gründerzeit' beschränkten *heræm*-Kriegen und späteren militärischen Auseinandersetzungen.

Die Texte, in denen das Exil (29,21–27) und die Rückkehr in die alte Heimat (30,1–10) explizit behandelt werden, vermeiden ebenso wie ihr vorausgehender Kontext (29,1–20) negative Konnotationen der Völker und mildern die Israel angedrohten Sanktionen. Den Vernichtungskriegen gegen Sihon und Og ist jetzt jeder sakrale Glanz und Triumphalismus genommen (29,6–7). Die ,Fremden, von den Holzarbeitern bis zu den Wasserträgern', letztlich Kanaanäer, treten sogar als Partner Israels dem Jahwebund bei (29,10) und erhalten die Tora auch als ihre Gesellschaftsordnung (31,12). Diese Praxis widerspricht dem Gebot der Völkervernichtung und dem Vertragsverbot mit der nichtisraelitischen Bevölkerung Kanaans. Wenn Israel zu anderen Göttern abfällt und sein Land verliert, erkennen die Völker darin das Zorngericht Jahwes (29,23) und erhalten auf ihre theologische Frage eine ,Offenbarung' über das Bundesverhältnis Israels. Sie lassen das unter ihnen zerstreut lebende Volk unbehelligt heimkehren (30,1–10). Die Wiederinbesitznahme des Väterlandes wird ohne gewaltsame Aktion geschehen. Das Gebot vom *herœm* gegen die dort wohnenden Nichtisraeliten gilt für die erhoffte Rückkehr aus dem babylonischen Exil (und auch für eine spätere Neuansiedlung) auf keinen Fall mehr. 30,5 setzt sich von seinem Schlüsseltext sogar ausdrücklich ab. Kriege mag es zwar auch in Zukunft geben, sie werden vergleichsweise ,human' geregelt (vgl. Kapitel 20*). Aber kein feindliches Volk darf jemals wieder ausgerottet werden."[45]

Damit ist eine Zukunftsperspektive für Israel eröffnet, in der ein grundsätzlich anderes Verhältnis zu den anderen Völkern angestrebt ist als dasjenige, das die Bücher Deuteronomium und Josua für die Landnahmezeit entwerfen. Gleichzeitig ist hiermit auf textlicher Ebene explizit gemacht, daß die Texte *nicht* als Aufforderung zur Gewalt gegen andere Völker dienen dürfen.

In die gleiche Richtung wie Braulik geht auch Lohfink mit seinen Bebachtungen zur inneralttestamentlichen Aufnahme der Josua-Texte. In der Prophetie etwa gibt es keinen Rückgriff auf die Tradition der gewalttätigen Landnahme.[46] Statt dessen wird das Verhältnis zu den anderen Völkern zunehmend als ein positiveres geschildert: „In Jerusalem werden sie lernen, die Schwerter in Pflugscharen umzuschmieden (Jes 2,2–5/Mi 4,1–5). ... Von den Völkern kann sogar gesagt werden, wenn sie ,die Wege meines Volkes lernen und beim Namen des Herrn schwören,', würden sie ,inmitten meines Volkes aufgebaut (Jer 12,16). Auch sie würden ,das Land in Besitz nehmen' (Ps 25,13)."[47]

Trotzdem bleibt die Frage bestehen, warum die Texte überhaupt die Landnahme in so gewalttätiger Weise schildern. Braulik beantwortet sie so: „Trotzdem sollen die *herœm*-Kriege der Frühzeit, wenn man die Tora am Laubhüttenfest jedes Sabbatjahres ([Dtn] 31,10–13) feierlich vor dem ganzen Volk proklamiert, in Erinnerung gerufen werden. Die spirituelle Verwandlung ihres gewalttätigen Kriegsethos hat für den Jahweglauben offenbar eine bleibende Funktion."[48] Die Erinnerung ist hier ein wichtiges Stichwort. Sie paßt zusammen mit der „Heilszeit", als die die Landnahme im DtrG angesehen wird: Dies ist eine Zeit, in der JHWH sich mit all seiner Macht für sein Volk eingesetzt hat. Dabei liegt der besondere Schwerpunkt darauf, daß es *JHWH* ist, der die Siege erringt, und nicht Israel. Doch warum muß diese Ur-Zeit Israels als derart *gewalttätig* erzählt werden, und warum sind diese Texte Teil des Kanons geworden? Lohfink betont: „Springender Punkt ist die Radikalität der geschilderten Kriege. Sie ist narratives Symbol für die Radikalität des Gottvertrauens Israels, nicht historisch verstandene Behauptung einer Kriegstechnik der verbrannten Erde am Anfang der Geschichte Israels. Das alles ist schon ursprünglicher Sinn des Buches, nicht später darübergelegte Reinterpretation."[49]

In Anlehnung an die Denkrichtung Rowletts kann eine weitere Erklärung erwogen werden. Behält man im Blick, daß die Landnahme-Texte sich stark vor allem an die Propagandatexte des überlegenen Großreichs Assur anlehnen, dann könnte eine Botschaft auch darin liegen, JHWH mit Hilfe der Landnahme-Texte gleich mächtig zu machen wie die Gottheiten Assurs. Auf dem Wege der Literatur und als Fiktion wird JHWHs Machtpotential den Göttern der mächtigen Staaten angeglichen. Hierin steckt zumindest ein Element der Selbstbehauptung, wenn nicht sogar der Selbstüberhebung. Dieses Reden über JHWH ist bis zur Exilszeit möglich. Danach ändern sich die theologischen Paradigmen: Es können sich Traditionen stärkeres Gehör verschaffen, die JHWH nicht als kriegs-mächtigen Gott sehen, sondern als Überwinder des Krieges.

Es gibt eine Reihe von „Gesprächs- oder Gegentexten", die in diese Richtung gehen. Bekannt ist die bereits von Lohfink genannte prophetische Ansage (Jes 2,2–5 par Mi 4,1–4), daß am Ende der Tage die Völker zum Zion ziehen werden und – in heutigen Worten gesagt – eine groß angelegte Rüstungskonversion beginnen wird. Der Beruf des Soldaten wird von da an nicht mehr ausgeübt und nicht mehr gelehrt werden.

In direkter Weise wird JHWH als Überwinder des Krieges und Zerstörer der Kriegswaffen in Ps 46,10 und 76,4 benannt. Darauf weist Claudia Rakel in ihrer Arbeit zu Judith 16 ebenso hin wie auf eine Tradition in der Septuaginta (LXX), der antiken griechischen Überlieferung des Alten Testaments, Texte über den „Kriegsmann" JHWH zu entmilitarisieren.[50] Aus Ex 15,3, „JHWH ist ein Mann des Krieges, JHWH ist sein Name", wird beispielsweise „der HERR zerschlägt Kriege, HERR ist sein Name". Eine ähnliche Wandlung vom „Kriegsmann" zu demjenigen, der Kriege zerschlägt, ist in Jes 42,13 (LXX) zu beobachten.[51] Ebenso wird in Jud 16,2a von Gott gesagt, daß er die Kriege zerschlägt.[52] Auch der Vers Jos 10,11 wird von der LXX leicht abgemildert: Gott wirft nun nicht mehr „große Steine", sondern nur noch Hagel.[53]

JHWH als der Gott der Landnahme und des *cheräm*/חרם-Krieges gegen andere Völker bleibt im Alten Testament nicht unwidersprochen. Allerdings finden sich diese „Gegentexte" nicht im direkten literarischen Umfeld Josuas oder des Deuteronomiums. Auch wird die Vorstellung des *cheräm*/חרם nicht explizit kritisiert. Ein Text allerdings könnte in dieser Weise als Kritik am *cheräm*/חרם gelesen werden: Jes 43,28. „... ich habe Jakob dem Bann und Israel dem Spott übergeben." Nun ist es Israel selbst, hier als Jakob angesprochen, das von JHWH dem *cheräm*/חרם übergeben worden ist. Hinter diesen Worten verbirgt sich das Exilsschicksal Israels. So hat die alttestamentliche Tradition die mit Gewalt aufgeladene Vorstellung der Frühzeit Israels im Exil in diesem Vers gegen Israel selbst gewendet. Der Vers ließe sich so interpretieren, daß sich die göttliche Gewalt, die sich einst gegen die kanaanäische Bevölkerung des Landes Israel gewendet hat, nun gegen das erwählte Volk selbst richtet. In dieser Perspektive erscheint der Vers als ein radikaler Ausdruck der eigenen Erfahrung göttlicher Gewalttätigkeit. Diesmal steht Israel auf der Seite der Opfer, nicht auf der der Nutznießenden der göttlichen Gewalt. Es teilt nun das Schicksal, das nach den Landnahmeerzählungen andere Völker vor ihm zu erleiden hatten.

## Zur Auslegung der Texte

Wie also sind die hochproblematischen Texte des Deuteronomiums und des Josuabuches auszulegen? Zunächst einmal ist daran zu erinnern, daß es sich bei diesen Texten um *Erzählungen* handelt. Als solche sind sie nicht mit Handlungsanweisungen zu verwechseln. Auch wenn Gott hier den Befehl gibt, daß das Land erobert und der Bann/die Vernichtungsweihe (*cheräm*/חרם) an allem vollzogen werden soll, so wird dies in einer Erzählung über eine vergangene Zeit überliefert. Die Texte blikken zurück auf eine Vergangenheit Israels, die imaginativ oder fiktiv geschildert wird. Wird das literarische Genus bei der Auslegung berücksichtigt, dann stellen diese Texte zumindest keine Aufforderungen zu weiteren Gewalttaten dar.

Die Texte schaffen allerdings, wie Braulik deutlich macht, Israels Identität. Israel soll sich in der Extremsituation des Krieges ausschließlich auf JHWHs Stärke und nicht auf seine eigene Macht besinnen.[54] Insofern beinhalten sie ein Element der Delegation: JHWH allein ist es, der den Sieg herbeiführen kann. Auch schaffen die Texte Identität, indem sie der übermächtigen neuassyrischen Propaganda für die Taten des König in Assur in JHWH einen mächtigen Gott entgegenstellen.

Daß es sich bei den geschilderten Tätigkeiten Gottes um das Führen von Eroberungs- oder Offensivkriegen (und nicht zumindest um defensive Aktionen) handelt,[55] ist dabei mehr als ein „Schönheitsfehler" der Texte. Es ist aus heutiger Sicht ein gravierender Makel, der auch bei einer historischen Einbettung bestehen bleibt. Wenn die Entstehung der Texte überwiegend in der Josia-Zeit im 7. Jh. v. Chr. anzusetzen ist, in der Israel bzw. Juda einmal *nicht* von Kriegen heimgesucht worden ist, dann können diese Texte auch kaum unter der Perspektive der Gewaltbearbeitung gelesen werden. Eher muß dann aus historischer Sicht darauf hingewiesen werden, daß die Texte Gegenpropaganda darstellen, die sich als solche propagandistischer Mittel bedient und, wie Rowlett herausgestellt hat, sich an die Gewaltmetaphorik der herrschenden Großmacht anlehnt.

Auch wenn die Texte damit weder historisch Geschehenes umreißen noch zur Nachahmung auffordern, so wohnt ihnen doch als Gegenpropaganda ein erhebliches Problempotential inne. Insofern sollten diese Texte nur kritisch rezipiert und ausgelegt werden.[56] Eine solche Interpretation sollte mehrere Aspekte berücksichtigen: Sie sollte darauf hinweisen, daß sich die eingangs erwähnten Gewalthandlungen in der Geschichte des Christentums an diese Texte angelehnt oder auf sie berufen haben. Sie sollte das Augenmerk darauf lenken, daß auch Gegengewalt oder Gegenpropaganda – von ihrem Ursprungskontext abgelöst – als Aufruf zu Gewalttätigkeiten ge- oder mißbraucht werden kann. Insofern sollte eine kritische Auslegung betonen, daß Gewalt als Mittel gegen die Gewalt nicht tauglich ist. Dies gilt, auch wenn die Texte in Israel selbst und in der jüdischen Auslegung nicht als Aufforderungen zur Gewalt verstanden worden sind.

Diese Interpretationslinien beziehen sich auf die Texte der sogenannten „Landnahme". Etwas anders liegen die Dinge allerdings bei Texten über die Befreiung aus Ägypten, wie sie im Buch Exodus und in einer Reihe von Anspielungen in anderen biblischen Büchern zu finden sind. Wenn es sich – wie hier – um die Überwindung übermächtiger Gewalt aus einer Ohnmachtssituation heraus handelt, dann sollte differenzierter geurteilt werden. Denn manche Formen von Gewalt, so macht das Alte Testament an vielen Stellen deutlich, lassen sich nicht mit gewaltlosen Mitteln überwinden. Häufig wird JHWH um durchaus gewalttätigen Beistand angerufen, wenn sich das Volk Israel oder einzelne IsraelitInnen in ausweglosen Unterdrückungssituationen wiederfinden (dazu s. u. IV, 2.). Vor einer zu schnellen Verwerfung solcher Texte sollte bedacht werden, daß es auch legitime Formen von Gegengewalt gegen Unrechtszustände und im Interesse einer Veränderung hin zu mehr Gerechtigkeit geben kann, für die die biblischen Exodus-Texte ein Vorbild abgeben können.

Insgesamt sind im Blick auf die Auslegung von Texten über göttliche Kriege die hermeneutischen Überlegungen von Fuchs weiterführend. Auch wenn die Texte kritisch gelesen werden sollten, dann können sie doch auch fruchtbar für heutige Lesende gemacht werden: wenn sie nämlich als Hinweis auf die allen Menschen innewohnende Gewaltätigkeit verstanden werden.[57] Sie bekommen damit einen selbstreflexiven Sinn und dienen als Aufforderung, sich mit dem eigenen Gewaltpotential auseinanderzusetzen – statt sich an den Gewaltschilderungen in den „schlimmen" Texte des Alten Testaments aufzureiben.

## 2. Gott als Gewalttäter gegen mythische Wesen

### Die Problematik, der Text (Ps 74,13f.) und seine historische Einbettung

Es gibt eine ganze Reihe alttestamentlicher Texte, in denen JHWH als Gewalttäter gegen mythische Schöpfungsmächte auftritt. Gegen den „Meeresdrachen" Livjatan geht er in Jes 27,1 und Ps 74,14 vor, gegen das „Urmonster" Rahab in Jes 51,9; Hi 9,13; 26,12 und Ps 89,11 oder gegen das „Seeungeheuer" Tannin bzw. die Tanninim in Hi 7,12; Jes 51,9 und Ps 74,13.[58] Es gibt zwei Texte, in denen nicht nur eines, sondern gleich zwei dieser mythischen Wesen erwähnt werden: Jes 51,9 und Ps 74,13f.

Abb. 3a–b: Verwüstungen im Krieg, dargestellt am Beispiel des neuassyrischen Heeres auf assyrischen Reliefs: eine Stadt wird niedergebrannt, ihre Stadtmauer zerstört und Beute wird abtransportiert (a); Fruchtbäume (Dattelpalmen) werden gefällt (b).

Die Darstellung und Bewertung von JHWHs Handlung soll nun anhand eines dieser Texte, Ps 74,13f., genauer betrachtet werden.

Ps 74 gehört zur Gattung der Volksklagepsalmen, in der das Volk Israel sich in seiner Not an JHWH wendet.[59] Meist ist es auch JHWH, der für die Not verantwortlich gemacht wird. Innerhalb des Psalters zählt der Psalm zur Gruppe derer, die in ihrer Überschrift Asaph zugerechnet werden. Der so genannte Asaph-Psalter umfaßt zwölf Psalmen (50; 73–82). Ps 74 kommt innerhalb der Gruppierung ab Ps 73 an zweiter Stelle zu stehen; er ist der erste Kollektivpsalm der Reihe. Mit dem Hauptpsalm in der Mitte der Gruppe, Ps 78, ist Ps 74 dadurch verbunden, daß beide in der Überschrift als *maskil*/משׂכיל, „Wechselgesang", bezeichnet werden.[60] Ps 74 ist also gut in seinen jetzigen literarischen Kontext integriert.

Für die Entstehung von Ps 74 werden unterschiedliche Zeiten angenommen. Während die meisten ExegetInnen den Psalm für exilisch halten,[61] setzt Weber ihn in vorexilischer Zeit an, und zwar unmittelbar nach der Zerstörung des Nordreichs Israel durch Assur 722 v. Chr.[62] In jedem Fall reflektiert der Psalm eine der beiden Exilskatastrophen Israels bzw. Judas. Diese liegt noch nicht allzu lange zurück.

Nicht nur die Eroberung durch eine Feindmacht und die Verwüstung des Landes (s. Abb. 3a–b) wird in Ps 74 thematisiert (V. 3–8). Es wird auch zum Ausdruck gebracht, daß „im Schlepptau der Zerstörung der staatlichen Ordnung im Land Gewalttäter und Ausbeuter aufgetreten sind", was den Psalm um die Rettung der von ihnen unterdrückten Armen bitten läßt (V. 21–23).[63]

Der Psalm läßt sich in drei (V. 1–11/12–17/18–23)[64] Strophen gliedern. Die Verse 13f. zählen zur mittleren Strophe, die durch die V. 12–17 gebildet wird. In ihr wird vor allem auf mythische Vorstellungen zurückgegriffen, um JHWH an sein machtvolles Handeln in der Vorzeit oder in der historischen Vergangenheit zu erinnern und ihn dazu aufzufordern, Israel auch in seiner jetzigen Bedrohung zur Seite zu stehen, statt sich – wie gleich zu Beginn des Psalms ausgesagt – von der bisher ausgeübten Rolle des beschützenden Hirten zu distanzieren und in einen zornigen Zerstörer seines Volkes zu verwandeln.

Ps 74,12 als Anfangsvers des Abschnitts V. 12–17 bezieht sich auf Gottes Königtum: „Doch Gott ist mein König von alters her, der Heilstaten vollbringt mitten auf der Erde." Zur Aufgabe des Königs im Alten Orient zählt es, im Land für Recht zu sorgen. Diese Aussage bildet den Auftakt für die folgenden Verse 13–17. Durch die Hervorhebung des Wortes *'attah*/אתה, „du", am Anfang bzw. in der Mitte der Verse 13–17 erhalten diese einen beschwörenden Unterton. In V. 13f. wird Gott als Gewalttäter gegen die Urmächte der Schöpfung dargestellt:

> Du, du hast mit deiner Kraft das Meer gespalten (*baqa'*/בקע).
> Du hast die Köpfe der Tanninim über dem Wasser zerschlagen.
> Du, du hast die Köpfe des Livjatan zerschmettert.
> Du hast ihn dem Volk der Wüstentiere[65] zum Fraß gegeben.

Gott erscheint hier auf den ersten Blick als ein Gewalttäter, der um sich schlägt und tötet, was er treffen kann. Bevor diese Verse mit ihren Vorstellungen genauer zu beleuchten sind, soll ein kurzer Blick auf die darauf folgenden Verse der Textpassage V. 12–17 geworfen werden. Gott wird zunächst wiederum mit einer aggressiven Tätigkeit geschildert (V. 15): „Du, du hast Quelle und Wasserlauf gespalten; du, du hast die Flüsse[66] ausgetrocknet." Im hebräischen Text werden ähnliche Worte verwendet, wie sie sonst in zwei anderen, voneinander zu unterscheidenden Traditionen zu finden sind. Zum einen ist dies die Erzählung von der Errettung Israels am Schilfmeer beim Auszug aus Ägypten (Ex 13,17–14,21). Hier wird auch berichtet, wie JHWH das Meer spaltet und es austrocknet (u.a. Ex 14,21), so daß das Volk trockenen Fußes hindurchschreiten kann. Zum anderen werden ähnliche Vorstellungen im Bereich der Theophanie erwähnt. In diesem alttestamentlichen Motivbereich, der auf altorientalische Vorstellungen vom Chaoskampf zurückgreift, vermag JHWH Dinge zu tun, die kein Mensch vollbringen kann. Bei seinem Kommen bringt er auch die Erde ins Wanken und läßt Berge einstürzen (z.B. Ps 18,8–16). So wird JHWHs unvergleichliche Macht illustriert. Diese Vorstellungen steht im Hintergrund auch von Ps 74,15.

In den darauffolgenden Versen Ps 74,16f. werden weitere Aussagen über JHWH getroffen: „Dein ist der Tag, und auch die Nacht ist dein; du, du hast ‚die Leuchte'[67] und die Sonne befestigt. Du, du bist es auch, der alle Grenzen der Erde festgesetzt hat. Sommer und Winter: Du, hast sie gebildet." Nun steht das göttliche Setzen kosmischer Ordnungen (Tag und Nacht, Sommer und Winter) im Blickpunkt. Bereits diese textliche Einbettung gibt einen Hinweis darauf, daß das göttliche Handeln in Ps 74,13f. sich nicht auf unmotivierte und rohe Gewalttätigkeit reduzieren läßt, da im Zusammenhang von göttlicher Errettung, dem göttlichen Kommen oder seinem Rechtsetzen die Rede ist.

## Der religionsgeschichtliche Hintergrund

Zunächst eine hermeneutische Vorbemerkung zur mythischen Redeweise in Ps 74,13f. Diese Art des mythischen oder mythologischen Rückbezugs auf Geschehnisse aus Zeiten vor oder jenseits der Geschichte ist heutigen Menschen aus westlichen Kulturen eher fremd. Im Alten Orient und damit auch im Alten Testament ist sie dagegen sehr geläufig. Das Reden in mythischen Bildern ist Teil eines spezifischen Wirklichkeitsverständnisses,[68] das mit einem eigenen Wahrheitsanspruch verbunden ist.[69] Daß nämlich Mythen im heutigen Sinn „Fiktionen" sind und damit nicht „real" Geschehenes oder historisch Nachweisbares, mindert die Aussagefähigkeit und Gültigkeit mythischer Aussagen aus altorientalischer Sicht nicht.[70] Allein aus heutiger, nachaufklärerischer Sicht sind Mythen „nur" Fiktionen, die als solche keinen Wahrheitsanspruch erheben können.

Wenn sich Ps 74,13f. auf „mythische Urwesen“ bezieht, so ist damit nicht ausgesagt, daß es diese Wesen im heutigen Sinne „tatsächlich“ gegeben haben muß. Anhand solcher und ähnlicher Wesen ist aber seit frühen Zeiten altorientalischer Traditionsbildung das Wirken von Gottheiten illustriert und tradiert worden. Ein Bezug auf solche Traditionen, wie er im Psalm geschieht, schöpft seine Beweiskraft aus der altorientalischen Welt. Entsprechend sind auch die Bilder aus Ps 74,13f. keine „Erfindung“ alttestamentlicher AutorInnen. Dies macht bereits die Wortwahl deutlich: Die „Tannin“ wie auch der „Livjatan“ kommen häufiger in den Texten benachbarter Kulturen vor als im Alten Testament selbst. Einen Eindruck von dieser Vorstellungswelt sollen nun einige Beispiele geben.

In geographischer Nähe zu Israel sind die Texte aus Ras Schamra bzw. Ugarit beheimatet. Die Textfunde stammen etwa aus dem 13. Jh. v.Chr; die hinter ihnen stehenden Traditionen können durchaus älter sein. Im Kreis der Mythen um den Gott Baal und seine Gefährtin oder Schwester Anat in den ugaritischen Mythen tritt besonders der Kampf Baals gegen den das Meer verkörpernden Gott Jam/Yamm hervor. Baal bekommt vom höchsten Gott des Pantheons, El, die Erlaubnis, mit Jam um die Vorherrschaft innerhalb der Götterwelt zu kämpfen. Hinter diesem mythischen Kampf des Wettergottes Baal gegen den Meeresgott Jam steht vielleicht die menschliche Erfahrung, daß das Wasser einerseits ein lebensnotwendiges Element ist, es aber andererseits auch destruktive Seiten besitzen kann.[71]

> Es schwang die Waffe aus der Hand Baals,
> wie ein Adler aus seinen Fingern.
> Sie schlug die Schulter des Fürsten Yamm,
> den Rücken des Richters Fluß.
> Stark war Yamm, er sank nicht nieder,
> nicht zitterten seine Rückenwirbel,
> nicht wankte seine Gestalt.[72]

Dann wird Baal eine stärkere Doppelaxt gebracht. Damit trifft er den Schädel des Jam, und der Kampf ist zugunsten Baals entschieden. In einem anderen Text aus dem Baal-Mythos ist es die Göttin Anat, die Jam getötet hat.

> Sie (Anat) erhob ihre Stimme und rief:
> (…) Habe ich nicht abgeknickt den Geliebten Els, Yamm,
> habe ich nicht vernichtet den Fluß, den Gott der Großen?
> Habe ich nicht [das Meeresungeheuer] Tunnan angebunden,
> habe ich <nicht> … ihm/r geöffnet?
> Ich habe abgeknickt die sich windende Schlange,
> die Mächtige mit sieben Köpfen![73]

Abb. 4: Gott im Kampf mit einem Schlangendrachen; assyrisches Rollsiegel aus dem 9./8. Jh. v. Chr.[74]

Das Motiv des göttlichen Kampfes mit dem Meeresungeheuer (ugaritisch: *tnn*, hebräisch: Tannin) oder dem Meeresdrachen, der „sich windende[n] Schlange" (ugaritisch: *ltn*, hebräisch: Livjatan), ist auch in bildlicher Form überliefert (s. Abb. 4).

Möglicherweise steht im Hintergrund der ugaritischen Vorstellung vom Chaosdrachenkampf das „babylonische Weltschöpfungsepos" Enuma elisch. Dieser Text ist in einer ganzen Reihe von Fragmenten vom Ende der neuassyrischen sowie aus der neubabylonischen Zeit (etwa 750–540 v. Chr.) erhalten. Enuma elisch vereinigt eine Reihe von vermutlich älteren Motiven und Traditionen und bettet sie in das Epos vom Aufstieg des Gottes Marduks zum Götterkönig ein.[75] Im Blick auf Ps 74,13 und ähnliche alttestamentliche Texte ist vor allem die Passage interessant, in der Marduk Tiamat tötet. Tiamat ist „infolge einer Verschmelzung verschiedener Quellen unterschiedlich entweder eine Wassermasse oder ein vierfüßiges weibliches Ungeheuer".[76] Sie und ihr Partner Apsu stellen das uranfängliche Wasserpaar Salzwasser und Süßwasser dar, das eine neue Generation von Gottheiten hervorbringt. Diese stören aber bald die Ruhe des Paares, und so beschließen Apsu und Tiamat, ihren Nachwuchs zu töten. Dieser Plan kann von den Jüngeren dadurch vereitelt werden, daß sie Apsu töten. Tiamat aber sucht sich neue Bundesgenossen („Kingu" und die Ungeheuer), um einen erneuten Versuch zu unternehmen, den störenden Nachwuchs zu eliminieren. Die Gottheiten der jüngeren Generation wagen es aber nicht, Tiamat zu töten. Erst Marduk gelingt dies mit Hilfe der vier Winde und eines Netzes:

> Tiamat und Marduk, der Weise der Götter, traten sich gegenüber,
> in Zweikampf verwickelt, aneinandergeraten zum Kampf.

Bel [d.i. Marduk] breitete sein Netz aus und verwickelte sie darin;
er ließ den Bösen Wind, der den Rücken deckte, in ihr Gesicht los.
Tiamat öffnete ihren Mund, um ihn hinunterzuschlucken,
sie ließ den Bösen Wind herein, so daß sie ihre Lippen nicht schließen konnte.
Die wütenden Winde drückten ihren Leib nieder,
ihr Inneres blähte sich auf, und sie öffnete ihren Mund weit.
Er schoß einen Pfeil ab und durchbohrte ihren Leib,
er riß ihre Eingeweide auf und schlitzte ihr Inneres auf.
Er band sie und löschte ihre Leben aus,
er warf ihren Leichnam nieder und stellte sich darauf.[77]

Bel [d.i. Marduk] ruhte, den Leichnam betrachtend,
um den Klumpen zu teilen nach einem klugen Plan.
Er teilte sie wie einen Stockfisch in zwei Teile:
eine Hälfte davon stellte er hin, breitete sie als Himmelsdach aus.
Er breitete die Haut aus und setzte eine Wache ein,
das Wasser nicht herauszulassen, wies er sie an.[78]

Nachdem Marduk Tiamat getötet hat, organisiert er die Welt aus ihrem Leichnam neu. Tiamat wird dadurch so etwas wie die Urmasse der Welt.

Den Speichel, den Tiamat [...],
machte Marduk [...],
er sammelte ihn und machte ihn zu Wolken.
Das Toben des Windes, heftige Regenstürme,
das Schwallen des Nebels – die Aufhäufung ihres Speichels –
das wies er sich selbst zu und nahm er in seine Hand.
Er legte ihren Kopf hin und goß ... [...] aus,
er öffnete die Tiefe, und sie wurde gesättigt mit Wasser.
Aus ihren beiden Augen ließ er Euphrat und Tigris fließen,
er verschloß ihre Nasenlöcher, aber ließ ...
Er häufte auf ihre Brust die fernen [Berge]
und bohrte Brunnen, um die Quellen zu lenken.
Er drehte ihren Schwanz und band ihn ans Durmach[79],
[...] ... den Apsu unter seine(n) Füßen.[80]

Die ugaritischen Texte teilen mit Enuma elisch das Motiv des Kampfes um die Vorherrschaft in der Götterwelt, wobei Enuma elisch zusätzlich das Element der Weltschöpfung enthält. In der alttestamentlichen Forschung ist in den letzten Jahren das Bewußtsein dafür gewachsen, daß diese und ähnliche altorientalische Mythen nicht nur auf das göttliche Handeln bei der Urschöpfung zu beziehen sind. Wie

Thomas Podella herausstellt, geht es bei dem Mythologem des „Chaoskampfes" um das fortgesetzte und fortwährend notwendige Ordnungshandeln der Gottheit gegen die immer wieder auftretenden Chaosmächte,[81] wie sie etwa in den Figuren des *lotan* bzw. Livjatan oder der Tannin(im) dargestellt werden.

## Wichtige alttestamentliche Anknüpfungen

In welchen traditionsgeschichtlichen Rahmen wird die Beschwörung der göttlichen Macht gegen diese Chaosmächte nun gestellt? Ps 74 nimmt nicht nur in den Versen 13f. auf andere alttestamentliche Motive und Traditionen Bezug.

Gleich zu Beginn nimmt der Psalm die Metapher von JHWH als Hirt seines Volkes und dem Volk als seiner Herde auf: „Warum, Gott, hast du uns für immer verworfen, raucht dein Zorn gegen das Kleinvieh deiner Herde?" Ps 74,1aβ.b tut dies allerdings in inhaltlicher Umkehrung, wie Zenger skizziert: „Statt sich als fürsorglicher, schützender Hirte um seine Herde zu kümmern (vgl. Ps 80,2) und die Feinde, die sie bedrohen, zu vertreiben, hat JHWH seine Herde nicht nur im Stich gelassen, sondern auch den ‚Rauch seines Zornes' gegen sie geschickt."[82] Während der ersten Beobachtung Zengers zuzustimmen ist, ist die zweite anzufragen. Der Zorn JHWHs wird nicht als zusätzliches Element neben das Verlassen und Vergessen des Volkes gesetzt – der göttliche Zorn manifestiert sich in eben diesem Verlassen. Unter Verwendung einer weiteren alttestamentlichen Tradition wird JHWH angeklagt, vom Zion als seinem göttlichen Wohnort der Zerstörung zuzusehen, ohne etwas gegen sie zu unternehmen.

Häufig verwendet der Psalm Feindmetaphorik. Die Feinde erscheinen hier nicht nur als konkrete Verwüster des Landes und des Heiligtums, sondern werden in V. 19 auch als wilde Tiere bezeichnet. Nicht ihnen soll JHWH das Feld überlassen, so bittet der Psalm, sondern er soll sich um sein Volk kümmern, das nun als *tor*/תּוֹר angesprochen wird. Das Wort wird häufig als „Turteltaube" übersetzt, bezeichnet aber vermutlich eher das „Wildhuhn".[83] Das Wildhuhn wird, wie die Taube, im Alten Testament als Opfertier erwähnt. Hier wird sie den Wildtieren gegenübergestellt. Über diese läßt sich eine Brücke zu den Chaosmächten schlagen. Die Feinde Israels soll JHWH wie die Chaostiere in der Urzeit bekämpfen, während er sich des wehrlosen Wildhuhns annehmen möge.

In den Versen 12–17 finden sich besonders viele Bezugnahmen auf traditionsgeschichtliches Gut. Gleich zu Beginn wird JHWH als König angesprochen (V. 12). Der Akzent wird hierbei nicht einfach nur darauf gesetzt, daß JHWH wie ein König um Ordnung im Land zu sorgen hat und in diesem Rahmen auch für die Rettung der Unterdrückten zuständig ist. Er hat diese Rolle bereits seit der Urzeit inne. So wird zu den Versen 13f. mit dem Rekurs auf die Vernichtung der mythischen Urwesen übergeleitet.

Im unmittelbaren Zusammenhang der Verse 13f. werden Motive aus dem Bereich der Theophanie aufgenommen, wenn JHWH in V. 15 gegen die Wasser angeht. Ähnlich sprechen etwa Texte wie Ps 18,16; 77,17f.; 89,10 oder auch Hab 3,8f., in denen JHWH die Wasser einschüchtert oder diese sich vor ihm fürchten müssen. Das in Ps 74,15 gesetzte Verb „spalten" (*baqa'*/בקע) wird in Ex 14,16; Jes 63,12; Ps 78,13 und Neh 9,11 mit dem Bezug auf das Spalten des Schilfmeers durch JHWH beim Exodus verwendet; damit tragen alle Qal-Belege mit dem Meer als Objekt diese Bedeutung. Auch das „Austrocknenlassen" (*jaschav*/ישׁב Hif.) wird an zwei Stellen (Jos 2,10; 4,23) auf das göttliche Handeln am Schilfmeer bezogen. Eine Anspielung von Ps 74,15 auf diese Tradition kann durchaus vorliegen. In den Verben verknüpft sich damit JHWHs Handeln in mythischer Vorzeit mit Israels geschichtlicher Erfahrung der Errettung am Schilfmeer.

Den Akzent auf das göttliche Ordnungshandeln in seiner kosmischen Dimension setzen die beiden folgenden Verse 16f. Nachdem JHWHs Handeln in der Vorzeit beschworen und die Redeweise dann auf die Rettung am Schilfmeer hin geöffnet wurde, geht es nun nicht mehr um einen Kampf, sondern um die konstanten und zeitlich andauernden Ordnungssetzungen JHWHs. Ähnlich wie die Urgeschichte der Genesis, so erzählt auch Ps 74,16f. davon, daß JHWH Tag und Nacht geschaffen (Gen 1,3–5; vgl. Hi 38,19f.; Ps 104,19f.) und die stetige Abfolge von Sommer und Winter (Gen 8,22) angeordnet hat. Dazu kommt die Festsetzung der Grenzen der Erde (V. 17a).

Ein weiterer wichtiger Rekurs auf Traditionsgut findet sich in Psalm 74 in der Namenstheologie. JHWHs Name wird von den Feinden geschmäht (V. 10.18). Deshalb geht es nicht nur darum, daß JHWH um seines Volkes willen eingreift. Er soll dies auch um seinetwillen tun, damit nämlich die Verhöhnung seines Namens ein Ende nimmt (V. 22).

## Der literarische Kontext

Wie sind nun alle diese Rückgriffe auf traditionelles Gut im Psalm angeordnet, und was läßt sich aus dieser Anordnung über die Bewertung des göttlichen Gewalthandelns in den Versen 13f. schließen?

In ihrem unmittelbaren literarischen Zusammenhang stehen die beiden Verse zwischen V. 12 und 15–17. Diese betten die Gewalttätigkeit Gottes in mythischer Zeit in zwei Handlungsweisen JHWHs ein: Der erste Vers des Abschnitts (12) spielt auf JHWHs ewiges und rettendes Königtum an (V. 12) und stellt damit den inhaltlichen Rahmen bereit, in dem die folgenden Vorstellungen zu sehen sind. Das Gewalthandeln wird bereits hier durch die Aspekte „Rettung" und „Ordnungshandeln" charakterisiert. Im weiteren Fortgang spielt der Text auf das Rettungshandeln JHWHs an seinem Volk am Schilfmeer an (15), bevor dann von den kontinuierlichen kosmischen Ordnungen (V. 16f.) gesprochen wird, die unverzichtbar für alles Leben auf der Erde sind.

Der Abschnitt V. 12–17 besteht aus zwei parallel gebauten Teilen (V. 12+13f./ 15+16f.). Dieser Aufbau verknüpft jeden Unterabschnitt der Textpassage mit dem entsprechenden anderen, was den Sinn jeweils mitbestimmt. Während die jeweils ersten Verse (12/15) den Akzent auf das punktuell machtvolle königliche Handeln setzen und auf Theophanie wie Exodus anspielen, legen die jeweils zweiten Verse (13–14/16–17) den Schwerpunkt auf das kosmische und dauerhafte Handeln JHWHs. Damit ist das göttliche Ordnungshandeln mit seinen beiden Hauptaspekten repräsentiert.

JHWHs zerstörerisches Handeln gegen die mythischen Urwesen ist deshalb nicht als punktueller oder willkürlicher Gewaltakt zu deuten, als der er vielleicht zunächst aus heutiger Sicht erscheinen mag. Statt dessen gehört er dem Bereich uranfänglichen Ordnungshandelns zu, das in seiner kosmischen Dimension Auswirkungen auf die Jetztzeit hat. Dieses göttliche Handeln wird keineswegs als Akt der Gewalt verstanden, sondern als machtvolle Tat, die die Grundlage für eine geordnete und gerechte Welt legt.

Deshalb wird JHWH in Ps 74,12–17 in besonderer Weise beschworen, tätig zu werden. Die wiederholten hervorgehobenen „du"-Anreden (*'attah*/אתה, V. 13a.14a. 15a.b.16b.17a.b) machen dies deutlich. Sie finden sich im restlichen Psalm nicht. Durch die Hervorhebung wird betont, wie JHWHs tätiges Eingreifen erwartet wird. Dieser Umstand weist auf eine inhaltliche Besonderheit des Psalms hin. Eingangs wird zwar vom „Zorn Gottes" gesprochen; als solcher wird aber nicht, wie sonst meist im Alten Testament und vor allem in deuteronomistischer Theologie,[84] das aktive göttliche Strafhandeln gegen Israel verstanden. Genau das Gegenteil ist der Fall: JHWHs Zorn zeigt sich in seiner Passivität, im Nichteingreifen für Israel. So kann denn auch JHWH diese Untätigkeit vorgeworfen werden, und zwar im Bild des Verbergens seiner Hand im Gewandbausch (V. 11). Statt im wahrsten Sinn des Wortes zu „handeln", zieht JHWH sogar seine Hand zurück; er legt gleichsam die Hände in den Schoß und sieht zu, wie sein Land und sein Heiligtum zerstört werden und sein Volk großes Leid erfahren muß. Gegen dieses Verhalten fordert der Psalm JHWH zum Eingreifen gegen die Feinde (V. 11) und zum Führen seines Rechtsstreits gegen das geschehene Unrecht inner- und außerhalb des Landes (V. 22) auf. Würde JHWH untätig bleiben, so herrschte quasi eine verkehrte Welt: Die Unterdrückten werden nicht befreit, sondern beschämt (V. 21a), das Lärmen der Bedrücker dauert an (V. 23), und der Name JHWHs wird geschmäht (V. 10.18.22).

Der Rückbezug auf die mythischen und kosmischen Taten JHWHs werden deshalb als Heilstaten verstanden, die ihre Fortsetzung in einem aktuellen heilvollen Eingreifen finden sollten.

Psalm 74 endet ohne eine göttliche Antwort und ohne eine Hinweis darauf, daß bzw. ob eine Rettung erfolgt ist. Im Kontext der Asaph-Psalmen bezieht sich besonders der – sicher exilische – Psalm Ps 79 auf Ps 74 zurück.[85] Beide Psalmen zeichnen sich durch eine ähnliche Eroberungserfahrung aus. Sowohl „die Erwähnung von

Zerstörung, Trümmern (Ps 74,3; 79,1) und der Entweihung des Heiligtums (Ps 74,7; 79,1)" kommen im Asaph-Psalter nur in diesen beiden Psalmen vor.[86] JHWHs Zorn wird in Ps 79 gegenüber 74 umgedeutet. Er wird nun nicht erlitten, sondern herbeigewünscht, und zwar gegen die bedrückenden Fremdvölker (79,6). In positiver Weise wird die Hirt-Herde-Metaphorik aufgenommen: Ist sie im ersten Vers von Ps 74 in ihrer Verkehrung Grund zur Klage, so ist ihre Wiedereinsetzung im letzten Vers von Ps 79 (13) Grund zum Danken und zum Lobpreis JHWHs.

Auch wenn das göttliche Ordnungshandeln in mythischer Zeit in Ps 74,13f. – und in ähnlichen Texten wie Jes 51,9 – in Bildern der Gewalt dargestellt wird, so gibt es doch andere Darstellungen dieses Geschehens im Alten Testament. Nicht zwangsläufig wird der Gewaltaspekt betont. Das kosmische Ordnungshandeln schildern etwa Gen 1,1–2,4a oder Prov 8,22–31 als friedliche Angelegenheit. Auch sind die mythischen Urwesen JHWH nicht immer nur feindlich gegenübergestellt. Zwar ist dies bei Rahab der Fall. Doch gibt es die Vorstellung, daß JHWH mit dem Livjatan spielt (Ps 104,26) ebenso wie die, daß die Tanninim JHWH loben (Ps 148,7). Je nach Argumentationsabsicht und literarischem Zusammenhang können die mythischen Wesen im Alten Testament mit unterschiedlichen Konnotationen versehen werden.

## Zur Auslegung des Textes

Wie ist also die göttliche Gewalt gegen die mythischen Urwesen in Ps 74,13f. zu interpretieren? In diesem Text wird sie als positive Fähigkeit JHWHs verstanden. Diese Art der göttlichen „Gewalt" hat in der Vergangenheit zu ordnendem und lebenschaffendem Handeln geführt, und sie soll nach dem Willen der Betenden auch in ihrer Zeit tätig werden. Die göttliche Gewalttätigkeit wird in diesem Text nicht durch entsprechende Bildwahl abgemildert, sondern in ihrer Grausamkeit dargestellt. Das Beschwören dieser uneingeschränkten Macht gibt den Betenden Hoffnung darauf, daß JHWH auch in ihrer Zeit zu ihren Gunsten machtvoll und effektiv einschreiten kann. Dabei darf der historische Kontext nicht außer Acht gelassen werden. Im Hintergrund steht die Erfahrung der Betenden, daß ihnen von Menschen roheste Gewalt zugefügt wurde. Gegen diese wird hier göttliche Gewalt aufgeboten und mit der Hoffnung verknüpft, daß die göttliche Gewalt größer ist als die Macht der Unterdrücker auf Erden.

Im Rahmen der altorientalischen Konnotation der Vorstellungen wird die göttliche Handlungsweise in Ps 74,13f. in keinster Weise negativ bewertet oder gar kritisiert. Von daher wäre hier eine Suche nach Gegentexten fehl am Platze.[87] Die göttliche Gewalttat wird mit der Bedeutung unterlegt, daß sie konstitutiv für die Ordnung in der Welt ist, und deshalb wird sie beschworen. Insofern ist die in Ps 74,13f. geschilderte göttliche Gewalttat eine Gewalt, die zugunsten eines geordneten und rechtmäßigen Lebens eingesetzt wird. Würde Gott nicht aktiv, dann bliebe die Welt den Gewalttätern überlassen, und das Unrecht könnte sich ungehindert Bahn brechen. Es scheint nicht übertrieben, hier von einem dezidiert positiven alttestamentlichen Verständnis göttlicher Gewalt zu sprechen.

Wichtig ist, hierbei im Blick zu behalten, daß Ps 74 seine Gewaltbilder für das göttliche Handeln im literarischen Rahmen einer Klage formuliert. JHWH wird angeklagt, Gewalt und Unrecht zugelassen zu haben, bevor er angerufen wird, rettend einzugreifen. Es ist JHWH, der handeln soll, nicht die Betenden selbst. Insofern liegt hier ein Element der Delegation vor. JHWH wird auch nicht zur einseitigen Parteinahme für Israel oder Jerusalem aufgefordert. Wichtiger als der Ruf nach Vergeltung ist den Betenden der Ruf nach dem gerechten königlichen Richter. Auch verweisen die Ordnungen der Schöpfung auf einen universalen Horizont des Psalms.

Daneben wird JHWH angerufen, um seiner selbst willen einzugreifen. Zwar dient der Hinweis auf die Schmähung des JHWH-Namens auch dazu, die Gottheit von der Notwendigkeit ihres Eingreifens zu überzeugen. In diesem Reden wird JHWHs Handlungsfreiheit nicht beschnitten.

In heutiger Auslegung können Texte wie Ps 74 zum Anlaß genommen werden, über mögliche Differenzierungen von Gewalt nachzudenken. Ist nicht befreiende Gewalt denkbar? Sollte es nicht um der Opfer menschlicher Gewalt willen legitim sein, Gott als machtvollen Retter aus Bedrückungssituationen anzurufen? Das Vorbild für solch eine positive Beurteilung göttlicher Gewalt stellt im jüdisch-christlichen Kontext sicher der Exodus dar, die im gleichnamigen Buch geschilderte Befreiung des Volkes Israel aus der Bedrückung in Ägypten. Auch hier ist es die Sichtweise der Opfer, die der Text einnimmt.[88] Diese textliche Perspektive sollte als Richtschnur für eine heutige Verwendung der Texte gelten: Sie sind nicht als Legitimation willkürlicher Gewalttaten zu verstehen, sondern als Schrei von Bedrängten und Unterdrückten zu Gott als machtvollem Retter, wenn es sonst keine Hilfe gibt.

## 3. Gott als sexueller Gewalttäter gegen metaphorische Frauengestalten

### Die Problematik, die Texte und ihre historische Einbettung

Eine der problematischsten Vorstellungen göttlicher Gewalttätigkeit ist diejenige Metaphorik, die Gott als männlichen sexuellen Gewalttäter darstellt. In den entsprechenden Texten „entblößt" JHWH öffentlich die „Scham" seiner „Frau".[89] Hinter dieser Ausdrucksweise verbirgt sich die alttestamentliche Terminologie für den Geschlechtsverkehr (vgl. Lev 18,6–19; 20,11.17–21).[90] Daß diese Handlung öffentlich und mit der Absicht der Demütigung verübt wird, macht sie zu einem Akt sexueller Gewalt.[91] Die Opfer dieser sexuell konnotierten göttlichen Gewalttätigkeit sind in erster Linie das als JHWHs „Ehefrau“ dargestellte Land Israel bzw. die Stadt Jerusalem. Die Vorstellung sexueller Gewalttätigkeit JHWHs gegen Israel/Jerusalem wird vor allem in den prophetischen Schriften des Alten Testaments verwendet. Deshalb wird der behandelte Textkomplex im Folgenden als „prophetische Ehemetaphorik“ bezeichnet. Hier soll nun zunächst die Metaphorik dargestellt und ihr Hintergrund ausgeleuchtet werden, bevor die Problematik der Vorstellung am Beispiel eines Textes zugespitzt wird.

Zunächst sind zwei Gruppen von Texten der prophetischen Ehemetaphorik zu unterscheiden. In der ersten Gruppe wird eine eheliche Beziehung JHWHs zu einer oder mehreren metaphorischen „Ehefrauen“ JHWHs bildlich entfaltet, oder es wird auf eine solche angespielt. Diese Texte finden sich in prophetischen Büchern in Hos 1–3; Mi 1,6f.; Jer 2; 3,1–13; 13,20–27; Ez 16 und 23; Jes 49,14–21; 50,1; 54,1–10; 57,3–13; 62,4–5 sowie – außerhalb der Prophetie – in Thr 1,8f. Zur zweiten Gruppe zählen zwei Texte, in denen zwar auch die für die Strafszenen der ehemetaphorische Texte charakteristischen hebräischen Worte verwendet werden. In diesen Texten geht es aber nicht um eine *Ehe* zwischen JHWH und der betreffenden metaphorischen „Frau“, denn hier werden ausländische Mächte metaphorisch als „Frauen“ bezeichnet, die Israel feindlich gegenüberstehen. Die neuassyrische Hauptstadt Ninive ist in Nah 3,4–7 Ziel der göttlichen Gewalttätigkeit, und Babylon als Hauptstadt des neubabylonischen Imperiums ist es in Jes 47,1–4. Welches Rollenbild hinter dieser speziellen Abwandlung der Metaphorik steht, wird später zu klären sein.

Auch wenn die prophetische Ehemetaphorik eng mit der Vorstellung der Ehe verknüpft ist, so sind in ihr doch erstaunlich selten solche Worte zu finden, die normalerweise im Alten Testament zur Bezeichnung von Ehe, Eheschließung oder Ehescheidung gewählt werden: „heiraten“ (*ba'al*/בעל); „zur Frau nehmen“ (*laqach*/לקח); „scheiden“ (*schalach*/שׁלך). Auch „lieben“ (*ahav bzw. ahev*/אהב) gehört eher selten zum Wortfeld der prophetischen Ehemetaphorik. Statt dessen werden in diesem Bild gehäuft solche Begriffe verwendet, die mit Ehebruch und „Fremdgehen“ in Verbindung stehen: „fremdgehen“ bzw. „huren“ (*sanah*/זנה), „Hure“ (*sonah*/זונה) und „Hurerei“ (*s<sup>e</sup>nut*/זנות, *s<sup>e</sup>nunim*/זנונים, bzw. *tasnut*/תזנות) „die Ehe brechen“ (*na'af*/נאף) und zahlreiche negative Bewertungen solcher Handlungen wie „Greuel“, „Abscheu“ (*to'evah*/תועבה) und „Schande“ (*qalon*/קלון). Das Tun der „Frau“ richtet sich auf „Männer“, die für fremde Gottheiten oder politische Mächte stehen. Entscheidend für unseren Zusammenhang ist nun die Reaktion des „Ehemannes“ JHWH auf das Tun der „Frau“. Hier wird häufig das öffentliche „Entblößen“ (*galah*/גלה) der Scham (meist *'ärwah*/עלוה) der „Frau“ durch JHWH oder durch die (ehemaligen) „Liebhaber“ geschildert. Die geschilderten Szenen können insgesamt als Szenen sexueller Gewalttätigkeit gegen die metaphorischen „Frauen“ bezeichnet werden, auch wenn gelegentlich von anderen Gewalttätigkeiten gegen die „Frau“ die Rede ist.

Die Grundzüge der prophetischen Ehemetaphorik im Alten Testament sind vermutlich in der Zeit um den Untergang des Nordreichs Israel (722 v. Chr.) entwickelt

Abb. 5: Deportation; Detail aus einem Alabasterrelief aus dem Nordpalast Assurbanipals (669–630 v. Chr.) in Kujundschik/Ninive.

worden. Zweimal haben Könige des Nordreichs versucht, aus ihrem Status als Vasallen Assurs auszubrechen, bis das neuassyrische Imperium diesen Bestrebungen ein Ende gesetzt hat.[92] Die Folge ist der Verlust der staatlichen Eigenständigkeit des Nordreichs. Assyrische Truppen marschieren ins Land ein, die Oberschicht wird in eine entfernte Region Assyriens deportiert, und statt ihrer wird eine landesfremde Oberschicht in das Gebiet gebracht (s. Abb. 5).[93]

Dieser Zusammenbruch und die ihn begleitenden Kriegshandlungen sind es, die mit Hilfe dieser gewaltgeladenen Metaphorik gedeutet werden. In Teilen der prophetischen Schriften Hosea und Micha wird die Abwendung der politisch und religiös Mächtigen des Nordreichs von JHWH und ihre Hinwendung zum Gott Baal metaphorisch als „Hurerei" der „Frau" Israel umgesetzt. Hierin wird der entscheidende Grund für die göttliche Bestrafung durch die Auslöschung des eigenständigen Staates Israel gesehen. In dieser Form ist die Ehemetaphorik vermutlich erstmals beim Nordreichspropheten Hosea zu finden. Sie wird später bei Jeremia aufgenommen. In diesem im Südreich entstehenden Prophetenbuch werden das Land Juda und die Stadt Jerusalem an das Schicksal Israels erinnert, also an den Untergang, der metaphorisch in der drakonischen Bestrafung der „Frau" endete. Jerusalem und Juda werden bei Jeremia aufgefordert, die verwerfliche Handlungsweise der nördlichen „älteren Schwester" nicht nachzuahmen, damit ihrer Stadt und ihrem Land nicht das gleiche Schicksal widerfährt. Dieser Appell ist aus der Sicht der prophetischen Texte und des in ihnen verarbeiteten deuteronomistischen Gedankenguts auf taube Ohren gestoßen: Wiederum wird das Land, nun aber das Südreich Juda mit seiner Hauptstadt Jerusalem, mit Krieg überzogen und 587 v.Chr. von den Babyloniern unterworfen, und die Oberschicht ereilt das Schicksal des Exils in Babylonien.[94] In der Exilszeit wird die Metaphorik innerhalb des Deutungsschemas „Schuld-Strafe" im Nachhinein auf das Verhältnis JHWHs zu Jerusalem/Zion übertragen und in manchen Texten beträchtlich ausgeweitet. Dies geschieht vor allem im Buch Ezechiel und in den Klageliedern/Threni. Ezechiel bettet die Erzählung um die „Frauen" in zwei ausführliche Familiengeschichten ein. Er erweitert die Liste der Vergehen Israels und Jerusalems um die politische Dimension: Nun werden den „Frauen" Verbindungen mit den falschen Bündnispartnern, die als ihre „Liebhaber" erscheinen, zum Vorwurf gemacht. Auch in spätexilischer Zeit (ab 540 v.Chr.) findet die Ehemetaphorik Verwendung, jetzt aber in anderer Weise. Die entsprechenden Redeweisen und Motive werden (v.a. bei DtJes) aufgenommen und ins Positive gewendet: Zion hat „ihre" Strafe für die Vergehen erhalten, und ihr Leiden hat ein Ende. JHWH geht eine neue Ehebeziehung mit ihr ein. In der nachexilischen Zeit, die sich in theologischer Hinsicht durch eine große Ernüchterung und in sozialer Hinsicht durch neue gesellschaftliche Probleme auszeichnet, werden erneut ältere Deutungsmuster mit den ehemetaphorischen Motiven verwoben (v.a. bei TrJes). Die „Frau" steht erneut in Gefahr, „Hurerei" zu treiben. Diese kann ebenso in der Verehrung anderer Gottheiten bestehen wie in sozialen Praxen, die dem gesellschaftlichen Ideal der Gerechtigkeit widersprechen.

Die prophetische Ehemetaphorik verwendet starke und – vermutlich auch zu alttestamentlicher Zeit – skandalös wirkende Bilder, mit deren Hilfe die einschneidenden Erfahrungen des zweifach erlebten Untergangs als eigenständiger Staat mit dem darauffolgenden Exil verarbeitet werden. Es stellt sich nun die Frage, welche konkreten Erlebnisse der Gewalt hinter solcherart sexualisierten Gewaltbildern stehen. Ist eine Verknüpfung von Ehe und Gewalttätigkeit typisch für damalige eheliche Verhältnisse? Oder wird diese Realität hier stark überzeichnet? Oder aber basiert die Ehemetaphorik auf anderen Gewalterfahrungen als denen aus dem ehelichen Zusammenleben?

Zur ersten Möglichkeit ist zu sagen, daß das Alte Testament keine derart extremen Schilderungen ehelicher Gewalt in rechtlichen oder erzählenden Texten kennt. Das bedeutet nicht, daß sexuelle Gewalt ausgeblendet würde; dies verdeutlichen Erzählungen wie die der Vergewaltigung Dinas (Gen 34),[95] die Gruppenvergewaltigung an einer namenlosen Nebenfrau eines Leviten (Ri 19,25f.)[96] oder die Vergewaltigung Tamars durch ihren Halbbruder Amnon (2 Sam 13)[97]. Die Gewalttaten spielen sich allerdings nicht innerhalb ehelicher Beziehungen ab.

Da also aus dem Alten Testament keine Vorbilder für die Ehemetaphorik ersichtlich sind, ist ein Seitenblick auf das geographische und kulturelle Umfeld des alten Israel angezeigt.[98] In den unterschiedlichen Perioden und Regionen der altorientalischen Welt läßt sich für unsere Frage nach ehelichen Verhältnissen und männlicher Gewalt in der Ehe ein vielschichtiges Bild erkennen. Hier reicht die

Spanne von nahezu gleichberechtigten Geschlechterverhältnissen bis zu heute ungeheuerlich anmutenden Formen rechtlicher Unterordnung von Frauen unter Männer.[99] In etlichen Fällen findet sich hier auch die Festschreibung männlicher Gewalt gegen Ehefrauen, die ihre kulturell definierte Rolle verlassen. Dies gilt gerade auch für Assyrien, ist aber auch hier nicht zu allen Zeiten gleich.[100] Es ist also möglich, daß es von dieser Seite Einflüsse auf die alttestamentliche Metaphorik gegeben hat.

Auf der anderen Seite gibt es sichere Hinweise darauf, daß sexualisierte Gewalthandlungen gegen Frauen im größeren Zusammenhang der Gewalt im Kriegsfall zu verorten sind. Vergewaltigungen von Frauen im Krieg durch die Soldaten des feindlichen Heeres sind damals eine traurige Realität gewesen, und sie sind es bis heute. In dieses Bild fügt sich auch die alttestamentliche sexuelle Gewaltmetaphorik über JHWH, wenn er gegen ausländische „Frauen" angeht. Als Hintergrund für die Texte in Nah 3,4–7 und Jes 47,1–4 ist die Szenerie eines vergewaltigenden Soldaten denkbar.[101]

Wie kann das Bild JHWHs als des „Ehemannes" entstanden sein, der seine „Ehefrau" Israel/Jerusalem mit Mitteln sexueller Gewalt bestraft? Am wahrscheinlichsten scheint es mir zu sein, daß hier mehrere Vorstellungen miteinander verschränkt sind. Zunächst werden Israel und Jerusalem weiblich dargestellt. Diese Darstellung besitzt altorientalische Hintergründe, die zunächst nichts mit Gewalt zu tun haben.[102] Vor allem im westsemitischen Raum[103] werden Städte weiblich personifiziert. Die metaphorische „Weiblichkeit" von Städten kann – zusammengenommen mit der Kenntnis von mesopotamischen Stadtklagen – die Basis dafür gelegt haben, daß die alttestamentliche Prophetie in einem weiteren Schritt die Städte Samaria und Jerusalem und die Länder Israel und Juda als Frauen anspricht und sprechen läßt, die im Rahmen von Kriegshandlungen Gewalt erfahren haben und große Verluste zu beklagen haben. Denkbar ist, daß in einer Weiterführung und Zuspitzung dieser Klagetexte die Vergewaltigung als eine der furchtbaren Realitäten des Krieges als Bild für „ihr" Leid in die Texte Eingang findet. Hier kann durchaus auch die assyrische Gender-Metaphorik der kriegerischen „Männlichkeit" bzw. „Weiblichkeit" eingeflossen sein. In einem dritten Schritt, der in dieser Weise nur im Alten Testament zu finden ist, werden die leidenden personifizierten Städte bzw. Länder in eine eheliche Beziehung zur Gottheit gesetzt.[104] Das Sprechen in der Beziehungsform der Ehe erlaubt es, das Schicksal der Stadt oder des Landes mit einer göttlichen Handlung auf eine spezifische Weise zu verknüpfen: „Ihr" Leid wird als Bestrafung für „ihre" Abwendung von „ihm" und hin zu anderen Gottheiten gedeutet.

Ein weiterer Schlüssel für die Verknüpfung von sexueller Gewalt und Exil mag auch in der Doppelbedeutung der Wortwurzel *galah*/גלה liegen: Es heißt sowohl „entblößen", „aufdecken" als auch „in die Verbannung gehen".[105] Dadurch eignet das Wort als Verbindung des Exilsschicksals einer Stadt oder eines Landes mit dem Erleiden sexueller Gewalt.

Einen Schritt über diese Erklärung hinaus geht der Neuansatz zum Vergleich der Gender-Metaphorik in (Neu-)Assyrien und Israel, den Cynthia R. Chapman unlängst vorgelegt hat.[106] Sie geht davon aus, daß die Kategorie Gender sowohl bei den Charakterisierungen des assyrischen Königs als auch JHWHs in ideologischer Absicht verwendet wird.[107] Dies bedeutet beispielsweise, daß eine Betonung der Männlichkeit des assyrischen Königs nicht auf dessen biologisches Geschlecht zielt, sondern auf seine unvergleichlichen militärischen und herrscherlichen Qualitäten, die als ideale „Männlichkeit" vorgestellt werden. Demgegenüber ist die Zuschreibung von „Weiblichkeit" im militärischen Kontext mit der Konnotation der Unterlegenheit verknüpft. Auch diese Stereotypen können die Ausformulierung der prophetischen Ehemetaphorik beeinflußt haben.

## Ez 23 als Beispieltext

Wie die komplexe Verknüpfung unterschiedlicher Metaphoriken im Bereich der Ehemetaphorik im Einzelnen ausgestaltet ist, soll nun anhand eines Textes genauer betrachtet werden. Als Beispiel soll einer der extremsten Texte dieser Metaphorik dienen: Ezechiel 23. Extrem ist er in der Hinsicht, daß hier die Gewalttätigkeit gegen die „Ehefrauen" JHWHs, Israel und Samaria, auf die Spitze getrieben wird – bis hin zu ihrer Ermordung. Während JHWH hier nicht direkt als Täter bezeichnet wird, kann er durchaus als Verursacher dieser Gewaltorgie angesehen werden. Worum also geht es in Ez 23?[108]

Im Mittelpunkt der Erzählung stehen zwei Schwestern, Samaria (Ohola) und Jerusalem (Oholiba). Sie werden als Töchter einer die Männer ablehnenden Mutter (16,45) gezeichnet. Seit ihrer Jugend sind die jungen Frauen auf intime Kontakte mit Männern aus. Anders als in anderen Texten der prophetischen Ehemetaphorik sind unter diesen „Männern" nun aber nicht vornehmlich andere Gottheiten zu verstehen. Statt dessen werden die „Männer" als ausländische Mächte identifiziert, die als Liebhaber Jerusalems bzw. Samarias fungieren. Namentlich genannt werden neben Ägypten und Assur auch Chaldäa bzw. Babylon. Charakteristisch für Ezechiel ist bei dieser Darstellung ein Aspekt, der sich in etwas anderer Form auch schon bei Hosea und Jeremia im Kontext der Ehemetaphorik findet: Es wird auf die Geschichte, den imaginierten biographischen Hintergrund der „Frauen" Bezug genommen, um ihre Neigungen und Bestimmungen zum „Huren" zu untermauern. Ezechiel integriert dabei den geschichtlichen Hintergrund stärker in die Metapher der „Frau", indem die Metaphorik teilweise nicht nur durchsichtig für die entsprechenden historischen Hintergründe wird, sondern regelrecht durchbrochen wird: In die Geschichte der „Frauen" werden so viele Konkretionen eingebaut, daß sie nicht mehr im strikten Sinne als Metapher fungiert. Ezechiel baut die Geschichte zudem biographisch aus. Schon in ihrer elterlichen Abkunft (Ez 16) bzw. in Erlebnissen ihrer Jugendzeit (Ez 23) ist angelegt, was sich später im Abfall von JHWH manifestiert.

Ez 23 knüpft an vielen Stellen an Ez 16 an und wirkt manchmal wie eine Doppelüberlieferung dieses Textes. Ez 16 erzählt die Geschichte von Jerusalem als einem Mädchen, das nach seiner Geburt nur dank JHWHs Fürsorge und Zuwendung überleben kann; das sich aber später, von JHWH zur „Frau“ genommen, ihm gegenüber als sehr undankbar erweist, indem es sich anderen Männern zuwendet. Während sich sowohl die Bilder als auch die Terminologie in beiden Kapiteln ähneln, legen beide Kapitel doch ihren je eigenen Schwerpunkt: So wird etwa in Ez 16 durchgängig in der zweiten Person *zu* der „Frau“ Jerusalem gesprochen. Das ist in Ez 23 nur in V. 21–35 der Fall; im Rest des Kapitels wird in der dritten Person *über* die „Frau“ bzw. „Frauen“ gesprochen. In Ez 23 wird, vielleicht als Fortführung von Ez 16,44–52, die Geschichte zweier Schwestern erzählt, die bereits in deren frühem Erwachsenenalter beginnt. Die Gewaltszenen gegen die „Frauen“ beginnen in V. 21:

> (21) Und du suchtest die Schandtat deiner Jugend, als die Ägypter gepreßt hatten deinen Busen, ‚und‘ die Brüste deiner Jugend. (22) Darum, Oholiba: So spricht der Herr JHWH: Siehe, ich stachle deine Liebhaber gegen dich auf, von denen du dich abgewandt hast, und ich lasse sie von allen Seiten über dich kommen, (23) die Söhne Babels und alle Chaldäer, Peqod, Scho‘a und Qo‘a, alle Söhne Assurs mit ihnen, begehrenswerte junge Männer; Gouverneure und Präfekten sind sie alle, Helden, Berühmte, auf Rossen reitend. (24) Sie werden über dich kommen, eine Menge Streitwagen und Räder [und] mit einer Versammlung der Völker: (Mit) Langschild und Rundschild und Helm stellen sie (sich) gegen dich von allen Seiten. Und ich werde ihnen das Recht übergeben, und sie werden dich richten nach ihren Rechtsvorschriften. (25) Und ich werde meine Eifersucht gegen dich richten, und sie werden an dir im Zorn handeln. Deine Nase und deine Ohren schneiden sie ab, und was von dir übrig bleibt, fällt durch das Schwert. Sie nehmen deine Söhne und deine Töchter, und was von dir übrig bleibt, wird vom Feuer gefressen. (26) Und sie werden dir deine Kleider ausziehen und deine Prachtgegenstände nehmen. (27) Und ich werde ein Ende bereiten deiner Schandtat [von dir] und deiner Hurerei aus dem Land Ägypten. Und du erhebst deine Augen nicht mehr zu ihnen, und an Ägypten erinnerst du dich nicht mehr.
>
> (28) Denn so spricht der Herr JHWH: Siehe, ich habe dich in die Hand derer gegeben, die [dich] hassen; in die Hand derer, von denen du dich abgewandt hast. (29) Und sie werden an dir haßerfüllt handeln; sie werden dir all deinen Besitz nehmen, und sie werden dich verlassen, nackt und bloß. Und deine hurerische Scham wird entblößt und deine Schandtat und deine Hurerei. (30) Geschehen ist dir dies durch dein Huren hinter den Völkern her, bei dem du dich mit ihren Götzen verunreinigt hast. (31) Auf dem Weg deiner Schwester bist du gewandelt, und ich werde ihren Becher in deine Hand geben.

(32) So spricht der Herr JHWH: Du sollst den Becher deiner Schwester trinken, den tiefen und den weiten – du wirst zum Gelächter und zum Gespött werden – [ein Becher, der] viel aufnimmt. (33) Angefüllt bist du mit Trunkenheit und Kummer: Der Becher ist Entsetzen und Verwüstung, der Becher deiner Schwester Samaria. (34) Und du wirst ihn trinken und leeren, und an seinen Tonscherben nagst du, und deine Brüste zerreißt du – denn ich habe gesprochen, Spruch des Herrn JHWH. (35) Darum: So spricht der Herr JHWH: Weil du mich vergessen hast und mich weggeworfen hast hinter deinen Rücken, (so) trage auch du deine Schandtat und deine Hurerei.

In mehreren Redegängen und mit unterschiedlichen Bildern wird das Leid Jerusalems (Oholibas) ausgemalt und begründet. Neben sexueller (V. 10, 29, 46) und anderer Gewaltmetaphorik (V. 10, 24–26, 28, 46f.) wird auch die aus anderen alttestamentlichen Texten geläufige Bechermetapher (V. 31, 34) aufgenommen. Der Becher steht hier für das durch das Gericht verursachte leidvolle Schicksal.[109] Jerusalem ist der Gewalttätigkeit schutzlos ausgeliefert. Tätig sind hier vor allem die Ex-„Liebhaber“ der „Frau“. In den Versen 24, 27, 28 und 35 wird allerdings JHWH ausdrücklich als derjenige genannt, der dieses Geschehen veranlaßt hat und deshalb die Verantwortung dafür trägt.

## Der religionsgeschichtliche Hintergrund

Wie bereits aus den einleitenden Bemerkungen deutlich geworden ist, steht eine breit ausgearbeitete alttestamentliche Tradition im Hintergrund der prophetischen Ehemetaphorik. Die Herkunft der sexuellen Gewaltmetaphorik läßt sich vermutlich nur sehr begrenzt aus außerisraelitischen Traditionen ableiten. Einige Elemente der Gewaltmetaphorik in Ez 23 können allerdings auch durch altorientalische Darstellungen erhellt werden. In Ez 23,10 ist die Rede davon, daß die Söhne und Töchter der „Frau“ Jerusalem von deren Ex-„Liebhabern“ mit dem Schwert erschlagen werden sollen. Der Tod durch Dolch oder Schwert gehört sowohl im Blick auf Soldaten wie auch für die Zivilbevölkerung im Alten Orient in den Kontext des Krieges (s. Abb. 6 auf S. 118).[110]

In den Bereich des Krieges verweisen auch andere Elemente der Gewaltschilderungen in Ez 23. In sehr direkter Weise ist dies die Nennung der Streitwagen und Räder sowie der Waffen in V. 24. Auch das Rauben der Kinder und das Verbrennen einer Stadt und ihrer BewohnerInnen (V. 25) deutet in diese Richtung. Das Rauben der Prachtgegenstände (V. 26) rekurriert auf Plünderungen von Palästen oder Tempeln im Kriegskontext. Die Szenerie der kriegerischen Eroberung ist auch in V. 29 gegenwärtig, wenn der „Frau“ aller Besitz geraubt wird und sie nackt und bloß liegengelassen wird. Dieses Geschehen ist nicht nur in metaphorischer Weise verständ-

Abb. 6: Assyrische Soldaten schneiden die Köpfe besiegter Feinde ab; Detail aus einem Relief aus Nimrud/Kalchu, zweite Hälfte des 8. Jh.v. Chr.

lich, wenn es auf eine Stadt bezogen wird, sondern läßt sich auch konkret auf die Bevölkerung der eroberten Städte oder Länder deuten.

Ein etwas anderes Bild ergibt sich, wenn zwei weitere spezifische Bestrafungen der „Frau“ in den Blick genommen werden. Sowohl das Abschneiden der Nase und der Ohren (23,25) als auch die Steinigung (V. 47) lassen sich nicht aus dem Kriegskontext erklären. Das Abschneiden der Nase einer Ehebrecherin findet sich in Rechtstexten aus mittelassyrischer Zeit (Mitte des 14. bis Ende des 11. Jh.v. Chr.) als eine von mehreren Strafen auf Ehebruch aufgelistet.[111] Die Steinigung verweist ebenfalls in den Bereich der Rechtsfolgen des Ehebruchs, was sich alttestamentlich belegen läßt (Lev 20,10; Dtn 22,22).[112] Diese Befunde deuten darauf hin, daß die Art der Gewaltdarstellung in Ez 23 auf zwei Kontexte verweist: auf Krieg und auf Ehebruch. Durch diese Verknüpfung wird nicht nur die Ehemetaphorik zumindest teilweise aufgebrochen, weil in ihr Elemente von Kriegsschilderungen und Rechtsfolgen des Ehebruchs als nicht-metaphorische Bestandteile enthalten sind. In der Ver-

Abb. 7: Detail aus dem Bronzetor aus Balawat/Imgur Bel aus der Zeit des neuassyrischen Königs Salmanassar III. (858–824 v. Chr.).

schränkung der metaphorischen und der nicht-metaphorischen Teile liegt die Pointe des Textes: Der „Ehebruch" Jerusalems mit JHWH als Betrogenem ist untrennbar mit der kriegerischen Eroberung der Stadt verknüpft.

Während, wie zu Beginn dieses Abschnitts gesagt, die prophetische Ehemetaphorik vermutlich nicht primär in der altorientalischen Lebenswelt verankert ist, können für die Gewalt im Kriegskontext doch Parallelen in den Israel umgebenden Ländern gefunden werden. Gerade die neuassyrischen Reliefs zeigen die Macht und Gewalt der assyrischen Herrscher auf ihren Kriegszügen ungeschönt. Vor allem die Darstellungen in den neuassyrischen Palasten sind – wie oben (S. 88–92) ausgeführt – durchaus als politische Propaganda anzusprechen: Wenn die Herrscher oder Abgesandten der Vasallenstaaten Assurs ihren jährlichen Tribut bringen, tun sie dies in einem der neuassyrischen Paläste, deren Reliefs das erfolgreiche Vorgehen des neuassyrischen Heeres gegen Nachbarvölker oder unbotmäßige Vasallen gewollt detailliert darstellen. Daß diese Darstellungen auch als Warnung an die Vasallen gedacht sind und sie davon abhalten sollen, auch nur im Entferntesten an eine Loslösung von Assur zu denken, ist sehr wahrscheinlich.[113]

Während es fraglich ist, ob in den Palastreliefs eine Vergewaltigung im Kriegskontext abgebildet ist,[114] finden sich mehrere Darstellungen, in denen unterworfene Völker oder deren Könige auf eine Weise erniedrigt werden, bei der Bekleidung bzw. Nacktheit eine Rolle spielen. Nackte männliche Gefangene sind – neben bekleideten Frauen und einem Kind – in Abb. 7 zu sehen.

In diesem Bildzyklus finden sich auch Bilder von Frauen, auf denen diese vermutlich unter Zwang ihre Gewandsäume anheben (s. Abb. 8 auf S. 120).[115]

Abb. 8: Detail aus dem Bronzetor aus Balawat/Imgur Bel aus der Zeit des neuassyrischen Königs Salmanassar III. (858–824 v. Chr.).

Helga Weippert verknüpft diese bildliche Darstellung mit einigen Texten der prophetischen Ehemetaphorik: „Entblößung kommt nicht nur als Trauerritus vor, sondern auch als Ausdruck der Schande … Die Assyrer haben deshalb in die Gefangenschaft ziehende Frauen im Bild festhalten lassen, wie sie ihren Rock hochheben (vgl. Jes 47,2; Jer 13,22.26). Auch wenn besiegte Feinde beim Niederwerfen vor dem assyrischen Großkönig ohne Obergewand dargestellt sind (etwa auf dem ‚Schwarzen Obelisken' oder dem Relief mit der Eroberung der Stadt Lachis), scheint man dies als ‚schandbare' Entblößung verstanden zu haben."[116]

Die Darstellung entblößter Gefangener ist aber auch bei den Assyrern keineswegs durchgängige Praxis gewesen. Dies belegen viele Abbildungen aus ähnlichen Zusammenhängen, die die Wegführung bekleideter Menschen zeigen.[117] Dies spricht dafür, daß die prophetische Ehemetaphorik des Alten Testaments zwar im Rahmen kultureller Vorstellungen des Alten Orients zu sehen, aber in ihrer konkreten Ausformung eine in hohem Maße eigenständige israelitische Schöpfung ist. Der spezifisch alttestamentliche Hintergrund, auf dem die Vorstellung der Entblößung im Kontext der prophetischen Ehemetaphorik zu verstehen ist, wurde bereits oben (S. 111–115) erläutert. Nun ist zu fragen, welche genaue Ausformulierung die göttliche Gewalttätigkeit in Ez 23 findet.

## Wichtige alttestamentliche Anknüpfungen

Im Vergleich mit den anderen Texten der prophetischen Ehemetaphorik zeigt sich, daß der Text Ez 23 einige Besonderheiten besitzt. Die Metaphorik ist dort in eigenständiger Weise ausgearbeitet, wo es um die „Frauen“ Samaria bzw. Jerusalem geht. Anders als in den anderen ehemetaphorischen Texten werden den beiden „Frauen“ hier biographische Elemente beigegeben. Schon seit ihrer Jugend (23,2) sind sie „unzüchtig“. Unausweichlich erscheint so ihr späteres Verhalten, unveränderbar ihre Gewohnheiten. So wird von Anfang der Erzählung an die Vernichtung der beiden, auf die der Text zuläuft, plausibel gemacht: Hoffnung auf Umkehr und wirkliche Veränderung hat es nie gegeben. Von dieser Hoffnung gehen etwa Hosea und Jeremia noch aus. Die entsprechenden Textpassagen sind vermutlich zumindest teilweise noch vorexilischen Ursprungs. Für Ezechiel dagegen ist das Exil eine historische Realität, und dementsprechend sind die Erzählungen in Kap. 16 und 23 von vorneherein darauf angelegt, die bereits geschehene Zerstörung Samarias und Jerusalems zu erklären und zu deuten. Gleichzeitig ist Ezechiel – zumindest weitgehend – in einer theologischen Epoche Israels verfaßt, in der JHWH als der alleinige Gott der Welt und nicht nur Israels verstanden wird. In diesem Rahmen wird JHWH nicht mehr nur so gezeichnet wie in den früheren ehemetaphorischen Texten; er ist nicht der Bestrafer und sexuelle Gewalttäter gegen Israel/Jerusalem.[118] Nun nimmt er eine noch weiter gefaßte Rolle ein: Er ist für die Zerstörung beider „Frauen“ verantwortlich und besitzt zudem die Macht, zu diesem Zweck die Großmächte gegen sie marschieren zu lassen. So läßt sich die Bestrafung der „Frauen“ durch die Großmächte, ihre Ex-„Liebhaber“, erklären. Sie erledigen quasi im Auftrag JHWHs die Arbeit der unausweichlichen Zerstörung Samarias bzw. Jerusalems.

## Der literarische Kontext

Der größere literarische Zusammenhang des Kapitels Ez 23 ist nun in zweierlei Weise zu befragen: Gibt es inhaltlich parallele Texte, die ein Licht auf die Beurteilung der göttlichen Gewalttätigkeit werfen, und gibt es metaphorisch verwandte Texte, die vielleicht als Gegengewicht oder „Gesprächstexte“ gegen die Gewaltmetaphorik angesehen werden können? Zum ersten Aspekt legt Thomas Krüger dar, wie anhand der beiden „Frauen“ Samaria und Jerusalem im Ezechielbuch Geschichtskonzepte vor Augen geführt werden. Die Geschichtskonzeption in Ez 16 und 23 besitzt drei Grundzüge: die „Herstellung der Beziehung zwischen Jahwe und Jerusalem, Jerusalems schuldhaften Widerspruch dagegen und die Beseitigung dieses Widerspruchs durch ein göttliches Gerichtshandeln“.[119] Das Konzept wird innerhalb des Tun-Ergehen-Zusammenhangs (s. u. S. 144 f.) geschildert. Es werden jeweils Schuldaufweis, Urteil und Vollstreckung genannt. Die Schuld besteht darin, daß sich

Juda auf fremde Großmächte (Ägypten, Assur, Babylon/Chaldäa) verläßt und – zumindest gelegentlich – auch deren Gottheiten verehrt. Eine derart große Schuld kann von Jerusalem nicht mehr gesühnt werden. So löst JHWH die Verbindung final, indem er „sie" ihren Feinden ausliefert.

Bei den Schilderungen der Gewalt, die den „Frauen" Samaria und Jerusalem in Ez 23 angetan wird, achtet die Darstellung bei Ezechiel darauf, daß Vergehen und Strafe einander entsprechen. Die Strafe wird zwar drastisch geschildert, aber sie entspricht den Vergehen der „Frauen". Diese Vergehen werden nicht nur in Ez 16 und 23 entfaltet. Ohne daß dabei zur Bezeichnung der Städte weibliche Metaphorik verwendet würde, geschieht dies auch in Ez 5,1–17; 20 und 22. Diese Kapitel sprechen weitgehend bildlos und direkt. Von daher ist die Metaphorik der „Frauen" und der göttlichen Gewalt nicht unbedingt notwendig zum Verstehen der Vorwürfe und Anschuldigungen an die Städte. Unverzichtbar ist sie dagegen als Erklärung für die Art und Vehemenz der Bestrafung der Städte bzw. „Frauen". Ein Rechtsdenken wird gewahrt, das die Bestrafung nicht aus dem Ruder laufen läßt. In Verknüpfung mit der historischen Erfahrung des Exils läßt sich solch ein Denkmuster wohl auch in der Weise verstehen, daß in einer Situation der Auflösung aller gültigen Ordnungen im Bereich des göttlichen Strafhandelns an einem Element der Ordnung festgehalten wird. Diese Deutung in einer Situation großer Destabilisierung stellt trotz der schockierenden Metaphorik eine theologische Leistung dar. Die göttliche Gewalttätigkeit wird nicht als Willkür angesehen, sondern als rechtmäßige Bestrafung gemäß dem Maß der Vergehen Samarias bzw. Jerusalems.

Gibt es in dieser trotz ihrer extremen Gewaltdarstellungen auf Ausgewogenheit bedachten Konzeption Ezechiels vielleicht Texte, die ein Gegengewicht setzen und die dadurch als kritische Stimmen gegen die göttliche Gewalttätigkeit gelten können? Diese Frage stellt sich bei allen Texten der prophetischen Ehemetaphorik, sie läßt sich jedoch unterschiedlich beantworten. Am Schluß des Hoseabuches etwa ließen sich dem Bild JHWHs als gewalttätigem Ehemann die liebevollen Elternbilder in Kap. 11,3f. entgegengestellt. Bei DtJes wird in weiblichen Bildern von Gott gesprochen, und es werden vielfältige Vorstellungen von Hoffnung für das Volk Israel entworfen. Jeremia schildert die israelitischen Frauen seiner Zeit vorzugsweise in Rollen und Situationen, in denen keine Hoffnung sichtbar ist. So gibt es auch hier keine gleichwertige Gegen-Metaphorik, aber in Kap. 30f. immerhin eine Zukunft für Israel. Bei Ezechiel nun schließt die Ehemetaphorik mit dem äußerst gewaltsamen Tod der „Frauen" Jerusalem und Samaria. Von ihnen ist im weiteren Fortgang des Buches nicht mehr die Rede. Doch endet das Ezechielbuch nicht mit Kapitel 23: Am Schluß des Buches schildert eine prophetische Vision in den Kapiteln 40–48, wie Tempel, Stadt und Land durch die göttliche Hand wiederhergestellt werden. An die Stelle der zuvor als unrettbar verdorben geschilderten Städte und Menschen wird nun eine makellose Neuschöpfung gestellt. Auch die bekannte Vision von der Auferweckung der Totengebeine in Ez 37 setzt ein Zeichen gegen die Vernichtung. Nun wird das Volk Israel durch Gottes Geist wieder zu neuem Leben erweckt. In dieser Perspektive bleibt das Ezechielbuch nicht dabei stehen, die Zerstörung Jerusalems in furchtbaren Bildern auszumalen. Am Ende gibt es Hoffnung, und diese wird in teilweise kraftvollen Bildern vor Augen gestellt.

## Zur Auslegung des Textes

Die spezifische Variante der prophetischen Ehemetaphorik bei Ezechiel stellt einen Versuch dar, in der exilischen Zeit mit ihren großen Nöten und Unsicherheiten eine Erklärung und Deutung für das Exilsgeschehen zu bieten. Sie tut das in prophetischer Sprache und ist von daher weniger eine Schilderung „realer" Vorgänge als eine Reflexion auf diese. Als theologischer Versuch der Wirklichkeitsdeutung ist die prophetische Ehemetaphorik zu würdigen. Aus heutiger Sicht allerdings ist gerade im Blick auf die gewählte sexuelle Gewaltmetaphorik Kritik angebracht, weil die Metaphorik selbst gefährlich ist. Aus welchem Grund?

Die ezechielische Fassung der prophetischen Ehemetaphorik spricht die Gefühlsebene noch stärker an, als es die anderen Ausformungen dieser Metaphorik ohnehin tun. Zum einen wird durch die geschilderte Familienkonstellation in Ez 16 und 23 eine relativ größere Erfahrungsnähe hergestellt, als wenn allein eine eheliche Beziehung als Metapher dienen würde.[120] In den Texten wird auf bekannte und tiefgreifende Erfahrungen von Intimität, emotionalen Bindungen, familiärem Leben, Eifersucht und Betrug, aber auch von Gewalt und Demütigung zurückgegriffen. Wenn nicht besondere Anstrengungen darauf verwendet werden, sich innerlich zu distanzieren, verleitet die prophetische Ehemetaphorik durch das Aufrufen all dieser Gefühle auch heutige Bibellesende dazu, den in der Metaphorik entworfenen Bildern von Ehemännern und -frauen zuzustimmen, ohne sie einer kritischen Überprüfung zu unterziehen. Diese wäre aber gerade bei Ezechiel sehr notwendig, wie feministische Bibelauslegerinnen herausgestellt haben.[121] Diese Fassung der Ehemetaphorik transportiert ausschließlich problematische, negative Frauenbilder; die „Frauen" in Ez 16 und 23 werden in höchst negativer Weise dargestellt, ohne daß es positive weibliche Figuren oder Rollen bei Ezechiel gäbe.[122] Weibliche Sexualität wird einseitig negativ gezeichnet, insofern und weil sie nicht unter männlich-göttlicher Kontrolle steht. Elke Seifert pointiert dies zu Ez 23 so: „Hier wird ein weiteres Klischee über ‚geile Frauen' transportiert, das in Ez 16 noch nicht zu finden war: die ‚Mär vom ewig lockenden Weib', von der ‚Lolita'."[123] Die textliche Darstellung verkehrt dabei – verglichen mit dem Zusammenhang vom Erleiden sexueller Übergriffe in der Jugend und späterem Sexualverhalten heutiger „wirklicher Frauen" – Ursache und Wirkung. „Sexueller Mißbrauch führt nicht zu einer ‚Grundverderbnis', sondern kann (unter anderem) gravierende Störungen im sexuellen Erleben und Verhalten hervorrufen."[124] Mary E. Shields macht darüber hinaus darauf aufmerksam, daß bei

Ezechiel in keiner Weise eine Problematisierung der göttlichen Gewalttätigkeit stattfindet. Im Gegenteil: Der Text verwendet eine Reihe von Strategien, um eine solche Problematisierung unmöglich zu machen.[125] Dem ist nur eine kritische Dekonstruktion der Geschlechterrollen der „Frauen" und des „Mannes" JHWH bzw. der feindlichen „Ex-Liebhaber" entgegenzusetzen. Ist eine solche nicht möglich, dann besteht besonders bei der Auslegung von Ez 23 Gefahr, Männer zur Gewalttätigkeit aufzufordern oder heutige männliche sexuelle Gewalttätigkeit zu legitimieren.[126] Diese Gefahr wird dadurch verschärft, daß es sich um Gottesrede handelt: Es ist nicht nur JHWH, der gegen die „Frauen" angeht oder angehen läßt, sondern im Falle des Ezechielbuches ist er es auch selbst, der diese Gewaltakte ankündigt oder gutheißt. Die Worte und Metaphern erhalten so eine hohe Autorität: Sie haben den Anspruch, „Worte Gottes" zu sein, die der Prophet vermittelt.

Warum die gesamte prophetische Ehemetaphorik auch im Blick auf die inhärenten Frauen- und Männerbilder kritisch gelesen werden sollte, habe ich andernorts ausgeführt: „Im Blick auf das Frauenbild bzw. für Frauen besteht die Gefahr, die Texte in einer Weise zu lesen, bei der sich Frauen mit der biblischen Sicht auf Israel/Jerusalem identifizieren, sich selbst die Schuld an der erlittenen Gewalt geben und sich in die Rolle des Gewaltopfers fügen. Auch eine beschädigte Sicht auf sich selbst kann die Folge sein: Sich nämlich nicht als eine Person zu sehen, die in ihren Handlungen Entscheidungsfreiheit besitzt, sondern sich als ein Wesen zu verstehen, das mit einem ‚ontologischen Handicap' versehen ist und deshalb zum ‚Huren' neigt. Insofern wird das Frauenbild durch die Texte beschädigt. Zudem bleibt Frauen, die häusliche Gewalt erlitten haben, aufgrund der Verwicklung Gottes in die Gewalthandlung in diesem Fall noch nicht einmal Gott, an den/die sie sich wenden können in ihrer Not.

Die Ehe ist nach den Texten der prophetischen Ehemetaphorik in erster Linie eine mißlingende Beziehungsform. Die geschilderte Ehe bietet kein positives Bild des Zusammenlebens von Frau und Mann. In weiten Teilen ist sie eine gescheiterte. Männliche Gewalt wird hier ebenso wie weibliche Untreue als der ‚Normalzustand' dargestellt.

Im Blick auf das Männerbild bzw. für Männer sehe ich die Gefahr auf einer anderen Ebene. Eine Bedrohung männlichen Menschseins entsteht dann, wenn Männer sich zu stark mit den vorherrschend männlich formulierten Gottesbildern identifizieren. Exegetische Kommentare können zur Illustration der harmloseren Variante dieser Identifikation dienen. Die meisten Exegeten nehmen die Gottes- oder Prophetenperspektive ein, stimmen aus vollem Herzen in die göttliche Kritik am sündigen Verhalten Israels ein und versuchen sie nachzuvollziehen. In den seltensten Fällen werden die Szenen sexueller Gewalt als solche benannt oder gar als anstößig empfunden. Durch die Verbindung von Geschlecht und sozialer Rolle fällt eine solche Identifikation, wie sich belegen läßt, nicht schwer. Diese Identifikation wird dann gefährlich, wenn einem gegenüber Frauen gewalttätig handelnden Gott aus den biblischen Texten heraus keine Kritik entgegengehalten werden kann. Männer können sich selbst bei unkritischer und unreflektierter Rezeption der Texte als ‚gerechte Gewalttäter' sehen. Ein göttlicher Gewalttäter mit all der ihm eigenen Autorität lebt ihnen ein solches Verhalten vor und erfährt keine negative Beurteilung. An dieser Stelle wird auch die Rolle Gottes problematisch: ‚Sein' Verhalten wird von vielen Menschen als moralisches Vorbild genommen, aber bei diesen Texten wäre das fatal. Die Funktion einer moralischen Instanz – auf die ein Gottesbild nicht zu reduzieren ist, die es aber auch besitzt – ist bei dem Bild Gottes als gewalttätigem Ehemann und Vergewaltiger verheerend."[127]

An diesem Punkt könnte eingewandt werden, daß ein gewissermaßen „eindeutiges" metaphorisches Verständnis, bei dem jedweder Übertragung auf heutige Geschlechterverhältnisse gewehrt würde, eine mögliche Legitimierung männlicher Gewalt durch die Ehemetaphorik verhindern könnte. Gerade an diesem Punkt aber ist Ez 23 besonders problematisch. In V. 48 verläßt der Text die Metaphorik und wendet sich direkt an die konkreten Leserinnen, die mit den metaphorischen „Frauen" eng verknüpft werden: „Und ich will ein Ende machen der Schandtat im Land, und alle Frauen sollen gewarnt sein und keine Schandtat wie eure begehen." So wird die Gewaltschilderung geöffnet für eine direkte Adaption auf den Alltag. Die Trennlinie zwischen bildlichen, metaphorischen und konkreten, lebendigen Frauen aus Fleisch und Blut wird durchbrochen. Folgt man der Einordnung des Verses durch Walther Zimmerli und sieht die zweite Hälfte von Vers 48 als redaktionell an,[128] so wird die Sache dadurch nicht besser: Die ezechielische Redaktion hat nicht – wie bei manchen anderen Texten der prophetischen Ehemetaphorik – versucht, der sexuellen Gewaltmetaphorik einen Gegenpol entgegenzustellen, sondern ihre geschlechtsspezifische Engführung erkannt und sie sich für eine ebenso geschlechtsspezifische Moral zunutze gemacht.[129]

Die geschilderte Problematik des Textes liegt demnach in der spezifischen Ausformulierung seiner Metaphorik. Durch ihre emotionale Aufladung und ihre Formulierung als „Worte Gottes" verhindert sie stärker als andere in diesem Buch behandelte Gottesmetaphoriken eine kritische Distanzierung und ein inneres Abrücken von diesen Bildern und ihren Wirkungen. Die Redaktion des Textes hat den Bezug auf alltagsweltliche Konkretionen und Geschlechterrollen noch einmal verstärkt. Dies befördert die Gefahr, den Text als Legitimation männlicher sexueller Gewalthandlungen zu verwenden.

Wie kann mit einer solchen Metaphorik, mit solch einem Text umgegangen werden? Ohne kritische Distanzierung ist hier kein konstruktiver Umgang möglich. Ein „Lesen mit dem Text", um das sich der vorliegende Band bemüht, scheint hier ausgeschlossen. Mit der Metaphorik kann nur konstruktiv umgegangen werden, indem sie zurückgewiesen wird – oder indem die Texte als Erinnerung an das Gewaltschicksal gelesen werden, das hinter der prophetischen Ehemetaphorik steht: die Vergewaltigung von Frauen in Kriegen.[130]

Eine weitere kritische Funktion der Texte der prophetischen Ehemetaphorik könnte – im Sinne von Fuchs (s. o. S. 71 f.) – darin bestehen, sie als Hinweis auf und Anlaß zur Reflexion der eigenen Gewaltpotentiale zu nutzen. Zunächst und im engen Sinn bezieht sich dieser Hinweis auf männliche Gewalttätigkeit. Der Metaphorik folgend ist hier auf Gewalttätigkeit und sexuelle Gewalt in Lebensgemeinschaften hinzuweisen. Nach wie vor besteht für Frauen nicht nur in Deutschland ein weit größeres Risiko, Opfer von Gewalt in der Ehe oder in Lebensgemeinschaften zu werden, als Opfer jeder anderen Art Gewaltkriminalität zu werden. Täter sind „Freunde", Ehemänner, Bekannte.[131] Als Erinnerung an diesen skandalösen Tatbestand und als Aufforderung, Abhilfe zu schaffen, könnte die Ehemetaphorik des Alten Testaments interpretiert werden.

Erweitert man den Bezugsrahmen für eine Auslegung der Texte der prophetischen Ehemetaphorik über die Geschlechtermetaphorik hinaus, dann ließe sich sagen, daß diese Texte ein Beispiel dafür bieten, auf welche Weise gerade *nicht* auf erfahrene Gewalttätigkeit reagiert werden sollte: mit Projektionen, die die Gefahr in sich tragen, eine bestimmte Bevölkerungsgruppe zu „Schuldigen" zu machen.

## 4. Gott als gewalttätiger Richter der ganzen Welt

### Der Text Nah 1,2–8, seine Problematik und seine historische Einbettung

In einer ganzen Reihe alttestamentlicher Texte wird JHWH als Richter über die ganze Welt dargestellt. Es gibt darunter sowohl Texte, die das göttliche Gericht zum Anlaß für Jubel und Lob nehmen (z. B. Ps 24; 47; 98), als auch eher neutrale Ankündigungen (z. B. Ps 46; 50; 75; Jes 56,1–8) sowie Texe mit drohendem Unterton, in denen das Gericht bis zur Zerstörung der Welt geht (z. B. Jes 13,9–13; Nah 1,2–8). Nicht überall ist explizit vom *Gericht* Gottes die Rede; ebensowenig wird es in allen Texten breit ausgemalt. Gelegentlich wird nur erwähnt, daß JHWH „den Erdkreis richtet" (z. B. *schafat tevel*/שפט תבל; Ps 9,9; 96,13; 98,9). Immer aber geht es darum, zu unterscheiden, wer sich zu JHWH hält und wer sich gegen ihn entscheidet.

Einer der Texte, die das göttliche Gericht über die ganze Welt ankündigen, ohne dabei das hebräische Verb *schafat*/שפט zu verwenden, ist Nah 1,2–8. Dieser kurze Psalm steht dem Corpus der kleinen prophetischen Schrift Nahum (Nah 1,11–3,19) mit zwei verbindenden Versen (1,9 f.) voran. Da er als Einleitung zum Nahum-Corpus fungiert, ist zunächst dieses näher in den Blick zu nehmen.

Im Corpus des Büchleins Nahum wird dem Südreich Juda eine frohe Botschaft gebracht (2,1), weil die Befreiung vom Bedrücker nahe ist. In der Exegese besteht Einigkeit darüber, daß es sich bei diesem Bedrücker um Assyrien handelt. Assur wird wechselweise als Hauptstadt Ninive (1,1; 2,9; 3,7) oder aber in Gestalt des Königs (3,18) erwähnt. Welche historische Situation steht im Hintergrund der frohen Botschaft Nahums?

Das neuassyrische Weltreich mit seiner imperialen Politik und seinem immensen Expansionsdrang fällt in seiner größten Ausdehnung praktisch mit der israelitischen Königszeit (10.–7. Jh.v. Chr.) zusammen. Während dieser Zeit ist Israel, wie alle Völker der Region, permanent durch die Großmacht aus dem Zweistromland bedroht. Neben der ökonomischen und militärischen Gewalt ist Israel auch dem kulturellen Einfluß der Hegemonialmacht in hohem Maße ausgesetzt. Die Länder, die sich der assyrischen Macht nicht mit entsprechender militärischer Stärke entgegenstellen können, werden in ein Vasallitätsverhältnis gezwungen und müssen neben militärischer Gefolgschaft auch zunehmend höhere Tributzahlungen leisten. Das Nordreich Israel versucht sich im 8. Jh.v. Chr. mit Hilfe einer Koalition mit Ägypten aus dieser Zwangslage zu befreien. Ägypten jedoch läßt es im Stich, und so erobert das assyrische Heer 722 v. Chr. das israelitische Nordreich mit seiner Hauptstadt Samaria, das damit seine Eigenständigkeit verliert.

Welches Schicksal eroberten Ländern und speziell unbotmäßigen Vasallen droht, haben die neuassyrischen Könige selbst in ihren Palastreliefs wie etwa denen in Ninive festgehalten. Die dort abgebildeten Szenen (s. Abb. 1–3, 5 und 6 auf S. 88–118) dienen sicher auch propagandistischen Zwecken. Sie werden ebenso sicher nicht frei erfunden sein, sondern einen Anhalt an der Wirklichkeit haben.[132] Auf den Reliefs wie wohl auch in der Realität wird Terror als Mittel der Politik eingesetzt. Die Furcht der Vasallen erleichtert es Assyrien, sein bis dahin beispiellos großes Imperium unter Kontrolle zu halten.

Gegen Ende des 7. Jh.v. Chr. ergibt sich im Alten Vorderen Orient eine neue politische Konstellation. Die von Osten eingewanderten Meder werden zu einem neuen Machtfaktor in der Region, und Babylonien findet für kurze Zeit zu seiner alten Stärke zurück. Das vereinte Heer der Meder und Babylonier setzt Assyrien militärisch unter Druck. Nach und nach können erst die äußeren Teile des mittlerweile überdehnten assyrischen Imperiums eingenommen werden, und schließlich reicht die Kraft des assyrischen Heeres auch nicht mehr zur Verteidigung des Kernlands aus. Im Jahr 612 v. Chr. kann das medisch-babylonische Heer schließlich Ninive – die wichtigste von mehreren assyrischen Hauptstädten – erobern. Daß Ninive fallen würde, hat sich durch die fortgesetzte Schwäche Assyriens und den Verlust anderer Residenzstädte bereits Jahre zuvor abgezeichnet. Es ist deshalb durchaus möglich, daß die ursprüngliche Prophetie Nahums in die historische Situation vor dem Fall Ninives hineingesprochen worden ist.

Im Nahum-Corpus wird in unterschiedlicher Weise angekündigt, wie der sich im Niedergang befindenden Schreckensmacht Assyrien der Garaus gemacht wird. Eine andere Zerstörungsmacht – historisch das medisch-babylonische Heer – wird gegen das assyrische Heer heraufziehen. Es wird die Stadt Ninive erobern (2,2–7), die Königin oder aber die Stadtgöttin Ischtar (2,8) wegführen und eine Massenflucht aus der Stadt auslösen (2,9). Die Stadt wird geplündert, die verbleibenden BewohnerInnen getötet (2,10–14). In einer stärker metaphorischen Textpassage (3,4–7) wird geschildert, wie JHWH die als Frau dargestellte Stadt Ninive mit den Mitteln sexueller Gewalt demütigt und zerstört (s. o. S. 110–115).[133] Danach folgt ein Verweis auf den historisch verbürgten Untergang der ägyptischen Stadt Theben (3,8–10). Deren Schicksal wird Ninive vor Augen geführt, und es wird angekündigt, daß der Stadt und dem Land Assur Gleiches widerfahren wird: Belagerungen, Eroberungen und die völlige Vernichtung – wie nach einem Heuschreckeneinfall (3,11–17). Das Volk wird zerstreut werden (3,18), und am Schluß wird nur Spott über die gefallene Schreckensmacht bleiben (3,19).

Das Nahum-Corpus schildert damit auf vielfältige Weise den Untergang Assurs bzw. Ninives. Aktiv ist JHWH dabei vor allem in der Szene sexueller Gewalt. Sonst wird er nicht erwähnt und kann höchstens als die Macht im Hintergrund gedacht werden, die das feindliche Heer gegen Assur schickt.

Hiermit ist der literarische Rahmen des Nahum-Psalms (1,2–8) abgesteckt. Historisch gehört der Psalm vermutlich in spätere Zeit; vermutlich ist er in nachexilischer Zeit dem Corpus vorangestellt worden. Der genaue zeitgeschichtliche Kontext ist nicht leicht zu greifen. Israel bzw. Juda stehen unter persischer Oberhoheit. Obwohl die persische Religion wenig monarchische Züge trägt,[134] ist nicht auszuschließen, daß die Großreichsidee Persiens und der eine, für die ganze Welt zuständige Gott auf Israel Einfluß ausgeübt hat. In die gleiche Richtung geht die im babylonischen Exil entwickelte Vorstellung von JHWH als dem einen Gott nicht nur für Israel, sondern für die gesamte Welt. Diese Veränderungen führen zu Modifikationen an manchen der überlieferten theologischen Schriften. Der relativ neue „Universalismus" im JHWH-Glauben nötigt dazu, einige stark aus der Israelperspektive verfaßte Traditionen und Schriften zu erweitern. Sie werden an den neuen Horizont angepaßt. Vermutlich haben solche Motive auch im Hintergrund der Anfügung des Nahum-Psalms an das Nahum-Corpus geführt. Darin wird das Handeln JHWHs für Juda und gegen Assur in einen neuen, größeren theologischen Rahmen eingepaßt.

Der Nahum-Psalm ist ein Hymnus auf JHWHs große Vergeltungs- und Zornesmacht, die sich über alle Feinde JHWHs ergießen wird.

2 (a) Ein eifernder und vergeltender Gott ist JHWH,
ein Vergelter ist JHWH und „der Grimmige".
(b) Ein Vergelter ist JHWH gegenüber seinen Gegnern,
ein Zürnender ist er gegenüber seinen Feinden.
3 (a) JHWH ist reich an Zorn und groß an Kraft;
er läßt mit Sicherheit nicht ungestraft.
(b) JHWHs Weg ist im Sturmwind und im Orkan,
und Gewölk ist der Staub seiner Füße.
4 (a) Der „Anschreier" des Meeres ist er und trocknet es aus,
und alle Flüsse läßt er versiegen;

(b) verwelkt sind Basan und Karmel,
und die Blüte des Libanon ist verwelkt.
5 (a) Die Berge erbeben vor ihm,
und die Hügel zerfließen,
(b) die Erde wird vernichtet durch sein Angesicht,
und der Erdkreis und alle, die auf ihm wohnen.
6 (a) Wer kann vor seinem Zürnen standhalten?
Und wer hat Bestand vor der Glut seines Zorns?
(b) Sein Grimm ergießt sich wie Feuer,
und die Felsen werden von ihm eingerissen.
7 (a) Gut ist JHWH,
(b) eine Zuflucht am Tag der Not;
(c) ein „Sorgender“ für die, die Schutz suchen bei ihm.
8 (a) Der „Durchschreiter“ der reißenden Flut ist er.
(b) Ein Ende bereitet er dem Widerstand,
(c) und seinen Feinden setzt er in die Finsternis nach.[135]

Im Anfangsteil des Nahum-Psalms (Nah 1,2–3a)[136] wird eine „Theologie durch Prädikationen“ entworfen. Wenn JHWH als „eifernder Gott“ bezeichnet wird, wird ein altes Gottesattribut aufgenommen, das auf das große Engagement JHWHs für sein Volk anspielt. Indem JHWH dreimal als „Vergelter“ (*noqem*/נקם, *naqam*/נקם) tituliert wird, betont der Text dieses Charakteristikum JHWHs in besonderer Weise. Daß JHWH innerhalb eines derart kurzen Textabschnitts mit einer einzigen Eigenschaft dreimal identifiziert wird, ist im Alten Testament fast analogielos. Ein vergleichbares Beispiel bildet das „Dreimalheilig“ in Jes 6,3. Wenn JHWH im Nahum-Psalm in dieser herausragenden Weise als „Vergelter“ angesprochen wird, ist dies nicht mit dem gleichen Unterton versehen, wie er von heutigen Lesenden leicht gehört wird.[137] Vergeltung ist im Alten Testament nicht „Rache“ und damit diejenige Privatjustiz, die heute unter ihr verstanden wird und die selbst justitiabel ist. Zu biblischer Zeit ist Vergeltung eine Form von rechtlich geregeltem Handeln. Durch Vergeltung wird in zwischenmenschlichen Streitigkeiten ein Ausgleich zwischen den Streitparteien geschaffen. Wenn Gott als Vergelter angerufen wird, dann geschieht dies meist durch eine Streitpartei, die aus den unterschiedlichsten Gründen nicht imstande ist, ein menschliches Gericht anzurufen. Und sei es deshalb, daß sich diese Streitpartei – wie im Falle Israels – einer Großmacht gegenübersieht, gegen die zu streiten nicht möglich ist, weil auf dieser völkerrechtlichen Ebene kein menschliches Gericht existiert. In einem solchen Fall ist in biblischer Sicht die Resignation nicht der einzige Ausweg. Menschen können sich an die höchste aller möglichen Rechtsinstanzen wenden, nämlich an Gott selbst, und ihn darum anrufen, in einem solchen Fall Recht zu schaffen und für Ausgleich zu sorgen (vgl. u. S. 138–145).

Obwohl der hebräische Terminus *schafat*/שׁפט, „Recht schaffen“ oder „richten“, im Nahum-Psalm nicht vorkommt, so ist doch die Rechtssphäre in deutlicher Weise durch *naqam*/נקם repräsentiert. JHWH wird in Nah 1,2–8 als Weltenrichter angesprochen.

Die Benennung JHWHs als des „Grimmigen“ in V. 2 schlägt die Brücke zur Entfaltung des göttlichen Zorns im Mittelteil des Nahum-Psalms (Nah 1,3b–6). Hier wird der Akzent weniger auf JHWHs Vergeltungsabsicht als vielmehr auf seine unbegrenzte Macht gelegt. Um diese herauszustellen, wird vor allem auf die Metaphorik und Motivik der Theophanie zurückgegriffen, die in einer ganzen Reihe von Texten im Alten Testament das göttliche Kommen zum Gericht schildert.[138] Gezielt werden aus dem Motivkreis der Theophanie solche Elemente ausgewählt, die das göttliche Zerstörungspotential illustrieren.

Der Horizont des göttlichen Handelns wird sehr weit ausgespannt, wenn das Bild des vom Himmel herabkommenden Gottes verwendet wird. Daß JHWHs Aktivität jenseits von Zeit und Raum liegt und nicht – wie in den meisten anderen Theophanie-Texten – konkret bevorsteht, wird durch die hymnische und attribuierende Sprachweise betont. Nicht nur die Fruchtbarkeit des Landes ist von JHWHs Zerstörungsmacht bedroht (V. 4). In kriegerischer Weise kann er auch gegen die stabilsten Weltelemente angehen, nämlich gegen Berge und Hügel (V. 5a) sowie Felsen (V. 6b). Ja, die göttliche Macht reicht bis hin zur Vernichtung der gesamten Welt (V. 5b).[139] Leitend ist für JHWHs Handlungsweise der Zorn. Ist er einmal entfacht, so kann niemand ihm entgehen (V. 6). Und, so kann im Blick auf den literarischen Zusammenhang ergänzt werden, auch eine furchteinflößende Großmacht wie Assur besitzt kein solches Zerstörungspotential wie JHWH.

Neben der Zerstörungsmacht deutet der Mittelteil des Nahum-Psalms auch auf JHWHs vergangenes Rettungshandeln hin. Vor allem die Verben des Austrocknens verweisen auf die Rettung Israels am Schilfmeer (Ex 14f.). So wird die Spur dafür gelegt, daß JHWHs machtvolles Zerstörungshandeln gleichzeitig auch Rettung bedeuten kann.

Im Schlußteil des Nahum-Psalms wird zunächst ein deutlich anderer Ton angeschlagen als im Anfangs- und im Mittelteil. Die Wendung „gut ist JHWH“ ist vor allem in den Psalmen geläufig.[140] Noch häufiger ist die Wendung allerdings in einer längeren Formel zu finden, die mit den Worten „denn seine Gnade währt ewig“ fortgeführt wird.[141] Das „Gutsein“ JHWHs wird demgegenüber im Nahum-Psalm darin konkretisiert, daß er denen, die bei ihm Schutz suchen, eine Zuflucht in Zeiten der Bedrohung bietet (V. 7). JHWH ist der, der sich um die Seinen sorgt und sich um sie kümmert.

In V. 7 scheinen die vorher so stark betonte Vergeltungsmacht und der zerstörerische Zorn Gottes vergessen, wenn unter Verwendung von hymnischer Psalmensprache JHWH als „gut“ und als Zuflucht in der Not gepriesen wird. V. 8 nimmt nun aber wieder auf diese Motive Bezug. JHWH geht erfolgreich gegen die Wasserfluten an, die sich ihm entgegenstellen. Die Wassermetaphorik ähnelt der Redeweise aus V. 3f. Vielleicht steht hinter diesem Bild eine ähnlich mythische Sprache, wie sie oben bereits in Ps 74,13f. beobachtet wurde.[142] V. 8c konkretisiert den Widerstand gegen JHWH: Nun sind es die Feinde JHWHs, die sich ihm entgegenstellen und die er überwindet. Die Feinde JHWHs kommen nicht nur im Anfangs-, sondern auch im Schlußteil des Nahum-Psalms (Nah 1,7f.) vor und rahmen ihn auf diese Weise. Sie werden an keiner Stelle des Psalms mit einer historischen Größe identifiziert. Auf diese Weise wird offengehalten, wer jeweils zu dieser Gruppe zu rechnen ist. Aus dem direkten literarischen Kontext des Psalms legt sich natürlich nahe, daß Assur/Ninive gemeint ist. Doch vom Wortlaut her ist der Psalm auch dafür offen, auf andere mögliche Feinde JHWHs bezogen zu werden.

Nah 1,8 spricht nicht davon, daß die Feinde JHWHs völlig vernichtet werden sollen. JHWH verfolgt sie bis in die Finsternis. Diese Formulierung weist darauf hin, daß der Kampf JHWHs gegen die feindlichen Mächte keiner ist, der durch einen „finalen Schlag“ JHWHs ein für allemal beendet wäre. Eher liegt in der Wortwahl ein Hinweis darauf, daß an JHWHs kontinuierliches Angehen gegen die ihm feindlich gesonnenen Mächte und Kräfte gedacht ist. Dieser Gedanke ist bereits ähnlich oben in IV, 2. zu Ps 74,13f. diskutiert worden und wird unten in IV, 5. noch zu vertiefen sein. Hierbei schließt sich der Nahum-Psalm an die altorientalische und alttestamentliche Vorstellung von einem sowohl uranfänglichen wie permanent notwendigen Vorgehen der Gottheit gegen die ordnungsfeindlichen Mächte an.

## Der religionsgeschichtliche Hintergrund

Daß die gelaufige altorientalische Vorstellung eines göttlichen Richters im Hintergrund des Nahum-Psalms mit seiner hymnischen Charakterisierung JHWHs als Weltenrichter steht, ist bereits angedeutet worden. Allerdings läßt sich nicht ausmachen, daß der Text sich auf konkrete andere Texte oder gezielt auf bestimmte mythische Traditionen bezöge. Die altorientalischen Vorstellungen prägen zwar die Weltsicht des Nahum-Psalms, scheinen aber eher im Hintergrund des Textes zu stehen. Im Mittelteil des Psalms schimmern hinter den Bezugnahmen auf die Theophanie Vorstellungen einer Wettergottheit durch, die im mesopotamischen und auch westsemitischen Raum beheimatet ist. Diese Gottesbilder sind allerdings bereits in älteren alttestamentlichen Texten (wie vor allem in Ps 18,8–16) verarbeitet. In Nah 1,2–8 werden sie in deutlicher Weise als Reflex auf diese alttestamentlichen Texte verwendet.

Von daher ist das Alte Testament als primärer Referenzrahmen für die Bezugnahmen des Nahum-Psalms anzusprechen. Anders als in den unter IV, 1. und IV, 2. vorgestellten Texten mit Gott als Gewalttäter erschließt sich der Nahum-Psalm in seiner Ausgestaltung göttlicher Gewalttätigkeit ganz überwiegend durch Referenzen auf den alttestamentlichen, literarischen Horizont und nur vergleichsweise wenig durch Bezüge auf den altorientalischen Kontext. Dies ist allerdings im Fall des Nahum-Corpus anders.[143]

## Wichtige alttestamentliche Anknüpfungen

Daß eine Reihe alttestamentlicher Traditionen im Hintergrund des Nahum-Psalms stehen, wurde bereits oben (S. 129–131) eingehender geschildert. Der Anfang des Psalms (1,2–3a) spricht vor allem von der göttlichern Vergeltungsmacht und dem göttlichen Zorn, die aus anderen alttestamentlichen Texten bekannt sind. Vor allem im Mittelteil (1,3b–6) wird auf die Motivik der Theophanie zurückgegriffen, um die Macht des göttlichen Zorns zu schildern. Auch Anleihen an die Erzählung von der Errettung am Schilfmeer finden sich hier. Der Schlußteil verwendet Elemente der Psalmensprache, wenn er das Gutsein JHWHs (1,7f.) akzentuiert. Auf diese Weise wird bereits durch die verwendeten Gattungen verdeutlicht, daß JHWHs Vergeltungshandeln sich nicht im Zorn erschöpft, sondern sich auch mit seinem Gnadenhandeln verbinden läßt (1,2–3a) und letztlich Anlaß zum Lob (1,7) gibt.[144]

## Der literarische Kontext

Der Nahum-Psalm entwirft ein Gottesbild, das sich durch schrankenlose Zerstörungsmacht auszeichnet. Sie wird im Rahmen göttlichen Vergeltungshandelns gegen JHWHs Feinde und zugunsten der sich bei JHWH Bergenden eingesetzt. Zwar empfängt der Psalm durch die Einbettung in den Nahum-Kontext seinen spezifischen Sinnhorizont und bezieht sich hier auf die historische Größe Assur. Trotzdem erscheint eine solch gewalthafte Zuschneidung des Gottesbildes aus heutiger Sicht in ihrer Einseitigkeit problematisch. Denn das hier entworfene Gottesbild wird durch die Sprache des Psalms gerade nicht als ein relatives oder begrenztes entworfen, das nur zu einer bestimmten historischen Zeit Gültigkeit besitzt. Die Häufung infiniter Verbformen und die Entgrenzung des räumlichen Horizonts im Nahum-Psalm deuten darauf hin, daß der Text allgemeine und zeitlos gültige Aussagen über JHWH treffen will.

Damit ist das theologische Problem des Nahum-Psalms benannt: Gott erscheint hier als überzeitlicher und allgegenwärtiger Vergelter, der mit grenzenloser Zerstörungsmacht gegen seine Feinde angeht. Ein solches Gottesbild ist im Horizont des Alten Testaments radikal und einseitig. Gibt es Hinweise im literarischen Kontext, die andeuten, daß die alttestamentlichen AutorInnen oder RedaktorInnen es in irgendeiner Weise eingeschränkt haben?

Es gibt sie. Sie liegen in der Verknüpfung des Nahum-Psalms mit dem vorangehenden Text,[145] dem Schluß der Prophetie Michas (Mi 7,18–20). Bevor die Micha-Verse zu betrachten sind, soll eine dritte Textpassage genauer in den Blick genommen werden. Es ist der Text, der den Micha-Schluß mit dem Nahum-Psalm verbindet. Dieses Bindeglied die sogenannte „Gnadenformel"[146]. Die Formel kommt nicht nur hier, sondern in einer ganzen Reihe alttestamentlicher Texte vor. Die vermutlich vollständigste Variante findet sich in Ex 34,6f.:

6 Und JHWH ging vorüber vor seinem Angesicht und rief:
JHWH, JHWH, ein Gott,
(Kern- bzw. erster Teil) (1) barmherzig
(2) und gnädig,
(3) langmütig
(4) und reich an Güte
(5) und Treue,
7 (zweiter Teil) (6) der den Tausenden Güte bewahrt;
(7) der Schuld, Vergehen und Sünde erläßt,
(8) der mit Sicherheit nicht ungestraft läßt
(9) und die Schuld der Eltern heimsucht
(10) an Kindern und Kindeskindern
bis in die dritte und vierte Generation.

Diese beiden Verse stehen im Kontext der Sinaioffenbarung Ex 32–34. Im literarischen Zusammenhang ist vom Bundesschluß sowie dem ersten Bundesbruch Israels die Rede; das Volk hatte das goldene Stierbild verehrt. Es folgt eine zweite Offenbarung JHWHs an Mose. Hierbei stellt JHWH sich vor. Die Gnadenformel ist ein zentrales theologisches Element dieser Selbstcharakterisierung.

Der Text Ex 34,6f. läßt sich in drei Teile gliedern: Auf eine Einleitung (V. 6a) folgt ein erster Teil, der vermutliche Kernbestand (V. 6b). Dieser Teil enthält positive Aussagen über JHWHs Gnade und Barmherzigkeit. In V. 7 werden in einem zweiten Teil, vermutlich einer Erweiterung, Aussagen über Gottes Gnade und Vergeltung miteinander verknüpft. Dieser Vers besitzt durchaus einen drohenden Unterton. Beide Verse lassen sich in insgesamt zehn einzelne Elemente unterteilen. Vor allem der Kernteil der Gnadenformel, die Elemente 1–5, findet sich im Alten Testament an einer ganzen Reihe weiterer Stellen (Joel 2,13; Jona 4,2; Ps 86,15; 145,8; Neh 9,17). Während der Kernteil meist keine Veränderungen erfährt, wird der zweite Teil der Formel (die Elemente 6–10) in späteren Verwendungen oft abgewandelt und dem jeweiligen Kontext angepaßt. Beide Teile der Formel werden nur an wenigen Stellen gemeinsam verwendet.

Ex 34,6f. bildet vermutlich die Vorlage für die meisten der späteren Aufnahmen oder, in der Terminologie der Intertextualität formuliert,[147] den Bezugstext für spätere Anspielungen oder Zitate. Beide Weisen der Aufnahme sollen hier insofern unterschieden werden, als ein Zitat als wörtliche Übereinstimmung einer ganzen Wendung aus mehreren Worten angesehen wird, wohingegen die Anspielung lockerer mit dem Bezugstext verknüpft ist.[148] In ihr wird entweder nur ein Wort wiedergegeben, oder eine Wendung wird abgewandelt.

Eine der weniger bekannten Aufnahmen der Gnadenformel findet sich in Mi 7,18–20. Diese Verse bilden nicht nur den Abschluß des großen Schuldbekenntnisses Mi 7,8–20, sondern auch der Michaschrift.[149] Mi 7,18–20 ist ein hymnisches Vertrauensbekenntnis mit hoffnungsvollem Ton:

18 Wer ist ein Gott wie du, der *Schuld vergibt* (7)
und über die *Verfehlung* (7) hinweggeht für den Rest seines Eigentums?
Er hält nicht für immer fest an seinem *Zorn* (3),
denn er hat Gefallen an der *Güte* (4).
19 Er wird wieder *barmherzig sein* (1) zu uns,
wird unsere *Vergehen* (7) zertreten,
und du wirst in die Meerestiefe alle unsere *Sünden* (7) werfen.
20 Du wirst Jakob *Treue* (5) schenken und Abraham *Güte* (4),
wie du unseren *Eltern* (9) geschworen hast von den Tagen der Urzeit an.

Im Micha-Text sind eine Reihe von Anspielungen auf die Gnadenformel zu finden. Die Elemente, auf sie sich beziehen, sind durch die Zahlen hinter den *kursiv* gestellten Worten gekennzeichnet. Ein Zitat der Gnadenformel gibt es in diesem Text allerdings nicht. Auch können die Anspielungen nur insgesamt, durch ihr gehäuftes Auftreten, als solche identifiziert werden, kaum aber je für sich. Sie beziehen sich überwiegend auf den ersten Teil der Gnadenformel. Bis auf Element 2 ist jedes der Elemente 1–5 vertreten. So wird JHWHs Güte und Geduld in Mi 7,18–20 akzentuiert.

Was den zweiten Teil der Gnadenformel angeht, so wird im Micha-Schluß vor allem auf Element 7 angespielt. Die kurze Passage in Ex 34,7 wird in Mi 7,18f. ausgearbeitet. Starke Metaphern werden gewählt, um JHWHs Vergebungshandeln als eine machtvolle Tätigkeit zu illustrieren. Im Gegensatz dazu wird die unausweichliche Bestrafung durch JHWH (Element 8–10) kaum erwähnt; die „Eltern" werden nur angespielt. Der Bezug auf den zweiten Teil der Gnadenformel in Mi 7,18–20 verläuft also nicht im Duktus von Ex 34,7, sondern bildet einen Kontrast zum Bezugstext. Im Endeffekt wird die sichere Vergebung für Israel durch JHWH akzentuiert und nicht die Bestrafung. Die göttliche Macht wird, was ungewöhnlich ist, zur Vergebung eingesetzt und nicht zum Gericht. Der Micha-Schluß akzentuiert also bei seiner Aufnahme der Gnadenformel JHWHs großes Erbarmen und sein Ablassen vom Zorn. Er tut dies mit Hilfe machtvoller und zum Teil gewaltvoller Bilder (V. 19f.).

Auch der Anfang des Nahum-Psalms zeichnet sich dadurch aus, daß er an einigen Stellen auf die Gnadenformel *anspielt* und eines ihrer Elemente zitiert:

2 Ein eifernder und vergeltender Gott ist JHWH,
ein Vergelter ist JHWH und „der Grimmige".
Ein Vergelter ist JHWH gegenüber seinen Gegnern,
ein *Zürnender* (6) ist er gegenüber seinen Feinden.
3 JHWH ist *lang an Zorn* (3) und *groß an Kraft* (4);
er läßt mit Sicherheit nicht ungestraft (8).

In V. 3 wird ein Ausdruck verwendet, der aus Ex 34,6 als Element 3 der Gnadenformel bekannt ist und der JHWHs Geduld oder „Langmut" (*äräch appajim*/ארך אפים) betont. Die Wortverbindung ist im Alten Testament häufig anzutreffen, weshalb in Nah 1,3 nur von einer Anspielung und nicht von einem Zitat gesprochen werden kann. Im Nahum-Kontext wird parallel zu *äräch appajim*/ארך אפים die „große Kraft" JHWHs erwähnt. *Gadol koach*/גדל כח ist an dieser Stelle eine schillernde Wendung: Es kann sowohl als Variation von „reich an Güte" (*rav chäsäd*/רב חסד), dem Element 4 der Gnadenformel, als auch als Element einer häufigen alttestamentlichen Formel für das göttliche Handeln (*bekoach gadol ubisro'a netujjah*/בכח גדל ובזרוע נטויה „mit großer Kraft und ausgerecktem Arm"[150]) angesehen werden. In Nah 1,3 wird die Reihenfolge Adjektiv-Substantiv gegenüber der geläufigen Formel über die göttliche Macht umgekehrt. Darin kann ein Hinweis auf eine tatsächliche Anspielung auf die Gnadenformel gesehen werden, weil dort die gleiche Reihenfolge vorliegt wie bei Nahum. Für die Bedeutung von *äräch appajim*/ארך אפים heißt das, daß diese vermutlich eher in die Richtung „lang *an* Zorn" geht und weniger die Bedeutung „langmütig" besitzt wie in der Gnadenformel.

Nah 1,2 nennt JHWH den „Zürnenden (*noter*/נטר) gegenüber seinen Feinden". Dies erinnert lautlich an Element 6 der Gnadenformel: „der Güte bewahrt (*nozer*/נצר) den Tausenden". Da sich dieser Bezug zur Gnadenformel aber nur aus dem Zusammenspiel mit weiteren Bezügen ergibt, ist hier wiederum nur von einer Anspielung auszugehen und nicht von einem Zitat. Die Nahum-Aussage steht – wie bereits die Anspielung auf die Elemente 3 und 4 der Gnadenformel – in Kontrast zur Aussage von Ex 34,6f.

Ein (Teil-)Zitat von Ex 34,7 liegt allerdings in Nah 1,3 vor. Über JHWH wird hier in Element 8 gesagt, daß er „mit Sicherheit nicht ungestraft läßt". In dieser nicht sehr häufigen alttestamentlichen Wendung stimmt zudem die Aussagerichtung bei Nahum mit der von Ex 34,7 überein.

Bis jetzt wurden die Parallelen zwischen Nah 1,2–3a und Ex 34,6f. in der Reihenfolge des Exodus-Textes betrachtet. Um den Nahum-Duktus besser erfassen zu können, soll nun die Blickrichtung verändert werden und die Nahum-Abfolge in den Blick genommen werden. Diese Abfolge macht deutlich, wo bei Nahum der Schwerpunkt der Aussagen liegt. Nah 1,2a beginnt mit der Abwandlung des Gütigen zum Zürnenden; aus *nozer*/נצר wird *noter*/נטר, aus dem „Bewahrer" ein „Zürnender". Es folgt die Gewißheit der Bestrafung, das Element 8 der Gnadenformel: „der mit Sicherheit nicht ungestraft läßt". Schließlich wird auf den lang andauernden Zorn und die große Kraft JHWHs Bezug genommen. Dies alles betont den göttlichen Zorn, die Macht und Konsequenz der Bestrafung durch JHWH.

Die gleiche Deutung ergibt sich, wenn man fragt, welche Elemente der Gnadenformel bei Nahum fehlen. Es sind die positiven Aussagen über Gott: Güte, Gnade, Barmherzigkeit, Treue und Vergebung. Nahum betont konsequent den göttlichen Zorn. Andererseits wird die Heimsuchung Israels nicht erwähnt. Dies macht – wie schon die fehlende Identifikation der Feinde JHWHs – deutlich, daß der Nahum-Psalm auf einen universalen Horizont zielt und nicht nur Israel im Blick hat.

Die Aussagen des gesamten Nahum-Psalms heben JHWHs große Macht, seinen Zorn und seine Entschiedenheit zur Vergeltung hervor. Damit sitzt der Akzent der Nahum-Aufnahme der Gnadenformel an deutlich anderer Stelle als bei dem Bezugstext Ex 34,6f.

Während Micha von Gnade und Vergebung spricht, hebt Nahum Strafe und Zorn hervor. Micha und Nahum nehmen damit also weitgehend unterschiedliche Teile der Gnadenformel auf. Micha redet dort, wo Nahum schweigt. Auf diese Weise wird ein inhaltlicher Gegensatz der Gnadenformel-Aufnahmen in den beiden Schriften hergestellt. Unter intertextueller Perspektive betrachtet führt diese Art der Bezugnahme nicht nur zu der Konsequenz, daß ein Gegensatz zwischen Micha-Schluß und Nahum-Anfang hergestellt würde. Die Micha- und Nahum-Aufnahmen der Gnadenformel erscheinen zusammengenommen als *eine* Bezugnahme auf die vollständige Gnadenformel. Sie tun dies aber als zwei Bücher, unter zwei verschiedenen Überschriften. Micha und Nahum ergänzen sich damit wechselseitig. In den zwei Büchern wird von *ein und demselben Gott* gesprochen. Dieser besitzt *zwei Seiten*, die voneinander unterschieden werden können. Die beiden Seiten werden sowohl durch die Zuordnung zu zwei Schriften getrennt als auch durch die Gnadenformel miteinander verklammert. JHWHs Handeln kann auf diese Weise gleichzeitig als gnädig und unbarmherzig entworfen werden, ohne daß die Spannung im Gottesbild dabei überdehnt würde.

## Zur Auslegung des Textes

Die bei Nahum dargestellte Seite des zornigen Gottes erscheint in dieser kontextuellen Einbettung nicht als die einzige Seite JHWHs, sondern im Zusammenhang mit dem Micha-Schluß als eine von zwei möglichen. Neben dem göttlichen Zorn des Nahum-Psalms steht die göttliche Gnade und Güte bei Micha. Durch die gemeinsame, sich ergänzende Anspielung auf die Gnadenformel erscheinen diese beiden Seiten des Gottesbildes nicht als zwei getrennte, sondern als eines.

Indem Micha und Nahum ihr eigenes Gottesbild behalten, behalten sie auch ihre jeweilige Eigenaussage. Sie kommentieren sich gegenseitig durch die enge Zusammenordnung, aber ihre Botschaft hebt sich nicht auf. Die Spannung der Gottesbilder wird gehalten, nicht aufgelöst. Damit wird die Bedeutung jedes einzelnen Gottesbildes begrenzt. Sie wird aber nicht negiert.

JHWHs Macht wird dabei nicht relativiert, sondern beibehalten und in einen anderen Horizont gestellt: Bei Micha ist JHWHs Vergebung ein ebenso kraftvolles, ja gewalttätiges Tun, wie es bei Nahum JHWHs zorniges Auftreten zur Vergeltung ist. Durch die überzeitliche Sprechweise des Nahum-Psalms erscheint der gnädige Gott nicht als einer, der manchmal zornig ist; er ist gleichzeitig auch zornig. So werden die Aussagen über Gott der historischen Gebundenheit enthoben und allgemeiner formuliert. Der Zeithorizont wird geweitet. Gleichzeitig wird betont, daß Gott konstitutiv und nicht nur kontingent unterschiedliche Seiten besitzt.

Nicht die gesamte Gewaltmetaphorik des Nahum-Corpus wird im Nahum-Psalm in dieser Weise aufgefangen und umgedeutet. Die sexuelle Gewaltmetaphorik in Nah 3,4–7 beispielsweise bleibt unkommentiert.[151] Eine gewisse Verschiebung ergibt sich, wenn die größeren Linien innerhalb des Zwölfprophetenbuchs (Hosea-Maleachi) berücksichtigt werden.[152] Dann kann Nah 3,4–7 beispielsweise als ein göttliches Handeln an der ausländischen „Frau" Ninive erscheinen, das der Gewalt gegen JHWHs „Frau" Israel in Hos 2,12 entspricht. Allerdings soll diese Verknüpfung nicht so verstanden werden, als ob sich die Aussagen biblischer Texte gegeneinander aufrechnen ließen oder aufheben würden. Manche der Texte bleiben problematisch und ein Anstoß, auch wenn ihre Aussagen durch spätere Redaktionen – wie im Falle von Micha und Nahum – mit dem Mittel neuer Einbettungen ein Stück weit verschoben werden.

Wie kann mit der harten Gerichtsmetaphorik des Nahum-Psalms heute umgegangen werden? Zum einen sollte die Redeform des Nahum-Psalms berücksichtigt werden. Der Text unterbreitet seine Botschaft in einem Hymnus; JHWH wird als Vergelter gepriesen. Im literarischen Zusammenhang ist deutlich, daß die Vergeltung auf die TäterInnen von historisch verübtem Unrecht zielt, daß sie darüber hinaus aber durch die hymnische Sprache einen überzeitlichen Horizont besitzt. So wird betont, daß JHWH nicht nur beim konkreten Untergang Assurs am Werk ist, sondern daß die Hoffnung besteht, daß Gott auch in Zukunft und weltweit dafür sorgt, daß Unrecht gesühnt oder ausgeglichen wird. Der Psalm drückt die Gewißheit aus, daß die UnrechtstäterInnen der Welt nicht das letzte Wort haben mögen; daß die Großmächte der Welt nicht tun und lassen können, was sie wollen, sondern sich einer höheren Macht zu unterwerfen haben.

So könnte der Nahum-Psalm heute auf unterschiedliche Weisen interpretiert werden: Zunächst preist der Nahum-Psalm Gottes Größe und Macht angesichts des Handelns gegen UnrechtstäterInnen. Bleibt man im Sprachduktus des Psalms, so ist es ausgeschlossen, diesen als Aufforderung zu eigener „rächender" Gewalttätigkeit zu verstehen. Vielmehr kommt hier eine Hermeneutik der Delegation[153] zur Anwendung: Gott übt Vergeltung, nicht die Menschen. Im Nahum-Corpus ist es entsprechend auch nicht Israel, das selbst gewalttätig gegen Ninive vorgeht, sondern die Taten eines fremden Heeres werden so gedeutet, als seien sie im Auftrag JHWHs geschehen.

Der Nahum-Psalm erscheint als harte und unbedingte Ankündigung göttlicher Vergeltung. Die Gruppe der JHWH-Feinde (Nah 1,8) bleibt dabei unbestimmt – es könnten alle Menschen gemeint sein. Anders als etwa in den Kriegstexten im Josuabuch und im Deuteronomium (s. o. IV, 1.) wird im Nahum-Psalm die literarisch geschilderte Gewalt nicht nach außen projiziert. Israel wird nicht bevorzugt. Diese Sinnlinie wird noch verstärkt, wenn dem Nahum-Psalm der mit ihm durch Stichworte eng verknüpfte Habakuk-Psalm (Hab 3,5–16) an die Seite gestellt wird. Bei Habakuk werden die Gewaltzustände innerhalb Israels geschildert und in diesen Unrechtszuständen JHWH als Vergelter angerufen. In dieser Verknüpfung der Texte wird einer Externalisierung der Gewalt gewehrt. Andersherum gewendet, könnte der Psalm als Anreiz dazu dienen, sich selbst, die eigene Gesellschaft usw. selbstkritisch auf Fehlverhalten hin zu befragen. Denn alle Menschen sind hier unter das göttliche Gericht gestellt.

Die Gnadenformel-Anspielung des Micha-Schlusses und Nahum-Anfangs bindet das göttliche Handeln zum Gericht an die göttliche Barmherzigkeit an. Die Betenden sind es, die sich im Nahum-Psalm der Gewißheit des göttlichen Gerichtshandelns versichern; Gott selbst wird nicht angesprochen. Im Micha-Schluß ist dies anders: Hier erinnern die Betenden Gott daran, daß er mit seiner Macht nicht nur vergeltend, sondern auch vergebend tätig sein möge. Dies kann so interpretiert werden, daß die vorweglaufende Vergebung bei Micha die Wucht der göttlichen Vergeltung bei Nahum begrenzt. Auch wird hier deutlich, daß nur ein biblisches Buch oder ein historischer Kontext allein kein „ganzes" Bild von Gott geben können. Nur in der Zusammenschau unterschiedlicher Seiten erschließt die Bibel die Dynamik göttlichen Handelns.

## 5. Gott als Gewalttäter gegen einen ausgewählten Einzelnen: Hiob

### Der Text, seine Problematik und seine historische sowie religionsgeschichtliche Einbettung

Das Hiobbuch ist eines der am meisten gelesenen biblischen Bücher. Nicht nur in religiösen und theologischen Kontexten wird Hiob hochgeschätzt, sondern auch in säkularen Kontexten. Hiob ist sicher dasjenige biblische Buch, das den reichsten Niederschlag in der Weltliteratur gefunden hat.[154]

Zu Beginn und am Schluß des Hiobbuches wird Hiob von Gott als „mein

Knecht“ angesprochen (Hi 1,8; 2,3; 42,7 f.). Er erhält damit einen Titel, der nur wenigen meist prominenten Figuren im Alten Testament zukommt.[155] Diese sind in besonderer Weise mit JHWH verbunden und müssen häufig deshalb ein schweres Los tragen. Manche von ihnen werden sogar von JHWH angegriffen. Hiob ereilt ein ähnliches Schicksal wie etwa Jakob, der (Gen 32,25–31) mit einer göttlichen Gestalt ringen muß und eine schwere Verletzung davonträgt, oder Mose, der von JHWH mit Tötungsabsicht attackiert wird (Ex 4,24–26). An dieser Stelle nun soll Hiob – bei aller Eigenständigkeit der literarischen Figur und des Buches – exemplarisch für diese JHWH einerseits besonders nahen und von ihm ausgezeichneten, andererseits aber durch ihn besonders hart angegangenen *Einzelnen* behandelt werden.

Wenn allgemein von Hiob gesprochen wird, so ist fast immer der Hiob der Rahmenerzählung (Hi 1,1–2,13; 42,7–16) gemeint: ein reicher Mann, ein ländlicher Patriarch, der als mustergültiger Gerechter[156] geschildert wird (Hi 1,1–5). JHWH läßt es zu, daß Satan den Hiob angreift, um seine Treue gegenüber JHWH zu prüfen (Hi 1,12; 2,6). Die Folge ist die Vernichtung des Besitzes Hiobs und die Tötung seiner Bediensteten und seiner Kinder (Hi 1,13–19). Als das noch nicht ausreicht, Hiob zum Abfall von JHWH zu veranlassen, schlägt Satan ihn mit einer Krankheit (Hi 2,7 f.). Doch auch hier hält Hiob an JHWH fest: „JHWH hat es gegeben, JHWH hat es genommen – gelobt sei der Name JHWHs!“ (Hi 1,21). Der Schlußrahmen des Buches (Hi 42,7–16) schildert JHWHs Festhalten an Hiob und dessen erneute Segnung durch JHWH. Hiob wird abermals Vater von Kindern.

In den erzählenden Rahmen des Hiobbuchs ist der meist weniger bekannte und seltener literarisch verarbeitete, allerdings textlich deutlich längere Dialogteil (Hi 3,1–42,6) eingebettet, in dem zunächst Hiob und die drei Freunde im Wechsel sprechen (Hi 3,1–33,40; einschließlich eines Hymnus auf die Weisheit Hi 28), dann Elihu als vierter Freund eine unerwiderte Rede an Hiob hält (Hi 34–37) und schließlich Hiob eine Antwort JHWHs erhält (Hi 38,1–40,2; 40,6–41,26) und daraufhin wiederum zwei kurze Repliken gibt (Hi 40,3–8; Hi 42,1–6). In diesen Texten tritt uns ein Hiob entgegen, der wenig mit dem „Dulder“ des Rahmens gemeinsam hat. Der Hiob des Dialogs spricht nicht vom Verlust seiner Kinder, seiner Bediensteten oder seines Besitzes, und auch von Krankheit ist nicht die Rede. Diesen Hiob quält der soziale Absturz, den er hinter sich hat: Aus dem vormals respektierten und mächtigen Patriarchen (Hi 29,7–25) ist ein elender Mensch geworden, der durch sein soziales Umfeld nur noch Verachtung erfährt (z. B. Hi 19,13–19; 30,1.9 f.).[157] Diese Differenzen haben zusammen mit den Unterschieden in der Textgattung dazu geführt, daß die historisch-kritische Forschung den erzählenden Rahmen vom Dialogteil abhebt. Meist werden beide Buchteile unterschiedlichen Redaktionsstufen zugeschrieben.[158]

Die Unterschiede zwischen Rahmen und Dialog erstrecken sich auch auf die Theologie Hiobs[159]: Der Hiob des Dialogteils spricht wenig „gottergeben“ über und zu Gott. Worte wie die aus Hi 1,21 f. (s. o.) wären dem Hiob des Dialogs fremd. Nun spricht Hiob die Ungerechtigkeit, der er sich ausgesetzt sieht, offen und ungeschönt an. Und er macht Gott für sie verantwortlich. Gott ist dem Hiob zum Feind geworden.

Wie äußert sich diese Feindschaft Gottes mit Hiob im Hiob-Dialog? Dieser Teil des Hiobbuchs formuliert Anklagen gegen Gott, wie sie sich in dieser Ballung und Härte kein zweites mal im Alten Testament finden. Dabei spricht Hiob teils über und teils zu Gott. Wenn im Dialogteil ein Gottesname genannt wird, so ist dies bis auf 12,9 nie JHWH, sondern Schaddaj („der Allmächtige"), Eloah („der Höchste"), Elohim oder El („Gott").[160] Einige Beispiele, in denen Gewalttermini verwendet werden, sollen die Anklagen Hiobs vor Augen stellen:

> Die Pfeile des Allmächtigen stecken in mir,
> mein Geist trinkt ihr Gift;
> des Höchsten Schrecken richten sich gegen mich. (Hi 6,4)
>
> Bin ich denn das Meer oder Tannin[161],
> daß du eine Wache für mich aufstellst?
> Wenn ich zu mir sage: „Mein Bett soll mich trösten,
> mein Lager soll mein Leid mit mir tragen",
> dann erschreckst du mich mit Träumen
> und ängstigst mich mit (Schreckens-) Visionen. (Hi 7,12–14)
>
> Es ist alles gleich, deshalb kann ich sagen:
> Ungerechte wie Untadelige vernichtet er.
> Wenn die Geißel plötzlich tötet,
> spottet er über die Angst der Unschuldigen.
> Die Erde ist in die Hand eines Ungerechten gegeben!
> Das Gesicht derer, die Recht sprechen, deckt er zu.
> Wenn er es nicht ist, wer ist es dann? (Hi 9,22–24)
>
> Zum Höchsten will ich sagen: Mach mich nicht zum Schuldigen,
> laß mich wissen, warum du mich bekämpfst!
> Findest du es gut, daß du Gewalt verübst,
> daß du das Werk deiner Hände verwirfst,
> und strahlst über den Vorhaben der Ungerechten? (Hi 10,2f.)
>
> Steine zermahlt das Wasser, seine Sturzfluten spülen das Erdreich weg,
> und du vernichtest das Hoffen des Menschen.
> Du bezwingst ihn für immer, und er ist dahin,
> du entstellst sein Gesicht und schickst ihn weg. (Hi 14,19f.)
>
> Gott liefert mich dem Bösewicht aus, in die Hand der Schuldigen stößt er mich.
> Ich lebte in Ruhe, als er mich erschüttert (*prr*/פרר Pilp.) hat,

mich im Nacken gepackt,
mich zerschmettert und als Zielscheibe für sich aufgestellt hat.
Seine Pfeile fliegen um mich her,
meine Nieren durchbohrt er schonungslos,
er gießt meine Galle auf die Erde.
Eine Bresche nach der anderen schlägt er in mich.
Er stürmt gegen mich an wie ein Soldat. (Hi 16,11–14)

Erkennt doch, daß Gott mich beugt,
und sein Netz mich gefangen hat!
Seht hin: Ich schreie „Gewalt!" (*chamas*/חמס) und erhalte keine Antwort,
ich rufe um Hilfe, doch gibt es kein Recht.
Meinen Weg hat er blockiert.
Ich kann nicht weitergehen;
auf meine Straße hat er Dunkelheit gelegt.
Meine Ehre hat er mir heruntergerissen,
die Krone von meinem Kopf entfernt.
Er reißt mich von allen Seiten ein, und ich gehe dahin;
er reißt meine Hoffnung aus wie einen Baum.
Er hat gegen mich seinen Zorn brennen lassen,
hat mich als seinen Feind angesehen.
Mit ihm kommen seine Scharen:
Ihren Weg schütten sie auf
und lagern von allen Seiten um mein Zelt.[162] (Hi 19,6–12)

So wahr Gott lebt, der mir mein Recht genommen hat,
der Höchste, der meine Seele bitter gemacht hat (…). (Hi 27,2)

Denn er hat mein Seil[163] gelöst und mich niedergebeugt (…)
Ich rufe zu dir, doch du antwortest mir nicht;
ich stehe da, doch du beachtest mich nicht.
Du verwandelst dich zum grausamen Feind gegen mich,
mit der Kraft deiner Hand bekämpfst du mich.
Du hebst mich in den Wind, läßt mich auf ihm reiten;
du läßt mir die Hilfe dahinschwinden.
Ja, ich weiß es: Du führst mich in den Tod,
zum Haus, in dem alles Lebendige sich sammelt. (Hi 30,11a.20–23)

Diese Klagen über und Anklagen gegen Gott sind den Reden Hiobs entnommen.[164] Deutlich wird dabei, welch großes Leid sich in diesen Versen ausspricht, und wie sich die negativen Aussagen über Gott sukzessive steigern.

Lassen sich die Anklagen Hiobs gegen Gott als Gewalttäter zusammenfassen? Gibt es eine Gemeinsamkeit, die die Verse und Bilder verbindet? Die Metaphorik, in der Gottes Gewalttätigkeit geschildert wird, wechselt jedenfalls beträchtlich. Gott ist Bogenschütze, Wächter, Spötter, ungerechter Richter, Jäger, Krieger; Gott zerstört das Gesicht seiner Gläubigen und schickt böse Träume, quält und malträtiert die Menschen, wie er in der Urzeit die Chaoswesen bekämpft hat – kurz: Gott ist der Feind, der gegen die Menschen angeht. Es ist eine reiche Bildwelt, in der das göttliche Handeln ausgemalt wird. Sie besitzt viele Gemeinsamkeiten mit den Psalmen, aber auch mit anderen poetischen Passagen des Alten Testaments wie etwa denen der Prophetie. Wenn im Kontext dieser Bilder ein konkreter Vorwurf gegen Gott formuliert wird, so ist es die Anklage, daß Gott ein Unrechtstäter ist. Gott läßt Unrecht nicht nur zu, sondern begünstigt es und zollt ihm sogar Beifall (10,3). Die zentrale Sachkritik hinter den Bildern der Reden Hiobs lautet: Gott ist die Quelle des Unrechts.

Dabei steht Hiob nicht nur als literarische Figur für einen einzelnen Menschen, sondern auch als ein Typos, anhand dessen ein Problem dargestellt wird.[165] Weil es Hiob, dem beispielhaft Gerechten und Gesetzestreuen, nicht entsprechend seiner Gerechtigkeit ergeht – also gut –, sondern sehr schlecht, kann damit die gesamte Weltordnung in Frage gestellt werden. Das Schicksal des einzelnen Menschen Hiob wird hier mit der größtmöglichen Frage verknüpft: derjenigen nach der Weltordnung und der ihr zugrundeliegenden Kraft, nach der Göttlichkeit Gottes. Wenn Gott seiner Aufgabe als Ordnungsmacht der Welt in angemessener Weise nachkommen würde, dann würde es kein solches Schicksal wie das des Hiob geben. Das Gottesbild, das hier im Hintergrund steht, ist das des göttlichen Richters. Im Alten Testament wird diese Rolle Gottes, bezogen auf die Gerechtigkeit unter den Menschen, vor allem dort sichtbar, wo Gott als der angesprochen wird, der Recht spricht oder zwischen Streitparteien ein Urteil fällt. Formen des Verbs *schafat*/שׁפט dienen dazu, dieses Rechtshandeln zum Ausdruck zu bringen – oder, wie im Falle Hiobs, dessen Unterbleiben (Hi 9,24; 12,17; 19,7; 27,2).

Das Bild Gottes als Richter findet sich in einer großen Zahl alttestamentlicher Texte. Sie führen eine altorientalische Tradition fort, in der etwa in Mesopotamien der Sonnengott Schamasch als oberster Richter und Sachwalter der Gerechtigkeit auf Erden angesehen wird. Schamasch ist „nicht nur derjenige, der durch seine Strahlen belebt und wärmt, sondern er ist auch der Gott, der überwachend ordnet und richtet. Einer seiner Titel ist im Akkadischen *dajjanu*, ‚Richter'. Er ist der Garant für Gerechtigkeit und wacht darüber, dass die soziale Verantwortung für die Armen, Kranken und Schwachen in der menschlichen Gesellschaft wahrgenommen wird, eine Aufgabe, die er den Königen übertrug …".[166] In Ägypten spielen Gottheiten, die den Gerechtigkeitsaspekt vertreten, eine noch wichtigere Rolle. Neben dem Sonnengott Re, der ähnliche Zuständigkeiten besitzt wie Schamasch, ist dies die Göttin Maat, die für Gerechtigkeit und Weisheit steht.[167] Die Anklagen der Hiob-

Reden stellen sich damit in eine lange altorientalische Tradition, wenn sie an die Gottheit appellieren, die für zwischenmenschliche Gerechtigkeit und Weltordnung zuständig ist.

Doch Hiobs Anklage ist nicht nur vor diesem altorientalischen Hintergrund zu sehen, sondern auch in ihrem eigenen historischen Zusammenhang zu betrachten. Welche zeitgeschichtliche Situation ist dies? Damit ist die Frage nach der Datierung des Hiobbuches und seiner historischen Verortung gestellt. Meist wird angenommen, daß das Werk eine längere Entstehungsgeschichte hinter sich hat. Der Rahmen wird häufig wegen der archaisch anmutenden Situierung der Erzählung früher angesetzt als der Dialog.[168] Die in der Hebräischen Bibel vorliegende Endfassung des Hiobbuches wird von der Mehrzahl der ExegetInnen in nachexilische Zeit datiert.[169] Die Rekonstruktion der historischen, vor allem aber der sozialgeschichtlichen Verhältnisse durch Frank Crüsemann und Rainer Albertz sowie des kulturellen Milieus durch Ernst Axel Knauf läßt folgendes Bild entstehen[170]: Der Hiob des Dialogs repräsentiert den Typos eines reichen Angehörigen der Jerusalemer Oberschicht in der Perserzeit (zwischen 539 und 333 v. Chr.). Hierauf weisen nicht nur Bezüge auf die armentheologische Debatte hin, sondern auch einige sprachliche Details und die Realienkunde des Hiob-Autors, wie Knauf betont.[171]

Die wirtschaftliche und theologische Situation, in die hinein das Hiobbuch geschrieben ist, schildern Christl Maier und Silvia Schroer: „Die Schrift dürfte in der nachexilischen Zeit in (ehemals) begüterten Kreisen Judas und für diese verfaßt worden sein. Im 5./4. Jh.v. Chr. werden gerade diese Kreise von sozialen, ökonomischen und auch religiösen Erschütterungen heimgesucht. Das Ijobbuch ist ‚Krisenliteratur' wie schon die altorientalischen Vorläufer. Unter der persischen Oberherrschaft muß die Bevölkerung Judas Naturalabgaben und vor allem Zahlungen in Form von Münzgeld leisten. Dürrejahre und Mißernten scheinen die angespannte wirtschaftliche Lage noch verschärft zu haben (vgl. Hag 1,11; 2,17; Mal 3,11). Die persönliche Rechtschaffenheit ist keine Garantie mehr für Wohlergehen, der Zusammenhang von Tun und Ergehen zerbricht, und immer mehr Leute geraten in Armut und Verschuldung. Es trifft gerade auch wohlsituierte JudäerInnen, die mit den Ärmeren solidarisch sind, ihnen Darlehen, Rechtsbeistand und Almosen geben. Manch andere JudäerInnen beteiligen sich jedoch an der Ausbeutung ihrer Volksgenossen, denn die in Kap. 24,2–14 und 30,2–8 (vgl. auch Jes 58) beschriebene desolate Lage der Ärmsten wird dem Treiben von Gottlosen angelastet, bei denen es sich kaum um Mitglieder der persischen Verwaltung, sondern um judäische Landsleute handeln dürfte (vgl. ähnliche Hintergründe in Neh 5). Die Schilderungen der frevlerischen Reichen und der unterdrückten Armen in Ijob 22,6–9; 24,1–17; 31 nehmen literarisch Bezug auf die Sozialgesetzgebung des Deuteronomiums, v. a. Dtn 19–25 und den Dekalog, aber auch auf einzelne Flüche aus Dtn 28 (vgl. Braulik 1996, 66–90). So klagt Hi 24 die unmenschlichen Auswirkungen des Pfandrechts an und formuliert eine Armenfürsorge, die weit über die durch das Gesetz gebotene hinausgeht. In Hi 31 formuliert Ijob eine Selbstverfluchung für den Fall, daß er Dekaloggebote übertreten habe, und demonstriert so eindrücklich seine umfassende Sorge für Knechte, Mägde und Randgruppen. Die nachexilische Auslegung der deuteronomischen Tora zeigt, wie aktuell die auf Gott zurückgeführte Solidaritätsforderung gerade in wirtschaftlich schlechten Zeiten war. Indem Ijob sich selbst als solidarischen Oberschichtsangehörigen herausstellt, verschärft er die Anklage gegenüber Gott, der offensichtlich gerade denjenigen ins Unglück stürzt, der gemäß seinem Gesetz handelt."[172]

Diejenige „Gewalt", mit der das Hiobbuch es zu tun hat, ist also überwiegend den ökonomischen Bedingungen geschuldet. Heute würde man von sozio-ökonomischer Gewalt oder, im Blick etwa auf die Globalisierung und ihre ökonomischen Folgen, auch von struktureller Gewalt sprechen. In einer Zeit ohne staatliche Armenfürsorge ist die Brisanz einer wirtschaftlichen Notlage für die Menschen nicht zu unterschätzen: Wer nicht auf die Ressourcen einer (Groß-)Familie oder des sozialen Nahkontextes etwa im Dorf oder der Nachbarschaft zurückgreifen kann, ist im schlimmsten Fall vom Hungertod bedroht.[173] Eine Beseitigung der Ursachen solcher Zustände, die in der Münzwirtschaft und den zu leistenden Abgaben liegen, ist vor Ort sehr schwierig. Denn die Bedingungen sind durch die persische Zentralregierung geschaffen, auf die das kleine Land Juda kaum Einfluß nehmen kann. Ein solch lebensgefährdendes Schicksal nun wird in den Hiob-Reden mit Bildern der Gewalt in Verbindung gebracht.

Doch bei Hiob geht es nicht nur darum, daß sich ein exemplarischer Reicher mit dem Schicksal eines sozialen Absturzes ins Bodenlose konfrontiert sieht. Thematisiert wird anhand dieses Szenarios das Problem der Gerechtigkeit. Dies wird nun nicht nur als soziale Gerechtigkeit verhandelt, wie es in vergleichbaren Situationen heute der Fall wäre. Für das Hiobbuch stellt sich das Problem der *göttlichen* Gerechtigkeit. Um diese Problemlage besser zu verstehen, ist nun zunächst ihr Hintergrund zu erläutern.

Er besteht im altorientalischen und alttestamentlichen sogenannten Tun-Ergehen-Zusammenhang. In dieser Formulierung einer Erfahrung besteht eine enge Verbindung zwischen dem Handeln einer Person, ihrem „Tun", und ihrem zukünftigen Schicksal, ihrem „Ergehen". Der springende Punkt ist dabei die Verbindung, der „Zusammenhang". In der Forschungsgeschichte ist dieser in unterschiedlicher Weise gedeutet und illustriert worden. Während früher vom „Vergeltungsdogma" gesprochen wurde, bestimmen Ansätze des 20. Jh. den Zusammenhang als „synthetische Lebensauffassung" oder als „schicksalwirkende Tatsphäre".[174] Der an die Überlegungen Assmanns und seiner Theorien zur ägyptischen Maat anknüpfende Vorschlag von Bernd Janowski betont den gesellschaftlichen Aspekt der Verknüpfung. Lange Zeit wurde der Akzent stark auf JHWH als Vollender des Tun-Ergehen-Zusammenhangs gesetzt, was den Eindruck erwecken konnte, „der Zusammenhang von Tun und Ergehen sei ein ‚naturgesetzlicher Automatismus', bei dem das göttliche Handeln zu einer zweitrangigen Bestimmung herabsinke".[175] Demgegenüber ist der soziale Zusammenhang zu betonen, indem sich Handeln und Wieder-Handeln abspielt. „Nach dem Modell des Tun-Ergehen-Zusammenhangs … werden … Handlungen ‚getauscht', die die ‚kommunikative Verfaßtheit' der Wirklichkeit befördern, indem sie die Handelnden miteinander verbinden und gegenseitig verpflichten. … Alle Handlungen sind miteinander verzahnt, aber immer bedroht von Unrecht und Hartherzigkeit."[176] Und, so könnte man im Blick auf Hiob ergänzen, auch durch gesellschaftliche Krisen wie die Israels in der Perserzeit. Ist der soziale Zusammenhalt, das soziale Miteinander durch große ökonomische Umwälzungen erodiert, dann steht auch die Vollendung des Tun-Ergehen-Zusammenhangs in Frage: Wenn die, denen man Gutes erwiesen hat, selbst aufgrund des Schwindens ihrer Mittel oder des Verlusts ihrer gesellschaftlichen Position keine Möglichkeiten mehr sehen, die Tat ihrerseits mit Gutem zu erwidern, dann ist der Zusammenhang von Tun und Ergehen bedroht.

Daß Tun und Ergehen nicht immer in einem Zusammenhang stehen, ist im Alten Testament und im Alten Orient nicht zum erstenmal zur Zeit Hiobs und im nachexilischen Israel beobachtet worden. Im Bereich der Weisheitsliteratur gibt es eine eigene Art „Krisenliteratur", in die auch Hiob einzuordnen ist.[177] Als weisheitliche Krisenliteratur besitzt Hiob eine ganze Reihe literarischer Vorläufer in Ägypten und Mesopotamien, deren bekannteste wohl die akkadischen Werke *ludlul bēl nēmeqi* („Ich will preisen den Herrn der Weisheit") und die sog. „Babylonische Theodizee" sind.[178] Gemeinsam ist dieser weisheitlichen Krisenliteratur, daß ein Mensch angesichts seines Schicksals über die Ungerechtigkeit der Welt – und dementsprechend auch über die für die Gerechtigkeit zuständige Gottheit – eine Klagerede führt. In solchen Texten greift gelegentlich zum Schluß die Gottheit selbst ein und wandelt das Schicksal der betenden Person zum Positiven.[179] Mit dieser Einbettung in den altorientalischen Kontext soll allerdings nicht gesagt werden, daß der Dialog oder gar das ganze Hiobbuch nur eine wenig abgewandelte israelitische Version altorientalischer Vorbilder ist.[180] Sowohl in der Verknüpfung des spezifischen Rahmen-Szenarios mit dem Dialog und in der Wahl der Sprachbilder, vor allem aber im Vorhandensein und im Inhalt der Gottesreden liegen Propria des alttestamentlichen Hiobbuchs.

## Wichtige alttestamentliche Anknüpfungen

Vor allem der Dialogteil des Hiobbuchs besitzt nicht nur Parallelen im Alten Orient. Auch zu anderen alttestamentlichen Texten gibt es eine ganze Reihe von Verbindungen. In der Forschung ist diskutiert worden, ob das Buch Hiob hierbei der Weisheit, den Psalmen oder dem Bereich des Rechts enger verbunden ist.[181] Nachdem diese Möglichkeiten über längere Zeit als Alternativen betrachtet wurden, hat sich mittlerweile die Ansicht durchgesetzt, daß es sich bei den Streitreden der

Freunde, Hiobs und Gottes um Mischformen handelt, die Anleihen an mehrere unterschiedliche Bereiche alttestamentlichen Denkens nehmen.[182]

Beim Verstehen der Texte über göttliche Gewalttätigkeit ist es sinnvoll, darauf zu achten, welche außerweisheitlichen Traditionen herangezogen werden. In Hi 7,12 wird beispielsweise eine mythische Vorstellung herangezogen, die sich auch in anderen poetischen Texten wie etwa Ps 74,13f. (dazu s.o. IV, 2.) findet. Das Bild vom göttlichen Kämpfer (Hi 16,12–14; 30,21f.) ist sonst auch im Bereich der Theophanievorstellung geläufig, in der unterschiedliche Traditionen verknüpft sind und die in verschiedenen Bereichen des Alten Testaments zu finden ist; so etwa in der Prophetie (z.B. Nah 1,3–6; Hab 3,3–15) oder in den Psalmen (z.B. Ps 18,8–16; 29,3–9; 77,17–20; 144,5f.).[183] Im Hiobbuch werden Gewaltmetaphern und -vorstellungen aus unterschiedlichen Bereichen des Alten Testaments zusammengestellt und auf Gott bezogen. Dadurch erzeugt das Hiobbuch ein Bild Gottes als eines ultimativen Gewalttäters. Es kumuliert Gottesbilder der Gewalt wie kein zweites Buch im Alten Testament.

## Der literarische Kontext

Hiobs Anwürfe gegen Gott werden nicht nur von den drei Freunden sowie von Elihu gekontert. Sie bleiben auch nicht ohne Reaktion des eigentlich Angeklagten. JHWH selbst[184] gibt Hiob in den Gottesreden (Hi 38,1–39,30; 40,6–41,26) Antwort. Hierin nimmt er – zumindest implizit – auch zu dem Vorwurf Stellung, er sei ein Feind Hiobs und ein Gewalttäter. Das ist ein Grund dafür, diesem Text in unserem Zusammenhang besondere Aufmerksamkeit zu widmen. Daneben stellen die Gottesreden des Hiobbuchs einen der wenigen längeren zusammenhängenden Texte im Alten Testament dar, in denen Gott selbst zu Wort kommt. Auch haben sie als großer Schlußabschnitt des Hiob-Dialogs in der Forschung Beachtung gefunden.

Nirgends sonst im Alten Testament erklärt sich Gott selbst[185] in vergleichbarer Weise zu dem Vorwurf, ein Gewalttäter zu sein. Doch nimmt er wirklich zu Hiobs Anklagen Stellung? Vor allem in der älteren Forschung wird dies bestritten. JHWH, so eine verbreitete These, äußert sich nicht wirklich zu dem, was Hiob ihm vorwirft. „Drei Stunden Naturkunde für Hiob“ – so treibt Lothar Steiger diejenige Forschungsposition auf die Spitze, die eine engere Verbindung zwischen Hiob- und Freundesreden sowie den Gottesreden bestreitet.[186] Dagegen haben andere ForscherInnen betont, daß es durchaus inhaltliche und theologische Verbindungen zwischen Hi 3–37 und 38–42 gibt, die den Gottesreden in der Tat den Charakter einer Antwort auf das Hiobproblem verleihen. Als erster in dieser Reihe ist Keel zu nennen, der die Gottesreden unter dem programmatischen Titel „Jahwes Entgegnung an Ijob“ auf dem Hintergrund altorientalischer Ikonographie deutet.[187]

Mithin sprechen Gründe dafür, die Gottesreden tatsächlich als Antwort auf Hiobs Anfragen zu interpretieren. In diesem Rahmen enthalten sie zumindest teilweise auch eine Stellungnahme zum Vorwurf, Gott sei ein Gewalttäter gegen seinen Gerechten Hiob und ein Unrechtstäter gegen die Weltordnung. Sie reagieren auf das Problem, dem sich das vorliegende Buch widmet. In welcher Weise beantworten die Gottesreden des Hiobuchs das Problem göttlicher Gewalttätigkeit?

Eingebettet sind die Reden JHWHs zunächst in ein Szenario der Theophanie. Dieses wird durch JHWHs Sprechen aus dem Sturmwind zu Beginn der beiden Gottesreden (Hi 38,1; 40,6) in Erinnerung gerufen. Doch sonst wird solch eine Szenerie nicht bei einer Begegnung mit einem einzelnen Menschen verwendet, sondern bei JHWHs Erscheinen zum Gericht der ganzen Welt (dazu s. o. IV, 4.). Die darauf folgende Aufforderung zum „Gürten der Lenden" (Hi 38,3; 40,7) lehnt sich an ein Vorbild aus dem Ringkampf an. Ergänzt werden beide Bilder in Hi 40,2.8 durch Ausdrücke aus dem Bereich des Rechts.

Innerhalb dieses gerichtlichen Szenarios wird nun in den Gottesreden auf zwei unterschiedliche Weisen auf das Problem der gestörten Weltordnung Bezug genommen. Vor allem in der ersten Gottesrede, aber auch zu Anfang der zweiten werden Aussagen über die göttliche Schöpfung mit denen über die göttliche Rechtsordnung verbunden. Im ersten Teil der ersten Gottesrede schildert JHWH zunächst sein Schöpferhandeln v. a. in 38,4–38 in mythologischer Sprache. Der Akzent wird dabei zunächst auf die Gründung der Erde durch Abgrenzen des Meeres gesetzt (Hi 38,10f.). Der Terminus für die Begrenzung des Meeres ist das hebräische Wort *choq*/חק. Der Plural (*chuqqim*/חקים) bezeichnet in der deuteronomistischen Tradition (Dtn 4,1.5.8.14 u. ö.) die Israel von JHWH gegebenen Rechtsvorschriften. Damit besteht bereits eine Verbindung zwischen Schöpfungs- und Rechtshandeln JHWHs. Und ein weiteres Derivat der Wurzel *chaqaq*/חקק findet sich hier: Der Plural von *chuqqah*/חקה, *chuqqot*/חקות, bezeichnet in 38,33 die „Gesetze des Himmels". Dabei wird *chuqqah*/חקה „meist als Gesetzes- und Rechtsterminus verwendet".[188] Diese Wortwahl hebt also das Schöpfungshandeln JHWHs im Sinne des Begrenzens und Rechtsetzens hervor; schon bei der Schöpfung der Weltelemente hat JHWH Ordnungshandeln im Sinne eines Rechtsetzenden Handelns praktiziert.

In der ersten Gottesrede liegt ein weiterer Akzent des Schöpferhandelns JHWHs auf dessen Dauer. Von 38,12 an ist von Handlungen JHWHs an den Elementen[189] die Rede, die ständig erfolgen müssen, um das Bestehen der Erde zu gewährleisten. Das gleiche andauernde Schöpfungshandeln JHWHs wird in den JHWH-Königs-Psalmen als Erweis von JHWHs andauernder „Gerechtigkeit" (*zädäq*/צדק bzw. *z^edaqah*/צדקה) gewertet.[190] Ohne daß der Terminus „Gerechtigkeit" hier ausdrücklich genannt würde, ist er doch durch die besondere Gewichtung des Schöpfungshandelns JHWHs angedeutet. JHWH besteht also – gegen Hiobs Vorwurf, ungerecht zu sein – darauf, aufgrund seines kontinuierlichen Schöpferhandelns als gerecht (*zaddiq*/צדיק) zu gelten.

Im zweiten Teil der ersten Gottesrede (Hi 38,39–39,30) wird eine andere Weise gewählt, um über das göttliche Ordnungshandeln zu sprechen. Nun wird eine

Reihe von Tieren genannt, die eine Gemeinsamkeit besitzen: Sie zählen fast alle zu „diesem Getier des Feldes, das dem Menschen die Erde streitig macht, und das jene Städte und Landstriche besetzt, die das Gericht Gottes dem Menschen entzogen hat (Lev 26,22; Dtn 32,24; Hos 2,14; Jer 5,6)“[191]; noch genauer gehört das Wohnungnehmen dieser „anspruchslosen“ Tiere in menschenleerem Land in die Tradition vom „Tag JHWHs“[192]. Keel setzt die hier aufgezählten Tiere in Beziehung zur altorientalischen Vorstellung des „Herrn der Tiere“[193] und meint, „in dieser im Vorderasien zur Zeit des Ijobdichters weit verbreiteten Vorstellung den Bezugshorizont gefunden zu haben, vor dem Ijob 39 sachgemäß zu interpretieren ist“.[194] Die gemeinsame altorientalische Vorstellung drückt aus, daß es „in der Welt anarchisch-chaotische Bereiche (den Bergwald, die Steppe, die Wüste) und Mächte [gibt], die vom Menschen nicht zu eliminieren sind, ... die aber doch nicht außerhalb jeder Kontrolle vom ‚Herrn der Tiere‘ beherrscht werden“.[195] Die Lebensgewohnheiten dieser Tiere kennt nur JHWH, da er sie geschaffen hat. Daß hier gerade von diesen Tieren die Rede ist, die mit einem Zustand jenseits menschlicher Kultur assoziiert werden, wirft ein Licht darauf, wie die von JHWH gesetzte Ordnung hier verstanden werden soll: als eine sich den Menschen entziehende, ja ihnen entgegengesetzte.

Anders gesagt, führt also die erste Gottesrede insgesamt in bilderreicher, teilweise mythologischer Sprache vor Augen, daß JHWH die Ordnungen der Welt wie die Rechtsordnungen Israels gesetzt hat und sie ständig erhält. Daß diese Ordnungen vom Menschen weder völlig durchschaut noch (deshalb) in ein starres System gepreßt werden können, steht nicht im Widerstreit damit, daß JHWH durch sie die Welt auf eine bestimmte – seine und ihre Dynamik gewährleistende – Art erhält.

Der erste Teil der zweiten Gottesrede (Hi 40,6–14) knüpft terminologisch an andere als die bislang angesprochenen Traditionsbereiche des Alten Testaments an. Zunächst geht es um die Macht JHWHs, die in Hi 40,9 im Begriff des „Armes“ (*seroa'*/זרוע) aufgerufen wird. Sie steht sonst häufiger im Zusammenhang mit der Herausführung des Volkes Israel aus Ägypten durch JHWH (Ex 6,6; Dtn 4,34; 9,29; 2 Kön 17,34; Ps 44,7; 77,15). Auf JHWHs machtvolles Handeln im Gericht spielt seine donnernde Stimme (Hi 40,9) an. Es folgen mehrere Hoheitsattribute in Hi 40,10, die auf JHWHs Erhabenheit und Größe hinweisen. Die übermenschliche und unüberbietbare Macht JHWHs illustrieren die Verse Hi 40,10f.: Niemand außer ihm kann die „Frevler“ oder „Ungerechten“ (*r<sup>e</sup>scha'im*/רשעים) durch die Flut seines Zorns oder allein durch einen Blick niederzwingen[196] oder gar tief in der Erde einschließen. Zur Bildwahl von Hi 40,11–13 bemerkt Veronika Kubina, „daß der Dichter nicht nur ein prophetisches Thema aufgegriffen, sondern es auch in Anlehnung an prophetische Traditionen sprachlich gestaltet hat. Diese Auslegung legt sich insbesondere bei v. 13 nahe, der ohne den jesajanischen Kontext unverständlich bliebe. Der Rückgriff auf die Vorstellung vom ‚Tag Jahves‘, wie vor allem Jesaja sie bezeugt, legt sich dem Hiobdichter besonders nahe, da dieser Prophet den Akzent auf

Abb. 9: Relief des Horus-Tempels in Edfu: Auf der linken Seite ersticht der Pharao einen Feind; entsprechend rechts die Darstellung des Gottes Horus, der seinen Feind Seth in Gestalt eines Nilpferds tötet (3. Jh. v. Chr.).

das Gericht an Stolz und Hochmut setzt."[197] Durch die unterschiedlichen Anspielungen wird in dieser Eröffnung der zweiten Gottesrede betont, daß JHWH in der bisherigen Geschichte Israels machtvolle Dinge getan hat, an die kein menschliches Tun heranreicht. Dabei ist nun weniger die Ordnung der Schöpfung im Blick als mit der Erwähnung der „Ungerechten" die zwischenmenschliche Ordnung. Auch in diesem Bereich ist es JHWH, der in der Vergangenheit durch sein Rechtshandeln für Gerechtigkeit gesorgt hat – und das auch weiterhin tun wird.[198]

Im Anschluß wird das göttliche Ordnungshandeln in Hi 40,15–41,26 auf eine andere Weise geschildert. Hier werden die Wesen bzw. Tiere „Behemot" (Hi 40,15–24) und „Livjatan" (Hi 40,25–41,26) in ihrer Erscheinungsweise geschildert. Keel hat herausgestellt, daß eine plausible Deutung der beiden Wesen im Zusammenhang des Hiobbuches möglich ist, wenn sie mit dem Nilpferd und dem Krokodil der ägyptischen Ikonographie in Verbindung gebracht werden. Nilpferd und Krokodil sind in Ägypten nicht nur konkret vorhandene Tiere, sondern auch mythische Wesen, die zu bekämpfen sind. Dabei stehen sie stellvertretend für die bösen, widergöttlichen

Mächte der Welt. Sie werden sowohl konkret als auch rituell durch den Pharao bekämpft, der dabei an Stelle der Gottheit handelt (s. Abb. 9 auf S. 149).[199]

Auf diese ägyptische Tradition nun beziehen sich vermutlich die Hiob-Gottesreden. Allerdings sind Behemot und Livjatan hier keine widergöttlichen Mächte in dem Sinne, daß sie den Rang von Gegen-Gottheiten besäßen. Im Kontext der nachexilischen Theologie des Alten Testaments wird JHWH als die einzig machtvolle Gottheit gedacht. Die „Gegenmächte" sind hier nicht nur als Gottes Feinde, sondern auch als Geschöpfe Gottes gekennzeichnet.[200] Das Erschaffensein durch JHWH wird beim Behemoth ausdrücklich hervorgehoben (Hi 40,19), während es beim Livjatan nur (Hi 41,25) rückzuschließen ist. Im Blick auf den Livjatan wird dagegen betont, daß es nicht noch einmal ein derart furchtloses Wesen auf Erden gibt, das als König der Tiere gelten kann (Hi 41,25f.). Die göttlichen Gegenmächte besitzen hier also ein Doppelgesicht: Sie sind Geschöpfe Gottes, gleichzeitig aber mächtig und – so die Deutung auf dem Hintergrund der ägyptischen Ikonographie – Gott entgegengestellt.

In der zweiten Gottesrede verweist JHWH damit zunächst auf sein rechtschaffendes Handeln im menschlichen Bereich, in der Geschichte seines Volkes Israel. So wie er die Macht besitzt, dessen Feinde jederzeit zu vernichten, so ist auch nur er imstande, Behemot und Livjatan als die Verkörperungen des Chaotischen immer wieder zu überwinden. Daß diese Wesen seine Geschöpfe sind, weist wiederum darauf hin, daß JHWH seine Ordnung auf Dynamik hin angelegt hat: Er hat auch diese Mächte geschaffen, und er überwindet sie fortgesetzt. Die gerechte Ordnung muß immer wieder neu errungen werden. JHWHs Sieg über Behemot und Livjatan ist gewiß – insoweit ist JHWH Garant der Ordnung –, aber genauso gewiß ist die ständige Notwendigkeit des Kampfes. Das Bild einer Welt, in der ständig Kampf zwischen JHWH und dem Chaotischen herrscht, widerspricht der Erwartung, daß immer und für alle Geschöpfe gleichzeitig erfahrbar gerechte Zustände bestehen können. Die absolute Ernsthaftigkeit von JHWHs Bemühen um eine gerechte Welt sowohl in der menschlichen Gesellschaft wie auch in der Natur[201] wird dabei nicht preisgegeben. Insofern wird also am Tun-Ergehen-Zusammenhang festgehalten. Obwohl JHWH nicht der omnipotente „Vollender" oder permanenter „Hersteller" dieses Zusammenhangs ist, ist er doch der einzige, der die Macht besitzt, die chaotischen Kräfte erfolgreich in Schach zu halten. Keel formuliert: „Es fehlt in der Welt nicht an chaotischen Mächten, von eindrücklicher Wildheit und gewaltiger zerstörerischer Kraft. Aber die Welt ist doch nicht ohne Plan, ohne Ordnung. Jahwe hält das Chaos im Zaum, ohne es in eine langweilige, starre Ordnung zu verwandeln."[202]

Der JHWH der Gottesreden wird als eine Gottheit gezeichnet, die für sich in Anspruch nimmt, eine Ordnung der Welt geschaffen haben – und die einzige Macht zu sein, die diese Ordnung gegen Bedrohungen verteidigen kann. Dabei besteht JHWH darauf, ein eigenes „Recht" (*mischpat*/משפט) zu haben, das Hiob auch durch seine Anklagen nicht vernichten (*prr*/פרר Pilp.; vgl. 16,12) kann und soll (40,8). Damit verweist JHWH in der Gottesrede auf den Vorwurf des Rechtsbruchs zurück, den Hiob gegen ihn erhoben hat.

Als Indikator dafür, ob und inwiefern die Gottesreden Antworten auf Hiobs Anklagen und den Vorwurf göttlicher Gewalttätigkeit sind, können Hiobs Antworten auf JHWHs Reden gelten. Doch auch ihre Aussagen werden in der Forschung unterschiedlich beurteilt. Übt Hiob in seinen Antworten nur einen Streitverzicht gegenüber dem mächtigeren Gott, während er von dessen Antwort nicht überzeugt ist? In dieser Weise interpretiert Spieckermann die Hiob-Antworten und damit die Gottesreden: „Unterwerfung, nicht Einsicht ist das Ziel der Gottesreden. Der Mensch kommt in ihnen nicht vor."[203] Oder ist Hiob in der Tat „getröstet"?[204] Dazu ist nun ein genauerer Blick vor allem auf die zweite Hiob-Antwort (Hi 42,1–6) zu werfen.

Und Hiob antwortete JHWH und sprach:
Ich erkenne, daß du alles vermagst;
und unausführbar ist für dich kein Strafplan.
„Wer ist es denn, der den Ratschluß verhüllt ohne Erkenntnis?"
Derart habe ich gesprochen, aber dabei habe ich keine Einsicht;
Wunderbareres als ich, so daß ich es nicht erkenne.
Höre doch, und ich werde sprechen;
ich will dich fragen, und du belehre mich!
Vom Hörensagen hatte ich von dir gehört;
nun aber hat mein Auge dich gesehen.
Deshalb liegt mir nichts mehr daran,
und ich bin getröstet über Erdreich und Staub.

Diese zweite Antwort Hiobs beginnt mit der Verbform *jada'ti*/ידעת in 42,2, „ich erkenne". Diese Eröffnung zeigt, wenn sie im Zusammenhang mit anderen alttestamentlichen Erwähnungen dieser Form gelesen wird,[205] daß Hiob seine Klage als erhört ansieht. Der „Strafplan JHWHs" (*m$^e$simmah*/מזמה; 42,2) zielt deutlich auf den Beginn der zweiten Gottesrede (40,6–14). Hiob signalisiert durch diesen Verweis, daß er JHWHs Taten für Israel anerkennt und sieht, daß Gott die Frevler damals gestraft hat und weiterhin strafen wird. Hi 42,5 bringt zum Ausdruck, daß sich Hiobs Wunsch nach dem Sehen seines „Lösers"[206] von 19,27 erfüllt hat: Nicht nur aus zweiter Hand, sondern durch die direkte Begegnung mit JHWH hat Hiob nun von Gottes Ordnung der Welt Kenntnis bekommen. Der Bezug auf die Erwartung des Lösers von 19,25 ist durch die Wortparallele „über dem Staub" (*'al-'afar*/על עפר) in Hi 19,25 und „über Staub und Asche" (*'al-'afar w$^e$'efär*/על עפר ואפר) in Hi 42,6b hergestellt. Hiobs Gewißheit hat sich bewahrheitet: Gott als Hiobs „Löser" hat sich „über dem Staub" erhoben.[207]

Hi 42,6 bündelt nun noch einmal Hiobs Reaktion: Es liegt ihm nun nichts mehr am Streit mit Gott. Hiob ist getröstet. Das Verb *nicham*/נחם ist mehrdeutig und wird an dieser Stelle häufig mit „bereuen" wiedergegeben.[208] Ina Willi-Plein allerdings macht plausibel, daß es hier um die Erfahrung des Trostes geht.[209] Zunächst wird diese theoretisch formuliert, denn Hiobs Leiden ist bislang kein Ende gesetzt worden. Doch das Wort deutet an, daß eine praktische Konsequenz zu erwarten ist, denn es schließt „wenn nötig und möglich reale Hilfe"[210] mit ein.

Daß diese dem Hiob tatsächlich zuteil wird, wird nun nicht mehr in den Gottesreden erzählt; es ist erst Gegenstand des Epilogs. Doch darf man beide Teile gemeinsam interpretieren? Spieckermann führt aus, daß dies angezeigt ist, denn der Dialog ist samt der Gottesreden – wie oben ausgeführt – höchstwahrscheinlich unter Kenntnis der Rahmenhandlung verfaßt.[211] Das bedeutet einerseits, daß Gott und Satan im Prolog als *eine* Figur anzusehen sind. Spieckermann spricht deshalb von der „Satanisierung Gottes".[212] Auf eine Einheit beider weisen darüber hinaus nicht nur die oben genannten Texte aus den Hiob-Reden hin, in denen Gott als Feind Hiobs auftritt. Fraglich müßte auch sonst bleiben, warum die Himmelsszene des Prologs erzählerisch kein Pendant, keinen Schluß im Epilog findet: Im Epilog kommt der Satan nicht vor. So betrachtet, sollte der Schluß des Hiobbuches nicht strikt von den Gottesreden abgetrennt werden. Beide Texte können – auch in einer historischen Auslegungsperspektive – gemeinsam interpretiert werden. Diese Verknüpfung wird nun auch dadurch gestützt, daß Hiob in 42,12–15 ein praktischer „Trost" widerfährt: Das Getröstetsein Hiobs in Hi 42,6 (*nicham*/נחם) weist so voraus auf die Restitution Hiobs in 42,12–15.

Worin liegt in dieser Interpretation die Aussage des Hiob-Schlusses und damit letztlich des Hiobbuches? Einen Aspekt umreißt Ebach: „Nicht, daß das Leiden sinnvoll oder zweckgerichtet war oder als solches sich noch erweisen möge, ist zu hoffen, sondern daß es zu einem Ende kommt. Das Hiobbuch erzählt zuletzt nicht vom *Sinn* oder *Zweck* des Leidens, sondern von seinem *Ende*."[213] Dies bezieht sich nun aber primär auf das Leid des typisierten Problemträgers Hiob. Was aber ist mit dem Problem der Weltordnung?

Weder die Gottesreden noch der Epilog bieten eine „Lösung" des Problems des ungerechtfertigten menschlichen Leidens. Sie bieten ein Erklärungsmodell für das göttliche Handeln an und in der Schöpfung, das permanent andauert und in der Bekämpfung chaotischer Mächte besteht. Diese Bekämpfung des Chaos ist immer notwendig und von keiner anderen Instanz so gut zu bewerkstelligen wie von JHWH – so die Botschaft der Gottesreden. Gleichzeitig ist diese Situation für die Leidenden als die Hiob ähnlichen Opfer des Chaos in der Welt nicht wirklich befriedigend. Denn Ungerechtigkeit und Leid werden nicht beendet, sondern mit Hilfe schöpfungstheologischer Topoi erklärt.

Was die Frage nach dem Grund der Ungerechtigkeit in der Welt angeht, die als Gewalttätigkeit Gottes gedeutet wird, präsentiert das Hiobbuch in der hier vorgestellten Interpretation tatsächlich keine *Lösung*. Was es hingegen in seiner Art des Umgangs mit diesem Thema anbietet, ist eine *Antwort*: Hiobs Verhalten und sein kritisches Reden zu JHWH werden nicht verurteilt, sondern positiv beurteilt: Hiob hat, anders als die Freunde, „recht geredet über" bzw. „zu" Gott (Hi 42,7f.). Welche Konsequenz ist daraus zu ziehen? Hiob hat Gott hart angeklagt. Hiob hat Gott als seinen Feind bezeichnet, weil er ihn als Zerstörer der Weltordnung angesehen hat. Diese Weise, über Gott zu reden, wird im Hiob-Schluß ausdrücklich gutgeheißen. Nicht als Ausweg aus, aber als Umgangsweise mit der Situation ungerechtfertigten Leidens wird der Weg der Anklage Gottes vor Augen geführt. Gott ist zwar der einzige, aber doch ein unvollkommener Erhalter der Weltordnung. Angesichts dessen ist die menschliche Klage und Anklage, so das Hiobbuch, eine angemessene Reaktion.

## Zur Auslegung des Textes

Diese Umgangsweise soll nun auch fruchtbar gemacht werden für einen heutigen Umgang mit Gottesbildern der Gewalt. Von den Gottesreden des Hiobbuchs ausgehend läßt sich formulieren: Die Vorstellung von einer perfekten Welt ist – zumindest auf dem alttestamentlichen Denkhintergrund – ebenso zu verabschieden wie die Idee der Allmacht Gottes. Ein gewisses Maß an „Unordnung" ist der Schöpfung eingeschaffen und von Gott gewollt. Dies gilt, obwohl Gott dieses Chaotische auch immer wieder bekämpfen muß. Und auch den Menschen ist aufgetragen, Recht und Gerechtigkeit zu praktizieren und sich für eine gute Ordnung in der Welt einzusetzen.

Trotz des weit gefaßten Handelns Gottes ist Gott im Hiobbuch kein menschenferner, durch große schöpfungstheologische Überlegungen sehr entrückter Gott. Sondern ein Wesen, das durch Klage und Anklage herbeizuholen ist. Hiob klagt nicht in einen leeren Himmel hinein, aus dem er sich einer Antwort nicht gewiß sein kann. Hiob klagt zu und über Gott, aber auch zu und über seine Freunde. Sie sind so etwas wie die Mittlerinstanzen der Gottesbegegnung. Die Freunde sind diejenigen, die mit Hiob trotz aller Sperrigkeit der Reden immer im Gespräch bleiben. So lange, bis dieser seine Fragen so zugespitzt hat, daß er durch sie Gott selbst auf den Plan ruft und Antwort geben läßt.[214]

Wie erreicht Hiob das? In der Hiobfigur wird sowohl im Dialogteil als auch im Rahmen ein Mensch dargestellt, der in Kontakt mit Gott bleibt. Trotz allen Leides und aller ihm widerfahrenen Ungerechtigkeit bricht Hiob die Kommunikation mit Gott nicht ab. Was Hiob dabei zu und über Gott im Dialogteil sagt, wirkt auf heutige Christinnen und Christen häufig befremdlich: Derartig harte Anklagen gegen Gott zu führen, empfinden viele Menschen als unangemessen und die Grenzen einer Kommunikation mit Gott überschreitend. So darf man mit Gott nicht sprechen! Doch die Bibel, das Hiobbuch sehen dies anders. Hierin kann eine Ermutigung gerade für heutige Menschen liegen, die Gewalt erfahren: Sie können Gott hart anklagen, ihn beschimpfen – wenn sie nur den Kontakt mit Gott halten, Gott mit dem geschehenen Unrecht behaften, nicht los- und nicht lockerlassen. Der Gott des Hiob-Dialogs ist ein Gott, der dies alles aushält, und der Menschen nicht für harte Worte ihm gegenüber straft. Hiob hat im Gegenteil „recht geredet" über Gott, anders als die Freunde (Hi 42,8).

Diese Verse stehen allerdings im Epilog, und es ist nicht mit Sicherheit zu sagen, ob sie sich immer schon auch auf den Dialog oder nur auf den Prolog bezogen haben. So bleibt die Spannung erhalten, wie wirklich recht über Gott zu reden ist. Wenn der Epilog nur in redaktioneller Hinsicht vom Dialogteil abgetrennt und separat gelesen wird, würde nur der Dulder Hiob gerechtgesprochen. Wird der Epilog aber, wie es oben für die Restitution Hiobs vorgeschlagen wurde, auch als Schlußteil für das Buch Hiob angesehen, dann verändert sich die Leseperspektive: Auch das Klagen und sogar das Beschimpfen Gottes gehört zu einer „rechten Rede von Gott" dazu. Texte wie die Hiob-Anklagen Gottes verarbeiten erfahrene Ungerechtigkeit und Gewalt, indem sie sie in die Sprachform der Klage überführen. In dieser ist, wie Fuchs ausführt, Gott notwendigerweise auf geschehenes Unrecht hinzuweisen.[215] In der Sprachform der Klage wäre es unangemessen und würde von mangelndem Vertrauen in Gott zeugen, wenn Menschen Gott *nicht* auf Unrecht- und Leiderfahrungen hin ansprechen und dafür verantwortlich machen würden.

In dieser Perspektive betrachtet, kann die Klage als diejenige Redeweise angesehen werden, in der am angemessensten von Gott als Gewalttäter gesprochen werden kann: indem eben nicht „von" oder „über" Gott, sondern *zu* Gott gesprochen wird. Hierin ist die Redeweise über Gott im Hiobbuch über den Horizont des Alten Testaments hinaus wegweisend: Die Klage, die auch die Anklage einschließt, ist an Gott zu richten, wo immer Gewalt erfahren wird.[216]

# V. Gottesbilder der Gewalt im Alten Testament verstehen – Auswertung und Schluß

Dies ist der Ort, an dem die Ergebnisse der Untersuchungen über das in III.2. und III.3. Gesagte hinaus zusammengestellt und ein Ausblick formuliert werden kann.

Zunächst ist zu fragen, ob sich eine Art Entwicklungsgeschichte gewaltvoller Gottesbilder rekonstruieren läßt, wenn die hier untersuchten Texte in der in etwa Abfolge ihrer vermutlichen Entstehungszeit betrachtet werden. Diese Entstehungschronologie entspricht nicht nur in etwa der Chronologie der erzählten Zeiten, sondern auch der Anordnung in Kap. IV. Läßt sich so auch ein Blick auf Israels eigenes Verständnis seiner Geschichte mit Gott als Gewalttäter werfen?

Die deuteronomistische Perspektive, in der die Landnahme-Zeit als die Heilszeit erscheint, gibt unter den hier behandelten Texten einen ersten Blick auf JHWH als gewalttätigen Gott. Gleichzeitig ist dies die Sicht der israelitischen Königszeit. Noch richtet sich die göttliche Gewalttätigkeit (Dtn; Jos) in dieser Epoche nicht *gegen* Israel, sondern sie wird zu seinem Vorteil eingesetzt. Dies bildet vielleicht einen Widerschein der Exodus-Erfahrung: JHWH setzt sein Gewalthandeln vor allem zugunsten Israels ein.

Von den wiederholten Zerstörungen des Landes und dem babylonischen Exil an wird auf die Erfahrung zurückgegriffen, daß JHWH ein machtvoller Gewalttäter ist. JHWH wird einerseits (Ps 74) gegen die Feinde Israels oder Jerusalems als Retter angerufen. Das Exil allerdings wird überwiegend als Gewalttat JHWHs gegen sein eigenes Volk interpretiert. JHWHs Macht und Gewalt wendet sich gegen Israel, gegen Juda und Jerusalem. In der Ehemetaphorik wird die von Volk und Land erlittene Gewalt in Bildern sexueller Gewalt umgesetzt. Wenn bei Ezechiel sogar der Tod Jerusalems vor Augen gestellt wird, scheint die Grenze für die Bilder göttlicher Gewalttätigkeit erreicht. Nicht überall, jedoch an manchen Stellen wird diese extreme Metaphorik in den alttestamentlichen Texten selbst kritisiert.

In der nachexilischen Zeit wird in unterschiedlichen Traditionen und Motiven von JHWH als Gewalttäter gesprochen. Der Horizont israelitischer Theologie ist nun weiter aufgespannt, und zwar nicht nur im Blick auf das Heil, sondern auch auf die Vernichtung. JHWHs Zorn kennt keine Grenzen und keine Schranken; die ganze Welt ist ihm unterworfen. Diese extreme Form des göttlichen Gerechtigkeitsschaffens wird aber beim Nahum-Psalm mit der göttlichen Barmherzigkeit zusammengebunden. JHWH wird so einerseits als universaler und einziger Gott gesehen. Andererseits erscheint er als ein Gott mit mehreren Gesichtern. Bei diesem Text hebt sich deutlich die erzählte Zeit von der vermutlichen Entstehungszeit ab. JHWHs gewalttätiges und barmherziges Handeln wird in Zusammenhang mit dem Untergang des neuassyrischen Reichs geschildert. So erscheint der Gott, der in der Historie gegen ein anderes Volk angeht, von vorneherein als eine Gottheit, deren Handeln im Rahmen universaler Gerechtigkeit steht und nicht einem Partikularinteresse untergeordnet ist.

In der gleichen Brechung zwischen nachexilischer Entstehungszeit und erzählter Vorzeit steht das Hiobbuch. Nun fokussiert der Blick in der Nachexilszeit auf das Schicksal einzelner Menschen. Im Hiobbuch wird einem typisierten Einzelnen die Möglichkeit eröffnet, Gott zur Rechenschaft für die Weltregierung zu ziehen. Gott läßt sich zu einer Antwort provozieren und legt in den Gottesreden offen, daß er einen dauerhaften Kampf gegen Ungerechtigkeit und Unrecht in der Welt führt.

In dieser kurzen „Gewaltgeschichte JHWHs" verbirgt sich gleichzeitig eine Geschichte der Gewaltbearbeitung. Mannigfach erlittene Gewalt kann dadurch bearbeitet werden, daß ihr ein Ursprung im Handeln Gottes zugeschrieben wird. Aber auch Wünsche nach göttlichem Handeln werden zum Ausdruck gebracht: solche nach Rettung und Bewahrung in Situationen der Ohnmacht sowie solche nach einer Kraft, die universale Gerechtigkeit schaffen kann.

Wie sieht es mit der inneralttestamentlichen Kritik an Gott als Gewalttäter aus? An einigen Stellen können Einsprüche und Gegenstimmen ausgemacht werden. Allerdings nicht überall: Die mythologische Gewalt und die Rückbezüge auf JHWHs Tun beim Exodus werden nicht kritisiert. Im Gegenteil: in Not- und Unterdrückungssituationen wird diese Seite göttlichen Handelns sogar herbeigewünscht. Gottes Gewalt wird also nicht pauschal negativ gewertet, sondern je situativ beurteilt. Je stärker sich die Betenden anderen Gewaltmächten ausgesetzt sehen, desto weniger Kritik wird an den Gewaltbildern geübt. Kritik wird allerdings laut, wenn Israel oder einzelne Menschen sich göttlicher Gewalt ausgesetzt sehen.

Die Bilder von Gott als Gewalttäter im Alten Testament werden an den Stellen, an denen sie später nachbearbeitet und korrigiert werden, kaum einmal explizit dementiert oder negiert. Dies entspräche – soweit es historische Forschung sagen kann – nicht dem alttestamentlichen Umgehen mit den über lange Zeit gewachsenen Texten, das sehr an der Bewahrung auch älterer Textstufen interessiert ist. Die Bearbeitungstechnik ist eher eine solche, die den Wahrheiten der Vergangenheit neue Gedanken und Erkenntnisse an die Seite stellt.[1] Diese Technik führt auf der anderen Seite dazu, daß sich in den meisten Texten nicht ein einziges, eindimensionales Gottesbild finden läßt, sondern meist Gottesbilder „im Plural", die zueinander in Spannung stehen. Daß Gott ein mächtiger, zerstörerischer Weltenrichter ist, wird im Nahum-Psalm nicht negiert, sondern mit der Botschaft seiner machtvollen Vergebung und Barmherzigkeit verknüpft. Daß Gott den einzelnen Menschen auch als

Gewalttäter entgegentreten kann, wird im Hiobbuch nicht bestritten. Es wird aber in den Gottesreden darauf insistiert, daß Gott vor allem ein Kämpfer gegen die Mächte des Unrechts ist.

Die göttliche Gewalttätigkeit erscheint hier einerseits als eine Möglichkeit, erlittenes Leid auf der Ebene und in der Sprache der Religion zu bearbeiten. Die erlittene Gewalt bekommt mit Gott einen Täter. Solche Aussagen werden dort formuliert, wo Israel selbst oder Einzelne in Israel von unabwendbarer Gewalt betroffen sind. Es sind fast durchgängig die Opfer von Gewalt, die sich Gott als Gewalttäter denken – und nicht die Täter, die Gott als Verstärkung ihrer eigenen Bataillone wünschen. Die Ohnmächtigen sind es, die sich JHWH als Retter und Bewahrer wünschen, nicht die Mächtigen. Wenn Gewalt gegen Andere gewünscht wird, dann geschieht das in einer Weise, daß diese Anderen dem göttlichen Gericht überantwortet werden.[2]

Aus diesen biblischen Verwendungen gewaltvoller Bilder für Gott können (neben dem in III.3. Formulierten) weitere Leitlinien für eine heutige Auslegung solcher Texte gewonnen werden. Es sollte das Vorrecht der Opfer von Gewalt und der Ohnmächtigen sein, sich einen gewalttätig einschreitenden Gott zu wünschen. In einer solchen Auslegung überschneiden sich die Dimensionen von Erinnerung und Auslegung. Der Blick heutiger Opfer von Gewalt fällt zurück in die Vergangenheit: Die heutigen Opfer können sich an der Seite der damaligen Opfer der Gewalt sehen. Die Texte werden so für heutige Opfer der Gewalt sprechbar,[3] können bei der Bewältigung von Gewalt helfen, anstatt von Mächtigen mißbraucht zu werden.

Auch die Kommunikationssituationen, in denen die alttestamentlichen Texte zu oder über Gott als Gewalttäter sprechen, können der Interpretation als eine weitere Leitlinie dienen. Die hier untersuchten Texte erzählen im Rückblick von der Erfahrung, daß Gott sich radikal für sein Volk eingesetzt hat (Dtn; Jos); sie wünschen sich in einer Situation der Zerstörung das machtvolle Einschreiten Gottes (Ps 74); sie kündigen göttliches Strafhandeln gegen die eigene Gruppe in Gewaltbildern an (u. a. Ez); sie preisen Gott als barmherzig-unbarmherzigen Richter der ganzen Welt (Nah); und sie klagen ihn an, weil er dieser Rolle im Leben eines einzelnen Menschen nicht immer nachkommt (Hiob). Keiner der Texte fordert zur Nachahmung der Gewalttat auf. Wenn Gott gewalttätig ist, dann ist er es gegen die eigene Gruppe, oder er soll im Sinne einer universalen Gerechtigkeit rettend eingreifen.

Welchen Beitrag zur Theologie leisten die Gottesbilder der Gewalt, wenn sie als „Texte im Zentrum" und nicht als marginale Traditionen begriffen werden? Sie erweitern die menschliche Beziehung zu Gott um eine neue Dimension. Dies läßt sich in vier Punkten entfalten.[4]

Zuallererst und am stärksten wird ein Element der Konfrontation in die Beziehung zu Gott integriert. Dazu zählt, wie bei Hiob, eine gewisse Härte in der Begegnung: der Konflikt, der Streit, die Auseinandersetzung. Die klare und harte Anklage

Gottes macht es möglich, das Ungute zu benennen und Gott als Kraftquelle für einen Wandel zum Guten anzurufen. Hierdurch wird ein Element der Aggression in die Beziehung zu Gott eingeführt.[5]

Der zweite Punkt beschreibt gewissermaßen die Rückseite der Delegations-Hermeneutik. Wenn Gott derjenige ist, der als Vergelter handeln soll, dann drückt sich darin ein großes Vertrauen aus. Wer solche Gottesbilder verwendet, setzt die Hoffnung auf Gott und wünscht sich sehr, daß Gott handelt – auf die göttliche Weise. Das ist eine andere Art des Vertrauens als das auf den „lieben Gott". Dieses Vertrauen ist gebrochen, denn es weiß um das „Eigenleben" Gottes; es kann auch enttäuscht werden, ist meist auch schon enttäuscht worden. Trotzdem hofft ein solches Vertrauen weiter, betet weiter, klagt weiter.

Die Delegation an Gott heißt also auch, damit zu leben, daß Gott im griechisch-philosophischen Sinn „unvollkommen" ist. Es heißt, mit Gottes Wankelmut zu leben oder der göttlichen Reue[6]; mit den inneren Um-Entscheidungen und Zerrissenheiten (Hos 11); mit dem mangelhaften Handeln Gottes, über das trotzdem nichts anderes geht (Hiob). Das Leben mit diesem biblischen Gott ist ein Prozeß, ein Beziehungsgeschehen mit Höhen und Tiefen. Es ist nicht das Leben mit einem Gott jenseits der Wolken, unberührt, perfekt, und kühl; sondern mit einem lebenden Wesen, das sich durch die Geschichte und in der Beziehung zu seinen jeweiligen Menschen entwickelt und verändert.

Nicht zuletzt ruft das Lesen der biblischen Texte in Erinnerung, wie häufig sich dort eine Gruppe oder das ganze Volk artikuliert. Als theologisches Erbe vor allem der Aufklärung und des Pietismus ist christliche, zumal evangelische Frömmigkeit stark auf den einzelnen Menschen enggeführt worden. Darüber wird häufig vernachlässigt, daß sich viele Texte auf ein Kollektiv und auf größere gesellschaftliche Zusammenhänge beziehen. Dies wirkt sich gerade im Bereich der Texte über biblische Gewalt stark aus – stehen doch hier oft gesellschaftliche Konstellationen oder historische Situationen im Hintergrund der konkreten Gewalthandlungen. Die Aufmerksamkeit häufiger vom Individuum auf den größeren Lebenszusammenhang zu richten, wäre eine wichtige Aufgabe der Theologie.

So verstanden, möchte das hier vorgeschlagene hermeneutische Modell neue Räume für Gespräche öffnen: Einerseits ist dies mit den altorientalischen Texte im Hintergrund der „schwierigen" alttestamentlichen Texte ein „Raum hinter den Texten". Der Raum der biblischen Texte selbst wird durch das Gespräch mit den Gegen- oder Gesprächstexten vielschichtiger, lebendiger, vielstimmiger.[7] Die Sicht auf die problematischen Texte als Ausdruck von Gewaltbearbeitung schafft heute einen neuen Gesprächsraum zwischen denen, die damals und heute Gewalt erleiden. So wird für die heutige Auslegung ein Streit-, Klage- oder Vertrauensraum neu geschaffen.

Auf dem Gebiet einer Hermeneutik für Gottesbilder der Gewalt bleiben noch viele Fragen zu beantworten. Vier davon sollen angedeutet werden:

Eine Untersuchung von Gewaltbildern für Gottheiten und generell vom Gewaltverständnis im Alten Orient wäre eine lohnende Aufgabe – schon um dem Eindruck zu wehren, daß es sich bei den Gewaltbildern des Alten Testaments vor allem um „Erbstücke" aus dem Alten Orient handelt. Hier ist noch viel Material zu sichten, es sind Kategorien zu konzipieren und systematische Linien für die unterschiedlichen Epochen und Räume zu entwerfen.[8]

Auch das Gewaltverständnis im Alten Testament ist noch stärker zu erforschen. Hierfür wäre es sinnvoll, die hier begonnene Untersuchung auch auf andere Texte auszudehnen. Eine ganze Reihe „problematischer" Gottesbilder konnte im vorliegenden Werk nicht behandelt werden. Lohnend wäre auch der Versuch, innerhalb einzelner alttestamentlicher Traditionen nach Linien der Gewaltbearbeitung zu suchen. Auch der Zusammenhang zwischen dem sich ausbildenden Monotheismus und Gottesbildern der Gewalt ist hier nur andeutungsweise thematisiert worden; m.E. wird die Antwort nicht so eindeutig zuungunsten des Monotheismus ausfallen, wie von manchen vermutet wird.[9] In denjenigen Texten des Alten Testaments, die monotheistisch gefärbt sind, lassen sich starke Integrationsbemühungen von unterschiedlichen Zügen des Gottesbildes finden.[10]

Ein letzter Hinweis ist in Richtung auf die neutestamentliche Forschung angebracht. Den Texten des Neuen Testaments galt die Aufmerksamkeit in diesem Buch nicht. Sie zu untersuchen, wäre ein eigenes, wichtiges und hochkomplexes Thema für die zukünftige exegetische Forschung. Hier wäre es zunächst notwendig, das Gewaltverständnis und Gottesbilder der Gewalt im hellenistischen Bereich aufzuarbeiten. Auch machen bei einem solchen Thema die bisher zu wenig erforschten Erblasten bestimmter Formen der Verhältnisbestimmung von Alten und Neuem Testament bemerkbar; zu leicht ist es lange Zeit gewesen, die Probleme dem Alten Testament zuzuweisen.[11] Mehr als erste Anfänge gibt es hier meines Wissens derzeit nicht.[12]

Mindestens das gleiche „Störpotential" besitzt das Thema göttlicher Gewalt für die systematische Theologie. Lange Zeit hat sich die Lehrbildung hier stark an philosophischen Kategorien orientiert und die biblischen Texte kaum oder nur bestätigend rezipiert. Es läge eine große Herausforderung darin, die unterschiedlichen Gottesbilder der Bibel einschließlich ihrer gewalttätigen Aspekte in systematisch-theologische Denksysteme zu integrieren.

Am Schluß bleibt damit die Hoffnung, daß das vorliegende Werk dazu ermutigt, das sperrige und unangenehme, die Theologie aber in vielfältiger Weise herausfordernde Thema zukünftig stärker zu bearbeiten.

# Anmerkungen

## Vorwort

[1] In den Kontext der Dekade ordnen sich bspw. Butting u. a. 2000 sowie Dietrich/Majordomo 2005 ein.

[2] Hedwig-Jahnow-Forschungsprojekt, Möglichkeiten befreiender Lektüre von alttestamentlichen Texten über Gewalt gegen Frauen, epd-dokumentation 17/97, 71–73.

[3] Dabei greift es vor allem in den Abschnitten IV, 3. und IV, 4. auf die beiden anderen Bücher (Baumann 2000; 2005) zurück.

## I. Einleitung: Die Problemstellung

[1] Lohfink 1983b, 15 Anm. 1 bezieht sich auf Schwager 1978, wenn er zusammenfaßt: „Schwager ist zu folgenden Zahlen gekommen: über 600 Stellen, die ‚ausdrücklich davon sprechen, daß Völker, Könige oder einzelne über andere hergefallen sind, sie vernichtet und getötet haben‘ (58), ungefähr 1000 Stellen, nach denen Jahwes Zorn entbrennt und er ‚mit Tod und Untergang bestraft, wie ein fressendes Feuer Gericht hält, Rache nimmt und Vernichtung androht‘ (65), über 100 weitere Stellen, ‚in denen Jahwe ausdrücklich befiehlt, Menschen zu töten‘ (70).“

[2] Dazu vgl. Ebach 2006 mit dem Hinweis auf einen Abschnitt aus dem Traktat Megilla des Talmud Bavli, fol. 10b und einen nahezu gleichlautenden Abschnitt in bSanh 39b.

[3] Dazu z. B. in kurzer Form Schwager 1983, 214; oder Lohfink 1983b, 16: „Schon Markion, der erste große Ketzer der Kirchengeschichte, hatte gesagt, der Gott Jesu und der Evangelien sei ein neuer und vorher unbekannt gebliebener Gott, und der Schöpfergott des Alten Testaments sei durch ihn als das entlarvt, was er war: ein zwar Gerechtigkeit wollender Gott, aber dann doch schließlich nur ein unbeständiger, eifernder, wilder, kriegerischer, gewalttätiger und zorniger Despot.“ Eine längere Auseinandersetzung mit Markions Thesen findet sich bei Barton 1997, 35–62.

[4] Beckmann 2002.

[5] In: Traulsen 1990, 354 (nach Beckmann 2002, 13). Im literarischen Umfeld finden sich bei Schleiermacher weitere Aussagen, die in die gleiche Richtung gehen; z. B.: „Der Glaube an eine bis zu einem gewissen Zeitpuncte fortgesetzte besondere Eingebung oder Offenbarung Gottes in dem jüdischen Volk ist schon bei dem gegenwärtigen Stande der Untersuchung über die jüdische Geschichte so wenig Jedem zuzumuthen, und es ist mir so wenig wahrscheinlich, daß er am Schluß dieser Untersuchung mehr Stützen werde bekommen haben, daß es mir sehr wesentlich schien, auf das bestimmteste auszusprechen, wie ich es eben so deutlich einsehe als lebendig fühle, daß der Glaube an die Offenbarung Gottes in Christo von jenem Glauben auf keine Weise irgend abhängig ist“ (Traulsen 1990, 353).

[6] Beckmann 2002, 335: „Jede Aussage über die Stellung des AT zur Kirche, ihrer Geschichte und der von ihr erwarteten Zukunft schließt eine Aussage über das Volk des Alten Bundes, dessen andauernde Geschichte und dessen Zukunft ein. Die theologischen Voten über das

zeitgenössische Judentum zeigen in allen dargestellten Entwürfen eine enge Korrespondenz mit dem jeweiligen Verständnis des biblischen Kanons."

[7] Einen schon etwas älteren Überblick über die Diskussionslage gibt Reventlow (1983).

[8] So Beckmann 2002, 20 über Schleiermacher, für den „die biblisch-jüdische Tradition mit ihren Wunderberichten und der ‚zornigen' Gottesgestalt das dem modernen Menschen schlechthin Unzumutbare darstellte".

[9] Vgl. Buggle 1992 oder Schnädelbach 2000.

[10] Zum Thema vgl. auch Kessler 2002.

[11] Zahlreiche Beispiele für solche Stimmen und Voten nennt Reventlow 1982, 31–47. Den „Streit um das Alte Testament" in der völkischen Bewegung und in der NS-Zeit zeichnet C. Weber (2000, 50–87) nach. Zwei weitere Arbeiten seien erwähnt, die sich mit den größeren theologiegeschichtlichen Linien befassen: Die theologische Einordnung des Alten Testaments zwischen den Weltkriegen skizziert Schroven (1995), und dem Bild des Judentums bei deutschen Alttestamentlern zwischen 1850 und 1950 widmet sich Kusche (1991). Auf antijudaistische Tendenzen in der neutestamentlichen Exegese – in Abgrenzung zum Alten Testament – weist Leutzsch hin (Leutzsch 2006, 2.8). Er zeigt gleichzeitig auf, wie wenig das Problem der Gewalt von neutestamentlich-exegetischer Seite her erforscht ist.

[12] So Reventlow 1982, 36 in der Wiedergabe von Dinter 1926, 22.

[13] Dies erläutert Müllner (1997, 20–31) am Beispiel vor allem feministischer Kritik an Texten über sexuelle Gewalt gegen Frauen im Alten Testament.

[14] Erhellend sind hier beispielsweise die Anmerkungen Kesslers (2005) zur einer Bemerkung des Philosophen Jürgen Habermas zum „alttestamentarischen Klang" der Sprache der Vergeltung nach dem 11. 9. 2001.

[15] So auch Michel 2003, 3f. mit Bezug auf Krieger 2000, 297: „Der verabsolutierte Gott der Liebe" (dazu vgl. auch S. 66–68).

[16] Zur Bewertung der zwischenmenschlichen Aggression in der Kirche hat Kleßmann (1992) wichtige Einsichten formuliert. Angesichts des Widerspruchs zwischen der neutestamentlich geforderten Sanftmut (er nennt [14f.]: Mt 5,21f.; Gal 5,19–22; Eph 4,31f.; Kol 3,8ff. und 1 Tim 6,3ff.) und der alttestamentlichen offenen Rede von Zorn und Aggression (nicht nur Gottes) stellt er die Frage (17): „Heißt das: Gegen die Feinde des Glaubens und der Gemeinde waren Ärger und Aggression allemal erlaubt, nur untereinander sollten sie ausgeschlossen sein? Außenaggression ja, Binnenaggression nein? So ist es wohl jahrhundertelang vermittelt worden, man denke an die Ketzerpolemiken der alten Kirche, an die Kreuzzüge, die Inquisition, Luthers Polemiken etc. Jesu Gebot der Feindesliebe hat diesen Tendenzen keinen Einhalt bieten können; es ist entweder ignoriert oder individualisiert und privatisiert worden. Wenn ich recht sehe, hat sich die Spaltung in akzeptierte Außenaggression und negative sanktionierte Binnenaggression im Lauf der letzten zwei Jahrhunderte einseitig aufgelöst zugunsten eines generellen Verdikts über jede Form von Aggression; die Ideale der Aufklärung und das Erbe des Pietismus sind dabei maßgeblich beteiligt gewesen."

[17] Kritisch gegenüber der Fokussierung auf die Liebe Gottes äußert sich aus solchen Gründen auch Berges (2005, 22f.).

[18] Schoberth 2002, 60 im Anschluß an Dietrich/Link (1995, 148).

[19] So Bork 2000, 55: „Es ist verständlich, dass die Texte, die Gott als gewalttätigen Despoten beschreiben, wenig rezipiert werden. Der Umgang mit ihnen ist schwierig und in Zeiten wie diesen, wo der Religionsunterricht, aber auch die Kirche vor allem als Orte ethischer und moralischer Bildung verstanden werden, haben sie kaum einen Platz." Weiter geht Berger, wenn er fragt: „Geht es beim Christentum um einen prinzipiellen Moralismus – oder um mehr? … Oder aber ist Religion noch mehr und etwas anderes als reine Moral, so daß Moral in sie ein-

gebettet ist und von ihr her ihre Maßstäbe empfängt?" (Berger 1996b, 127) So kann sich Berger auch dafür aussprechen, daß „Gewalt ... eine drastische Form der Verkündigung" ist, was hier (1996b, 127) auf die Gewaltbilder in Jesu Verkündigung bezogen ist.

[20] Das Perikopenbuch ist 1995 in fünfter Auflage von der Lutherischen Liturgischen Konferenz Deutschlands herausgegeben worden (Hannover). Diese Ordnung besitzt in den einzelnen Landeskirchen unterschiedliche Grade der Verbindlichkeit. Da sich die Predigtvorbereitungsliteratur an ihr orientiert, geht ihr tatsächlicher Einfluß allerdings über den intendierten häufig hinaus.

[21] Die „Erneuerte Agende" ist 1990 (Hannover/Bielefeld) gemeinsam von der Vereinigten Evangelisch-Lutherischen Kirche Deutschlands, Lutherisches Kirchenamt, und der Evangelischen Kirche der Union, Kirchenkanzlei, herausgegeben worden. Es trägt den Charakter eines Vorentwurfs. Die verbindliche Fassung ist 1999 in Berlin als „Evangelisches Gottesdienstbuch" erschienen, herausgegeben von der Kirchenleitung der Vereinigten Evangelisch-Lutherischen Kirche Deutschlands und im Auftrag des Rates von der Kirchenkanzlei der Evangelischen Kirche der Union.

[22] Evangelisches Gesangbuch, erschienen in jeweils unterschiedlichen landeskirchlichen Ausgaben (ab 1994).

[23] Lohfink 1983b, 16; vgl. auch vgl. Füglister 1969 oder Zenger 1994, 9.

[24] Die Auswahl und „Kürzungen" der Psalmen im Evangelischen Gesangbuch kritisiert auch Butting 2000, 57–59; sie faßt zusammen (59): „Mit dem Verschweigen der biblischen Gerichtshoffnung bleibt christliche Verkündigung die Botschaft schuldig, dass Gott einen Zorn auf Gewalttäter hat. Wir verschweigen mit dieser Hoffnung letztendlich sogar die Tatsache, dass es mutwillige Gewalttaten gibt, und lassen die Menschen in ihrer Auseinandersetzung mit Bösartigkeit und Gemeinheit allein. Frauen, Männer und Kinder, die ohnmächtig unter Gewalt leiden, finden keine Unterstützung und verlieren die Gemeinde als eine Zufluchtsstätte."

[25] So schreibt Schwager 1978, 58: „Keine andere menschliche Tätigkeit oder Erfahrung wird so oft erwähnt [wie die Gewalttat], weder die Welt der Arbeit und Wirtschaft, noch die der Familie und Sexualität oder der Naturerfahrung und des Wissens."

[26] Hierzu vgl. S. 20–24.

[27] Dazu vgl. Baumann 2006a.

[28] Schnädelbach 2000.

[29] Beiträge dazu werden von Stobbe 2003 zusammengestellt und besprochen.

[30] Assmann 1998; 2000; 2003.

[31] Kurze Überblicke geben etwa Krieger 2004, 8–10 oder Lohfink 2004, 60–63.

[32] Als Beispiele seien die Sammelbände von Manemann (2003) und Düringer (2004) genannt.

[33] Aus alttestamentlich-exegetischer Sicht ließe sich hierzu etwa mit Lohfink (2004, 63) sagen: „Gewalt zeigt sich überall, wo Menschen leben. Die Frage ist also höchstens, wo sie anwächst und maßlos wird, und ob *das* mit Monotheismus zusammenhängt." Er geht denn auch dieser Frage nach, und es gelingt ihm m. E., sie überzeugend zu falsifizieren.

[34] Schnädelbach (2000) etwa geht es um die Kontroverse zwischen christlichem Ethos und modernen Humanitätsvorstellungen.

[35] Hier seien nur die Anschläge eines fundamentalistischen Christen in Oklahoma City am 19. 4. 1995 mit 168 Toten erwähnt oder ganze Serien von Mordanschlägen auf die BetreiberInnen von Abtreibungskliniken in den USA.

[36] Zum Problem des Verständnisses von Hermeneutik und zur derzeitigen Diskussion vgl. Dalferth/Stoellger 2004; zur biblischen Hermeneutik dort 45–54.

# II. Koordinaten einer Hermeneutik für alttestamentliche Bilder von Gott als Gewalttäter

[1] Im Neuen Testament wird die Bandbreite von Gottesbildern gegenüber dem Alten Testament reduziert. Hierfür spielt eine wichtige Rolle, daß das Neue Testament in einer sehr viel kürzeren Zeitspanne entstanden ist, also nicht so viele historische Veränderungen einschließt, und daß es das kürzere und mit seiner Fokussierung auf Jesus von Nazareth das thematisch homogenere der beiden Testamente ist.

[2] Dazu s. Baumann 2000, 44f.

[3] Dazu zählen etwa ideologiekritische, sozialkritische, feministisch-kritische bzw. genderkritische Erwägungen oder unterschiedliche Fragestellungen, die aus dem Bereich literaturwissenschaftlicher Forschung heraus entwickelt worden sind.

[4] Mit dieser hermeneutischen Unterscheidung wird ein grundlegend anderes Modell zum Verstehen der Texte vorgeschlagen als etwa bei Oeming 1998, 5f., das um die vier Pole der „Autoren", „Texte", „Rezipienten" und „Sachen" kreist. Diese Unterscheidung ist nicht etwa unwichtig; sie berücksichtigt jedoch die fundamentale Differenz zwischen historisch-literarischen und Geltungsdiskursen nicht in angemessener Weise.

[5] Mehr zu der hier vorgestellten Deutung von Metapher in: Baumann 2000, 38–48.

[6] Werbick 1992, 66f.

[7] Ricœur 1974, 52f.

[8] Werbick 1992, 70.

[9] Dazu vgl. Fuchs 2004a, 172f.; 2004b, 441 (ausführlicher s. S. 71f.).

[10] Zu dieser Differenzierung, die ebenfalls auf Ricœur (1996, 363) zurückgeht, vgl. Baumann 2000, 44f. Dieser Differenzierung wird auf S. 80 sowie in Kap. IV gefolgt.

[11] Dazu vgl. z.B. Ebach (o.J.) oder Keul (2004). Letztere widmet sich insgesamt der Macht der Rede und auch des Schweigens von Gott in der Erfahrung der Bewältigung von Krisen.

[12] Hier beziehe ich mich u.a. auf die Entwürfe von Albertz 1992 und Gerstenberger 2001. Eine eigene Darstellung findet sich bei Baumann 2004b, 80–82.

[13] Zu diesem „religionsinternen Pluralismus" vgl. Weippert 1997, 10f.

[14] So der Terminus bei Albertz 1978.

[15] Nach von Soden (1992, 1) ist dies das erweiterte Verständnis des Alten Orients: „Da Ägypten, nach Osten durch das Rote Meer und die Sinai-Wüste eindeutig abgegrenzt, sich die Hieroglyphen als ein nur dort verwendetes Schriftsystem schuf und in sehr vielem eine ganz eigene Entwicklung nahm, hat es sich eingebürgert, es nur im weiteren Sinn des Wortes dem Alten Orient zuzurechnen und diesen Begriff normalerweise lediglich für Alt-Vorderasien ohne Westkleinasien, aber mit Westiran zu verwenden."

[16] Hierzu u.a.: Winter 1987; Schroer 1987; Keel/Uehlinger 1998; Keel-Leu/Teissier 2004.

[17] In deutscher Übersetzung durch Hecker (TUAT III/4 [1994], 646–744). Die neueste wissenschaftliche Textausgabe stammt von George (2003). Eine neue deutsche Übersetzung hat Maul (2005) vorgelegt.

[18] Dieser Begriff entstammt der Terminologie der Intertextualität, einer in den Literaturwissenschaften entstandenen Theorie zur Bestimmung des Verhältnisses von Texten zueinander. Dazu mehr auf S. 133f. sowie bei Baumann 2005, 27–37.

[19] Mit den Verbindungen zwischen dem Alten Orient und Israel im thematischen Bereich von Gottesbildern befassen sich mit Schwerpunkt auf der Bildwelt Schroer 1987; Winter 1987; für Ugarit Korpel 1990 oder Smith 2001; mit dem Fokus auf Krieg und Frieden Otto 1999; mit Schwerpunkt auf dem Königtum z.B. Hartenstein 2000 (passim); Adam 2001 (passim); unter dem Aspekt des „Geschlechts" Gottes Baumann 2004a.

[20] So im Anschluß an Gladigow 1998, 321; speziell zum Vergleich von Polytheismus und Monotheismus vgl. die Beiträge bei Krebernik/van Oorschot 2002 sowie Bauman 2006 a.

[21] Eine ausführliche Darstellung bei Stolz 1996; kürzere etwa bei Hartenstein 2003 oder Baumann 2004 b, 80–84. Zentral geht es um archäologische Funde, die Rückschlüsse darauf zulassen, daß in Israel eine Mehrzahl von Gottheiten verehrt worden ist. Die Religionsform des Alten Israel ist mit dem Begriff eines „exkludierenden Monotheismus" nicht zutreffend bezeichnet; passender wäre eher der Terminus des „inkludierenden Monotheismus" (Stolz 2001).

[22] Dazu vgl. Baumann 2006 a.

[23] Einen knappen, aber instruktiven Blick auf den altorientalischen Hintergrund der Rede vom göttlichen Zorn entwirft Berges (2005, 30–33) in seiner Untersuchung zu den Threni.

[24] Dieses Phänomen systematisch zu erfassen ist eine noch ausstehende Aufgabe nicht nur der alttestamentlichen Theologie.

[25] Hos 11,1–9 nimmt auch Otto zum Ausgangspunkt für seine Nachzeichnung der „Überwindung der Dialektik von Gewalt und Gegengewalt" (1999, 77–86).

[26] Brueggemann 1997. Auch in anderen neueren Theologien des Alten Testaments wird die Pluralität der Gottesbilder betont, aber ihr Verhältnis zueinander nicht genauer bestimmt (Rendtorff 1999 und 2001; Gerstenberger 2001).

[27] In der Einleitungsbemerkung zu den Texten des „countertestimony" schreibt Brueggemann (1997, 318): „Thus a reader of the Old Testament, I suggest, must accept cross-examination as a crucial part of the way in which Israel makes its presentation of disputatious testimony concerning Yahweh. It does not know any other way to speak. As a result, it is evident that Israel's countertestimony is not an act of unfaith. It is rather a characteristic way in which faith is practised."

[28] Zur Bildlichkeit altorientalischer Gottheiten und den sich anschließenden Deutungsproblemen für das Alte Testament vgl. Berlejung 1998; 1999.

[29] Baumann 2003 a, 243 (vgl. auch dort 222 f. 242–245).

[30] So ausführlich Galtung 1975, 9–31; kürzer Schley 1984.

[31] Nunner-Winkler benennt als heutige Minimaldefinition, über die auch interkulturell Konsens erzielt werden könne, „physischen Zwang oder Schädigung" (Nunner-Winkler 2004, 55). Zuvor stellt sie eine große Bandbreite aktueller Gewaltverständnisse vor (38–55). Um ihren Begriff in seiner Abgrenzung eindeutig zu halten, schließt sie die – in unterschiedlichen Zeiten, Kulturen und Kontexten differierenden – Bewertungen von Gewalt aus der Definition aus (55). Die Frage ist, ob ein solches Vorgehen sich auch für die Analyse antiker Texte eignet, bei denen die Bewertungen kaum von der „Handlung an sich" getrennt werden können.

[32] In dieser Weise z. B. Hugger (1995, 21) oder Claußen 2001, 603: „Die Semantik des Begriffs „Gewalt" ist äußerst differenziert und vielschichtig. So gibt es keinen allgemein akzeptierten Gewaltbegriff."

[33] Lienemann 2000 a, 882. Eine vom Bereich der strukturellen Gewalt ausgehende Präzisierung untergliedert in *Macht*, *Autorität* und *Zwang*. *Macht* bezeichnet die Möglichkeit zur Willensdurchsetzung von Einzelnen wie auch Gruppen. *Autorität* hebt auf die freiwillige Zustimmung zur Macht ab. Im Gegensatz dazu beinhaltet *Zwang* gerade nicht die freiwillige Zustimmung; Gewalt wird hier als Mittel zur Durchsetzung angewandt.

[34] So besitzt die dritte Auflage des Lexikons „Religion in Geschichte und Gegenwart" kein Stichwort „Gewalt", aber unter „das Böse" wird ausdrücklich nur „das numinose Böse, göttliche Macht oder Mächte also, sofern sie böse sind, d. h. entweder in irgendeinem Sinne schädigend oder ethisch negativ wirken", verstanden (Mensching 1957, 1343).

[35] Der ansonsten sehr instruktive Band 19 des Jahrbuchs der Religionspädagogik, „Die Gewalt und das Böse“ (Bizer 2003) beginnt ohne jede begriffliche Differenzierung; diese wird erst später und nur punktuell geboten (Waldenfels 2003).

[36] „Die dunklen Seiten Gottes“ lautet der Titel des zweibändigen Werkes von Dietrich/Link (1995/2000).

[37] So die Titel von Volz 1924 (s. S. 37–40); auch Tillich (1963) befaßt sich mit ähnlichen Phänomenen.

[38] Dazu vgl. die Artikel in RGG[4] (2000) zum philosophischen (Kersting), politischen (Lienemann 2000b) oder juristischen (Sieckmann) Verständnis.

[39] „Psychologische Aspekte des Bösen“ untertitelt Bucher seine Differenzierung. Er unterscheidet vier Antwortversuche: „das Böse als unentrinnbarer Impuls aus dem Es [Psychoanalyse]“; „evolutionäre Mitgift [Ethologie, Soziobiologie]“, „Folge von Frustration“ oder „durch Imitation erlernt [soziale Lerntheorie]“ (Bucher 2003, 32) und ergänzt sie um weitere Aspekte der Sozial-, der Entwicklungs- sowie der Differentialpsychologie (40–42).

[40] Als wichtigste Werke Girards für unseren Zusammenhang können der erstmals 1972 in französischer Sprache veröffentlichte Band „Das Heilige und die Gewalt“ (Girard 1987), „Das Ende der Gewalt“ (Girard 1983, mit einem Vorwort von Lohfink) sowie die Arbeit zum „Sündenbock“ (Girard 1988) gelten. Literatur von und um Girard hat Lohfink zusammengestellt (1983c, 245–247). – Eberhart weist (2002, 196f.) darauf hin, daß das Modell des Altphilologen Walter Burkert (1987, basierend auf einem 1983 gehaltenen Vortrag) in ähnlicher Weise funktioniert wie Girards, in der Theologie aber kaum rezipiert worden ist.

[41] Eine kurze Darstellung des Girard'schen Ansatzes zur Gewalt findet sich bei Lohfink 1983b, 44–48 oder bei Rüterswörden 1987, 248–154 (mit kritischer Würdigung); mit dem Schwerpunkt auf dem Opfer bei Eberhart 2002, 197 und auf der Mimesis bei Miggelbrink 2004, 180.

[42] Lohfink 1983b, 46f.

[43] Vgl. Lohfink 1978b; 1983b; 1987; Schwager 1978; 2004.

[44] Lohfink 1983b, 47.

[45] Lohfink 1983b, 47f.

[46] Schwager 2004, 100.

[47] Dazu vgl. z.B. Rüterswörden 1987.

[48] Einen weiteren Kritikpunkt führt Müllner (1997, 4f.) aus, nämlich die „Möglichkeit, die Gewalttheorie Girards antijüdisch zu rezipieren“ (4). Diese Möglichkeit eröffnet sich durch die Deutung der Passion Jesu als unvergleichliches, gewaltüberwindendes Geschehen. Bleibt man innerhalb dieser Logik, dann folgt, daß ohne die Anerkenntnis der Heilsbedeutung dieser Tat „das Judentum“ im alttestamentlichen Gewaltzusammenhang verbleibt.

[49] Auf diese knappe Formel gebracht findet sich Girards Ansatz bei Platt (2002, 17).

[50] Eberhart 2002; er stellt den bisherigen Deutungen des Opfers im Rahmen z.B. von Sühne oder Stellvertretung im Rahmen von Blutriten die Alternative einer Ableitung aus dem Akt einer kultischen Verbrennung gegenüber.

[51] Wie deutlich wird, teile ich damit nicht Schwagers (1983, 217) Einschätzung von Girards Ansatz: „In der Theorie Girards liegt nun ein Versuch vor, die Frage nach der Vollkommenheit Gottes nicht mehr in erster Linie von der griechischen Philosophie, sondern zentral von den biblischen Texten her zu beantworten. Danach wird das Böse in der Welt vor allem als Lüge, Rivalität und vielfältige Tendenz zur Gewalt entlarvt und radikal den Menschen zugeschrieben. Demgegenüber erscheint der wahre Gott als der unverbrüchlich treue, neidlose und gewaltfreie.“

[52] Dies erläutert bereits Lienemann (1982, 8f.) breiter. Daß es in unterschiedlichen Kultu-

ren und historischen Zeiten unterschiedliche Gewaltverständnisse gibt, betont aus kulturwissenschaftlicher Sicht auch Hugger: „Gewalt ist kultursubjektiv" (1995, 19). Weitere Beispiele lassen sich z. B. auch im Bereich der Jugendgewalt finden (Büttner/Koschate 2003).

53 Lienemann 1982, 9; ähnlich a. a. O., 14f. mit Zuspitzung auf ethische Beurteilungen: „So ist klar, daß, um ein Beispiel zu nennen, die Bestimmung des Grundgesetzes der Bundesrepublik Deutschland, daß alle Staatsgewalt vom Volke ausgeht (Art. 20 II GG), also das Grundprinzip der Volkssouveränität, mit der reformatorischen Obrigkeitsauffassung bei Luther sowenig zwanglos zur Deckung zu bringen ist wie die Bedeutung der gewaltsamen Selbsthilfe damals und heute. Diese Hypothek, die auf allen geschichtlichen Grundbegriffen liegt, läßt sich nicht durch den vermeintlichen Ausweg einer ahistorischen Begriffsbildung, die sich selbstständiger Definitionen und Hypothesen bedient, abtragen. Gewiß lassen sich im Rahmen sozialwissenschaftlicher Theoriebildungen Gewalt-Indikatoren vereinbaren, die über die historischen Besonderheiten hinweg allgemeine Erscheinungen wie Populations- und Mortalitätszahlen, Kriegshäufigkeiten, Aggressionsformen, Lebensstandards oder Chancen politischer Beteiligung vergleichen. Aber für die Aufgabe ethischer Urteilsbildung kommen solchen Methoden nur sehr begrenzte Bedeutung zu. Zwar erweitern sie die empirische Kenntnis von Gewaltphänomenen und eröffnen durch den Vergleich eine Fülle von Gesichtspunkten, die in einem isolierten Zusammenhang sonst zurücktreten, denn ethische Entscheidungen und Verhaltenskriterien lassen sich wie alle sozialen Phänomene zu bestimmten Variablen in Beziehung setzen, so daß vielleicht sogar Wahrscheinlichkeiten dafür angebbar sind, unter welchen Voraussetzungen welches Ethos bezüglich der Anerkennung oder Ablehnung von Gewalt seine Ausprägung findet. Aber die tatsächliche Häufigkeitsverteilung menschlicher Gewalt kann ihre ethische Beurteilung nicht präjudizieren, sondern nur das Problemfeld, auf das sich das ethische Urteil bezieht, strukturieren." In die gleiche Richtung geht Lohfink (1983b, 24 mit Bezug auf Benjamin 1980): „Walter Benjamin hat in seinem Aufsatz ‚Zur Kritik der Gewalt' jedoch mit Recht darauf hingewiesen, daß die eigentliche Problematik der Gewalt in dem Bereich liegt, den man heute gern als ‚strukturelle Gewalt' bezeichnet, ja nochmals zuvor einfach in der ‚legitimen Gewalt', im System des jeweils geltenden Rechts. Denn bestehende Rechtsverhältnisse können nur durch Gewalt begründet, durch Androhung von Gewalt aufrechterhalten und häufig auch nur durch neue Gewalt modifiziert werden. So müßte man, wollte man die Detailbeschäftigung unserer Wissenschaft mit der Gewalt vollständig auflisten, nun eigentlich auch noch nach den Arbeiten zu Gesetz, Recht, Staat und anderen Ordnungsgefügen fragen."

54 Lienemann nennt ein Beispiel für einen solchen Unterschied: „Von den vielen Gesichtern der Gewalt, die uns aus der Geschichte entgegentreten, waren ja die meisten für die Welt des Neuen Testaments [und sicher auch des Alten, GB] noch unvorstellbar … Eine ‚nackte' Gewalt als völlig begriffslose Gewalt gibt es nicht, sondern Gewalt erscheint stets in der Form, die die Wahrnehmung ihr verleiht … Das Christentum [wie auch das Alte Israel, GB] trat in eine Geschichte ein, die immer auch Gewaltgeschichte war, und in der Normen, Gesetze und Verhaltensregelmäßigkeiten ebenso wie darauf bezogene traditionelle, normative und theoretische Auslegungen und Begründungen immer schon vorhanden waren." (1982, 16)

55 Michel 2003, 74–106; mit auswertenden Überlegungen 106–114.

56 Michel 2003, 67f. (mit zahlreichen Differenzierungen und Erläuterungen in den Anmerkungen).

57 Michel 2003, 73 im Überblick; behandelt werden die Verben auf den Seiten 66–114.

58 So auch bei Michel 2003, 71: „Eine solche Sammlung negativ konnotierter Verben mit göttlichem Subjekt/Agens gibt es bislang nur bruchstückhaft, verstreut über die üblichen Artikel in theologischen Lexika und viele Spezialuntersuchungen."

[59] Michel 2003, 112.

[60] Michel 2003, 114. Die weiteren Resultate Michels werden auf S. 59–61 vorgestellt.

[61] In: Dietrich/Mayordomo 2005, 17–19. Dietrich bezieht sich dabei auf Gesenius[17]. Im Anschluß wird das gleiche für das Neue Testament von Mayordomo untersucht (20–23). Beide Teile sind unter die Überschrift „Die Sprache der Gewalt in der Bibel“ gestellt.

[62] In: Dietrich/Mayordomo 2005, 17f. Dietrich wählt eine andere Umschrift der hebräischen Worte.

[63] In: Dietrich/Mayordomo 2005, 18.

[64] In: Dietrich/Mayordomo 2005, 18.

[65] In: Dietrich/Mayordomo 2005, 18.

[66] In: Dietrich/Mayordomo 2005, 18.

[67] In: Dietrich/Mayordomo 2005, 19.

[68] In: Dietrich/Mayordomo 2005, 19.

[69] In: Dietrich/Mayordomo 2005, 19.

[70] Dazu vgl. Haag 1977.

[71] Dazu Müllner 1997, 377f. (s. auch S. 33–35).

[72] Dazu vgl. Exum 1996.

[73] In ähnliche Richtung geht Lohfink (1983b, 24); s. Anm. 53 auf S. 167.

[74] Vgl. etwa die bei Lienemann genannten (Lienemann 1982, 14f.; s. Anm. 53 auf S. 167) sozialwissenschaftlichen Parameter, die einen solchen Zugriff erlauben würden, die aufgrund der Quellenlage und des historischen und kulturellen Abstands nicht in einer Weise auf das Alte Israel angewendet werden können, daß sich verläßliche Aussagen machen ließen.

[75] Hier wäre etwa das Gilgamesch-Epos zu nennen (in der Übersetzung von Hecker in TUAT III/4 [1994], 646–744 oder neuer bei Maul 2005).

[76] Bail 1998.

[77] So Schoberth 2002, 62: „Gott ist Schutz, weil er alles dafür tut, daß Israel geborgen bleibt, nicht aber, weil die Welt als eine heile gedacht würde. Das Bild des Hüters (Ps 121,4) impliziert Bedrohung und Ansturm der Feinde, wie auch der Hirte (Ps 23) seine machtvolle Hilfe erweist im Angesicht der Feinde und im dunklen Tal.“

[78] Müllner 1997, 377f.

[79] Müllner 2002, 235; zur Bathseba-Erzählung 2 Sam 11 vgl. auch Exum 1996.

[80] Müllner 2002, 235.

[81] Müllner 2002, 235.

[82] Dazu vgl. etwa Kofler/Graf 1995.

[83] Hier wäre auf die von Fuchs genannte „Nachahmungshermeneutik“ zu verweisen (Fuchs 2004a, 172f.; 2004b, 441); dazu s. S. 71f.

[84] Damit ist etwa die Frage gemeint, ob die Kirchen Antirassismus- oder Befreiungsbewegungen in der „Dritten Welt“ unterstützten dürfen; vgl. Ebach 1980, 108.

[85] Ebach 1980, 113.

[86] So etwa die „Hermeneutik des Erinnerns“ von Schuessler Fiorenza (1988b, 55–57).

[87] Platt 2002, 58; sie formuliert dies als Begründung dafür, daß es nicht geboten ist, eine umfassende Gewalttheorie zu entwerfen.

## III. Göttliche Gewalt im Spiegel der alttestamentlichen Wissenschaft

1 Lohfink 1983a, 17.

2 Lohfink 1978b, 49.

3 So auch Michel 2003, 2f.

4 Auch gibt es einige wenige Forschungsüberblicke, die Schnittmengen mit unserem Thema aufweisen. Es sind m.W.: Lohfink 1983b; 1983d (eine Bibliographie); Noort 1985, 14–25 bzw. 1998, 15–18; Snyman 1997 sowie Davies 2005.

5 Diese Auswahl ist nicht vollständig. Weitere, hier nicht behandelte Ansätze werden zu Beginn der entsprechenden Abschnitte genannt.

6 Volz 1924, 4.

7 Vgl. allerdings Frielingsdorf 2001; er ermutigt in seiner „Dämonische Gottesbilder" betitelten Studie aus pastoraltheologischer Sicht explizit zur individuellen und sogar aggressiven Auseinandersetzung mit Gott.

8 Volz 1924, 4; er verweist auf Hölscher (1922, 67f.85–87). Interessant ist es, diese Aussage Volzens mit der Beobachtung von Fuchs (2004a; 2004b; s. S. 71f.) zu vergleichen; es ergeben sich manche Parallelen.

9 Volz 1924, 5; diese und die weiteren Hervorhebungen dort.

10 Volz 1924, 5.

11 Volz 1924, 6.

12 Volz 1924, v. a. 13–15.

13 Volz 1924, 26.

14 Volz 1924, 27.

15 Volz 1924, 27.

16 Volz 1924, 28.

17 Volz 1924, 31.

18 Volz 1924, 31.

19 Argumentative Brüche ähnlicher Art bemerkt auch Kraus (1988, 383–385) in einer anderen Schrift von Volz. Nicht abgesprochen werden kann Volz aber das intensive Bemühen um die Verknüpfung von Theologie und Religionsgeschichte – ein Konflikt, der (wie die Auseinandersetzung um Albertz' Entwurf [1992] zeigt) bis in die jüngste Zeit an Aktualität nichts eingebüßt hat.

20 Volz 1924, 33f.

21 Volz 1924, 34–36.

22 Volz 1924, 38f.

23 Von Rad 1952 (2. Auflage), 5.

24 Dazu vgl. u. a. Ebach 1980, 22–28, der u. a. das Fehlen des alttestamentlichen Terminus „heiliger Krieg" bemerkt; zusammenfassend 25: „Von einer besonderen Heiligung oder gar von einer besonderen ethischen Hochschätzung des Krieges kann im Blick auf das Alte Testament nicht die Rede sein." Umfassend hat sich Stolz (1972) mit dem Thema des Krieges im Alten Testament befaßt. Er behält die Rede von JHWH-Kriegen bei. Dagegen führt Weippert (1972) altorientalische Texte an und weist nach, daß das Konzept eines durch göttliche Intervention gestützten Krieges keineswegs auf Israel beschränkt ist, sondern sich auch in Assyrien und Hatti findet. Einen kurzen Überblick über den „Heiligen Krieg" in Gegensatz zum Gottesfrieden gibt Schmid (1986).

25 Von Rad 1952, 31.

26 Von Rad 1952, 31. Im Anschluß betont von Rad – im Duktus dialektischer Theologie –, daß die Vorstellung von JHWH als Krieger in den Erzählungen über die vorstaatliche Zeit

keinerlei mythologische Elemente enthalte (33): „Hier gelingt es uns endlich, etwas von dem zu fassen, was für uns so schwer zu fixieren ist: eine Seite des wirklich alten Jahweglaubens noch vor seiner Verbindung mit kanaanäisch-mythologischen Kulttraditionen!"

[27] Eine nüchternere Betrachtung der Begriffsgeschichte des „Heiligen Krieges" im Islam findet sich bei Reinert 1986.

[28] Schwager 1978, 56.

[29] Nicht länger vorgestellt werden hier eine Reihe vor allem von kürzeren Beiträgen. Bereits 1965 befaßt sich Miller in einem kurzen Aufsatz mit Gott als Krieger; seine Ausführungen enden mit dem Rückbezug auf die Dogmatik und das Neue Testament. Dietrich hat sich in einem Aufsatz mit der „Rache" beschäftigt (1976). In Haags umfangreiches Werk zum „Bösen" (1978) bekommt die Bibel die Rolle einer von drei antwortenden Stimmen (19–125; neben der Kirche und „neuen Wissenschaften").

[30] Preuß 1978, 119–121.

[31] Preuß 1978, 123.

[32] Preuß 1978, 124.

[33] Preuß 1978, 125f.; vgl. zu Volz (1924) oben.

[34] Lohfink 1983b, 28 mit Bezug auf Preuß 1978, 117.

[35] Preuß 1978, 122.

[36] Lohfink 1978a, 13.

[37] Lohfink 1978a, 15–24.

[38] Lohfink 1978b.

[39] Lohfink 1978b, 48.

[40] Lohfink 1978b, 49.

[41] Lohfink 1978b, 53.

[42] Lohfink 1978b, 51.

[43] Lohfink 1978b, 52.

[44] Lohfink äußert sich nicht dazu, inwiefern das Gewaltproblem im Judentum eine Lösung finden könnte.

[45] Ebach 1980, 107; Hervorhebungen dort.

[46] Hier setzt sich Ebach kritisch mit von Rad (1952) auseinander und schließt sich an Stolz (1972) an.

[47] Ebach 1980, 26f.; zum Thema s. unter IV, 1.

[48] Ebach 1980, 23f.

[49] Ebach 1980, 51.

[50] Ebach 1980, 117.

[51] Lohfink 1983b sowie 1983d in Lohfink 1983a. Die anderen Beiträge des Sammelbands behandeln die Gewaltproblematik anhand einzelner Textkomplexe; so Lohfink (1983c) am Beispiel des Pentateuch, Ruppert anhand der Priesterschrift und Haag am Gottesknecht.

[52] Michel 2003, 2 Anm. 10.

[53] So belegen es z.B. die Aufsätze von Lohfink aus den Jahren 1987 und 2004.

[54] Es geht schwerpunktmäßig um Texte aus Exodus, Numeri, dem Deuteronomium, Josua und 1 Samuel (Noort 1985, 10–13).

[55] Noort 1998, 15–18; dies entspricht vor allem Noort 1985, 14–25.

[56] Noort 1998, 16.

[57] Vgl. Nelson 1997; Rowlett 1996.

[58] Hier wäre zu fragen, ob dieses Modell nicht eher „pädagogisch" genannt werden sollte, wenn es denn diese erzieherische Funktion stark macht.

[59] Noort 1985, 54: „Bij alle teksten bleek dat de factor ‚geweld' geen zelfstandig thema van het verhaal was. Willen we het Oude Testament recht doen volgens zijn eigen intentie, dan zullen we de geweldfactor niet los mogen maken uit de samenhang waarin het staat."

[60] Noort 1985, 58.

[61] Noort 1985, 56–58.

[62] Schmidt 1992, 22.

[63] Eine solche Perspektive auf die Texte wird beispielsweise auch von Zenger (1994) hervorgehoben (s. S. 55f.), der sich dabei an Fuchs (s. S. 71f.) anschließt.

[64] Groß/Kuschel 1992, 11.

[65] Groß/Kuschel 1992, 12. Jes 45,7 wird hierbei allerdings um die positiven Aussagen verkürzt (Licht und Finsternis, Heil und Unheil). Jes 45,5–7 wird vor allem auf den Seiten 43–46 untersucht.

[66] Groß/Kuschel 1992, 46; Hervorhebung dort.

[67] Groß/Kuschel 1992, 34f.

[68] Groß/Kuschel 1992, 59.

[69] Groß/Kuschel 1992, 202; Hervorhebungen dort.

[70] Groß/Kuschel 1992, 209; hier wenden sich beide gegen das Stillstellen, die Ermüdung, die Verweigerung und die Verunmöglichung der Theodizeefrage, die zuvor als Umgangsweisen der theologischen Tradition diagnostiziert worden waren.

[71] Groß/Kuschel 1992, 211.

[72] Groß/Kuschel 1992, 212f.

[73] Die Grundlage der folgenden Darstellung bildet v. a. die Einführung des ersten Bandes (Dietrich/Link 1995, 9–16).

[74] Dietrich/Link 1995, 14.

[75] Dietrich/Link 1995, 15; Hervorhebung dort.

[76] Dietrich/Link 1995, 15f.

[77] Dietrich/Link 1995, 16.

[78] Dietrich/Link 1995, 16. Dieses Vorgehen wird dezidiert von dem bei Groß/Kuschel 1992 abgehoben.

[79] Diese findet sich bei Dietrich/Link 1995, 76–120, dazu zählen Abschnitte über den eifersüchtigen, den rächenden, den zürnenden und richtenden sowie den militanten Gott.

[80] Dietrich/Link 1995, 79f.

[81] Dietrich/Link 1995, 80f. u. a. mit Bezug auf Eichrodt (1933, 148); daneben werden auch Girard (1987), Jung (1981) und Lienemann (1982) angesprochen.

[82] Dabei reagiert Miggelbrink (2002, 9) – wie Krieger (2004, 10, s. S. 66–68) – auf Buggle (1992).

[83] Miggelbrink 2002, 10. Eingangs bezieht sich Miggelbrink auf den religionskritischen Ansatz von Buggle (1992) und den eher pastoraltheologischen von Frielingsdorf (2001), die beide an gewaltvollen bzw. dämonischen Gottesbildern ansetzen.

[84] Miggelbrink 2002, 15.

[85] Miggelbrink 2002, 13–102.

[86] Miggelbrink 2002, 36.

[87] Miggelbrink 2002, 36.

[88] Miggelbrink 2002, 103–141.

[89] Miggelbrink 2002, 142–161.

[90] Miggelbrink 2002, 11.

[91] Miggelbrink 2002, 142.

[92] So zu Elia; Miggelbrink 2002, 33.

93 Nicht besprochen werden vor allem hier einige kürzere Beiträge. Ein ganzes Heft von „Bibel und Kirche“ ist 1996 zur Frage „Ein Gott der Gewalt?“ erschienen. Bei den Beiträgen zur göttlichen Gewalt konzentrieren sich Görg (1996) und Becker-Spörl (1996) auf Gottes Rolle in Kriegen; Jauss (1996) befaßt sich mit dem Beten von Fluchpsalmen; Berger (1996b) fragt nach der Brutalität Jesu. Mit dem Zorn Gottes in unterschiedlichen alttestamentlichen Traditionen befaßt sich Latvus (1997); hier werden am Schluß (92–94) einige hermeneutische Linien angedeutet. Bork (2000) behandelt die Problematik der prophetischen Unheilsansagen. Ihr Anliegen ist es, die politische Botschaft der Propheten nicht durch die Gewaltbilder bei ihrer Übermittlung diskreditiert zu sehen. Sie plädiert dafür, die widersprüchlichen Gottesbilder der Bibel nicht zu systematisieren, sondern die Spannung zwischen ihnen auszuhalten. Das Heft 9/2002 der „Zeitschrift für Neues Testament“ ist ganz dem Thema „Gewalt und Zorn Gottes“ gewidmet. U.a. geht es hier Lehnert (2002) um den Zorn Gottes im Neuen Testament; Schoberth (2002) plädiert für eine Wiederentdeckung der dunklen Seiten Gottes auch in der Religionspädagogik. Schart stellt in seinem kurzen Beitrag zu israelitischen Kriegen heraus, daß JHWH hier gerade nicht als israelitischer Nationalgott, sondern als „Wahrer des Völkerrechts“ erscheint (Schart 2003, 67). Den Fokus auf die Legitimation von Gewalt setzt Collins (2003). Göttliche Gewalt ist eher am Rande das Thema von Kessler (2003); er stellt seine literaturwissenschaftliche und theologische Studie zu Jer 50f., in der er auf eine Reihe eigener älterer Veröffentlichungen zurückgreift, unter den Titel des Götterkampfes zwischen JHWH und Marduk. Lang widmet sich (2004) „Gott und Gewalt in der Amosschrift“, und Berges (2005) dem Bild Gottes als Gewalttäter in den Threni. Erneut nimmt die ZNT in Heft 17/2006 die Themen „Gewalt und Gewalterfahrung“ auf.

94 Ebach 1994, 133.

95 Ebach 1993, 93.

96 Ebach 1994, 131.

97 Ich danke dem Kollegen Ebach für die Überlassung des Manuskripts!

98 Ebach o.J., 17.

99 Ebach o.J., 24.

100 Ebach o.J., 26.

101 Ebach o.J., 26.

102 Ebach o.J., 41.

103 Ebach o.J., 41.

104 Ebach o.J., 42.

105 Ist hier nur die Nachahmung gemeint (s. S. 71f. bei Fuchs, 2004a; 2004b)?

106 Zenger 1994. Die Darstellung folgt nicht streng dem Aufbau des Buches; auch trifft sie eine Auswahl der Aspekte und Thesen.

107 Zenger 1994, 129.

108 Zenger 1994, 155f.; Hervorhebung dort.

109 Zenger 1994, 160.

110 Zenger 1994, 144.

111 Zenger 1994, 159–62.172–175.

112 Zenger 1994, 130–137.

113 Zenger 1994, 172.

114 Zenger 1994, 172.

115 Otto 1999.

116 Otto 1999, 152.

117 Otto 1999, 10.

118 Otto 1999, v.a. 28–52.

119 Otto 1999, 142.

120 Otto 1999, 25: „Die Hebräische Bibel wird diesen Gedanken [der in der Rolle Anats zu finden ist, die für ihren Bruder Baal gegen den Todesgott Mot kämpft und so den Menschen das Leben ermöglicht] unter neuen Vorzeichen aufnehmen und das Neue Testament des christlichen Kanons ihn zum Ziel führen."

121 Eine Kurzfassung der Thesen dieser Monographie ist im Jahr 2003 erschienen (Baumann 2003c).

122 Von JHWHs Ehe mit Israel/Jerusalem ist in Hos 1–3*; Mi 1,6f.; Jer 2; 3,1–13; 13,20–27; Ez 16.23; Jes 49,14–21; 50,1; 54,1–10; 57,3–13; 62,4–5 sowie Thr 1,8f. die Rede. JHWHs Strafe im Bild sexueller Gewalttätigkeit ist dabei vor allem in Hos 2,12; Jer 13,22.26 oder in Ez 16,37; 23,29.32 zu finden. Gegen andere weiblich personifizierte Größen wendet sich JHWHs sexuelle Gewalttätigkeit in Jes 47,2f. (Babylon) sowie in Nah 3,4–7 (Ninive). Mehr zu diesem Aspekt göttlicher Gewalttätigkeit s. unter IV, 3.

123 Hier wäre etwa der Ansatz von Seifert zu erwähnen, die ihre Hermeneutik bei der Arbeit an Tochter- und Vaterbildern im Alten Testament in dieser Weise umreißt (Seifert 1997, 3f.).

124 Dies geschieht gelegentlich in Weiterführung der „Hermeneutik des Erinnerns", wie sie von Schuessler Fiorenza entworfen worden ist (1988b, 55–57); sie umfaßt dezidiert auch die *memoria passionis* (56).

125 So beispielsweise Gordon/Washington 1995, 324f.: „... we resist the metaphor; we accept neither the devastated woman as the appropriate representation of punishment, nor the conquered city as the licit object of military conquest. We reject the equation of bad women and bad cities, and we reject the idea that male violence (sexual and military) delivers just punishment. Instead we choose to take the biblical figure literally as an emblem of the profoundest desolation, dwelling with this sense before moving facilely to a vision of redemption like that of Third Isaiah, where the raped woman is restored to the status of a cherished virginal bride. Such a transformation is possible in the theological celebration of the new Jerusalem, but it was not possible for women who suffered only sanctioned remedy for rape, provided that the victim was young and unmarried, was for a woman to be married to her rapist. So we suggest in conclusion that it is necessary for us to renounce, for a moment, the use of the raped woman as a metaphorical figure of something else ..."

126 Eine weitere Umgangsmöglichkeit mit den Texten könnte darin liegen, die Texte mit Gott als Gewalttäter aus dem Kanon zumindest der in der Kirche (oder Synagoge) auszulegenden Texte herauszunehmen. Eine ähnliche Position umreißt Wacker im Bereich feministischer Exegese und bezeichnet sie als „Hermeneutik der Ablehnung" (in: Schottroff/Schroer/Wacker 1995, 36f.). Mir ist allerdings kein Ansatz bekannt, der eine solche Haltung gegenüber Texten mit gewalttätigen Gottesbildern vertreten würde. In eine ähnliche Richtung gehen zwar Ansätze wie der von Buggle (1992); er verfolgt allerdings nicht die Absicht, die Texte innerhalb eines neu zu schaffenden „Sonderraums" in der christlichen Tradition zu bewahren, sondern sieht mit ihnen das gesamte Christentum als diskreditiert an.

127 Michels eigene Positionierung bleibt allerdings gewissermaßen entschieden in der Schwebe. Zum einen situiert sich der Autor dezidiert im Kontext der Debatte um göttliche Gewalt, innerhalb derer er ein Teilgebiet bearbeitet: „Dass hier die Kinder-Texte ausgewählt sind, hat aber vor allem seine pragmatischen Gründe in dem Bemühen, das Gott-und-Gewalt-Problem von der Seite der Texte und Themen her ‚handhabbar' einzugrenzen." (5) Auf der anderen Seite verfolgt er vordringlich ein anderes Ziel: „In dieser Arbeit wird es zuallererst um eine erschöpfende Sammlung von ‚Gewalt-gegen-Kinder'-Stellen im Alten (und auch Neuen) Testament gehen und dann vor allem darum, die bedeutsamsten Stellen paradigma-

tisch im Kontext der Fragestellung zu verhandeln" (14). Auch ein drittes Angebot gibt es: „Tatsächlich versteht sich diese Arbeit als ein Beitrag vor allem zur Skizzierung und Evaluierung dieses ‚countertestimony' [von Brueggemann 1997]; sie bleibt insofern programmatisch einseitig, unter ausdrücklichem Verzicht auf apologetisierende Aufführung von Entlastungszeugen" (17).

[128] Michel 2003, 1–13.

[129] Michel 2003, 16–20. 339–350.

[130] Michel 2003, 17.

[131] Michel 2003, 18 Anm. 60; gegen Görg 1995. Die Kritik des „Panmetapherismus" (Michel 2003, 19f. Anm. 65) richtet sich gegen meinen eigenen Ansatz (2000); ich muß allerdings zugeben, daß mir aus diesem knappen Vorwurf Michels Kritik nicht verständlich wird.

[132] Michel 2003, 19 Anm. 62; gegen Baudler 1994.

[133] Die Kritik beginnt damit, daß Michel feministischer Theologie ankreidet, daß nichtfeministische Exegese Gewaltthemen weithin ausgespart hat: „Wenn nicht alles täuscht, ist die Gewaltdebatte zwischenzeitlich weitgehend an die feministische Theologie und Exegese delegiert, vielleicht auch von ihr besetzt worden" (Michel 2003, 11). Und es endet damit, daß feministischer Theologie angelastet wird, daß sie keine allumfassende Perspektive einnimmt: „Sicher darf man Opfergruppen nicht gegeneinander ausspielen, aber die Selbstverständlichkeit und Einmütigkeit, mit der heutzutage, im Gefolge feministischer Theologie, gerade und *oft nur* Frauen als Opfer von Gewalt in der Bibel isoliert werden, wird der Realität der Texte selbst nicht gerecht und spiegelt nur die eine, interessengeleitete Seite von Opferwahrnehmung" (Michel 2003, 330). – Es scheint wenig hilfreich zu sein, einer kontextuellen Theologie mit ausdrücklicher Themenbegrenzung genau diese übelzunehmen. Konstruktiver wäre es, auf die gelegten Grundlagen aufzubauen und von dort aus neue Themenfelder zu erschließen.

[134] Michel 2003, 19. Interessant wäre im Anschluß daran eine Entfaltung der „hermeneutischen Voraussetzungen" des Alten Testaments gewesen!

[135] Allein bei Michel 2003, 348 drei Belege.

[136] Michel 2003, 74–106.

[137] Daneben stellt Michel auch „Gewalt-gegen-Kinder-Texte" listenartig zusammen (Michel 2003, 31–65).

[138] Michel 2003, 158; Hervorhebungen dort.

[139] Michel 2003, 159.160.

[140] Dieser Eindruck hat sich mir bei der Arbeit über die Körpersymbolik für JHWH im Alten Testament (Baumann 2003a) und ihre Deutung (Baumann 2004a) ergeben.

[141] Nicht ausführlich vorgestellt werden hier Baudler 1994; 2004 (der jeweils mehrere Religionen in den Blick nimmt); Berger 1996a und Lüdemann 1996 (die beide den Schwerpunkt auf das Neue Testament setzen).

[142] Die Auseinandersetzung mit Buggle (1992) führt Görg (1995) v.a. auf den Seiten 24–31. Vor allem mit dem schlagenden Gott im Alten Testament befaßt sich Görg daneben in einem kurzen Aufsatz (1996).

[143] Görg 1995, 31.

[144] Görg 1995, 13 – in Frageform.

[145] Görg 1995, 45.

[146] Görg 1995, 173.

[147] Görg 1995, 173.

[148] Görg 1995, 174.

[149] Görg 1995, 175.

[150] Görg 1995, 178.

[151] Görg 1995, 179.
[152] Görg 1995, 175.
[153] Görg 1995, 9.
[154] So die Angabe in Römer 2002, 3 Anm. 1. Der Ansatz soll hier ausführlicher referiert werden, weil er in der deutschsprachigen Diskussion nicht präsent ist.
[155] Römer 1996, 7–30.
[156] Römer 1996, 7: „Lorsque l'on évoque le Dieu de l'Ancien Testament dans un cercle de non-spécialistes, resurgissent très vite toute une série d'idees négatives: celle, notamment, d'un Dieu primitif, caractérisé par la colère, la jalousie, l'arbitraire – et les féministes y ajouteraient sans doute le machisme. D'emblée, ce Dieu qui ne semble guère être ‚politiquement correct', est opposé au Dieu du Nouveau Testament, qui, lui, serait tout empreint d'amour, de compassion, et de pardon."
[157] Römer 1996, 7–9.
[158] Römer stellt (1996, 9–12) einige Ansätze vor, die im vorliegenden Buch nicht weiter aufgenommen werden können, nichtsdestoweniger interessant für eine vertiefende Auseinandersetzung mit dem Thema christlicher negativer Bewertung des Alten Testaments wären; er nennt etwa Fritsch 1911 (bzw. [10]1933), der eher auf ein breites Publikum ausgerichtetet ist; weiterhin ein Werk des lutherischen Dogmatikers Hirsch (1936) aus dezidiert theologischer Sicht, sowie den Neutestamentler Bultmann, der in einem 1933 veröffentlichten Aufsatz dem Alten Testament gegenüber dem Neuen die Bedeutung einer dem Christentum fremden Offenbarung Gottes zuweist.
[159] Römer 1996, 12f.
[160] Römer 1996, 25.
[161] Römer 1996, 26–30.
[162] Das erste Kapitel (Römer 1996, 31–53) befaßt sich mit der Männlichkeit Gottes. Römer umreißt die Engführung des alttestamentlichen Gottesbildes anhand unterschiedlicher Beispiele. Er behandelt königliche Vorstellungen, die Metaphorik von JHWH als Ehemann oder Geliebtem, die Gegenüberstellung JHWHs und „seiner Aschera" in den archäologischen Evidenzen (von Kuntillet-Ajrud und Chirbet el-Qom) mit den textlichen Zeugnissen, JHWHs als Vater, als Schöpfer und Zeugnisse über die Weiblichkeit JHWHs, die im Begriff *rachamim*/רחמים gebündelt werden, sowie Texte über JHWHs „Gebären" (*cholel*/חלל) und Weiblichkeitsmetaphorik für JHWH wie etwa in Jes 42,14; 46,3f.5; 49,15 oder Hos 11,9. All dies wird als Hinweis auf die Unvergleichlichkeit Gottes bzw. JHWHs mit den Menschen gewertet (53).
[163] Römer 1996, 76: „… ces textes traitent en premier lieu de la cruauté des hommes et non de la cruauté de Dieu."
[164] Römer 1996, 76; er fügt an: „Ces textes rappellent à l'homme la fragilité de son existence mais aussi la fragilité de ses conceptions théologiques."
[165] Römer 1996, 77–96.
[166] Römer 1996, 77.
[167] Römer 1996, 82: „Pourtant ce suzerain, ce n'est pas le grand-roi assyrien, mais Yhwh, le Dieu de son peuple. Ainsi, la reprise d'un modèle assyrien peut avoir une signification subverse, antiassyrienne. Israël ne droit obéissance qu'à Dieu, et à personne d'autre."
[168] Römer (1996, 87) gibt zu bedenken: „Il y a donc bien un message affirmant la supériorité de Yhwh sur l'Assyrie et ses dieux, mais ce message se développe au prix d'un durcissement de Yhwh qui devient aussi guerrier qu'Assur."
[169] Römer bringt daneben auch das Faktum in Anschlag, daß das Josuabuch nicht zur – im Judentum – höher gewichteten „Tora", den fünf Büchern Mose, gehört, sondern vielleicht aufgrund dieser Gottesbilder einen etwas niedrigeren Rang erhalten hat (1996, 91f.).

[170] Dies gilt einschließlich (Römer 1996, 95) der Offenbarung Gottes an Hagar, der Stammmutter der arabischen Völker (Gen 16,13).

[171] Römer 1996, 111: „Ce faisant, ils [Hiob und Qoheleth] déplacent par rapport à notre conception anthropocentrique de Dieu et de la création, nous invitant, du même coup, aussi à nous laisser surprendre par le Dieu biblique."

[172] Römer 1996, 115–118.

[173] Krahe 1999.

[174] Eine ganze Reihe hermeneutischer Gedanken werden bei Krahe (1999) auf den Seiten 56–59 gebündelt.

[175] Krahe 1999, z. B. 9120.124.

[176] Krahe 1999, u. a. 154f.

[177] Krahe 1999, 13.46–48.

[178] Krahe 1999, 56.

[179] Krahe 1999, u. a. 42.56f.88.154.

[180] Krahe 1999, 72; ähnlich: 120f.

[181] Krahe 1999, 38–40.

[182] Krahe 1999, z. B. 140.

[183] Krahe 1999, 56; ähnlich: 153f.

[184] Krahe spricht allerdings z. B. die kriegskritischen Texte der Prophetie wie Jes 2,4 an (1999, 57).

[185] Im Zusammenhang der Erzählung der sog. „Opferung Isaaks" in Gen 22, die sie mit der Opferung von Jephtahs Tochter (Ri 11) verknüpft, wagt sich Krahe (1999, 33) sogar in Frageform bis zu einem sehr kritischen Punkt vor, wenn sie angesichts des Gehorsamsanspruch Gottes fragt: „Ist dieser Aspekt womöglich ein archaisches Überbleibsel, das nur den hebräischen, nicht aber den christlichen Gott kennzeichnet?"

[186] Darüber hinaus hat Krieger auch Heft 3/1996 der Zeitschrift „Bibel und Kirche" unter dem Titel „Ein Gott der Gewalt" zusammengestellt, das auf das Buch von Buggle (1992) reagiert (so nach Krieger 2004, 10).

[187] Krieger 2004, 9.

[188] Krieger 2004, 23.

[189] Krieger 2004, 24f.

[190] Krieger 2000, 299f.; 2004, 25f.

[191] Krieger 2000, 298f.; 2004, 39f. (mit Bezug auf Görg 1996, 100).

[192] Krieger 2000, 298f.; 2004, 41–44.

[193] Krieger 2004, 46f.: „Unser Pochen auf die Rechte aller Menschen hat unleugbar seine Berechtigung. Eine abstrakte, juridische Betrachtungsweise übersieht freilich, daß sie in der Praxis letztlich zum Vorteil des Stärkeren ausfällt" (46).

[194] Krieger 2004, 48.

[195] Krieger 2004, 50.61.

[196] Krieger 2004, 49–66.

[197] Krieger 2000, 299; 2004, 70–76.

[198] Krieger 2000, 299. Er fährt in m. E. nicht unproblematischer Weise fort: „ Vielleicht wirkt Gottes Wehrhaftigkeit auf uns heute deshalb so brutal, weil wir verlernt haben, das Böse in seiner ganzen Schärfe zu sehen. Weil wir nicht mehr wissen, wie böse das Böse ist. Weil wir uns angewöhnt haben, das Böse soziologisch und psychologisch zu erklären und sogar Verständnis für das Böse aufzubringen – zweifellos auf Kosten der Opfer." Muß die Erkenntnis, daß menschliche Gewalttätigkeit ihre Ursache häufig in zuvor erlittener Gewalt findet, den

Blick für Kritik an eben dieser Gewalttätigkeit verstellen – oder ist sie nicht im Gegenteil ein erster Schritt zur Überwindung der Gewalt?

199 Krieger 2000, 299; 2004, 75f.

200 Krieger 2000, 299; 2004, 77–81.

201 Krieger wortgleich (2000, 298; 2004, 86) zur Widerspruchsfreiheit im Gottesbild: „Ein derartiges Denken ist der Bibel fremd. Sie versucht nicht, Gott zu erklären. Sie entwirft auch kein eindimensionales, glattes, in allem stimmiges und harmonisches Bild von Gott. Der Gott der Bibel ist nicht der Gott der Philosophen, und der Gott der Bibel ist auch nicht der Gott der Religionspädagogen. Die Bibel erzählt von Erfahrungen mit Gott." In gleicher Weise (2000, 298; 2004, 84f.) zum Gott der Liebe: „Daß die Rede vom liebenden Gott ein Kernstück christlichen Glaubens ist, kann gar nicht in Abrede gestellt werden. Mir scheint jedoch, daß sie mitunter derart verabsolutiert worden ist, daß der Sinn und die Berechtigung anderer Aussagen gar nicht mehr wahrgenommen wird. Und dabei ist die kritische Frage zu stellen: Wird nicht auch deshalb so sehr betont, daß Gott die Liebe ist, weil dies einerseits menschlichem Harmoniebedürfnis und andererseits der Bequemlichkeit der Verkündiger dient?"

202 Hier bezieht sich Krieger auf die mittelalterliche Analogienlehre und den Beschluß des IV. Laterankonzils von 1215; Krieger 2000, 298; 2004, 87–89.

203 Krieger 2004, 99f. (ähnlich 2000, 298): „Vater und Mutter tun bisweilen Dinge, die dem Kind unverständlich erscheinen und durch die es sich angegriffen fühlt. Und zwar gerade auch in der Absicht, dem Kind zu helfen und ihm zu nutzen. Und erst im Rückblick geht dem Sohn, der Tochter vielleicht auf, welchen Sinn das Tun der Eltern hat. Eltern setzen Kindern Grenzen, handeln gegen deren Willen, greifen in das Leben ihrer Kinder ein. Sie verlangen dem Sohn oder der Tochter Entscheidungen ab, zwingen zur Auseinandersetzung. Auch wenn der gläubige Mensch nicht unmündig ist, so gibt es in seinem Verhältnis zu Gott dennoch ein Gefälle ... Glaubende Menschen können daher durchaus die Erfahrung machen, daß die Begegnung mit Gott einen Eingriff in ihr Leben, ihre Freiheit, ihren Willen darstellt. Wenn wir uns für diese Einsicht offen halten, finden wir vielleicht wenigstens ansatzweise einen Zugang auch zu jenen verstörenden Bibeltexten vom bedrohlichen, aggressiven Gott."

204 Krieger 2004, 103.

205 Vgl. Lienemann 1982; 2000a sowie 2000b.

206 Aus dem Bereich der Bibelwissenschaften sind Beiträge zur Gewaltprävention (Dietrich/Mayordomo 2004), zur Gewalt gegen Tiere aus alttestamentlicher Perspektive (Schroer 2004) und zur Feindesliebe aus neutestamentlicher Sicht (Konradt 2004; von Arx 2004) zu finden.

207 Dietrich/Mayordomo 2005, 26.

208 Dietrich in: Dietrich/Mayordomo 2005, 72.

209 Dietrich in: Dietrich/Majordomo 2005, 105.

210 Dietrich in: Dietrich/Majordomo 2005, 109.

211 Hier (in: Dietrich/Majordomo 2005, 182–191) gibt Dietrich seinen bereits 1976 publizierten Aufsatz in Teilen wieder.

212 Dietrich in: Dietrich/Majordomo 2005, 191–194.

213 So z.B. Brueggemann 1997, 280–282.

214 So im Abschnitt zum „abuse"; Brueggemann 1997, 351–362.

215 Der Originaltext des Zitats (Brueggemann 1997, 318) ist bereits in Anm. 27 auf S. 165 wiedergegeben worden.

216 „... there is within Israel an uneasiness about that marvelously positive testimony" (Brueggemann 1997, 317).

217 Dies unterscheidet Brueggemann von einem neueren theologischen Ansatz, der ebenfalls die Vielstimmigkeit alttestamentlicher Glaubenszeugnisse wahr- und ernstnimmt. Gerstenberger (2001) läßt die unterschiedlichen „Theologien" allerdings eher unverbunden nebeneinander stehen.

218 Brueggemann hat in sich einem Aufsatz (2000) eigens mit der Frage der Interpretation gewalttätiger Gottesbilder auseinandergesetzt. Hier schlägt er vor, die Texte vor allem auf der literarischen Ebene zu rezipieren und sie mit der Haltung einer „zweiten Naivität" zu lesen; sie sollen als Stimmen verstanden werden, die die Erinnerung an JHWH als Gewalttäter bewahren, auch wenn JHWH in der „aktuellen" Situation der Schreibenden anders erfahren wird (38f.).

219 Müllner 2003, 19.

220 Mit der Klage als Gebet am Beispiel von Ps 22 bewegt sich die Habilitationsschrift von Fuchs auf der Grenze zwischen Altem Testament und Pastoraltheologie (Fuchs 1982; daran anknüpfend weitere Artikel über die Klage: Fuchs 1987; 1995).

221 So der Titel der ersten Form des Artikels (2004a), der allerdings nach der zweiten (2004b) erschienen ist (vgl. Fuchs 2004a, 169 Anm. *).

222 Fuchs 2004a, 169–171; 2004b, 438–440.

223 Fuchs 2004a, 172f.; 2004b, 441. Er gibt ein Beispiel (2004a, 172 Anm. 8; 2004b, 440 Anm. 7): „Die Problematik der Nachahmungshermeneutik persifliert ironisch ein US-Bürger in einem im Internet verbreiteten Brief an Frau Dr. Laura, die in einer US-Radio-Moderation davon sprach, ‚dass Homosexualität unter keinen Umständen befürwortet werden kann, da diese nach Leviticus 18:22 ein Gräuel wäre.' Unter anderem schreibt er: ‚Ich würde gerne meine Tochter in die Sklaverei verkaufen, wie es in Exodus 21:7 erlaubt ist. Was wäre Ihrer Meinung nach heutzutage ein angemessener Preis für sie? … Ich habe einen Nachbarn, der stets am Samstag arbeitet. Exodus 35:2 stellt deutlich fest, dass er getötet werden muss. Allerdings: bin ich moralisch verpflichtet, ihn eigenhändig zu töten? … Die meisten meiner männlichen Freunde lassen sich ihre Haupt- und Barthaare schneiden, inklusive der Haare ihrer Schläfen, obwohl das eindeutig nach Lev 19:27 verboten wird. Wie sollen sie sterben? … Mein Onkel hat einen Bauernhof. Er verstößt gegen Lev 19:19, weil er zwei verschiedene Saaten auf ein und demselben Feld anpflanzt. Darüber hinaus trägt seine Frau Kleider, die aus zwei verschiedenen Stoffen gemacht sind (Baumwolle/Polyester). Er flucht und lästert außerdem recht oft. Ist es wirklich notwendig, dass wir den ganzen Aufwand betreiben, das komplette Dorf zusammen zu holen, um sie zu steinigen (Lev 24:10–16)? Genügt es nicht, wenn wir sie in einer kleinen, familiären Zeremonie verbrennen, wie man es ja auch mit Leuten macht, die mit ihren Schwiegermüttern schlafen? (Lev 20:14) … Ich weiß, dass Sie sich mit diesen Dingen ausführlich beschäftigt haben … vielen Dank nochmals dafür, dass Sie uns daran erinnern, dass Gottes Wort ewig und unabänderlich ist.' – Dieses ironische Argumentationsmuster taucht schon im 16. Jh. auf."

224 Fuchs 2004a, 173; 2004b, 441.

225 Fuchs 2004a, 174; 2004b, 442.

226 Fusch 2004b, 442; ähnlich Fuchs 2004a, 175.

227 Fuchs 2004b, 460f.; ähnlich Fuchs 2004a, 193.

228 So der Tenor bei Michel 2003, 3f. über den überwiegenden Teil der bisherigen alttestamentlichen Forschung; vgl. S. 37.

229 Vgl. Volz 1924 und von Rad 1952; s. S. 37–42.

230 Hier wären etwa Buggle (1992) oder Deschner (2004, v.a. 71–116) zu nennen.

231 Es ist allerdings anzumerken, daß diese Strategie nicht völlig ohne Anhalt an biblischen

Deutungen ist; so vor allem die deuteronomistische Deutung der Ereignisse, die zum Exil geführt haben.

[232] Diese Deutung findet sich – neben der älteren Forschung (dazu vgl. im Überblick bei Lohfink 1983b, passim) – beispielsweise bei Preuß 1978 oder Groß/Kuschel (1992, 211–213). Lohfink (1987, 121) verknüpft Girards Ideen mit der Deutung des Todes Jesu als Sühnopfer für die Gewalt: „Jesu Auferweckung ist der definitive, von Gott gesetzte Anfang der Möglichkeit einer gewaltlosen Gesellschaft inmitten der so ganz auf Gewalt aufgebauten Gesellschaften unserer Welt."

[233] So Michel 2003, 4.

[234] Darauf weist auch Krieger hin, wenn er schreibt (2004, 8): „Vielfach wird auch ein – bei näherem Hinsehen rasch zum Scheitern verurteilter – Ausweg gewählt: Der aggressive, gewalttätige Gott entspringe dem Gottesbild des Alten Testaments, das durch Jesu liebenden Vater im Himmel überwunden sei. Sobald ich merke, daß diese Antwort nicht stimmt, stehe ich erneut vor dem Problem, wie ich mich zu einer Heiligen Schrift verhalten soll, der zufolge Gott durchaus brutal werden kann."

[235] Dazu vgl. Ebach 1993; 1994, Berger 1996a; 1996b; Ritt 1996; Lehnert 2002 oder Leutzsch 2006. Auf die Verquickung dieses Deutungsmusters mit antijudaistischen Tendenzen wurde bereits hingewiesen. Hierauf macht Beckmann (2002) ebenso aufmerksam wie darauf, daß Altes und Neues Testament in christlicher Sicht erst in der Neuzeit als die zwei Teile der Bibel angesehen wurden, deren Verhältnis zueinander einer Erklärung bedarf.

[236] Dazu vgl. die Analyse von Beckmann (2002), die in der Einleitung (S. 9f.) vorgestellt wurde; in kurzer Form auch Zenger (2004b, 17f.). Zenger unterscheidet drei Grundmodelle des christlichen Verstehens des Alten Testaments, die je für sich (u.a.) „den Atem jenes ‚teaching of contempt' [atmen], der ein Aspekt jener fatalen theologischen Judenfeindschaft ist, die *einer* der Auslöser des rassischen Antisemitismus war" (18): das Substitutionsmodell (die Kirche wird an die Stelle Israels gesetzt), das Relativierungsmodell (das Alte Testament ist nur dazu da, auf die Botschaft des Neuen Testaments hinzudeuten) und das Selektionsmodell (vom Alten Testament gelten für ChristInnen vor allem diejenigen Traditionen, die im Neuen Testament fortgeführt werden). Varianten dieser Modelle finden sich auch bei der Auslegung von Texten, die Gott als Gewalttäter zeichnen.

[237] Hier wäre in erster Linie Lohfink in seinen älteren Werken (s. S. 43–46) zu nennen. Er nimmt später eine modifizierte Position ein, wenn er (1992, 35f.) einerseits vorschlägt, die Kriegstexte von der prophetischen Vision vom Umschmieden der Schwerter zu Pflugscharen (Jes 2,4; Mi 4,3) her zu lesen. Andererseits weist er darauf hin, daß zwischen einer historischen Lektüre der Bibel und einer theologischen Auslegung zu unterscheiden ist. Während letztere nur für die sich auf die Bibel berufenden Religionen gilt, kann erstere auch für andere Menschen fruchtbar gemacht werden.

[238] Lienemann 1982, 48: „Und schließlich wird an den Grenzen des Alten Testaments eine Gestalt göttlicher Gewalt sichtbar, die siegt, ohne zu schlagen und zu töten: der Gottesknecht bei Deuterojesaja, der selbst geschlagen unsere Strafe trägt, damit wir Frieden haben (Jes. 53,5). Hier kommt im Alten Testament die göttliche Gewalt an ihr Ziel." – Gleichzeitig warnt Lienemann (47f.): „... man wird sich hüten müssen, gleichsam einen angenehm begehbaren roten Teppich der Überlieferung auszulegen, der bruchlos zum Neuen Testament überleitet."

[239] Lohfink 1983b, 48.

[240] Zu weiteren Kritikpunkten vgl. S. 27f.

[241] So etwa Lohfink (1978b, 49–53); Schmidt (1992, 21); Zenger (1994, 162.165); Görg (1995, 25) oder auch Krahe (1999, 9, 120 u.ö.) sowie Fuchs in seinem vierten Schritt (2004a, 193; 2004b, 461).

[242] So etwa Fuchs 2004a, 453f.

[243] Dazu s. S. 58f., v.a. Baumann 2000 sowie Gordon/Washington 1995.

[244] So Schuessler Fiorenza zuerst 1988b.

[245] Zu dieser Position zählen – zumindest teilweise – Groß/Kuschel (1992) oder Otto (1999). Auch Schart (2003, 64–67) setzt für die Lösung des Problems gewalttätiger Gottesbilder stark auf die historische Erklärung.

[246] So etwa Zenger 1994, 159: „Ehe die Diskussion über den Offenbarungsanspruch der Texte beginnen kann, müssen wir uns mit Hilfe der historischen Kritik darum bemühen, *zu verstehen*, was die Texte zur Zeit ihrer Entstehung ihren Hörern/Lesern sagen wollten. Sie sind nicht als zeitlose Wahrheit formuliert worden, sondern in ganz spezifischen gesellschaftlichen und religionsgeschichtlichen Kontexten. Nur wenn die ursprünglichen und heutigen *Kontexte* mitreflektiert werden, können die *Texte* überhaupt verstanden werden."

[247] Diese Erwägungen reichen in den Bereich der Debatte um mediale Gewaltdarstellungen hinein. Kontrovers wird dabei diskutiert, ob Medien durch Gewaltdarstellungen zu Gewalthandlungen anregen oder sie eher verhindern, da latente Gewalt über mediale Darstellung bereits als aktualisiert erlebt wird und deshalb von den Lesenden oder Anschauenden nicht mehr selbst vollzogen werden muß. Hier gehen die Meinungen über die Wirkung von Gewaltdarstellungen weit auseinander. Diese derzeit nicht entscheidbare Frage spielt auch in die Auslegung biblischer Gewalttexte hinein; dazu s. S. 35; vgl. auch Kofler/Graf 1995 oder Müllner 2002, 235.

[248] Solche Gedanken finden sich beispielsweise bei Krahe 1999, passim.

[249] Hierzu vgl. Baumann 2003a; 2004a.

[250] Vor allem bei Assmann 1997, 94f.; vgl. Ebach o.J., 34–36 und Zenger 2004, 134f.

[251] So Görg 1995, 175.

[252] So im Titel des letzten Kapitels bei Krahe 1999, 145–151.

[253] Ähnlich Childs (1996, 16): Gelegentlich komme es zu einem „seltsam verborgenen Handeln Gottes im menschlichen Leben", wobei aber die Identität JHWHs „in all ihren Geheimnissen, ihrer Heiligkeit und ihrer brennenden Gerechtigkeit gewahrt" bliebe.

[254] Hierzu etwa Görg 1995, 178: Gott ist nicht „human"; ähnlich Krahe 1999, 56f. u.ö.

[255] Als Vertreter einer solchen Lesweise wären etwa Zenger (1994) oder Ebach (o.J.) anzusprechen. Auch in meinem Werk zur prophetischen Ehemetaphorik (Baumann 2000) bediene ich mich dieser Herangehensweise. Middleton hat dies (2004) ähnlich für Gen 1 formuliert: Er sieht die gewaltfreie göttliche Schöpfung als ein Signal gegen alle menschliche gewalttätige Geschichte.

[256] Hier wären Ebach (1980, 30–42) oder Dietrich/Mayordomo (2005) zu nennen.

[257] Ebach o.J., 14.

[258] Diese Überlegungen sind primär auf der Ebene der Deutung bzw. Interpretation angesiedelt. Diese Ebene ließe sich mit Ebach auch als Diskurs über die Geltung der Texte bezeichnen (Ebach o.J., 28 u.ö.). In diesem Bereich werden die Vereinbarungen darüber ausgehandelt, welche Grundlagen für die Auslegung biblischer Texte in den einzelnen religiösen Gruppierungen und Konfessionen gelten sollen.

[259] Dazu s. S. 15f.

[260] Ähnlich auch Zenger 1994, 155f. oder Krahe 1999, 56.153f.

[261] Hier knüpft der vorliegende Ansatz an Lohfink (1978b u.ö.) an, indem die alttestamentlichen Texte eng mit erlittener Gewalt verknüpft werden.

[262] Dabei schließe ich mich an die Überlegungen z.B. von Zenger (1994, 172 u.ö.) an.

[263] Diese Strategie wird von Fuchs (2004a, 172; 2004b, 440, jeweils mit Anm.) konstatiert und kritisiert.

## IV. Erklärung und Interpretation ausgewählter Texte

[1] Lohfink 1992, 14.

[2] Konkurrieren kann in dieser Hinsicht mit Dtn und Jos höchstens die Johannesoffenbarung des Neuen Testaments. Vgl. Ritt (1996, 128): „Kein Buch der Bibel ist so oft schändlich mißbraucht worden wie die Johannesapokalypse." Hier sind es allerdings nicht nur militärische Bilder, die als problematisch anzusprechen sind.

[3] Noort deutet (1998, 15) die Mühe an, die die christliche Tradition mit dem Josuabuch gehabt hat, und weist dabei auf den Unterschied zwischen jüdischer und christlicher Wirkungsgeschichte hin: „Daß dabei eine Gespaltenheit zwischen theoretischem Anspruch und geschichtlicher Wirklichkeit auftritt – in der die jüdische Tradition zwar theoretisch Kriege mit Bann und Vertreibung geltend macht, diese in Wirklichkeit aber kaum geführt hat, während umgekehrt die christliche Tradition behauptet, eine Religion der Liebe zu sein, in ihrer Geschichte aber blutige Episoden kennt wie kaum eine andere Religion –, kann nur am Rande notiert werden."

[4] Die drei folgenden Beispiele stellt Römer (1998, 5) zusammen.

[5] Am Beispiel des Deuteronomiums erläutert dies Deist (1994).

[6] Am ausführlichsten hat Noort in seinem Forschungsüberblick über das Josuabuch (1998, 15–18; s. S. 46f.) die unterschiedlichen Strategien zusammengestellt, mit denen dem theologischen Problem in der Geschichte der Kirche bis heute begegnet worden ist. Obwohl Noort selbst nicht Stellung beziehen will, wird im Folgenden deutlich, daß er das theologische Problem des Josuabuches insofern doch bearbeitet (1998, 21), als für ihn eine Einordnung in das Deuteronomistische Geschichtswerk und seine Theologie wichtig ist (zu dieser Einordnung s. S. 94f.).

[7] Zu *cheräm*/חרם im Alten Testament vgl. Lohfink 1982.

[8] Lohfink 2004, 65f.

[9] Dazu vgl. Klengel (1980–1983, 243).

[10] Solche Kriege wären nach Lage der historischen Fakten am ehesten im neuassyrischen Imperium zu erwarten; dazu Cancik-Kirschbaum 2003, 50: „Mit der fortschreitenden Expansion des assyrischen Reiches in die Ursprungsregionen dieser [Handels-] Güter wurde dieser Bedarf zunehmend über Kriegsbeute und über regelmäßige Tributzahlungen von Seiten der unterworfenen Völker gedeckt. Diese Form der Bedarfsdeckung war zunächst effizient, barg jedoch ein strukturelles Langzeitproblem. Im Laufe der Jahrhunderte entstand eine Sogwirkung, in der territorial expandierendes Wachstum zum staatlichen Selbstzweck entartete." – Die unterschiedlichen Legitimationen von Kriegen in Assyrien stellt Obed (1992) dar.

[11] Zur (fehlenden) mesopotamischen Vorstellung vom „Heiligen Krieg" vgl. Klengel (1980–1983, 242). Einen Überblick über die Forschung zum „göttlichen Krieg" gibt Rowlett (1996, 49–70).

[12] Die Gliederung folgt Hentschel 2004, 204, der dabei den Forschungskonsens zusammenfaßt.

[13] Im Blick auf die Zuordnung von Jos 10,11 zu einer Schicht zeichnet sich derzeit kein Konsens in der Forschung ab (vgl. Noort 1998, 86.111 u.ö.); der Vers kann – je nach ForscherIn – entweder zum Grundbestand gerechnet oder als Zusatz angesehen werden. Insofern ist ein Deutungsweg versperrt, der die Bedeutung dieses Verses beispielsweise dadurch relativieren würde, daß er einer redaktionellen Schicht zugerechnet werden könnte.

[14] Hier können etwa genannt werden: Van Seters 1983 (insgesamt für antike Geschichtsschreibung bzw. Historiographie); Younger 1990 (für einen Vergleich von assyrischen, hethitischen und ägyptischen Eroberungserzählungen mit Jos 9–12), Steymans 1995 (für einen Ver-

gleich der Vertragstexte des neuassyrischen Königs Asarhaddon [681–669 v. Chr.] mit Dtn 28); Rowlett 1996, 48–155 (zur Weise, in der göttliche Kriegsführung im Alten Orient und im Josuabuch geschildert wird); Römer 1998, 7–12 (summarisch für Neuassyrien und Josua) oder Otto 1999 (mit der Darstellung und Beurteilung von Krieg und Frieden in Ägypten, Assyrien und Israel).

15 So Römer 1998, 8; Van Seters 1983.

16 Mehrere solcher Passagen finden sich in den Ischtar-Orakeln an Asarhaddon, die in deutscher Übersetzung von Hecker in TUAT II/1 (1986), 56–62 zu finden sind.

17 So Römer 1998, 8 für das erste der genannten Orakel.

18 So Römer 1998, 8 ohne Textangabe.

19 So Römer 1998, 8 ohne Nennung von Texten.

20 So Römer 1998, 8 ohne nähere Angaben.

21 So die Übersetzung von Borger in TUAT I/4 (1984), 396; die Quelle ist das Prisma Ninive A III.20–38.

22 So die Übersetzung von Müller in TUAT I/6 (1985), 648 f. (des ganzen Textes: 646–650).

23 In der Übersetzung von Borger in TUAT I/4 (1984), 399.

24 Spieckermann 1982, 229 f.; es folgt ein Textbeispiel von Tiglatpileser III (745–727 v. Chr.).

25 Spieckermann 1982, 230 f. mit einem Zitat von Sodens (1954, 108). Eine ähnliche Vermischung der Tätigkeit von Gott und König läßt sich auch in neubabylonischer Zeit beobachten, z. B. anhand der Darstellung der Eroberung Ninives auf der Basaltstele Nabonids (556–539 v. Chr.) sowie in anderen Berichten aus dieser Zeit; vgl. Baumann 2003 b, 12 f.

26 Otto 1999, 48.

27 Otto 1999, 49.

28 So hebt Van Seters hervor, daß die (i.w.S.) altorientalische Geschichtsschreibung an anderen Kriterien ausgerichtet ist als an denen, die heute an Geschichtsschreibung angelegt werden. „Insofar as the king, his dynasty, or even kingship itself was the focus of such texts, they did not develop into a form of tradition encompassing the people as a whole" (Van Seters 1983, 354 f.).

29 Dazu vgl. Tetlow (2004, 167) zur literarischen Gattung der Königsannalen: „The literary genre of the royal conquest annals is quite different from that of letters, other documents, and inscriptions written by the same king. The royal conquest annals made the events of war crueler and larger than life. The reader of the annals must take care to differentiate between historical events and exaggeration."

30 Otto 1999, 68 f.; zur Bedeutung der Bilder für die Machtausübung im Alten Orient vgl. Heinz/Bonatz 2002. Die textlichen und bildlichen Funde aus mittel- und neuassyrischer Zeit faßt Tetlow (2004, 169) zusammen: „Middle and Late Assyrian kings seemed to grow in their cruelty to conquered peoples or at least in the cruelty about which they bragged. Each tried to outdo his predecessors. War captives, including women and girls, were reputedly decapitated, impaled, fralyed alive, burned alive, mutilated, and sold into slavery. King Asshurnasirpal II wrote that he cut out tongues, gouged out eyes, cut off hands, arms, noses, ears and other extremities and had a special predilection for adolescent girls and boys, whom he burned alive." Neben der im Vergleich zu den Vorgängern jeweils größeren Grausamkeit eines Königs verweist Tetlow auch auf den Aspekt der Abschreckung durch solche Schilderungen. Sie verweist (2004, 170) auf Gegenbeispiele, in denen Offiziere z. B. in Briefen an ihre Vorgesetzten ihrer Sorge um das Wohl der von ihnen Gefangenen Ausdruck verleihen: „Letters documented a more nuanced picture of Assyrian military conquests, revealing a more human side of the military campaigns. As commander in chief of the army, King Sargon II wrote orders to his subordinate to investigate the plight of widows and children of soldiers killed in battle,

make sure they had not been sold into slavery, and bring them to the king so that he could help them. Assyrian officers wrote to their commanders that they had no food or clothing and were starving."

[31] Lohfink 1997, 9f.

[32] In diese Richtung weist auch Römer (1998, 9.12): „Les Assyriens, qui dominèrent le Proche-Orient ancien aux VIII$^{e}$ et VII$^{e}$ siècle av. J.-C., étaient en effet des maîtres dans l'art de la communication. Ils célébrèrent la supériorité culturelle et militaire de leurs dieux et de leur roi, non seulement dans des inscriptions mais aussi dans des représentations iconographiques … Les dieux d'Assyrie n'étaient-ils pas bien plus puissant que les divinités vénérées par les assiégés?"

[33] Für das Deuteronomium vgl. Braulik 2004, 143–145; für Josua vgl. Fritz 1994, 7 oder Niehr 1998, 194f.; vorsichtiger und differenzierter Hentschel 2004, 206f.

[34] Diesen Text nennt Younger 1990, 208f. Er referiert auf den hethitischen Text Kbo III 4 Vs II.15–49 (in deutscher Übersetzung durch Kümmel in TUAT I/5 [1985], 471–480). Zudem bringt er das Werfen eines das eigene Volk unterstützenden Meteors bzw. des Hagels mit dem Ausgießen der göttlichen Gnade in Verbindung – eine Vorstellung, die sich im Alten Testament häufiger finden läßt (Younger 1990, 209).

[35] Dieses Beispiel erwähnt Römer (1998, 8). Weinfeld nennt (1983, 141) weitere Texte: In einem Hymnus an den Wettergott Ischkur befiehlt dessen Vater Enlil ihm, „kleine und große Steine" auf die rebellische Erde zu werfen. In einer Inschrift aus der dritten Kampagne des neuassyrischen Königs Sargon II. ist zu lesen, daß der Gott Adad in seiner kriegerischen Rolle seine Stimme gegen die Feinde ertönen ließ (Weinfeld 1983, 142); „with *torrentuous* cloud and *stones of the heavens* he destroyed the survivors"; akkadisch: *ina urpat riḫṣi u aban šamê uqatti rēḫa*.

[36] Lohfink 1982, 205.

[37] Die Tributzahlungen und die Deportationen spielen für die neuassyrische Wirtschaft eine gravierende Rolle (vgl. das Zitat von Cancik-Kirschbaum auf S. 181 unter Anm. 10). Ein grundlegendes Werk über die neuassyrischen Deportationen hat Obed (1979) vorgelegt; zur ökonomischen Bedeutung vgl. auch Postgate 1979 sowie Elat 1982.

[38] Dies stellt Ebach (1980, 27; Hervorhebung dort) heraus: „Für die Schichten des Alten Testaments, die positiv von Jahwäs Kriegen sprechen, die die Härte, ja Grausamkeit der Jahwäkriege um nichts beschönigen, gilt aber: *Der Krieg ist kein Mittel menschlicher Politik!*"

[39] Rowlett 1996, 182.

[40] Rowlett 1996, 183: „As part of their imperial strategy, the Assyrians had undermined the sense of identity of the nations they conquered. Identity was being reasserted in the Joshua story, but it was done by adopting the violent ideology of the oppressors. The same ideology that had undermined their identity was now being used to exert their identity."

[41] Auf den Charakter der ursprünglichen Völker Palästinas nach der Darstellung des Dtn weist Houtman (2002) hin: „Die Information über die ursprünglichen Bewohner des Israel zugesagten Landes und die ursprünglichen Bewohner des von Israels Nachbarn bewohnten Gebiets macht einen gelehrten Eindruck, ist aber, wie es den Anschein hat, ohne historischen Wert im Hinblick auf die Geschichte des vorisraelitischen Palästina … Die vorisraelitische Geschichte von Palästina und Umgebung ist mit einer theologischen Absicht konstruiert." (2002, 62f.) Betont wird in der textlichen Darstellung u.a. die Überlegenheit JHWHs, der allen Völkern ihren Platz anweist. Vor allem aber klingen Namen wie „Amoriter", „Kanaaniter", „Anakiter" und „Refaiter" sowie „Horiter" nicht neutral: Sie werden entweder als titanenhaft-mythische Vorzeitvölker dargestellt oder eng mit Fremdgottverehrung assoziiert (2002, 52–59). Houtman weist darauf hin, daß das Verhältnis der Erzeltern zu den um sie

herum wohnenden „Fremden“ ganz anders dargestellt wird: Die „Fremden“ werden kaum kritisch betrachtet; man arbeitet zusammen, und sogar wechselseitige Heiraten sind möglich (2002, 63f.).

42 Der Ansatz von Rowlett wird auch kritisch betrachtet; vgl. u. a. Noort 1998, 124.

43 Hierzu vgl. die Darstellung von Dietrich (1999).

44 So Lohfink (1992, 14f.): Die „Erzählungen des Deuteronomiums und des Buches Josua über die vollständige Vernichtung der vorisraelitischen Bevölkerung Kanaans bei der Einwanderung Israels unter Mose und Josua ... gehören nach meiner Auffassung der ersten Schicht des deuteronomistischen Geschichtswerkes an. Sie ist schon in der Zeit Joschijas von Juda anzusetzen.“

45 Braulik 1997, 37f.

46 Lohfink 1997, 14f.

47 Lohfink 1997, 20. Lohfink nennt daneben weitere Argumente, die gegen eine „typologische“ Lesart (vorbildhaft und für spätere Lesende und sie zur Identifikation einladend) sprechen: Auch die Gerichtsansagen, die unter anderem vom „Tag JHWHs“ sprechen, nehmen keine Anleihe an die Landnahme (20). In der späteren Einteilung des Alten Testaments in Kanonteile mit unterschiedlichem Gewicht kommt Josua dann nicht im Pentateuch, der Tora, zu stehen, sondern in der Prophetie (21f.). Auch das Neue Testament kennt keinen Rückgriff auf die Landnahme-Texte Josuas (21–23).

48 Braulik 1997, 38.

49 Lohfink 1997, 10.

50 Rakel 2003, 107–110.

51 Rakel 2003, 108.

52 Rakel 2003, 108.

53 Dazu vgl. van der Meer 2004, 381.

54 Dies betont auch Noort, wobei er besonders hervorhebt, daß die literarische Schilderung der Landnahme und die vermutliche historische Realität weit auseinanderklaffen; dies geschieht einerseits, um die Landgabe durch JHWH umso stärker zur Geltung kommen zu lassen, und andererseits, weil dies bereits aus der Perspektive des Landverlustes geschildert ist (1985, 44): „Wanneer gave van het land en wegname van het land zo met elkaar verbonden zijn in de bijbelse verkondiging, dan is het ook te verklaren waarom in de bijbelse teksten het beeld van een snelle totale verovering het meer historische beeld van het langzame vreedzame binnendringen naar de rand gedrukt heeft. Alle nadruk moest gelegd worden op JHWH als de gever van het land en op het feit dat Israël niet op eigen kracht zijn plaats in Kanaän heeft gevonden.“

55 Hierauf weist Ebach (1980, 28) hin.

56 Darin schließe ich mich Deist (1994, 28f.) an: „Perhaps Deuteronomy *does* contain dangerous ideologies and therefore might well *be* a dangerous book. But the greater danger lies in its (uncritical) *readers*.“

57 Vgl. Fuchs 2004a, 453f.

58 Hier soll es nur um diejenigen Stellen gehen, in denen diese Wesen von JHWH bekämpft werden.

59 In einer englischsprachigen Publikation habe ich die Analyse detaillierter ausgearbeitet (Baumann 2006b).

60 Koenen 1991.

61 So etwa Hossfeld/Zenger 2000, 362 und andere (vgl. Weber 2003, 26).

62 B. Weber 2000, 523–528.530f.

63 Weber 2003, 26.

[64] So Hossfeld/Zenger 2000, 356f.; anders, aber weniger überzeugend votiert Weber (2003, 24f.) für eine vierteilige Gliederung (V. 1–5/6–11/12–17/18–23).

[65] Als Alternativübersetzung für den nicht unproblematischen Ausdruck *l^e'am l^ezijjim* (לעם לציים) wird – mit der abweichenden Worttrennung *l^e'aml^ezej jam* (לעמלצי ים) – „den Haien im Meer" vorgeschlagen (dazu Zenger in: Hossfeld/Zenger 2000, 358).

[66] Um die perennierenden (ganzjährig fließenden) Flüsse von den Wadis oder zeitweise trocken fallenden Bächen abzuheben, ist hier im Hebräischen ein eigenes Wort eingefügt.

[67] Hiermit ist der Mond als Pendant der Sonne gemeint (so z.B. Kraus 1978, 681).

[68] Müller 1993, 3. Müller rechnet sogar die Rede von JHWH als Person bzw. Gestalt zu den mythischen Elementen im Alten Testament (1993, 14f.).

[69] Müller 1993, 13.

[70] Davon nicht tangiert wird, daß es bereits innerbiblisch so etwas wie die Selbstrelativierung mythischer Aussagen gibt; vgl. Müller 1993, 12–14.

[71] So Pardee 1997, 242, nachdem er die unklare Auslegungslage in der Fachwelt angesprochen hat: „Perhaps an appeal to the destructive aspect of the dual nature of water, beneficent in reasonable quantities, harmful when overly abundant or in turmoil, is in order."

[72] Dies sind die Zeilen 15b–18a aus KTU 1.2 IV in der Übersetzung von Dietrich/Loretz in TUAT III/6 (1997), 1132.

[73] Hier sind die Zeilen 35b sowie 38b–42 aus KTU 1.3 III (s. Dietrich u.a. 1995, 12) in der Übersetzung von Dietrich/Loretz aus TUAT III/6 (1997), 1142f. wiedergegeben.

[74] Ich danke Othmar Keel für die Erlaubnis, die Umzeichnung des Rollsiegels hier abdrucken zu dürfen.

[75] Dazu vgl. Sommerfeld 1987–1990, 368f.

[76] Lambert in der Einleitung seiner Übersetzung in TUAT III/4 (1994), 565.

[77] Dies sind die Zeilen 93–104 aus Ee IV in der Übersetzung von Lambert in TUAT III/4 (1994), 586f.

[78] Ee IV, 135–140 (Lambert in TUAT III/4 [1994], 587).

[79] Dies ist das kosmische Seil, das die verschiedenen Schichten des Universums zusammenhält.

[80] Ee V, 47–60 (Lambert in TUAT III/4 [1994], 588f.); die Auslassungen bezeichnen Lücken im Text.

[81] Podella 1993, 309.

[82] Zenger in: Hossfeld/Zenger 2000, 363.

[83] Staubli geht davon aus, daß *tor*/תור nicht die Turteltaube, sondern das Wildhuhn bezeichnet (2001, 48): „Es gibt Gründe, die dafür sprechen, das hebräische Wort *tor* nicht wie in den Übersetzungen üblich mit ‚Turteltaube', sondern mit ‚Wildhuhn' zu übersetzen. Das Wort ist auch im Akkadischen belegt (*tarru*) und bezeichnet dort eindeutig ein Wildhuhn, wahrscheinlich das häufige Halsbandfrankolin (*Francolinus francolinus*), das im Zweistromland als Haustier gehalten wurde. Diese Bedeutung ist auch für das *tr* anzunehmen, das in einer ugaritischen Opferanweisung vorkommt."

[84] Dazu s. S. 94f.

[85] So Weber 2001, 136f. mit Anm. 99.

[86] Weber 2001, 137, Anm. 99.

[87] Als ethisches Problem behandelt dagegen Middleton (2004) die Chaoskampftexte des Alten Testaments; er sieht in der gewaltfreien Schöpfung in Gen 1 mit der sich anschließenden Gottebenbildlichkeit der Menschen eine Art Gegentradition zu den Chaoskampftexten.

[88] Daß dies nicht durchgängig so ist, wird von Ebach problematisiert (1980, 20). So ist es

wichtig, die Perspektive aller Opfer – in diesem Fall auch der ägyptischen – im Blick zu behalten.

[89] Die Texte und ihre Vorstellungen sind vor allem durch feministische Bibelexegetinnen erschlossen worden; einen Überblick über die Forschung habe ich selbst vor einiger Zeit gegeben (Baumann 2000, 18–33 sowie in den Abschnitten der Einzelexegesen).

[90] Dazu vgl. Baumann 2000, 57f.

[91] Zum Begriff „sexuelle Gewalt" vgl. Baumann 2000, 35f. Wichtig ist, daß es hierbei nicht primär um Sexualität geht, die mit Zwang durchgesetzt wird, sondern um eine Gewalthandlung, die sich sexueller Mittel bedient.

[92] Schoors skizziert (1998, 93) das assyrische Verfahren mit Vasallenstaaten: „In einer ersten Phase wurde mit militärischem Druck die Vasallität aufgezwungen. Im Fall einer anti-assyrischen Konspiration folgte eine militärische Intervention mit Bestallung eines neuen ‚loyalen' Fürsten, mit territorialer Verkleinerung und Deportation von führenden Bevölkerungsteilen. Und in einer letzten Phase wurde die Unabhängigkeit aufgehoben und das Territorium als eine assyrische Provinz mit einem Statthalter (*šaknu* oder *bēl paḫāti*) eingerichtet, die Oberschicht der Bevölkerung wurde deportiert und durch eine fremde ersetzt."

[93] Dazu Donner (1986, 315f.): Aus den Quellen wird „deutlich, daß die Bevölkerung durch die Deportation einen beträchtlichen Aderlaß erlitten hat. Sargon II. [722–705 v. Chr.] beziffert in einem seiner Texte die Zahl der Weggeführten auf 27280; sie sind niemals wieder heimgekehrt. Die neue Oberschicht, woher immer sie gekommen sein mag, vermischte sich im Laufe der Zeit mit der bodenständigen Landbevölkerung. Religionspolitisch ließen die Assyrer die Zügel anscheinend locker: die neue Oberschicht brachte ihre Götter mit, und die israelitische Bevölkerung verehrte weiterhin Jahwe – und sicher nicht Jahwe allein (2. Kön 17,29–34). Die Priesterschaft des Reichsheiligtums von Bethel war exiliert worden."

[94] Albertz umreißt (2001, 67) die Situation, wie sie sich aus Sicht der außerbiblischen Quellen darstellt: „Archäologisch werden die von den Babyloniern 587/6 angerichteten Zerstörungen durch die Grabungsfunde in einer ganzen Reihe von Städten in Juda bestätigt ... Wichtig ist der archäologische Befund, daß die Städte des benjaminitischen Nordens, etwa Tell en-Naṣbe (Mizpa), Gibeon und Bethel der Vernichtung entgingen und lückenlos bis in die frühe persische Zeit besiedelt waren." Doch auch zwischen den „Exilen" war das Land nicht vor der Zerstörung sicher (2001, 69): „Allerdings ist hier daran zu erinnern, daß Juda sehr wohl schon früher einmal eine gewaltige Zerstörungswelle und Massendeportation hat erleiden müssen: Sanherib rühmt sich, bei seiner Strafexpedition gegen den aufständischen Hiskia im Jahre 701, sechsundvierzig ummauerte Städte, viele unbefestigte Dörfer in Juda verheert und eine gewaltige Menge von Menschen und Tieren deportiert zu haben. Nur Jerusalem kam damals mit dem Schrecken davon."

[95] Dazu vgl. Scholz 2000.

[96] Zu diesem Text vgl. z.B. Trible 1987, 99–133; Exum 1997, 57–65.

[97] Dazu vgl. Müllner 1997.

[98] Zu ersten Ansätzen vgl. Baumann 2000, 76–90 und die dort besprochene Literatur.

[99] Dazu Tetlow 2004, passim.

[100] So für Assyrien: Tetlow 2004, 119–171; zusammenfassend dort 171–175.

[101] Dazu Baumann 2004c.

[102] Dazu vgl. Baumann 2000, 76f. Ausführlicher untersucht Wischnowsky den religionsgeschichtlichen Hintergrund der (weiblichen) Personifikation Jerusalem (2001, 13–45.266f.). Er faßt seine Ergebnisse zusammen (266; Hervorhebung dort): „*Altorientalischer Hintergrund für die Personifikation Jerusalems im Alten Testament ist eine personifizierende Tendenz in der Verehrung von Städten, die sich anhand von Stadttiteln, Epitheta und ikonographischen Dar-*

*stellungen belegen läßt. Religionsgeschichtlich lassen sich die mit der Frau Zion verbundenen Vorstellungen als eine Transformation von Motiven begreifen, die in den mesopotamischen Stadtklagen mit der Figur der klagenden Göttin verbunden sind.“*

[103] Dazu vgl. Maier 1994, 87f. sowie Wischnowsky 2001, 266.

[104] Wischnowsky weist (2001, 266f.) darauf hin, daß die prophetische Ehemetaphorik eine alttestamentliche Schöpfung ist: „Außerbiblische Ursprünge für eine Ehevorstellung sind damit abzuweisen, die Personifikation Jerusalems zur ‚Hure‘ und ‚Ehebrecherin‘ ist inneralttestamentlich zu erklären.“

[105] Dazu vgl. Zobel 1973, v.a. 1019f.

[106] Chapman 2004.

[107] So Chapman 2004, 4–10.

[108] Die folgenden Ausführungen lehnen sich an die Darstellung in Baumann 2000, 142–174 an; dort auch mehr zum Hintergrund und v.a. feministischen Auslegungen der Texte.

[109] Dazu Seidl (2001, 148): „Die Handlung des Trinkens oder Getränktwerdens drückt den unausweichlichen Vollzug des göttlichen Gerichtsurteils und die Annahme des Strafgerichts durch den Empfänger aus. Die Größe und Weite des Bechers ist Bildspender für die Schwere und lange Dauer der Strafe (Ez).“

[110] Dazu vgl. Baumann 2000, 164f.

[111] Dazu vgl. Baumann 2000, 166; zur Verstümmelung von Nase und Ohren als Strafe im assyrischen Recht vgl. Tetlow 2004, 174.

[112] Hierbei werden allerdings andere Worte gewählt als in Ez 23,47; dazu vgl. Baumann 2000, 164.

[113] Dazu vgl. Otto 1999, 68f. sowie Berlejung 2005, v.a. 206f.

[114] Berlejung (2005, 211) interpretiert eine Szene des Reliefs vom Araberfeldzug Assurbanipals als Vergewaltigung (die Szene findet sich auf Block 9 aus Raum L des Nordpalastes Assurbanipals in Ninive; abgebildet u.a. in: Keel u.a. 1984, 200 als Abb. 105). Diese Interpretation ist allerdings nicht konkurrenzlos; Keel/Küchler erläutern das Reliefs folgendermaßen: „... es zeigt das brutale Vorgehen der assyr. Soldateska gegen die Nomaden, deren Frauen – ganz im Gegensatz zu dem bei den Seßhaften üblichen Vorgehen – schonungslos massakriert werden.“ Fraglich ist die Deutung Berlejungs auch aus einem anderen Grund: In neuassyrischer Zeit werden im Unterschied zum 2. Jt.v.Chr. Menschen vergleichsweise seltener nackt dargestellt. Seidl stellt für Mesopotamien einen Wandel in der Einstellung zu bildlich dargestellter Nacktheit fest (1998–2001, 68). Allerdings sind hier Unmündige (Kinder) und Entmündigte (Gefangene) ausgenommen (vgl. Seidl 1998–2001, 68). Bestritten werden soll in dieser Differenzierung allerdings nicht, daß Vergewaltigung auch im Alten Orient eine Realität des Kriegs gewesen ist; hier geht es lediglich um die bildliche Darstellung. – Auch Tetlow erwähnt (2004, 170), wiederum ohne nähere Angabe, die Darstellung von Vergewaltigung auf Palastreliefs.

[115] Zur Deutung vgl. Weippert 1987, 141. Weitere Beispiele bei Baumann 2000, 88f.

[116] Weippert 1987, 141; dort auch eine Abbildung der Szene auf dem „Schwarzen Obelisken“ (aus der Zeit Salmanassars III., 858–824 v.Chr.), in der die buchstäbliche Unterwerfung des israelitischen Königs Jehu ohne Obergewand vor dem neuassyrischen König und seinen Obersten dargestellt ist.

[117] So sind etwa gefangene Frauen auf dem Palastrelief Assurbanipals in Ninive voll bekleidet abgebildet (ANEP Abb. 167). Die Abbildungen ANEP Abb. 205, 321, 349, 351–355, 447 zeigen bekleidete gefangene Männer. So faßt auch Seidl zusammen: Es „überwiegt die Darstellung bekleideter Gefallener und Gefangener bei weitem die der nackten“ (1998–2001, 68).

[118] JHWH selbst nimmt die Gewalthandlung etwa in Hos 2,12 oder Jer 13,26 (V. 22 verwendet das *passivum divinum*) vor; zu den einzelnen Texten detaillierter Baumann 2000.

[119] Krüger 1989, 163.

[120] Dazu vgl. Baumann 2000, 151 sowie Krüger 1989, 198.

[121] Dies habe ich in Baumann 2000 (v. a. 167–171) entfaltet.

[122] Dazu vgl. Baumann 2000, 172.

[123] Seifert 1997, 271.

[124] Seifert 1997, 272.

[125] Shields 1998.

[126] Ähnlich kritisch haben sich aus feministisch-exegetischer Perspektive van Dijk-Hemmes (1993) und Galambush (1992, v. a. 159–163) zu Ez 23 geäußert (dazu vgl. Baumann 2000, 21–23).

[127] Baumann 2000, 235 f.

[128] Zimmerli 1979, 555.

[129] Zimmerli (1979, 555) kommentiert den Vers kritisch: „Nicht mehr das Haus Israel, sondern die einzelnen Frauen sollen sich in ihrem ehelichen und sozialen Verhalten dadurch warnen lassen. Die Tiefe der prophetischen Verkündigung ist in alledem nicht von ferne mehr erreicht. Es zeugt für den echt menschlichen Weg, den auch die prophetische Überlieferung genommen hat, daß gelegentlich auch diese, von einem kleinen Geist vollzogene Kleinmünzung prophetischen Gerichtswortes zur moralischen Warnrede, die sich an die Alltagsversuchungen wendet, in der Kommentierung der Prophetenbücher nicht fehlt."

[130] Diese Auslegung ist vor allem von Trible (1987) vorgeschlagen worden; an sie schließt sich für die Texte der prophetischen Ehemetaphorik z. B. Magdalene (1995, 352) an.

[131] Daß die meisten sexuellen Gewalttaten in Nahbeziehungen stattfinden und nicht durch „Fremdtäter" begangen werden, ist lange bekannt; vgl. die in der Einleitung von Eichler/Müllner (1999, 15) wiedergegebenen Zahlen oder die Befunde von Godenzi (1991, 138) für die Schweiz.

[132] Die Grausamkeit der Assyrer ist – zumindest nach ihren eigenen Bild- und Textzeugnissen – legendär. Die auf den Strafexpeditionen gefangenen Gegner werden nicht nur schlicht getötet. Sie werden gepfählt, oder ihnen wird bei lebendigem Leibe die Haut abgezogen. Dazu vgl. Otto 1999, 69 f. sowie die Abb. auf S. 90 f.

[133] Dazu s. Baumann 2000, 218–222 sowie 2004 c, 55–67.

[134] Dazu vgl. Gerstenberger 2005, 64.

[135] Der Text ist an manchen Stellen nicht unproblematisch. Zur weiteren Diskussion exegetischer Fragen vgl. Baumann 2005, 61.103 f.154 f.

[136] Hierzu detaillierter: Baumann 2005, 61–102.

[137] Mit der Vorstellung der „Rache" im Alten Testament haben sich in ähnlicher Weise auch Dietrich (1976) und Ebach (1993; 1994) auseinandergesetzt.

[138] Zur ursprünglichen Gattung der Theophanie rechnet Jeremias in seiner wegweisenden Monographie Ri 5,14 f.; Ps 68,8 f.; Mi 1,3 f.; Am 1,2; Ps 46,7; Jes 63,19b (Jeremias 1977, 7–16). Später wird diese Gattung vielfältig erweitert und abgewandelt; als eine dieser Weiterentwicklungen ist Nah 1,3–6 anzusehen. Auch wenn die Frage zu stellen ist, ob die Theophanie wirklich als literarische „Gattung" und nicht eher als Motivkomplex anzusehen ist, so läßt sich diese Aufteilung in ursprüngliche(re) und erweiterte Texte weitgehend halten.

[139] Zu den Übersetzungsproblemen von Nah 1,5 vgl. Baumann 2005, 130–134.

[140] Und zwar in Ps 34,9; 54,8; 135,3; 145,9 sowie Thr 3,15.

[141] Diese steht in Jer 33,11; Ps 100,5; 106,1; 107,1; 118,1.29; 136,1; Esr 3,11; 1 Chr 16,34; 2 Chr 5,13 und 7,3.

[142] Siehe in Abschnitt IV, 2.

[143] Dies hat u. a. Johnston in einer Artikelserie zum Vergleich einzelner Metaphoriken des Nahum-Corpus mit neuassyrischen Dokumenten (2001 a; 2001 b; 2002) herausgestellt.

[144] Zu den traditionsgeschichtlichen Hintergründen und der Theologie des gesamten Nahum-Psalms vgl. bei Baumann 2005, 61–178.

[145] Daß die Michaschrift Nahum vorangeht, gilt nur für den hebräischen Kanon des Alten Testaments; in der Septuaginta liegen die Dinge anders (vgl. Baumann 2005, 99 f.).

[146] Als neueste Untersuchung zur Gnadenformel insgesamt ist auf Franz (2003) hinzuweisen. Die besondere Bedeutung der Gnadenformel im Zwölfprophetenbuch untersucht Scoralick (2002). Zur Gnadenformel bei Nahum und Micha vgl. Baumann 2005, 82–102.

[147] Dazu vgl. Baumann 2005, 27–37, v. a. 28.

[148] Dazu ausführlicher bei Baumann 2005, 32–36.

[149] Dazu vgl. insgesamt Kessler 1999, 297–312.

[150] Diese kommt nicht nur, aber häufig (so oder ähnlich) im Kontext der Herausführung aus Ägypten vor: Ex 32,11; Dtn 4,37; 9,29; 2 Kön 17,36.

[151] Zu diesem Problemkomplex ist bereits (S. 110–115) mehr gesagt worden.

[152] Zu diesen Linien vgl. Baumann 2003 d, 217–225.

[153] Dazu vgl. Fuchs (2004 a, 193; 2004 b, 460 f.); dazu s. S. 71 f.

[154] Dazu vgl. z. B. Steinwendtner 1990; Schrader 1992; Langenhorst 1994; 1995.

[155] Dies sind in der Hauptsache: Abraham in Gen 26,24; Ps 105,6 u. ö.; Mose in Ex 14,31; Num 12,7 f. u. ö.; David in 2 Sam 3,18 u. ö.; Jakob als Volk Israel Jes 41,8 u. ö.; Jesaja in Jes 20,3; der „Gottesknecht“ in Jes 42,1; 49,3; 52,13; 53,12; Nebukadnezar in Jer 25,9; 27,6; 43,10 sowie Serubbabel in Hab 2,23.

[156] Dies geschieht vor allem in den Kapiteln 29,12–21 und im „Reinigungseid“ Hi 31. Zur Intertextualität zwischen dem „Sündenregister“ Hi 24,2–17 und dem Dtn vgl. Braulik (1996, 70–90).

[157] Daß im Dialog sehr wenig von der Krankheit Hiobs, davon umso mehr von der sozialen Deklassierung die Rede ist, betonen Crüsemann (1980, 387 f.) und Albertz (1981, 361).

[158] So exemplarisch Fohrer (1988, 29): „Die Rahmenerzählung (1–2; 42,7–17) ist kein Werk des Hiobdichters, sondern eine ursprünglich selbständige Erzählung, die in der Fremde außerhalb Israels spielt“; ähnlich Schwienhorst-Schönberger (2004, 341); dort auch (342 f.) weitere Differenzierungen im Blick auf den Wachstumsprozeß des Hiobbuches. Ein redaktionsgeschichtliches Modell zur Entstehung des Hiobbuches entwirft Witte (1994, 193–221). Der Rolle des Hiob-Rahmens für die Redaktion und Rezeption des Hiobbuches widmet sich die Arbeit von Syring (2004).

[159] Spieckermann weist darauf hin, daß sich die Buchteile vor allem in den Reaktionen Hiobs, weniger aber in den Zuschneidungen des Gottesbildes unterscheiden (1994, 436).

[160] Vielleicht hängt die Wahl dieser Gottesnamen mit der Fikton der außerisraelitischen Herkunft Hiobs im Prolog zusammen; dazu vgl. Willi-Plein 1983, 275 Anm. 10.

[161] Ein Meeresungeheuer; dazu vgl. S. 99–106 sowie zu den Chaoswesen im Hiob-Dialog s. Fuchs 1993, 11–14.

[162] In dieser Textpassage werden unterschiedliche Bilder gewählt, die auf militärische Angriffe verweisen: Nach der Belagerung einer ummauerten Stadt wird der Weg (als Rampe) aufgeschüttet, um die Erstürmung vorzubereiten. Demgegenüber weist das Zelt auf eine unbefestigte Siedlung hin. Zum Hintergrund der Belagerungsbilder und der Zeltmetaphorik in Hi 19,10 vgl. Riede 2000, 59–63 (mit der Abbildung eines neuassyrischen Reliefs); zu den Eroberungsbildern in Hi 19,8–12 vgl. Riede 2000, 66–74.

[163] Das hebräische Wort *jätär*/יתר bezeichnet entweder (Ebach 1996 b, 77; vgl. Ges[17], 358)

die Sehne eines Bogens, den Gürtel eines Gewandes oder einen Zeltstrick. In jedem Fall geht es um die Schwächung von Hiobs Kraft und Ansehen.

164 Die unterschiedlichen literarischen Kontexte sind in dieser Zusammenstellung nicht sichtbar. Der Dialog Hiobs mit seinen Freunden besitzt weniger eine stringente Argumentation, wie Ebach formuliert: „Die Reden des Hiobbuches haben auch den Charakter von therapeutischen Gesprächen. Wiederholungen, Retardierungen, argumentative und emotive ‚Rückfälle' haben hier ihren Ort und sind zu beachten" (Ebach 1996a, XIII). Von daher ist es möglich, die anklagenden Verse Hiobs hier isoliert zu stellen und für sich sprechen zu lassen.

165 Daß Hiob auch „Problemträger" ist, hat Keel (1978, 15–20) hervorgehoben.

166 Groneberg 2004, 210.

167 Dazu vgl. Assmann 1990; dort besonders „Konnektive Gerechtigkeit: Gegenseitigkeit und Solidarität" (58–91) sowie „Die Rechtfertigung des Sonnengottes und das Gelingen des kosmischen Prozesses" (160–199).

168 Dazu s. Anm. 158 auf S. 189.

169 So exemplarisch Crüsemann (1980, 388): „Man kann also kaum daran zweifeln, daß das Hiobbuch und sein Dichter einer reichen, aristokratischen Schicht des nachexilischen Israel entstammen."

170 Crüsemann 1980; Albertz 1981; Knauf 1988; 2004.

171 Knauf 2004, 66f. Damit wird „die arabische Lokalisation des Dramas eine Fiktion" (Knauf 2004, 66).

172 Maier/Schroer 1998, 195f.; vgl. Albertz 1981, 369–372.

173 Zur sozialen Krise im Juda des 5. Jh.v.Chr. vgl. Albertz 1992, 538–541.

174 Vgl. Janowski 1994, 248–254 mit dem Hinweis u.a. auf Fahlgren und Koch; ausführlicher Freuling 2004, 1–32.

175 Janowski 1994, 256.

176 Janowski 1994, 270f.

177 Daß sich die Entstehung solcher „Krisenliteratur" nicht nur der vorgefundenen Situation einer Krise verdankt, betont Freuling (2004, 268): „Geht es den Sentenzen und Lehrreden um eine heilvolle Lebensorientierung, um die Anleitung zu einem rechten Verhalten, aus dem Wohlergehen erwächst, so treten darüber widersprüchliche Erfahrungen in den Hintergrund. Die im Anschluß erläuterten Texte [Ps 37; 49; 73; Hiob; Qohelet] setzen derlei widersprüchliche Erfahrungen ungleich stärker voraus und reflektieren sie." In dieser Perspektive erscheint die kritische Bearbeitung des Tun-Ergehen-Zusammenhangs nicht als unausweichlich, sondern als Ergebnis einer Wahl. Denn Reaktionen auf Krisen können sehr unterschiedlich sein und beschränken sich durchaus nicht auf die Infragestellung überkommener Denkmuster. Die etwa zeitgleich mit dem Hiob-Dialog entstandenen jüngeren Proverbien (Spr 1–9.30f.) zeigen, daß die Reaktion auf die Krise auch in der Bekräftigung der überlieferten Tradition bestehen kann (vgl. Baumann 1996, 309f.).

178 Die Texte sind in deutscher Übersetzung durch von Soden nachzulesen in: TUAT III/1, 110–135 sowie 143–157. Weitere kurze, aber instruktive Überblicke über altorientalische Vorläufer bzw. Paralleltexte geben Preuß (1987, 93–96) sowie Syring (2004, 7–14).

179 Ähnlich Maier/Schroer 1998, 192f.

180 Dies bestreitet etwa auch Fohrer (1988, 43f.).

181 Dazu vgl. Müller 1995, 76–100.

182 Vgl. Ebach 1996a, XII oder auch das Resümee bei Köhlmoos 1999, 20f.: „Das Hiobbuch läßt sich … nur in der Vielfalt mehrerer Gattungen erklären. (…) Dabei ist festzuhalten, daß die Hiob-Dichtung Formen und Gattungen mischt, auf die Bedürfnisse des Textes hin zuspitzt und teilweise verfremdet. (…) Der weisheitliche Interpretationsrahmen der Hiob-Dichtung

bleibt dabei weitestgehend erhalten. Die Aufnahme anderer theologisch-literarischer Traditionen in die Hiob-Dichtung wird in die kritische Tendenz des Textes integriert, so daß der anti-weisheitliche Impuls des Hiobbuches durch Rückgriff auf außerweisheitliche Formen durchgeführt wird."

183 Dazu vgl. Jeremias (1977; dazu s. S. 130f. mit Anm. 138) mit Texten der ursprünglichen und der Kurz- (7–24) sowie der Langform (24–55) sowie (73–117) mit einer Analyse der Herkunftstraditionen.

184 JHWH wird vor den Gottesreden nur im Prolog (Hi 1 und 2) und im Dialog nur in Hi 12,9 genannt (s. S. 140 mit Anm. 160).

185 Hiermit ist selbstverständlich die literarische Figur Gott gemeint, die im Text spricht.

186 Steiger holt noch weiter aus, wenn er schreibt (1965, 160): „Es ist immer aufgefallen, daß die Gottesrede nichts enthält, was die Freunde nicht längst gesagt haben. Ja, die Gottesrede ist dürftig und leer, wenn man sie mit den Reden der Freunde vergleicht. Nicht daß hier die Knappheit gegen hohle Beredsamkeit und Machen vieler Worte stünde! Wo wird die Frage, ob der Mensch Gott ‚belehren' könne, so kahl hingesetzt wie hier? Und wo wird sonst ein einziger Satz so endlos ausgemalt? (Drei Stunden Naturkunde für Hiob.) Es scheint, als wolle die Gottesrede allen Inhalt an das bereits Gesagte abtreten, um nur eines einzuhämmern: Faktizität! Gott, um den der Streit ging, weil er schwieg, redet. Die Freunde können gehen, dürfen schweigen. *Daß* Gott redet, ist *alles*. Mehr bedarf es nicht." Keel gibt (1978, 14f. sowie Anm. 17–20) eine Reihe von Beispielen, die den Gottesreden ähnlich kritisch gegenüberstehen wie Steiger.

187 Keel 1978.

188 Liedke 1971, 176; es ist „eindeutiger als חק Vokabel für ‚Recht und Gesetz'. (…) Im übrigen unterscheidet sich חקה nicht von חק."

189 Interessant ist an dieser Stelle, daß in der Reihe der Schöpfungselemente schon hier die „Ungerechten" (*r<sup>e</sup>scha'im*/רשׁעים) erwähnt werden: In Hi 38,13–15 wird das Motiv der göttlichen Hilfe am Morgen mit der Vernichtung der Ungerechten verbunden.

190 Dazu vgl. Koch 1953, 24.

191 Keel 1978, 65.

192 Jeremias 1977, 99.

193 Es soll nicht verschwiegen werden, daß die These des Vorhandenseins einer „Herrin" bzw. eines „Herrn der Tiere" als ikonographische altorientalische Tradition nicht unumstritten ist; vgl. Calmeyer 1972. Jenseits der Ikonographie gibt es allerdings textliche Belege für den Gott Šakkan bzw. Sumuqan, der sich um die wilden Tiere kümmert (Black/Green 1992, 172).

194 Keel 1978, 125.

195 Keel 1978, 125.

196 Fohrer (1988, 520) führt hier Jes 2,12.17; 5,15; 30,33 und 13,11 zum Vergleich an.

197 Kubina 1979, 84.

198 Daß dies Handeln Gegenwart und Zukunft umgreift, wird durch imperfektische Verbformen ausgedrückt.

199 Keel führt hier eine Reihe von Beispielen aus der Ikonographie an; z. B. Stempelsiegel (Skarabäen) und Grabmalereien (Keel 1978, 126–156 mit den Abb. 71–93 sowie den Tafeln IV-VII.

200 Dies hebt Ebach (1984, 77 Anm. 3) hervor und bemerkt: „… daß jene Ungeheuer sowohl Gottes Geschöpfe wie Gottes Feinde sind, ist geradezu die Basis des mit ihnen verbundenen Problems und seiner angemessenen Rezeptionsgeschichte."

201 Den Zusammenhang zwischen beiden Bereichen im Hiobbuch betont auch Kessler (2004).

[202] Keel 1978, 125.

[203] Spieckermann 1994, 443.

[204] Dazu vgl. Willi-Plein 1983.

[205] Das Verb *jada'*/ידע findet sich im Alten Testament „sowohl am Beginn der Antwort des Beters auf das Jahweorakel nach seiner Klage und Bitte …, um der Gewißheit der Erlösung Ausdruck zu geben, als auch innerhalb des Hymnus als Ausdruck der Zuversicht …“ (Fohrer 1988, 532). Auffällig ist, daß in Ps 140,19 die gleiche um den Buchstaben Jod verkürzte Form *jada'ti*/ידעת steht wie in Hi 42,2.

[206] Zur rechtlichen Hintergrund der Bedeutung des „Lösers“ vgl. Kessler 1992, v.a. 153–157.

[207] Der Ausdruck *'afar we'efär*/עפר ואפר kommt im masoretischen Kanon des Alten Testaments (und außerhalb in Sir 10,9; 40,3) außer in Hiob (auch 30,19) nur in Gen 18,27 vor. Hier bezeichnet Abraham damit seine Stellung gegenüber Gott, wobei er seine Geschöpflichkeit betont: „Staub“ und „Erdreich“ sind Anspielungen auf die Erschaffung des Menschen aus der *'adamah*/אדמה (dem Erdboden) in Gen 2,7. Der Ausdruck ist also eine Art Unterordnungsformel. Abraham gebraucht die Formel, um auszusagen, daß ihn diese Unterordnung unter Gott trotzdem nicht der Möglichkeit beraubt, Gott als Richter über die ganze Welt bei seinem Recht zu behaften. Dies besteht darin, es nicht Ungerechten und Gerechten bei der Vernichtung Sodoms und Gomorrhas gleich ergehen zu lassen (Gen 18,23.25). Die Aufnahme dieses Ausdrucks in Hi 42,6b kann auf die Möglichkeit hindeuten, daß zumindest die Gerechten JHWHs das Handeln ihres Gottes auf seine Rechtmäßigkeit hin befragen können. Darüber hinaus könnte hier eine Anknüpfung an Hiobs Sitzen „mitten in der Asche“ (*betoch ha'efär*/בתוך האפר) in Hi 2,8 intendiert sein.

[208] So etwa Fohrer 1988, 536.

[209] Willi-Plein 1983.

[210] Stoebe 1984, 62.

[211] Spieckermann 1994, 433 f.

[212] So der Titel des Aufsatzes Spieckermann 1994; er führt dies z.B. an der Verwendung der „Hand“ Gottes und des Satans aus (435 f.).

[213] Ebach 1986, 70.

[214] Auf diese Weise verstanden, ist das Hiobbuch nicht nur eine Aufforderung zu eigener Klage und Anklage, sondern auch eine Aufforderung zur Begleitung anderer in Situationen der Klage und Anklage.

[215] Fuchs 1995, 491.

[216] Ein Beispiel solcher Anklage Gottes gibt Moosbach (1997, 16) im einleitenden biographischen Teil zu ihrer Gedichtsammlung. Als Mädchen ist sie von ihrem Vater vielfach vergewaltigt worden; nach einem langen Weg kann sie als Frau wieder zu Gott sprechen: „Und so beschloß sie, Gott anzusprechen, und das tat sehr weh. Sie erinnerte sich daran, wie sie das letzte Mal zu Gott um Hilfe geschrieen hatte. Das war in dem Keller gewesen, in dem sie [seelisch] gestorben war, und daran hatte auch Gott nichts ändern können. Sie wußte nicht, ob sie Gott das jemals würde verzeihen können. Als sie das erste Mal Gott ansprach, tat sie es daher eher probeweise und erzählte niemandem etwas davon. Mit der Zeit aber wurde sie mutiger und sie begann, all ihre Fragen und Anklagen in Richtung Gott zu schleudern. Wenn Gott das nicht ertragen kann, hat es ohnehin keinen Sinn mit ihr, dachte sie. Als sie alles gesagt hatte, was es in dieser Hinsicht zu sagen gab, konnte sie endlich auch das tun, was so schwer für sie war wie sonst nichts auf der Welt: sie konnte Gott darum bitten, von ihr gefunden zu werden. Etwas in ihr löste sich auf, als sie das tat, etwas, das schon sehr lange sehr weg getan hatte.“

# V. Gottesbilder der Gewalt im Alten Testament verstehen – Auswertung und Schluß

[1] Darauf weist auch Brueggemann (2000, 38f.) hin; in seiner Sicht bewahren manche Texte die Erinnerung an die gewalttätige Seite Gottes, die vor allem im Exil von Israel erfahren wurde, auch für spätere Zeiten. So schreibt er: „Thus the God of ‚steadfast love and mercy' is at the same time also the God who has abandoned, and all current steadfastness bears the wounding mark of that ancient, undenied reality" (39). Eine ähnliche Linie verfolgt auch Steck (2001).

[2] Ebach schreibt (1980, 42) zur Vorstellung des Tierfriedens in Jes 11,6–8 in Verknüpfung mit dem neutestamentlichen Gebot der Feindesliebe: „Es geht nicht darum, Feinde zu beseitigen, sondern sie *als Feinde* zu beseitigen".

[3] Dies könnte dem „Gebot der Stummheit" entgegenwirken, unter das sich viele Gewaltopfer gestellt sehen; für sexuelle Gewalt vgl. Bail 1998 sowie Müllner 2000.

[4] Dies lehnt sich zum Teil an die Gedanken von Fuchs 2004a, 193 bzw. 2004b, 460f. an.

[5] Dazu vgl. auch Kleßmann 1992 (s. S. 11 mit Anm. 16); er formuliert am Schluß seiner Ausführungen (172) im Blick auf kirchliche Praxis und Theologie kritisch, daß „Liebe nicht einen Zustand allgemeiner Harmonie und Zufriedenheit meinen kann. Es ist falsch und irreführend, sie ausschließlich mit Geduld, Freundlichkeit und Sanftmut gleichzusetzen, wie das in christlichen Kreisen immer wieder geschehen ist. Die Rede vom Zorn Gottes und der Zorn, die Anklage Hiobs oder vieler Psalmen zeigen, daß man im alten Israel diese Komponente der aktiven Auseinandersetzung in der Liebe ganz selbstverständlich auch auf die Beziehung zwischen Gott und Mensch bezogen hat … Da es nie eine vollkommene Einheit, weder mit einem anderen Menschen noch mit Gott, gibt, bleibt ein Moment von Fremdheit und damit von Auseinandersetzung und Ärger in der Liebe immer enthalten; eben darin bleibt die Liebe lebendig."

[6] Zur Zeit wird das Thema der Reue Gottes im Alten Testament durch Jan-Dirk Döhling (Marburg) im Rahmen einer Dissertation bearbeitet.

[7] Ein Ziel der 2006 im Gütersloher Verlagshaus erscheinenden „Bibel in gerechter Sprache" wird es sein, auf solche „Gesprächstexte" hinzuweisen und dadurch die innerbiblische Vielstimmigkeit zu betonen.

[8] Erste Ansätze stellen die Arbeiten von Tetlow 2004 sowie Chapman 2004 dar.

[9] Dazu s. S. 13f.

[10] Das habe ich in anderen Publikationen angedeutet; im Zusammenhang mit der Gewaltfrage vgl. Baumann 2004b, 84.

[11] Dazu s. S. 9–12.

[12] Vgl. die Problemanzeigen bei Ebach 1993; 1994; die Diskussionen in der ZNT 9/2002; die sozialgeschichtliche Gleichnisauslegung von Schottroff 2005 sowie der Ansatz von Leutzsch 2006.

# Literaturverzeichnis

Die Abkürzungn richten sich nach IATG[2] (Siegfried M. Schwertner, Internationales Abkürzungsverzeichnis für Theologie und Grenzgebiete. Zeitschriften, Serien, Lexika, Quellenverzeichnisse mit bibliographischen Angaben, 2., überarbeitete und erweiterte Auflage, Berlin/New York 1994).


**Adam**, Klaus-Peter,

2001 Der königliche Held. Die Entsprechung von kämpfendem Gott und kämpfendem König in Psalm 18, WMANT 91, Neukirchen-Vluyn.

**Albertz**, Rainer,

1978 Persönliche Frömmigkeit und offizielle Religion. Religionsinterner Pluralismus in Israel und Babylonien, CThM.BW 9, Stuttgart.

1981 Der sozialgeschichtliche Hintergrund des Hiobbuches und der „Babylonischen Theodizee", in: Jörg Jeremias/Lothar Perlitt (Hrsg.), Die Botschaft und die Boten, Festschrift für H. W. Wolff zum 70. Geb., Neukirchen-Vluyn, 349–372.

1992 Religionsgeschichte Israels in alttestamentlicher Zeit, GAT 8,1.2, Göttingen.

2001 Die Exilszeit. 6. Jahrhundert v. Chr., Biblische Enzyklopädie 7, Stuttgart u. a.

**ANEP** = **Pritchard**, James B.,

1969 The Ancient Near East in Pictures Relating to the Old Testament, [2]Princeton.

**Arx**, Urs von,

2004 Die Logik der Feindesliebe, in: Dietrich/Lienemann 2004, 93–107.

**Assmann**, Jan,

1990 Ma'at. Gerechtigkeit und Unsterblichkeit im Alten Ägypten, München.

1992 Politische Theologie zwischen Ägypten und Israel, München.

1997 Das kulturelle Gedächtnis. Schrift, Erinnerung und politische Identität in frühen Hochkulturen, 2., durchgesehene Auflage, München.

1998 Moses der Ägypter. Entzifferung einer Gedächtnisspur, München.

2000 Monotheismus und Ikonoklasmus als politische Theologie, in: Eckhart Otto (Hrsg.), Mose: Ägypten und das Alte Testament, SBS 189, Stuttgart, 121–139.

2003 Die mosaische Unterscheidung. Oder der Preis des Monotheismus, München.

**Bail**, Ulrike,

1998 Gegen das Schweigen klagen. Eine intertextuelle Studie zu den Klagepsalmen Ps 6 und Ps 88 und der Erzählung von der Vergewaltigung Tamars, Gütersloh.

**Barnett**, Richard D./**Forman**, Werner,

1961 Assyrische Palastreliefs, Prag.

**Barnett**, Richard D./**Lorenzini**, Amleto,

1975 Assyrische Skulpturen, Recklinghausen.

**Barton**, John,

1997 The Spirit and the Letter. Studies in the Biblical Canon, London.

**Baudler**, Georg,

1994 Töten oder Lieben. Gewalt und Gewaltlosigkeit in Religion und Christentum, München.

2005 Gewalt in den Weltreligionen, Darmstadt.

**Baumann**, Gerlinde,

1996 Die Weisheitsgestalt in Proverbien 1–9. Traditionsgeschichtliche und theologische Studien, FAT 16, Tübingen.

2000 Liebe und Gewalt. Die Ehe als Metapher für das Verhältnis JHWH-Israel in den Prophetenbüchern, SBS 185, Stuttgart.

2003 a Das göttliche Geschlecht. JHWHs Körper und die Gender-Frage, in: Hedwig-Jahnow-Forschungsprojekt, Körperkonzepte im Ersten Testament. Aspekte einer feministischen Anthropologie, Stuttgart u. a., 220–250.

2003 b Die Eroberung Ninives bei Nahum und in den neubabylonischen Texten. Ein Motivvergleich, in: Johannes Diehl u. a. (Hrsg.), „Einen Altar von Erde mache mir …" Festschrift für Diethelm Conrad zu seinem 70. Geburtstag, KAANT 4/5, Waltrop, 5–19.

2003 c Die Metapher der Ehe zwischen JHWH und Israel in den alttestamentlichen Prophetenbüchern – (nicht nur) feministisch-kritisch betrachtet, in: Manfred Oeming (Hrsg.), Theologie des Alten Testaments aus der Perspektive von Frauen, Beiträge zum Verstehen der Bibel 1, Münster u. a. 2003, 173–177.

2003 d Die prophetische Ehemetaphorik und die Bewertung der Prophetie im Zwölfprophetenbuch. Eine synchrone und diachrone Rekonstruktion zweier thematischer Fäden, in: Paul L. Redditt / Aaron Schart (eds.), Thematic Threads in the Book of the Twelve, BZAW 325, Berlin/New York 2003, 214–231.

2004 a Die „Männlichkeit" JHWHs. Ein Neuansatz im Deutungsrahmen altorientalischer Gottesvorstellungen, in: Frank Crüsemann u. a. (Hrsg.), Dem Tod nicht glauben. Sozialgeschichte der Bibel, Festschrift für Luise Schottroff zum 70. Geburtstag, Gütersloh, 197–213.

2004 b *Der* alttestamentliche Monotheismus und *die* Gewalt: Einige Differenzierungen, in: Düringer 2004, 79–91.

2004 c Gott als vergewaltigender Soldat im Alten Testament? Ein Vergleich von Jes 47,2 f. und Nah 3,4–7, in: Bernd Heininger / Stephanie Böhm / Ulrike Sals (Hrsg.), Machtbeziehungen, Geschlechterdifferenz und Religion, Bd. 2 der Reihe Geschlecht – Symbol – Religion, Münster, 55–67.

2005 Gottes Gewalt im Wandel. Traditionsgeschichtliche und intertextuelle Studien zu Nahum 1,2–8, WMANT 108, Neukirchen-Vluyn.

2006 a Trendy Monotheism? Ancient Near Eastern Models and Their Value in Elucidating „Monotheism" in Ancient Israel, OTE 19, 10–26.

2006 b Myth as The Source of Hope in Times of Devastation in Psalm 74, Verbum et Ecclesia 27 (im Erscheinen).

**Becker-Spörl**, Silvia,

1996 Krieg, Gewalt und die Rede von Gott im Deboralied (Ri 5), BiKi 51, 101–106.

**Beckmann**, Klaus,

2002 Die fremde Wurzel. Altes Testament und Judentum in der evangelischen Theologie des 19. Jahrhunderts, FKDG 85, Göttingen.

**Beek**, Martinus A.,

1961 Bildatlas der assyrisch-babylonischen Kultur, Gütersloh.

**Behrmann**, Almuth,

1989 Das Nilpferd in der Vorstellungswelt der Alten Ägypter, Teil I: Katalog, EHS Reihe 38, Archäologie, Bd. 22, Frankfurt a. M. u. a.

1996 Das Nilpferd in der Vorstellungswelt der Alten Ägypter, Teil II: Textband, EHS Reihe 38, Archäologie, Bd. 62, Frankfurt a. M. u. a.

**Bekkenkamp**, Jonneke/**Sherwood**, Yvonne (eds.),
2003 Sanctified Aggression. Legacies of Biblical and Post-Biblical Vocabularies of Violence, JSOT.S. 400 (Bible in the Twenty-First Century Series 3), London/New York.

**Benjamin**, Walter,
1980 Zur Kritik der Gewalt, in: Rolf Tiedemann/Hermann Schweppenhäuser, ders., Gesammelte Schriften II,1, Werkausgabe Bd. 4, Frankfurt a. M., 179–203.

**Berger**, Klaus
1996a Wie kann Gott Leid und Katastrophen zulassen? Stuttgart.
1996b Der „brutale“ Jesus. Gewaltsames Wirken und Verkündigung Jesu, BiKi 51, 119–127

**Berges**, Ulrich,
2005 The Violence of God in the Book of Lamentations, in: Patrick Chatelion Counet (ed.), One Text, a Thousand Methods. Studies in Memory of Sjef van Tilborg, Biblical Interpretation Series 71, Boston u. a., 21–44.

**Berlejung**, Angelika,
1998 Die Theologie der Bilder. Herstellung und Einweihung von Kultbildern in Mesopotamien und die alttestamentliche Bilderpolemik, OBO 162, Fribourg/Göttingen.
1999 Geheimnis und Ereignis. Zur Funktion und Aufgabe der Kultbilder in Mesopotamien, in: Ingo Baldermann u. a. (Hrsg.), Die Macht der Bilder, JBTh 13, Neukirchen-Vluyn, 109–143.
2005 Gewalt ins Bild gesetzt. Kriegsdarstellungen auf neuassyrischen Palastreliefs, BiKi 60, 205–211.

**Bizer**, Christoph, u. a.,
2003 (Hrsg.), Die Gewalt und das Böse, JRP 19, Neukirchen-Vluyn.

**Black**, Jeremy/**Green**, Anthony,
1992 Gods, Demons and Symbols of Ancient Mesopotamia. An Illustrated Dictionary, Austin.

**Bleibtreu**, Erika,
1989 Zerstörung der Umwelt durch Bäumefällen und Dezimierung des Löwenbestandes in Mesopotamien, in: Bernhard Scholz (Hrsg.), Der orientalische Mensch und seine Beziehungen zur Umwelt. Beiträge zum 2. Grazer Morgenländischen Symposion (2.–5. März 1989), Graz, 219–233.

**Borck**, Karin,
2000 Die dunklen Texte der Prophetie, ZPT 52, 46–57.

**Braulik**, Georg,
1996 Das Deuteronomium und die Bücher Ijob, Sprichwörter und Rut. Zur Frage früher Kanonizität des Deuteronomiums, in: Erich Zenger (Hrsg.), Die Tora als Kanon für Juden und Christen, HBS 10, Freiburg u. a., 61–138.
1997 Die Völkervernichtung und die Rückkehr Israels ins Verheißungsland: Hermeneutische Bemerkungen zum Buch Deuteronomium, in: Marc Vervenne/Johan Lust (eds.), Deuteronomy and Deuteronomic Literature. Festschrift C. H. W. Brekelmans, BEThL 133, Leuven, 3–38.
1998 Das Buch Deuteronomium, in: Erich Zenger u. a., Einleitung in das Alte Testament, 3., neu bearbeitete und erweiterte Auflage Stuttgart u. a., 125–141.
2004 Das Buch Deuteronomium, in: Erich Zenger u. a., Einleitung in das Alte Testament, 5., gründlich überarbeitete und erweiterte Auflage, Stuttgart u. a., 136–155.

**Brueggemann**, Walter,
1997 Theology of the Old Testament. Testimony, Dispute, Advocacy, Minneapolis.
2000 Texts That Linger, Not Yet Overcome, in: David Penchansky/Paul L. Redditt (eds.), Shall Not the Judge of All the Earth Do What Is Right? Studies on the Nature of God in Tribute to James L. Crenshaw, Winona Lake, 21–41.
**Bucher**, Anton A.,
2003 Zwischen Destruktionstrieb und aggressiven Modellen. Psychologische Aspekte des Bösen, in: Bizer u. a. 2003, 31–42.
**Buggle**, Franz,
1992 Denn sie wissen nicht, was sie glauben. Oder warum man redlicherweise nicht mehr Christ sein kann, Reinbek.
**Bultmann**, Rudolf,
1933 Die Bedeutung des Alten Testaments für den christlichen Glauben, in: ders., Glauben und Verstehen. Gesammelte Aufsätze I, Tübingen, 313–336.
**Burkert**, Walter,
1987 Anthropologie des religiösen Opfers. Die Sakralisierung der Gewalt, $^2$München.
**Butting**, Klara,
2000 Gewalt überwinden – nicht verschweigen. Ein Plädoyer für Rachepsalmen, in: dies. u. a. 2000, 57–63.
**Butting**, Klara, u. a.
2000 (Hrsg.), Träume einer gewaltfreien Welt. Bibel – Koran – praktische Schritte, Erev-Rav-Hefte, Glaubenszeugnisse unserer Zeit 4, Knesebeck.
**Büttner**, Christian/**Koschate**, Miriam,
2003 Westliche Psychologie gegen Jugendgewalt weltweit. Plädoyer für eine kultursensitive Anwendung, HSFK-Report 5/2003, Frankfurt a. M.
**Calmeyer**, Peter,
1972 Art. „Herr der Tiere", „Herrin der Tiere", RLA 4, 334–335.
**Cancik-Kirschbaum**, Eva,
2003 Die Assyrer. Geschichte, Gesellschaft, Kultur, München.
**Chapman**, Cynthia R.,
2004 The Gendered Language of Warfare in the Israelite-Assyrian Encounter, HSM 62, Winona Lake.
**Childs**, Brevard S.,
1996 Die Theologie der einen Bibel, Bd. 2: Hauptthemen, Freiburg i. Br. u. a.
**Claußen**, Ulf,
2001 Art. Gewalt (Gewalthandlung), Evangelisches Soziallexikon. Neuausgabe, Gütersloh, 602–606.
**Collins**, John J.,
2003 The Zeal of Phinehas: The Bible and the Legitimation of Violence, JBL 122, 3–21.
**Crüsemann**, Frank,
1980 Hiob und Kohelet, in: Rainer Albertz u. a. (Hrsg.), Werden und Wirken des Alten Testaments, Festschrift für Claus Westermann zum 70. Geb., Göttingen/Neukirchen-Vluyn, 373–393.
**Dalferth**, Ingolf U./**Stoellger**, Philipp,
2004 Hermeneutik in der Diskussion. Orientierungsversuche auf einem unübersichtlichen Gebiet, ThR 69, 30–74.
**Davies**, Eryl W.,
2005 The Morally Dubious Passages of the Hebrew Bible: An Examination of Some Proposed Solutions, Currents in Biblical Research 3.2, 197–228.

**Deist**, Ferdinand E.,

1994 The Dangers of Deuteronomy: A Page from the Reception History of the Book, in: F. García Martínez et al. (eds.), Studies in Deuteronomy in Honour of C. J. Labuschagne on the Occasion of his 65th Birthday, VT.S 53, Leiden u. a., 13–46.

**Deschner**, Karlheinz,

2004 Kriminalgeschichte des Christentums. Erster Band: Die Frühzeit. Von den Ursprüngen im Alten Testament bis zum Tod des hl. Augustinus (430), [5]Reinbek [[1]1986].

**Dietrich**, Manfried u. a.,

1995 The Cuneiform Alphabetic Texts from Ugarit, Ras Ibn Hani and Other Places (KTU: second, enlarged edition), Abhandlungen zur Literatur Alt-Syrien-Palästinas und Mesopotamiens Bd. 8, Münster.

**Dietrich**, Walter,

1976 Rache. Erwägungen zu einem alttestamentlichen Thema, EvTh 36, 450–472.

1999 Art. Deuteronomistisches Geschichtswerk, RGG[4] 2, 688–692.

**Dietrich**, Walter/**Lienemann**, Wolfgang,

2004 (Hrsg.), Gewalt wahrnehmen – von Gewalt heilen. Theologische und religionswissenschaftliche Perspektiven, Stuttgart u. a.

**Dietrich**, Walter/**Link**, Christian,

1995 Die dunklen Seiten Gottes. Bd. 1: Willkür und Gewalt, Neukirchen-Vluyn.

2000 Die dunklen Seiten Gottes. Bd. 2: Allmacht und Ohnmacht, Neukirchen-Vluyn.

**Dietrich**, Walter/**Mayordomo**, Moisés,

2004 Vertrauen schaffen – Sanftmut üben – Gerechtigkeit suchen. Wege der Gewaltprävention in der Bibel, in: Dietrich/Lienemann 2004, 168–185.

2005 (in Zusammenarbeit mit Claudia Henne-Einsele und einem studentischen Autorenteam) Gewalt und Gewaltüberwindung in der Bibel, Zürich.

**Dijk-Hemmes**, Fokkelien **van**,

1993 The Metaphorization of Woman in Prophetic Speech: An Analysis of Ezekiel XXIII, VT 43, 162–170.

**Dinter**, Artur,

1926 197 Thesen zur Vollendung der Reformation, Leipzig.

**Donner**, Herbert,

1986 Geschichte des Volkes Israel und seiner Nachbarn in Grundzügen, GAT 4, Göttingen.

**Düringer**, Hermann,

2004 (Hrsg.), Monotheismus – eine Quelle der Gewalt? Arnoldshainer Texte Bd. 125, Frankfurt a. M.

**Ebach**, Jürgen,

1980 Das Erbe der Gewalt. Eine biblische Realität und ihre Wirkungsgeschichte, GTB 378, Gütersloh.

1984 Leviathan und Behemoth. Eine biblische Erinnerung wider die Kolonisierung der Lebenswelt durch das Prinzip der Zweckrationalität, Paderborn u. a.

1986 „Ein Sturm vom Paradiese her“. Walter Benjamins Geschichtsphilosophie und die hebräische Bibel, in: ders, Ursprung und Ziel. Erinnerte Zukunft und erhoffte Vergangenheit. Biblische Exegesen, Reflexionen, Geschichten, Neukirchen-Vluyn, 48–74.

1993 Der Gott des Alten Testaments – ein Gott der Rache? in: ders., Biblische Erinnerungen. Theologische Reden zur Zeit, Bochum, 81–93.

1994 Der Gott des Alten Testaments – ein Gott der Rache? Versuch einer Klärung einer gerade von Christen immer wieder gestellten Frage, JK 55, 130–139.

1996a Streiten mit Gott, Teil 1: Hiob 1–20, Neukirchen-Vluyn.

1996b Streiten mit Gott, Teil 2: Hiob 21–42, Neukirchen-Vluyn.

2006 Der Ton macht die Musik. Stimmungen und Tonlagen in den Psalmen und ihrer Lektüre, in: Michaela Geiger/Rainer Kessler (Hrsg.), Musik, Tanz und Gott – Ton-Spuren durch das Alte Testament, SBS 207, Stuttgart (im Druck).

o. J. Und dennoch: Die Last der Gewalt, oder: Warum auch und gerade nach der Überwindung der vielen Vor-Urteile über die sogenannten „*alttestamentarischen* Rache- und Gewalttexte" das Urteil über die alttestamentlichen so schwer bleibt. Beobachtungen, Antwortversuche, Fragen. Unveröffentlichtes Vortragsmanuskript.

**Eberhart**, Christian,

2002 Studien zur Bedeutung der Opfer im Alten Testament. Die Signifikanz von Blut- und Verbrennungsriten im kultischen Rahmen, WMANT 94, Neukirchen-Vluyn.

**Eichler**, Ulrike/**Müllner**, Ilse,

1999 (Hrsg.), Sexuelle Gewalt gegen Mädchen und Frauen als Thema der feministischen Theologie, KT 170, Gütersloh.

**Eichrodt**, Walter,

1933 Theologie des Alten Testaments, Bd. 1: Gott und Volk, Leipzig.

**Elat**, Moshe,

1982 The Impact of Tribute and Booty on Countries and People within the Assyrian Empire, AfO.B 19 (1982), Vorträge gehalten auf der 28. Rencontre Assyriologique Internationale in Wien 6.–10. Juli 1981, Horn.

**Exum**, J. Cheryl,

1996 Bathsheba Plotted, Shot, and Painted, Sem. 74, 47–73.

1997 Was sagt das Richterbuch den Frauen? SBS 169, Stuttgart.

**Fohrer**, Georg,

1988 Das Buch Hiob, KAT 16, ²Berlin.

**Franz**, Matthias,

2003 Der barmherzige und gnädige Gott. Die Gnadenrede vom Sinai (Exodus 34,6–7) und ihre Parallelen im Alten Testament und seiner Umwelt, BWANT 160, Stuttgart u.a.

**Freuling**, Georg,

2004 „Wer eine Grube gräbt …" Der Tun-Ergehen-Zusammenhang und sein Wandel in der alttestamentlichen Weisheitsliteratur, WMANT 102, Neukirchen-Vluyn.

**Frielingsdorf**, Karl,

2001 Dämonische Gottesbilder. Ihre Entstehung, Entlarvung und Überwindung, Düsseldorf ³Mainz [¹1992].

**Fritsch**, Theodor,

1911 Der falsche Gott. Beweismaterial gegen Jahwe, Leipzig [¹⁰1933].

**Fritz**, Volkmar,

1994 Das Buch Josua, HAT I/7, Tübingen.

**Fuchs**, Gisela,

1993 Mythos und Hiobdichtung. Aufnahme und Umdeutung altorientalischer Vorstellungen, Stuttgart u. a.

**Fuchs**, Ottmar,

1982 Die Klage als Gebet. Eine theologische Besinnung am Beispiel des Psalms 22, München.

1987 Klage. Eine vergessene Gebetsform, in: Hansjakob Becker u. a. (Hrsg.), Im Angesicht des Todes. Ein interdisziplinäres Kompendium II., St. Ottilien, 937–1024.

1995 Art. Klage, NBL II, 489–493.

2004a Versuch einer „Hermeneutik der Gewalt". Eine praktisch-theologische Auseinandersetzung mit dem „gewalttätigen" Gott der Bibel, in: Joachim Kügler (Hrsg.), Impuls oder Hindernis? Mit dem Alten Testament in multireligiöser Gesellschaft, bayreuther forum Transit 1, Münster, 169–194.

2004b Macht und Gewalt in biblischen Texten. Eine praktisch-theologische Auseinandersetzung mit dem „gewalttätigen" Gott der Bibel, in: ders., Praktische Hermeneutik der Heiligen Schrift, PTHe 57, Stuttgart u. a., 438–461.

**Füglister**, Notger,

1969 Vom Mut zur ganzen Schrift. Zur Eliminierung der sogenannten Fluchpsalmen aus dem neuen Römischen Brevier, StZ 184, 186–200.

**Galambush**, Julie,

1992 Jerusalem in the Book of Ezekiel. The City as Yahweh's Wife, SBL.DS 130, Atlanta.

**Galtung**, Johan,

1975 Strukturelle Gewalt. Beiträge zur Friedens- und Konfliktforschung, Reinbek.

**George**, Andrew R.,

2003 The Babylonian Gilgamesh Epic. Introduction, Critical Edition and Cuneiform Texts, Vol. I and II, London.

**Gerstenberger**, Erhard S.,

2001 Theologien im Alten Testament. Pluralität und Synkretismus alttestamentlichen Gottesglaubens, Stuttgart u. a.

2005 Israel in der Perserzeit. 5. und 4. Jahrhundert v. Chr., Biblische Enzyklopädie 8, Stuttgart u. a.

**Ges[17]** = **Gesenius**, Wilhelm,

1962 Hebräisches und Aramäisches Handwörterbuch über das Alte Testament, bearbeitet von Frants Buhl, unveränderter Neudruck der 17. Auflage 1915, Berlin u. a.

**Girard**, René,

1983 Das Ende der Gewalt. Analyse des Menschheitsverhängnisses, Freiburg u. a. [Paris 1978].

1987 Das Heilige und die Gewalt, Zürich [Paris 1972].

1988 Der Sündenbock, Zürich [Paris 1982; 2. deutsche Auflage als: Ausstoßung und Verfolgung. Eine historische Theorie des Sündenbocks, Frankfurt 1992].

**Gladigow**, Burkhard,

1993 Art. Gottesvorstellungen, HrwG III, 32–49.

1998 Art. Polytheismus, HrwG IV, 321–330.

2002 Polytheismus und Monotheismus, in: Manfred Krebernik/Jürgen van Oorschot (Hrsg.), Polytheismus und Monotheismus in den Religionen des Vorderen Orients, AOAT 298, Münster, 3–20.

**Godenzi**, Alberto,

1991 Bieder, brutal. Frauen und Männer sprechen über sexuelle Gewalt, [2]Zürich.

**Gordon**, Pamela/**Washington**, Harold C.,

1995 Rape as a Military Metaphor in the Hebrew Bible, in: Athalya Brenner (Ed.), A Feminist Companion to the Latter Prophets, FemCB 8, Sheffield, 308–325.

**Görg**, Manfred,

1995 Der un-heile Gott. Die Bibel im Bann der Gewalt, Düsseldorf.

1996 Der „schlagende" Gott in der „älteren" Bibel, BiKi 51, 94–100.

**Groneberg**, Brigitte,

2004 Die Götter des Zweistromlandes. Kulte, Mythen, Epen, Düsseldorf/Zürich.

**Groß**, Walter/**Kuschel**, Karl-Josef,

1992 „Ich schaffe Finsternis und Unheil!" Ist Gott verantwortlich für das Übel? Mainz.

**Haag**, Herbert,

1977 Art. חמס *ḥamas*, ThWAT II, 1050–1061.

1978 (in Zusammenarbeit mit Katharina und Winfried Elliger) Vor dem Bösen ratlos? München/Zürich.

**Hartenstein**, Friedhelm,

2000 Das „Angesicht JHWHs". Studien zu seinem höfischen und kultischen Bedeutungshintergrund in den Psalmen und in Exodus 32–34, Masch. Habilitationsschrift, Marburg.

2003 Religionsgeschichte Israels – ein Überblick über die Forschung seit 1990, VF 48, 2–28

**Heinz**, Marlies/**Bonatz**, Dominik,

2002 (Hrsg.) Bild – Macht – Geschichte. Visuelle Kommunikation im Alten Orient, Berlin.

**Hentschel**, Georg,

2004 Das Buch Josua, in: Erich Zenger u. a., Einleitung in das Alte Testament, 5., gründlich überarbeitete und erweiterte Auflage, Stuttgart u. a., 203–212.

**Hirsch**, Emanuel,

1936 Das Alte Testament und die Predigt des Evangeliums, Tübingen.

**Hölscher**, Gustav,

1922 Geschichte der israelitischen und jüdischen Religion, Gießen.

**Hossfeld**, Frank-Lothar/**Zenger**, Erich,

2000 Psalmen 51–100, HThKAT, Freiburg u. a.

**Houtman**, Cornelis,

2002 Die ursprünglichen Bewohner des Landes Kanaan im Deuteronomium. Sinn und Absicht der Beschreibung ihrer Identität und ihres Charakters, VT 52, 51–65.

**Hugger**, Paul,

1995 Elemente einer Kulturanthropologie der Gewalt, in: ders./Ulrich Stadler (Hrsg.), Gewalt. Kulturelle Formen in Geschichte und Gegenwart, Zürich, 17–27.

**Imbens-Fransen**, Annie,

1997 Befreiende Gottesbilder für Frauen. Damit frühe Wunden heilen, München.

**Janowski**, Bernd,

1994 Die Tat kehrt zum Täter zurück. Offene Fragen im Umkreis des „Tun-Ergehen-Zusammenhangs", ZThK 91, 247–271.

**Jauss**, Hannelore,

1996 Fluchpsalmen beten? Zum Problem der Feind- und Fluchpsalmen, BiKi 51, 107–118.

**Jeremias**, Jörg,

1977 Theophanie. Die Geschichte einer alttestamentlichen Gattung, WMANT 10, ²Neukirchen-Vluyn.

**Johnston**, Gordon H.,

2001 a Nahum's Rhetorical Allusions to the Neo-Assyrian Lion Motif, BSTR 158 (2001), 287–307.

2001 b Nahum's Rhetorical Allusions to Neo-Assyrian Treaty Curses, BSTR 158 (2001), 415–436.

2002 Nahum's Rhetorical Allusions to Neo-Assyrian Conquest Metaphors, BSTR 159, 21–45.

**Kang**, Sa-Moon

1989 Divine War in the Old Testament and in the Ancient Near East, BZAW 177, Berlin/New York.

**Keel**, Othmar,

1978 Jahwes Entgegnung an Ijob. Eine Deutung von Ijob 38–41 vor dem Hintergrund der zeitgenössischen Bildkunst, FRLANT 121, Göttingen.

**Keel**, Othmar/**Uehlinger**, Christoph,

1998 Göttinnen, Götter und Gottessymbole. Neue Erkenntnisse zur Religionsgeschichte Kanaans und Israels aufgrund bislang unerschlossener ikonographischer Quellen, QD 134, [4]Freiburg i. Br. u. a.

**Keel**, Othmar, u. a.,

1984 Orte und Landschaften der Bibel. Ein Handbuch und Studien-Reiseführer zum Heiligen Land, Bd. 1: Geographisch-geschichtliche Landeskunde, Zürich u. a.

**Keel-Leu**, Hildi/**Teissier**, Beatrice,

2004 Die vorderasiatischen Rollsiegel der Sammlungen „Bibel+Orient" der Universität Freiburg Schweiz, OBO 200, Fribourg/Göttingen.

**Kersting**, Wolfgang,

2000 Art. Gewalt II. Philosophisch, RGG[4] 3, 883.

**Kessler**, Martin,

2003 Battle of the Gods: The God of Israel versus Marduk of Babylon. A Literary/Theological Interpretation of Jeremiah 50–51, SSN 42, Assen.

**Kessler**, Rainer,

1992 „Ich weiß, daß mein Erlöser lebet". Sozialgeschichtlicher Hintergrund und theologische Bedeutung der Löser-Vorstellung in Hiob 19,25, ZThK 89, 139–158.

1999 Micha, HThKAT, Freiburg i. Br. u. a.

2002 Das eigentümlich Christliche vor dem Hintergrund des Alten Testaments, in: Dietrich Korsch/Cornelia Richter (Hrsg.), Das Wesen des Christentums, MThSt 62, 19–30.

2004 Die Welt aus den Fugen. Natur und Gesellschaft im Hiobbuch, in: Markus Witte (Hrsg.), Gott und Mensch im Dialog. Festschrift für Otto Kaiser zum 80. Geburtstag, BZAW 345/II, 639–654.

2005 „Die Sprache der Vergeltung erhielt einen alttestamentarischen Klang". Zu einer Bemerkung von Jürgen Habermas, in: Ilona Nord/Fritz Rüdiger Volz (Hrsg.), An den Rändern. Theologische Lernprozesse mit Yorick Spiegel. Festschrift zum 70. Geburtstag, Reihe Theologie. Forschung und Wissenschaft 13, Münster, 273–280.

**Keul**, Hildegunde,

2004 Wo die Sprache zerbricht. Die schöpferische Macht der Gottesrede, Mainz.

**Klengel**, Horst,

1980–1983 Art. Krieg, Kriegsgefangene, RLA 6, 241–246.

**Kleßmann**, Michael,

1992 Ärger und Aggression in der Kirche, Göttingen.

**Knauf**, Ernst Axel,

1988 Hiobs Heimat, WO XIX, 65–83.

2004 Ijobs multikulturelle Heimat, BiKi 59, 64–67.

**Koch**, Klaus,
1953 Ṣdq im AT – Eine traditionsgeschichtliche Untersuchung – Masch. Diss. Heidelberg.

**Köhlmoos**, Melanie,
1999 Das Auge Gottes. Textstrategie im Hiobbuch, FAT 25, Tübingen.

**Koenen**, Klaus,
1991 *Maskîl* – „Wechselgesang". Eine neue Deutung zu einem Begriff der Psalmenüberschriften, ZAW 103, 109–112.

**Kofler**, Georg/**Graf**, Gerhard,
1995 Sündenbock Fernsehen? Aktuelle Befunde zur Fernsehnutzung von Jugendlichen, zur Wirkung von Gewaltdarstellungen im Fernsehen und zur Jugendkriminalität, Berlin.

**Konradt**, Matthias,
2004 „... damit ihr Söhne eures Vaters im Himmel werdet". Erwägungen zur „Logik" von Gewaltverzicht und Feindesliebe in Mt 5,38–48, in: Dietrich/Lienemann 2004, 70–93.

**Korpel**, Marjo C. A.,
1990 A Rift in the Clouds. Ugaritic and Hebrew Descriptions of the Divine, UBL 8, Münster.

**Krahe**, Susanne,
1999 Ermordete Kinder und andere Geschichten von Gottes Unmoral, Würzburg.

**Kraus**, Hans-Joachim,
1978 Psalmen, 2. Teilband Psalmen 60–150, BK.AT XV/2, 5., grundlegend überarbeitete und veränderte Auflage, Neukirchen-Vluyn.
1988 Geschichte der historisch-kritischen Erforschung des Alten Testaments, [4]Neukirchen-Vluyn.

**Krebernik**, Manfred/**Oorschot**, Jürgen **van**,
2002 (Hrsg.), Polytheismus und Monotheismus in den Religionen des Vorderen Orients, AOAT 298, Münster.

**Krieger**, Klaus-Stefan,
2000 Der aggressive Gott. Versuch einer Annäherung, AnzSS 109, 295–300.
2004 Gewalt in der Bibel. Eine Überprüfung unseres Gottesbildes, MKS 134, [2]Münsterschwarzach [[1]2002].

**Krüger**, Thomas,
1989 Geschichtskonzepte im Ezechielbuch, BZAW 180, Berlin/New York.

**Kubina**, Veronika,
1979 Die Gottesreden im Buche Hiob. Ein Beitrag zur Diskussion um die Einheit von Hiob 38,1–42,6, FrThSt 115, Freiburg u. a.

**Kusche**, Ulrich,
1991 Die unterlegene Religion. Das Judentum im Urteil deutscher Alttestamentler. Zur Kritik theologischer Geschichtsschreibung, SKI 12, Berlin.

**Lang**, Martin,
2004 Gott und Gewalt in der Amosschrift, FzB 102, Würzburg.

**Langenhorst**, Georg,
1994 Hiob, unser Zeitgenosse. Die literarische Hiob-Rezeption im 20. Jahrhundert als theologische Herausforderung, Theologie und Literatur 1, Mainz.
1995 (Hrsg.), Hiobs Schrei in die Gegenwart. Ein literarisches Lesebuch zur Frage nach Gott im Leid, Mainz.

**Latvus**, Kari,

1998 God, Anger and Ideology. The Anger of God in Joshua and Judges in Relation to Deuteronomy and the Priestly Writings, JSOT.S 279, Sheffield.

**Lehnert**, Volker A.,

2002 Wenn der liebe Gott „böse“ wird – Überlegungen zum Zorn Gottes im Neuen Testament, ZNT 9, 5. Jg, 15–25.

**Leutzsch**, Martin,

2006 Gewalt und Gewalterfahrung im Neuen Testament. Ein vergessenes Thema der neutestamentlichen Wissenschaft? ZNT 17, 2–13.

**Liedke**, Gerhard,

1971 Gestalt und Bezeichnung atl. Rechtssätze. Eine formgeschichtlich-terminologische Studie, WMANT Bd. 39, Neukirchen.

**Lienemann**, Wolfgang,

1982 Gewalt und Gewaltverzicht. Studien zur abendländischen Vorgeschichte der gegenwärtigen Wahrnehmung von Gewalt, FBESG 36, München.

2000a Art. Gewalt I. Anthropologisch, RGG$^4$ 3, 882f.

2000b Art. Gewalt III. Politisch, RGG$^4$ 3, 883f.

**Lindström**, Fredrik,

1994 Suffering and Sin. Interpretations of Illness in the Individual Complaint Psalms, CB.OT 37, Stockholm.

**Lohfink**, Norbert,

1978a Altes Testament – Ethos der Weltgestaltung, in: ders./Pesch 1978, 9–24.

1978b Altes Testament – die Entlarvung der Gewalt, in: ders./Pesch 1978, 45–61.

1982 Art. חרם *ḥaram*, ThWAT III, 192–213.

1983a (Hrsg.), Gewalt und Gewaltlosigkeit im Alten Testament, QD 96, Freiburg u. a.

1983b „Gewalt“ als Thema alttestamentlicher Forschung, in: ders. (Hrsg.) 1983a, 15–50.

1983c Die Schichten des Pentateuch und der Krieg, in: ders. (Hrsg.) 1983a, 51–110.

1983d Literaturverzeichnis, in: ders. 1983a, 225–247.

1987 Der gewalttätige Gott des Alten Testaments und die Suche nach einer gewaltfreien Gesellschaft, in: Ingo Baldermann u. a. (Hrsg.), Der eine Gott der beiden Testamente, JBTh 2, Neukirchen-Vluyn, 106–136.

1992 Krieg und Staat im Alten Israel, Beiträge zur Friedensethik 14, Barsbüttel.

1997 Landeroberung und Heimkehr. Hermeneutisches zum heutigen Umgang mit dem Josuabuch, in: Ingo Baldermann u. a. (Hrsg.), Biblische Hermeneutik, JBTh 12, Neukirchen-Vluyn, 3–24.

2004 Gewalt und Monotheismus – Beispiel Altes Testament, in: Düringer 2004, 60–78.

**Lohfink**, Norbert/**Pesch**, Rudolf,

1978 Weltgestaltung und Gewaltlosigkeit. Ethische Aspekte des Alten und Neuen Testaments in ihrer Einheit und ihrem Gegensatz, SKAB 87, Düsseldorf.

**Lüdemann**, Gerd,

1996 Das Unheilige in der Heiligen Schrift: die andere Seite der Bibel, Stuttgart.

**Magdalene**, F. Rachel,

1995 Ancient Near-Eastern Treaty-Curses and the Ultimate Texts of Terror: A Study of the Language of Divine Sexual Abuse in the Prophetic Corpus, in: Athalya Brenner (Ed.), A Feminist Companion to the Latter Prophets, FemCB 8, Sheffield, 326–352.

**Maier**, Christl,
1994 Jerusalem als Ehebrecherin in Ezechiel 16. Zur Verwendung und Funktion einer biblischen Metapher, in: Hedwig Jahnow u. a., Feministische Hermeneutik und Erstes Testament. Analysen und Interpretationen, Stuttgart u. a., 85–105.

**Maier**, Christl/**Schroer**, Silvia,
1998 Das Buch Ijob. Anfragen an das Buch vom leidenden Gerechten, in: Luise Schottroff/Marie-Theres Wacker (Hrsg.), Kompendium Feministische Bibelauslegung, Gütersloh, 192–207.

**Manemann**, Jürgen,
2003 (Hrsg.) Monotheismus, Jahrbuch Politische Theologie 4/2002, Münster u. a.

**Matthiae**, Paolo,
1999 Ninive. Glanzvolle Hauptstadt Assyriens, München.

**Maul**, Stefan,
2005 Das Gilgemesch-Epos. Neu übersetzt und kommentiert, München.

**Meer**, van der, Michaël N.,
2004 Formation and Reformulation. The Redaction of the Book of Joshua in the Light of the Oldest Textual Witnesses, VT.S 102, Leiden/Boston.

**Mensching**, Gustav,
1957 Art. „Böse, das", RGG$^3$ I, 1343f.

**Merz**, Annette,
2004 Die fiktive Selbstauslegung des Paulus. Intertextuelle Studien zur Intention und Rezeption der Pastoralbriefe, NTOA/StUNT 52, Göttingen.

**Michel**, Andreas,
2003 Gott und Gewalt gegen Kinder im Alten Testament, FAT 37, Tübingen.

**Middleton**, J. Richard,
2004 Created in the Image of a Violent God? The Ethical Problem of the Conquest of Chaos in Biblical Creation Texts, Int. 58, 341–355.

**Miggelbrink**, Ralf,
2000 Der Zorn Gottes. Geschichte und Aktualität einer ungeliebten biblischen Tradition, Freiburg i. Br. u. a.
2002 Der zornige Gott. Die Bedeutung einer anstößigen biblischen Tradition, Darmstadt.
2004 Mimetische Theorie, Dramatische Theologie, Forschungsprojekt „Religion – Gewalt – Kommunikation – Weltordnung". Ein Literaturbericht, ThR 100, 179–187.

**Miller**, Patrick D.,
1965 God the Warrior. A Problem in Biblical Interpretation and Apologetics, Int. 19, 39–46.

**Moosbach**, Carola,
1997 Gottflamme Du Schöne. Lob- und Klagegebete, GTB 447, Gütersloh.

**Müller**, Hans-Peter,
1993 Entmythologisierung und Altes Testament, NZSTh 35, 1–27.
1995 Das Hiobproblem. Seine Stellung und Entstehung im Alten Orient und im Alten Testament, EdF 84, $^3$Darmstadt.

**Müllner**, Ilse,
1997 Gewalt im Hause Davids. Die Erzählung von Tamar und Amnon (2 Sam 13,1–22), HBS 13, Freiburg i. Br. u. a.
2000 Erzählen gegen die Gewalt. Das Schweigegebot als Strategie sexueller Gewalt, in: Butting u. a. 2000, 127–133.

2002 Art. Gewalt. Bibel und Theologie, in: Elisabeth Gössmann u. a. (Hrsg.), Wörterbuch der Feministischen Theologie, 2., vollständig überarbeitete und grundlegend erweiterte Auflage, Gütersloh, 234–236.

2003 Gegen ihren Willen. Sexuelle Gewalt im Alten Testament, Essener Unikate 21, 8–21.

**Nelson**, Richard D.,

1997 Joshua. A Commentary, OTL, Louisville.

**Niditch**, Susan,

1993 War in the Hebrew Bible. A Study in the Ethics of Violence, New York/Oxford.

**Niehr**, Herbert,

1998 Das Buch Josua, in: Erich Zenger u. a., Einleitung in das Alte Testament, 3., neu bearbeitete und erweiterte Auflage Stuttgart u. a., 190–196.

**Noort**, Ed,

1985 Geweld in het Oude Testament. Over woorden en verhalen aan de rand van de kerkelijke praktijk, Ter Sprake nr. 28, Delft.

1998 Das Buch Josua. Forschungsgeschichte und Problemfelder, EdF 292, Darmstadt.

**Nunner-Winkler**, Gertrud,

2004 Überlegungen zum Gewaltbegriff, in: Wilhelm Heitmeyer/Hans-Georg Soeffner (Hrsg.), Gewalt. Entwicklungen, Strukturen, Analyseprobleme, edition suhrkamp 2246, Frankfurt a. M., 21–61.

**Oded**, Bustenay,

1979 Mass Deportation and Deportees in the Neo-Assyrian Empire, Wiesbaden.

1992 War, Peace and Empire. Justifications for War in Assyrian Royal Inscriptions, Wiesbaden.

**Oeming**, Manfred,

1998 Biblische Hermeneutik. Eine Einführung, Darmstadt.

**Otto**, Eckart,

1999 Krieg und Frieden in der hebräischen Bibel und im Alten Orient. Aspekte für eine Friedensordnung in der Moderne, Stuttgart u. a.

**Pardee**, Dennis,

1997 The Baʿalu Myth (1.86), in: William W. Hallo et al. (eds.), The Context of Scripture, Vol. I: Canonical Compositions from the Biblical World, Leiden u. a., 241–274.

**Platt**, Kristin,

2002 Über das Reden, die Redenden und die Gefährlichkeit der Erfahrung von Gewalt. Einleitung, in: dies. (Hrsg.), Reden von Gewalt, Schriftenreihe Genozid und Gedächtnis, München, 9–58.

**Podella**, Thomas,

1993 Der Chaoskampfmythos im Alten Testament. Eine Problemanzeige, in: Manfried Dietrich/Oswald Loretz (Hrsg.), Mesopotamica – Ugaritica – Biblica. Festschrift für Kurt Bergerhof zur Vollendung seines 70. Lebensjahres am 7. Mai 1992, AOAT 232, Neukirchen-Vluyn, 283–329.

**Postgate**, John N.,

1979 The Economic Structure of the Assyria Empire, in: M. T. Larsen (ed.), Power and Propaganda. A Symposium on Ancient Empires, Mes.(C) 7, Kopenhagen, 193–221.

**Preuß**, Horst Dietrich,

1978 Alttestamentliche Aspekte zu Macht und Gewalt, in: Hermann Greifenstein (Hrsg.), Macht und Gewalt. Leitlinien lutherischer Theologie zur politischen

Ethik heute. Erarbeitet von einem theologischen Ausschuß im Auftrag des Landeskirchenrates der Evangelisch-Lutherischen Kirche in Bayern, Hamburg, 113–134.

1987 Einführung in die alttestamentliche Weisheitsliteratur, UTB 383, Stuttgart u.a.

**Rad**, Gerhard **von**,

1952 Der Heilige Krieg im Alten Israel, ²Göttingen.

1960 Theologie des Alten Testaments, 2 Bände, München [⁹1987].

**Rakel**, Claudia,

2003 Judit – über Schönheit, Macht und Widerstand im Krieg. Eine feministisch-intertextuelle Lektüre, BZAW 334, Berlin/New York.

**Reinert**, Benedikt,

1986 Der islamische Begriff des „heiligen Krieges“. Ursprung und Entwicklung, in: Fritz Stolz (Hrsg.), Religion zu Krieg und Frieden, Zürich, 89–112.

**Rendtorff**, Rolf,

1999 Theologie des Alten Testaments. Ein kanonischer Entwurf, Bd. 1: Kanonische Grundlegung, Neukirchen-Vluyn.

2001 Theologie des Alten Testaments. Ein kanonischer Entwurf, Bd. 2: Thematische Entfaltung, Neukirchen-Vluyn.

**Reventlow**, Henning Graf,

1982 Hauptprobleme der alttestamentlichen Theologie im 20. Jahrhundert, EdF 173, Darmstadt.

1983 Hauptprobleme der Biblischen Theologie im 20. Jahrhundert, EdF 203, Darmstadt.

1994 The Biblical and Classical Traditions of „Just War“, in: id. et al. (eds.), Politics and Theopolitics in the Bible and Postbiblical Literature, Sheffield, 160–175.

**Ricœur**, Paul,

1974 Stellung und Funktion der Metapher in der biblischen Sprache, in: ders./Eberhard Jüngel, Metapher. Zur Hermeneutik religiöser Sprache, EvTh Sonderheft, München, 45–70.

1996 Die Metapher und das Hauptproblem der Hermeneutik, in: Anselm Haverkamp (Hrsg.), Theorie der Metapher, ²Darmstadt, 356–375 [Erstveröffentlichung 1972].

**Riede**, Peter,

2000 Im Netz des Jägers. Studien zur Feindmetaphorik der Individualpsalmen, WMANT 85, Neukirchen-Vluyn.

**Ritt**, Hubert,

1996 Rachephantasie, infantiles Weltbild, psychischer Konflikt? Gewalt in der Offenbarung des Johannes, BiKi 51, 128–132.

**Roeder**, Günther,

1960 Mythen und Legenden um ägyptische Gottheiten und Pharaonen, Die ägyptische Religion in Texten und Bildern II, Zürich/Stuttgart.

**Römer**, Thomas,

1996 Dieu obscur. Le sexe, la cruauté et la violence dans l'Ancien Testament, EssBib 27, Genf.

1998 Le Livre de Josué: Histoire d'une propagande. Propagande d'une histoire, Foi et Vie 97, CB 37 (1998), 5–10.

2002 La violence de Dieu dans l'Ancien Testament, in: Variations herméneutiques 16, Neuchâtel, 3–17.

**Rowlett**, Lori L.,
1996 Joshua and the Rhetoric of Violence. A New Historicist Analysis, JSOT.S 226, Sheffield.
**Russell**, John Malcolm,
1991 Sennacherib's Palace Without Rival at Nineveh, Chicago/London.
**Rüterswörden**, Udo,
1987 Das Ende der Gewalt? Zu René Girards Buch, in: Ingo Baldermann u. a. (Hrsg.), Der eine Gott der beiden Testamente, JBTh 2, Neukirchen-Vluyn, 247–256.
**Schart**, Aaron,
2003 Zwischen Gottes-Krieg und Feindesliebe. Krieg und Frieden in der Bibel, Essener Unikate 21, 62–71.
**Schley**, Heinz-Horst,
1984 Art. Gewalt/Gewaltlosigkeit I. Ethisch, TRE XIII, 168–178.
**Schmid**, Hans Heinrich,
1986 Heiliger Krieg und Gottesfrieden im Alten Testament, in: Fritz Stolz (Hrsg.), Religion zu Krieg und Frieden, Zürich, 49–65.
**Schmidt**, Werner H.,
1992 Gott und das Böse. Hinweise auf das Alte Testament, EvTh 52, 7–22.
**Schnädelbach**, Herbert,
2000 Der Fluch des Christentums, Die Zeit, 11. Mai 2000, 41 f.
**Schoberth**, Ingrid,
2002 Kein bloß „lieber Gott". Die Verharmlosung der Gottesrede als Problem der Praktischen Theologie, ZNT 9, 5. Jg, 60–66.
**Scholz**, Susanne,
2000 Rape Plots: A Feminist Cultural Study of Genesis 34, Studies in Biblical Literature 13, New York u. a.
**Schoors**, Antoon,
1998 Die Königreiche Israel und Juda im 8. und 7. Jahrhundert v. Chr.: Die assyrische Krise, Biblische Enzyklopädie 5, Stuttgart u. a.
**Schottroff**, Luise,
2005 Die Gleichnisse Jesu, Gütersloh.
**Schottroff**, Luise/**Schroer**, Silvia/**Wacker**, Marie-Theres,
1995 Feministische Exegese. Forschungserträge zur Bibel aus der Perspektive von Frauen, Darmstadt.
**Schrader**, Ulrike,
1992 Die Gestalt Hiobs in der deutschen Literatur seit der frühen Aufklärung, Wuppertal.
**Schroer**, Silvia,
1987 In Israel gab es Bilder. Nachrichten von darstellender Kunst im Alten Testament, OBO 74, Fribourg/Göttingen.
2004 „Du sollst dem Rind beim Dreschen das Maul nicht zubinden" (Dtn 25,4). Gewalt gegen Tiere und Rechte der Tiere in der biblischen Tradition, in: Dietrich/Lienemann 2004, 122–133.
**Schroven**, Brigitte,
1995 Theologie des Alten Testaments zwischen Anpassung und Widerstand. Christologische Auslegung zwischen den Weltkriegen, Neukirchener Theologische Dissertationen und Habilitationen 1, Neukirchen-Vluyn.

**Schuessler Fiorenza**, Elisabeth,
1988a Zu ihrem Gedächtnis ... Eine feministisch-theologische Rekonstruktion der christlichen Ursprünge, Mainz.
1988b Brot statt Steine. Die Herausforderung einer feministischen Interpretation der Bibel, Fribourg.
**Schwager**, Raymund,
1978 Brauchen wir einen Sündenbock? Gewalt und Erlösung in den biblischen Schriften, München.
1983 Eindrücke von einer Begegnung, in: Lohfink 1983a, 214–224.
2004 Die Rolle der Geschlechterdifferenz im Kontext von Religion und Gewalt, in: Bernd Heininger/Stephanie Böhm/Ulrike Sals (Hrsg.), Machtbeziehungen, Geschlechterdifferenz und Religion, Bd. 2 der Reihe Geschlecht – Symbol – Religion, Münster, 97–106.
**Schwager**, Raymund/**Niewiadomski**, Jósef,
2003 Einführung, in: dies. (Hrsg.), Religion erzeugt Gewalt – Einspruch! Innsbrucker Forschungsprojekt „Religion – Gewalt – Kommunikation – Weltordnung“, Beiträge zur mimetischen Theologie 15, Münster, 9–38.
**Schwienhorst-Schönberger**, Ludger,
2004 Das Buch Ijob, in: Erich Zenger u. a., Einleitung in das Alte Testament, 5., gründlich überarbeitete und erweiterte Auflage, Stuttgart u. a., 335–347.
**Scoralick**, Ruth,
2002 Gottes Güte und Gottes Zorn. Die Gottesprädikationen in Ex 34,6f. und ihre intertextuellen Beziehungen zum Zwölfprophetenbuch, HBS 33, Freiburg i. Br. u. a.
**Seidl**, Theodor,
2001 „Der Becher in der Hand des Herrn“. Studie zu den prophetischen „Taumelbecher“-Texten, ATSAT 70, St. Ottilien.
**Seidl**, Ursula,
1998–2001 Art. Nacktheit. B. In der Bildkunst, RLA 9, 66–68.
**Seifert**, Elke,
1997 Tochter und Vater im Alten Testament. Eine ideologiekritische Untersuchung zur Verfügungsgewalt von Vätern über ihre Töchter, Neukirchener Theologische Dissertationen und Habilitationen 9, Neukirchen-Vluyn.
**Seters**, John **Van**,
1983 In Search of History. Historiography in the Ancient World and the Origins of Biblical History, New Haven/London.
**Shields**, Mary E.,
1998 Multiple Exposures. Body Rhetoric and Gender Characterization in Ezekiel 16, JFSR 14, 5–18.
**Sieckmann**, Jan-R.,
2000 Art. Gewalt IV. Juristisch, $RGG^4$ 3, 884f.
**Smith**, Mark S.,
1991 The Early History of God. Yahweh and the Other Deities in Ancient Israel, New York.
2001 The Origins of Biblical Monotheism. Israel's Polytheistic Background and the Ugaritic Texts, Oxford.
**Snyman**, S. D.,
1997 Trends in the History of Research on the Problem of Violence in the Old Testament, Skrif en Kerk 18, 127–145.

**Soden**, Wolfram **von**,
1954 Herrscher im Alten Orient, Berlin.
1992 Einführung in die Altorientalistik, $^{2}$Darmstadt.
**Soden**, Wolfram **von/Botterweck**, Johannes,
1982 Art. יוֹנָה *jônah* , ThWAT III, 586–594.
**Sommerfeld**, Walter,
1987–90 Art. Marduk. A. Philologisch. I. In Mesopotamien, RLA 7, 360–370.
**Spieckermann**, Hermann,
1982 Juda unter Assur in der Sargonidenzeit, FRLANT 129, Göttingen.
1994 Die Satanisierung Gottes. Zur inneren Konkordanz von Novelle, Dialog und Gottesreden im Hiobbuch, in: Ingo Kottsieper u. a. (Hrsg.), „Wer ist wie du, HERR, unter den Göttern?" Studien zur Theologie und Religionsgeschichte Israels für Otto Kaiser zum 70. Geburtstag, Göttingen, 431–444.
2001 Die Liebeserklärung Gottes. Entwurf einer Theologie des Alten Testaments, in: ders., Gottes Liebe zu Israel. Studien zur Theologie des Alten Testaments, FAT 33, Tübingen, 197–223.
**Staubli**, Thomas,
2001 Tiere als Teil menschlicher Nahrung in der Bibel und im alten Orient, in: Othmar Keel/ders. (Hrsg.), „Im Schatten Deiner Flügel". Tiere in der Bibel und im Alten Orient, Fribourg, 46–48.
**Steck**, Odil Hannes,
2001 Gott in der Zeit entdecken. Die Prophetenbücher des Alten Testaments als Vorbild für Theologie und Kirche, BThSt 42, Neukirchen-Vluyn.
**Steiger**, Lothar,
1965 Die Wirklichkeit Gottes in unserer Verkündigung, in: Martin Honecker/ders. (Hrsg.), Auf dem Wege zu schriftgemäßer Verkündigung, Festschrift für Hermann Diem zum 65. Geb., München, 143–177.
**Steinwendtner**, Brita,
1990 Hiobs Klage heute. Die biblische Gestalt in der Literatur des 20. Jahrhunderts, Innsbruck/Wien.
**Steymans**, Hans Ulrich,
1995 Deuteronomium 28 und die *adê* zur Thronfolgeregelung Asarhaddons. Segen und Fluch im Alten Orient und in Israel, OBO 145, Fribourg/Göttingen.
2004 Art. Segen und Fluch. II. Altes Testament, RGG$^{4}$ 7, 1132–1134.
**Stobbe**, Heinz-Günther,
2003 Monotheismus und Gewalt. Anmerkungen zu einigen Beispielen neuerer Religionskritik, in: Manemann 2003, 166–180.
**Stoebe**, Hans Joachim,
1984 Art. נחם *nḥm* pi. trösten, THAT II$^{3}$, 59–66.
**Stolz**, Fritz,
1972 Jahwes und Israels Kriege. Kriegstheorien und Kriegserfahrungen im Glauben des alten Israel AThANT 60, Zürich.
1986 (Hrsg.), Religion zu Krieg und Frieden, Zürich.
1996 Einführung in den biblischen Monotheismus, Darmstadt.
2001 Wesen und Funktion von Monotheismus, EvTh 61, 172–189.
**Strotmann**, Angelika,
1991 „Mein Vater bist du!" (Sir 51,10). Zur Bedeutung der Vaterschaft Gottes in kanonischen und nichtkanonischen frühjüdischen Schriften, FTS 39, Frankfurt a. M.

**Syring**, Wolf-Dieter,

2004 Hiob und sein Anwalt. Die Prosatexte des Hiobbuches und ihre Rolle in seiner Redaktions- und Rezeptionsgeschichte, BZAW 336, Berlin/New York.

**Tetlow**, Elisabeth Meier,

2004 Women, Crime, and Punishment in Ancient Law and Society, Vol. 1: The Ancient Near East, New York/London.

**Tillich**, Paul,

1963 Das Dämonische. Ein Beitrag zur Sinndeutung der Geschichte, in: ders., Der Widerstreit von Raum und Zeit. Schriften zur Geschichtsphilosophie, Gesammelte Werke Bd. VI, Stuttgart, 42–72.

**Traulsen**, Hans-Friedrich,

1990 (Hrsg.), Friedrich Daniel Ernst Schleiermacher. Theologisch-dogmatische Abhandlungen und Gelegenheitsschriften, KGA I.10, Berlin/New York.

**Trible**, Phyllis,

1987 Mein Gott, warum hast du mich vergessen! Frauenschicksale im Alten Testament, GTB 491, Gütersloh [amerikan. Original 1984].

1993 Gott und Sexualität im Alten Testament, GTB 539, Gütersloh [amerikan. Original 1978].

**TUAT**: **Kaiser** , Otto (Hrsg.),

1982–2001 Texte aus der Umwelt des Alten Testaments, 3 Bände mit Ergänzungslieferung, Gütersloh.

**Volz**, Paul,

1924 Das Dämonische in Jahwe, SGV 110, Tübingen.

**Vorländer**, Hermann,

1975 Mein Gott. Die Vorstellungen vom persönlichen Gott im Alten Orient und im Alten Testament, AOAT 23, Neukirchen-Vluyn.

**Waldenfels**, Hans,

2003 Macht, Gewalt und das Böse aus der Perspektive der Religionen, in: Bizer u. a. 2003, 114–120.

**Weber**, Beat,

2000 Zur Datierung der Asaph-Psalmen 74 und 79, Bib. 81, 521–532.

2001 Der Asaph-Psalter – eine Skizze, in: ders. u. a. (Hrsg.), Prophetie und Psalmen. Festschrift für Klaus Seybold zum 65. Geburtstag, AOAT 280, Münster, 117–141.

2003 Werkbuch Psalmen II. Die Psalmen 73 bis 150, Stuttgart u. a.

**Weber**, Cornelia,

2000 Altes Testament und völkische Frage. Der biblische Volksbegriff in der alttestamentlichen Wissenschaft der nationalsozialistischen Zeit, dargestellt am Beispiel von Johannes Hempel, FAT 28, Tübingen.

**Weinfeld**, Moshe,

1983 Divine Intervention in War in Ancient Israel and in the Ancient Near East, in: Hayim Tadmor/id. (eds.), History, Historiography and Interpretation. Studies in Biblical and Cuneiform Literatures, Jerusalem, 121–147.

**Weippert**, Helga,

1987 Textilproduktion und Kleidung im vorhellenistischen Palästina, in: G. Völger u. a. (Hrsg.), Pracht und Geheimnis. Kleidung und Schmuck aus Palästina und Jordanien, Köln, 136–142.

**Weippert**, Manfred,
1972 „Heiliger Krieg" in Israel und Assyrien. Kritische Anmerkungen zu Gerhard von Rads Konzept des „Heiligen Krieges im alten Israel", ZAW 84, 460–493.
1997 Synkretismus und Monotheismus. Religionsinterne Konfliktbewältigung im alten Israel, in: ders., Jahwe und die anderen Götter. Studien zur Religionsgeschichte des antiken Israel in ihrem syrisch-palästinischen Kontext, FAT 18, Tübingen (Erstveröffentlichung 1990), 1–24.
**Werbick**, Jürgen,
1992 Bilder sind Wege. Eine Gotteslehre, München.
**Willi-Plein**, Ina,
1983 Hiobs Widerruf? – Eine Untersuchung der Wurzel נחם und ihrer erzähltechnischen Funktion im Hiobbuch, in: Alexander Rofé/Yair Zakovitch (eds.), Isac Leo Seeligmann Volume. Essays on the Bible and the Ancient World, Vol. III: Non-Hebrew Section, Jerusalem, 273–289.
**Winter**, Urs,
1987 Frau und Göttin. Exegetische und ikonographische Studien zum weiblichen Gottesbild im Alten Israel und dessen Umwelt, OBO 53, [2]Fribourg/Göttingen.
**Wischnowsky**, Marc,
2001 Tochter Zion. Aufnahme und Überwindung der Stadtklage in den Prophetenschriften des Alten Testaments, WMANT 89, Neukirchen-Vluyn.
**Witte**, Markus,
1994 Vom Leiden zur Lehre. Der dritte Redegang (Hiob 21–27) und die Redaktionsgeschichte des Hiobbuches, BZAW 230, Berlin.
**Younger**, K. Lawson, Jr,
1990 Ancient Conquest Accounts. A Study in Ancient Near Eastern and Biblical History Writings, JSOT.S 98, Sheffield.
**Zenger**, Erich,
1994 Ein Gott der Rache? Feindpsalmen verstehen, Biblische Bücher 1, Freiburg u. a.
2004 a u. a., Einleitung in das Alte Testament, 5., gründlich überarbeitete und erweiterte Auflage, Stuttgart u. a.
2004 b Heilige Schrift der Juden und der Christen, in: ders. u. a. 2004 a, 12–35.
**Zimmerli**, Walther,
1979 Ezechiel 1–24, BK.AT XIII/1, [2]Neukirchen-Vluyn.
**Zobel**, Hans-Jürgen,
1973 Art. גלה *galah*, ThWAT I, 1018–1031.

# Glossar

| | |
|---|---|
| Anthropomorphismus (Gottes) | Schilderung der göttlichen Gestalt oder Wesenszüge nach menschlichem Vorbild |
| antijudaistisch | Juden und Jüdinnen oder das Judentum ablehnende oder anfeindende Haltung bzw. Praxis |
| Chr GW | Chronistisches Geschichtswerk; nach einer These der alttestamentlichen Wissenschaft stammen die Bücher 1/2 Chronik sowie Esra und Nehemia aus einer Hand |
| DtJes | Deuterojesaja; Bezeichnung des zweiten, überwiegend wohl exilisch verfaßten Teils des Jesajabuchs, Jes 40–55 |
| deuteronomistisch | theologische Tradition oder Schule im Alten Testament, die sich an Gedanken des Deuteronomiums anschließt und diese im Deuteronomistischen Geschichtswerk (s. S. 94f.) und in prophetischen Büchern fortführt |
| Gender | Geschlecht, insofern es durch soziale oder kulturelle Merkmale bestimmt ist; im Unterschied zum biologischen Geschlecht („sex") |
| JHWH/YHWH | unaussprechbarer Name Gottes im Alten Testament |
| Pentateuch | die ersten fünf biblischen Bücher: die fünf Bücher Mose bzw. Genesis, Exodus, Leviticus, Numeri, Deuteronomium |
| PrJes | Protojesaja; Bezeichnung des ersten, überwiegend vorexilisch verfaßten Teils des Jesajabuchs, Jes 1–39 |
| Theodizeefrage | theologische oder philosophische Frage danach, ob bzw. warum Gott das Übel in der Welt zuläßt |
| Theologumenon | Fachbegriff für eine theologische Denkfigur oder eine geprägte theologische Vorstellung |
| Theophanie | Motiv(komplex), in dem Gottes Kommen zum Gericht über die Welt geschildert wird |
| Tora | je nach textlichem Zusammenhang bezeichnet Tora entweder (dann gleichbedeutend mit dem Pentateuch), die zum Heil führenden Vorschriften JHWHs für sein Volk, oder allgemein die Unterweisung oder Lehre |
| TrJes | Tritojesaja; Bezeichnung des dritten, nachexilisch verfaßten Teils des Jesajabuchs, Jes 56–66 |
| Tun-Ergehen-Zusammenhang | altorientalische und alttestamentliche Denkweise, nach der es eine enge Beziehung zwischen dem Handeln einer Person und ihrem Ergehen gibt (s. S. 144f.) |

# Angaben zu den Abbildungen

Abb. 1 (S. 88): Detail aus einem Alabasterrelief aus dem Nordpalast Assurbanipals (669–630 v. Chr.) in Kujundschik/Ninive: Ausschnitt aus der sog. „Gartenszene“: während des königlichen Banketts anläßlich des Sieges über die Elamer hängt der Kopf des besiegten elamitischen Königs Teumman links in einem Baum.
British Museum, London, BM 124920; Fotografien bei Barnett/Lorenzini 1975, Abb. 169 (gesamt) bis 171 (Ausschnitte) sowie bei Matthiae 1999, 140 (gesamt) und 167 (Ausschnitt).

Abb. 2a–c (S. 90f.): Details zu Gewalt im Krieg aus unterschiedlichen neuassyrischen Palastreliefs.
(a) Schinden: Detail eines Alabasterreliefs aus dem Südwestpalast in Kujundschik/Ninive aus der Mitte des 7. Jh. v. Chr. Die Szene entstammt der Reliefserie, die die Schlacht am Fluß Ulai auf Assurbanipals (669–630 v. Chr.) darstellt. Barnett/Lorenzini erläutern: „Die Inschrift lautet: „X und Y (freier Raum für zwei Namen), die viel Gemeines über Assur gesagt haben, den Gott, meinen Schöpfer – ich schnitt ihnen die Zungern heraus und zog ihnen die Haut ab“ (Barnett/Lorenzini 1975, Abb. 152).
British Museum, London, BM 124801; Fotografie bei Barnett/Lorenzini 1975, Abb. 152.
(b) Pfählen: Detail eines Reliefs aus dem Zentralpalast in Nimrud/Kalchu. Dargestellt ist das Pfählen von Gefangenen auf dem Feldzug Tiglatpilesers III (745–727 v. Chr.), vermutlich gegen die Stadt Upa (so Barnett/Lorenzini 1975, Abb. 56); weitere Ausschnitte aus dieser Szene s. u. Abb. 6.
British Museum, London, BM 115634; Fotografie in ANEP, Abb. 368 sowie bei Barnett/Lorenzini 1875, Abb. 56.
(c) Abschneiden der Köpfe von Gefangenen: Detail eines Alabasterreliefs aus dem Südwestpalast in Kujundschik/Ninive von der Schlacht am Ulai (s. Abb. 2.a). Die Köpfe der besiegten und gefallenen Soldaten werden abgeschnitten und gestapelt; andere Darstellungen zeigen, wie sie als Trophäen vorgezeigt oder in den Beutelisten verzeichnet werden.
British Museum, London, BM 124801; Fotografie bei Barnett/Lorenzini 1975, Abb. 150 sowie bei Matthiae 1999, 130.

Abb. 3a–b (S. 100): Details zu Zerstörungen während des Kriegs aus mehreren neuassyrischen Palastreliefs.
(a) Zerstörung der Stadtmauer einer brennende Stadt: Detail eines Reliefs aus dem Nordpalast Assurbanipals (669–630 v. Chr.) in Kujundschik/Ninive. Der Ausschnitt zeigt die Zerstörung der Stadtmauer der elamischen Stadt Hamanu während des Feldzugs Assurbanipals gegen Babylonien. Die Stadt brennt. Im Vordergrund tragen assyrische Soldaten Beute davon, u. a. Metallgeräte. Das Geschehen wird in einer Inschrift oberhalb des Bildes geschildert.
British Museum, London, BM 124919; Fotografie und Erläuterungen bei Barnett/Lorenzini 1975, Abb. 165 oder bei Matthiae 1999, 166.
(b) Fällen von Dattelpalmen: Detail eines Teils des unteren Registers eines Reliefs aus dem Südwestpalast in Kujundschik/Ninive. Die Darstellung steht im Zusammenhang der Er-

oberung von Dilbat während Sanheribs (705–681 v. Chr.) Feldzug gegen Babylonien. Zum Fällen der Bäume erläutert Bleibtreu (1989, 221 f.): „Das Einäschern von Städten und Siedlungen einschließlich verschiedener anderer Strafen für die betroffene Bevölkerung war eine übliche Maßnahme bei Feldzügen Assurnasirpals II. [884–858 v. Chr.]. Ebenso war das Fällen früchtetragender Dattelpalmen als Strafsanktion bei der Eroberung und Zerstörung einer Stadt zu verstehen. Die Wiederbesiedlung eines Gebietes wird mit dem Vernichten der wichtigsten Nahrungsmittelspender für die dort ansässige Bevölkerung erschwert oder verhindert. Die häufig auf Kriegszügen angewandte Methode der ‚verbrannten Erde' wird mit dem Umhauen von Dattelkulturen besonders deutlich geschildert. Dattelpalmen sind zwischen ihrem dreißigsten und ihrem hundertsten Lebensjahr am ertragreichsten. Ihr Fällen macht das betroffene Gebiet Babyloniens für mindestens eine Generation nur beschränkt nutzbar. Wie Reliefs der Zeit Tiglatpilesers III. [745–727 v. Chr.] zeigen, war das Fällen von Dattelpalmen Teil der Eroberung und Zerstörung babylonischer Städte, ebenso wie das Pfählen widerständischer Anführer und das Deportieren der Bevölkerung. Darstellungen aus den Babylonien-Feldzügen Sanheribs, die nur sehr fragmentarisch ... bekannt sind, zeigen, daß auch zur Zeit Sanheribs [705–681 v. Chr.] die Vernichtung der Dattelkulturen Teil der Strafsanktionen auf Feldzügen war."
British Museum, London; BM WAA Or. Dr. IV, 41; Fotografie der Umzeichnung bei Russell 1991, 154 Abb. 78.

Abb. 4 (S. 104): Gott im Kampf mit einem Schlangendrachen; assyrisches Rollsiegel aus dem 9./8. Jh. v. Chr.
VR 1993.6 der Sammlung „Bibel und Orient" der Universität Fribourg; Beschreibung, Fotografie, Umzeichnung als Nr. 179 bei Keel-Leu/Teissier 2004, 179, 441f. (Bildrechte dort).

Abb. 5 (S. 112): Deportation: Detail aus einem Alabasterrelief aus dem Nordpalast Assurbanipals (669–630 v. Chr.) in Kujundschik/Ninive. Beek erläutert (1961, 103): „Ein Wagen wird hier von Ochsen gezogen, und auf ihm sitzen vier Frauen ... Die Frau, die vor dem Wagen herläuft, trägt die Wasserration in einem Ledersack".
Musée du Louvre, Paris, AO 19907, Fotografie in ANEP, Abb. 167, oder (Ausschnitt) bei Beek 1961, Abb. 191.

Abb. 6 (S. 118): Assyrische Soldaten enthaupten besiegte Feinde. Details eines Reliefs aus dem Zentralpalast in Nimrud/Kalchu, das den Feldzug Tiglatpilesers III (745–727 v. Chr.) wohl gegen die Stadt Upa in Babylonien darstellt (vgl. oben Abb. 2b).
British Museum, London, BM 118903; Fotografie in Barnett/Forman 1961, 40/41.

Abb. 7 (S. 119): Gefangene werden weggeführt: Detail des rechten Torflügels des Bronzetors von Balawat/Imgur Bel. Gefangenen werden auf dem Feldzug des neuassyrischen Königs Salmanassar III. (858–824 v. Chr.) gegen die phönizischen Stadt Hazazu weggeführt. Während die männlichen Gefangenen nackt sind, sind die weiblichen bekleidet. Ähnliche Darstellungen finden sich mehrfach auf dem Bronzetor.
British Museum, London; Fotografie in ANEP, Abb. 358, unteres Register, oder bei Barnett/Forman 1961, Abb. 158.

Abb. 8 (S. 120): Weibliche Gefangene werden weggeführt: Detail des rechten Torflügels des Bronzetors von Balawat/Imgur Bel. Bekleidete weibliche Gefangene werden auf dem

Feldzug des neuassyrischen Königs Salmanassar III. (858–824 v.Chr.) gegen Phönizien weggeführt (vgl. die Deutung von Weippert im Haupttext). Auch diese Darstellung ist nicht singulär. Rechts gefesselte männliche Gefangene.
British Museum, London; Fotografie in ANEP, Abb. 365, oder bei Barnett/Forman 1961, Abb. 173.

Abb. 9 (S. 149): Paralleldarstellung eines Pharao, der einen Feind ersticht (links) und des Gottes Horus, der (rechts) seinen Gegner in Nilpferdgestalt tötet. Rechts neben Horus steht seine Mutter Isis; im Lied zu dem Bild wird deutlich, daß sie ihn zu dieser Tat anfeuert. Die Darstellung gehört zum Horus-Tempel von Edfu, der 237–257 v.Chr. gebaut wurde. Zum Kampf des Horus gegen Seth in Nilpferdgestalt (außer Keel 1978, 127–141 mit Abb.) auch Behrmann (1989, Dok. 227–228 sowie 1996, 99–117).
Darstellung aus Edfu; Kopie der Umzeichnung aus Roeder 1960, 145 Abb. 28; eine genauere Umzeichnung bei Keel 1978, 138 Abb. 79.

# Namen- und Sachregister

# Bibelstellenregister

**Neues Testament**